Microsoft® Excel 2007

LE GUIDE COMPLET

Copyright   © 2007 Micro Application
20-22, rue des Petits-Hôtels
75010 Paris

2ème Édition - Février 2007

Auteurs   PREMIUM CONSULTANTS

Toute représentation ou reproduction, intégrale ou partielle, faite sans le consentement de MICRO APPLICATION est illicite (article L122-4 du code de la propriété intellectuelle).
Cette représentation ou reproduction illicite, par quelque procédé que ce soit, constituerait une contrefaçon sanctionnée par les articles L335-2 et suivants du code de la propriété intellectuelle.
Le code de la propriété intellectuelle n'autorise aux termes de l'article L122-5 que les reproductions strictement destinées à l'usage privé et non destinées à l'utilisation collective d'une part, et d'autre part, que les analyses et courtes citations dans un but d'exemple et d'illustration.

Avertissement aux utilisateurs

Les informations contenues dans cet ouvrage sont données à titre indicatif et n'ont aucun caractère exhaustif voire certain. A titre d'exemple non limitatif, cet ouvrage peut vous proposer une ou plusieurs adresses de sites Web qui ne seront plus d'actualité ou dont le contenu aura changé au moment où vous en prendrez connaissance.
Aussi, ces informations ne sauraient engager la responsabilité de l'Editeur. La société MICRO APPLICATION ne pourra être tenue responsable de toute omission, erreur ou lacune qui aurait pu se glisser dans ce produit ainsi que des conséquences, quelles qu'elles soient, qui résulteraient des informations et indications fournies ainsi que de leur utilisation.
Tous les produits cités dans cet ouvrage sont protégés, et les marques déposées par leurs titulaires de droits respectifs. Cet ouvrage n'est ni édité, ni produit par le(s) propriétaire(s) de(s) programme(s) sur le(s)quel(s) il porte et les marques ne sont utilisées qu'à seule fin de désignation des produits en tant que noms de ces derniers.

ISBN : 978-2-7429-6847-3

MICRO APPLICATION   Support technique :
20-22, rue des Petits-Hôtels   Également disponible sur
75010 PARIS   www.microapp.com
Tél. : 01 53 34 20 20
Fax : 01 53 34 20 00
http://www.microapp.com

Retrouvez des informations sur cet ouvrage !
Rendez-vous sur le site Internet de Micro Application
www.microapp.com. Dans le module de recherche,
sur la page d'accueil du site, entrez la référence
à 4 chiffres indiquée sur le présent livre.
Vous accédez directement à sa fiche produit.

Avant-propos

Destinée aussi bien aux débutants qu'aux utilisateurs initiés, la collection *Guide Complet* repose sur une méthode essentiellement pratique. Les explications, données dans un langage clair et précis, s'appuient sur de courts exemples. En fin de chaque chapitre, découvrez, en fonction du sujet, des exercices, une check-list ou une série de FAQ pour répondre à vos questions.

Vous trouverez dans cette collection les principaux thèmes de l'univers informatique : matériel, bureautique, programmation, nouvelles technologies...

Conventions typographiques

Afin de faciliter la compréhension des techniques décrites, nous avons adopté les conventions typographiques suivantes :

- **gras** : menu, commande, boîte de dialogue, bouton, onglet.
- *italique* : zone de texte, liste déroulante, case à cocher, bouton radio.
- `Police bâton` : Instruction, listing, adresse internet, texte à saisir.
- ✂ : indique un retour à la ligne volontaire dû aux contraintes de la mise en page.

Il s'agit d'informations supplémentaires relatives au sujet traité.

Met l'accent sur un point important, souvent d'ordre technique qu'il ne faut négliger à aucun prix.

Propose conseils et trucs pratiques.

Donne en quelques lignes la définition d'un terme technique ou d'une abréviation.

Sommaire

Chapitre 1 Découvrir Excel 15

1.1. Connaître l'historique du tableur et d'Excel 16
  Les débuts du tableur 16
  L'évolution d'Excel depuis Excel 2 17
  Excel 2007 en quelques mots 19
1.2. Démarrer Excel 21
  Lancer Excel par le menu Démarrer 22
  Ouvrir un classeur existant 22
  Comprendre le concept de classeur 22
1.3. Découvrir l'espace de travail 23
  Contrôler la taille de la fenêtre du classeur 24
  Accéder aux feuilles de calcul 26
  Découvrir les feuilles de calcul 27
  Découvrir les onglets 30
  Découvrir le bouton Microsoft Office 35
  Découvrir la barre d'outils Accès rapide 36
  Découvrir les menus contextuels 38
  Découvrir la barre de formule 38
  Découvrir la barre d'état 40
1.4. Utiliser l'aide en ligne 41
1.5. Récupérer des données après un incident 44

Chapitre 2 Saisir des données dans une feuille de calcul 47

2.1. Sélectionner des cellules 48
  Sélectionner des cellules avec le clavier ou la souris 49
  Sélectionner des cellules particulières 53
  Sélectionner des cellules avec la commande Atteindre 55
2.2. Saisir, modifier et supprimer des données 57
  Saisir des données 57
  Saisir des données dans une plage de cellules 61
  Modifier des données 62
  Supprimer des données 63
2.3. Gagner du temps pour la saisie des données 64
  Mettre à profit la saisie semi-automatique 64
  Utiliser les listes de choix 66
2.4. Insérer et supprimer des cellules 67
  Insérer des lignes et des colonnes 67
  Insérer des cellules 69
  Supprimer des lignes et des colonnes 72

… Supprimer des cellules … 72
2.5. Annuler, rétablir et répéter des opérations … 73
Annuler des opérations … 73
Rétablir des opérations … 74
Répéter la dernière opération … 75

Chapitre 3   Manipuler les données saisies   77

3.1. Déplacer des cellules … 78
Déplacer une plage de cellules … 78
Insérer une plage déplacée … 79
Utiliser un menu contextuel pour déplacer
et insérer des plages … 80
Déplacer des cellules vers une autre feuille … 82
Déplacer des cellules vers un autre classeur … 82
3.2. Couper, copier, coller … 83
Utiliser les fonctions de base … 83
Utiliser le Presse-papiers … 91
Reproduire la mise en forme … 94
Aller plus loin avec le collage spécial … 94
3.3. Rechercher et remplacer … 99
Rechercher des valeurs … 99
Remplacer des valeurs … 101
3.4. Vérifier l'orthographe … 102

Chapitre 4   Mettre en forme les cellules et leur contenu   105

4.1. Mettre en œuvre les différents formats d'affichage … 106
Appliquer les formats les plus courants … 106
Utiliser la liste des formats prédéfinis … 106
Utiliser les boutons du groupe Nombre … 112
Utiliser la mini barre d'outils … 112
Définir plus finement les caractéristiques des formats … 113
Créer des formats personnalisés … 115
4.2. Aligner et orienter le contenu des cellules … 119
Aligner à droite, à gauche et centrer … 120
Utiliser les autres possibilités d'alignement horizontal … 121
Aligner verticalement … 122
Fusionner et centrer … 123
Orienter le texte … 125

Sommaire

		Autres paramètres	126
	4.3.	Utiliser les thèmes de document	127
		Appliquer un thème de document	128
		Créer un thème de document personnalisé	129
	4.4.	Changer la police	133
		Listes de choix et boutons	133
		La mini barre d'outils	136
		L'onglet Police	136
	4.5.	Changer les motifs et les couleurs	137
	4.6.	Changer l'apparence des bordures	141
		Le bouton Bordures	141
		L'onglet Bordure	142
	4.7.	Ajuster la taille des lignes et des colonnes	144
		Ajuster la largeur des colonnes	144
		Modifier la hauteur de ligne	146

Chapitre 5 Mettre en page et imprimer 149

	5.1.	Définir la zone d'impression	150
	5.2.	Utiliser les sauts de page	150
	5.3.	Utiliser le mode Page	152
	5.4.	Créer un en-tête et un pied de page	153
	5.5.	Spécifier les autres paramètres de mise en page	156
	5.6.	Utiliser l'aperçu avant impression	161
	5.7.	Lancer l'impression	162

Chapitre 6 Gérer les feuilles de calcul et les classeurs 165

	6.1.	Découvrir les principes de base de la gestion des fichiers	166
		Enregistrer un classeur	166
		Ajouter des informations de résumé aux fichiers	176
		Inspecter un fichier	177
		Marquer un fichier comme terminé	178
		Protéger les fichiers	179
		Enregistrer l'espace de travail complet	180
		Créer et ouvrir des classeurs	180
		Renommer un classeur	185
	6.2.	Gérer les classeurs	185
		Afficher plusieurs fenêtres pour un même classeur	185
		Réorganiser les fenêtres de classeur	186

Sommaire

	Comparer deux classeurs en côte à côte 189
	Masquer un classeur 191
6.3.	**Gérer et organiser les feuilles de calcul** **191**
	Sélectionner les feuilles 191
	Déplacer les feuilles 193
	Nommer les feuilles 195
	Copier les feuilles 196
	Supprimer les feuilles 198
	Insérer des feuilles 198
	Modifier la couleur de l'onglet d'une feuille 199
6.4.	**Gérer l'affichage des feuilles de calcul** **200**
	Utiliser le zoom 200
	Figer les volets 203
	Afficher en plein écran 205
	Masquer une feuille de calcul 205
	Utiliser les affichages personnalisés 206
6.5.	**Protéger les feuilles et les classeurs** **207**
	Protéger les feuilles de calcul 207
	Protéger les classeurs 212
	Information Rights Management 212

Chapitre 7   Personnaliser Excel   217

7.1.	**Paramétrer les options** **218**
	La catégorie Standard 219
	La catégorie Formules 222
	La catégorie Vérification 225
	La catégorie Enregistrement 226
	La catégorie Options avancées 228
7.2.	**Personnaliser la barre d'outils Accès rapide** **236**

Chapitre 8   Élaborer des formules de calcul   239

8.1.	**Concevoir des formules** **240**
	Saisir une formule 240
	Modifier une formule 241
	Utiliser des opérateurs 242
8.2.	**Identifier des cellules avec des références** **244**
	Découvrir les références de cellules 245
	Références tridimensionnelles 254

Références externes 256
8.3. Identifier des cellules avec des noms 257
Attribuer simplement un nom à une cellule ou à une plage
de cellules 257
Définir et modifier les noms 261
Attribuer des noms à des constantes et à des formules 268
Noms spécifiques à une feuille de calcul 270
8.4. Vérifier les erreurs et auditer les formules 272
Repérer des erreurs 273
Auditer les formules de calcul 276
Maîtriser les références circulaires 281
8.5. Cas pratique : Réaliser un suivi de budget mensuel 284

Chapitre 9   Utiliser les fonctions   291

9.1. Maîtriser les principes d'utilisations des fonctions 292
Comprendre la notion de fonction 292
Découvrir la bibliothèque de fonctions 294
Utiliser les différents types d'arguments 301
9.2. Découvrir les différentes catégories de fonctions 303
Les fonctions de recherche et matrices 303
Les fonctions de texte 303
Les fonctions de date et heure 304
Les fonctions logiques 304
Les fonctions d'information 304
Les fonctions de base de données 304
Les fonctions mathématiques 304
Les fonctions statistiques 305
Les fonctions financières 308
Les fonctions d'ingénierie 308
9.3. Connaître les principales fonctions 309
La fonction SI 309
Les fonctions de recherche et matrices 319
Les fonctions de texte 324
Les fonctions de date et heure 333
Les fonctions d'information 340
Les fonctions mathématiques 342
Les fonctions statistiques 349
Les fonctions financières 358
9.4. Cas pratique : Calculer les mensualités d'un emprunt 369
Principe 369
Mise en œuvre 370

Chapitre 10 Découvrir les formules matricielles   381

10.1. Saisir une formule matricielle à une dimension 383
10.2. Saisir une formule matricielle à deux dimensions 384
10.3. Saisir une formule matricielle à valeur unique 385
10.4. Connaître les particularités des formules matricielles 386
10.5. Modifier une formule matricielle 387
10.6. Utiliser des constantes matricielles 388
10.7. Cas pratique : Résoudre un système d'équations
 linéaires 389
 Retour au cas pratique 391

Chapitre 11 Bâtir des feuilles de calcul plus élaborées   399

11.1. Créer des séries de données 400
 Créer des séries numériques 400
 Créer des séries chronologiques 405
 Créer des séries alphanumériques 409
 Créer des listes personnalisées 410
11.2. Effectuer des calculs avec les dates et les heures 413
 Découvrir la notion de numéro de série 413
 Distinguer les systèmes de date 413
 Saisir des dates et des heures 414
 Paramétrer l'interprétation du siècle 415
 Effectuer des calculs sur les dates 416
 Effectuer des calculs sur les heures 418
11.3. Commenter les cellules 422
11.4. Spécifier une validation du contenu des cellules 424
 Connaître le principe de la validation du contenu 424
11.5. Créer et appliquer des styles 429
 Utiliser les styles prédéfinis 429
 Utiliser des styles personnalisés 430
11.6. Créer des mises en forme conditionnelles 431
 Utiliser les mises en forme conditionnelles prédéfinies 432
 Créer des règles de mise en forme conditionnelles
 personnalisées 438
 Gérer les règles de mise en forme conditionnelle 446
11.7. Cas pratique : Réaliser le suivi des temps
 d'une compétition 449
 Principe 449
 Mise en œuvre 449

Sommaire

Chapitre 12   Créer et mettre en forme des graphiques   457

- 12.1. Créer un graphique 458
- 12.2. Modifier les données sources d'un graphique 460
- 12.3. Affiner la présentation d'un graphique 465
  - Modifier l'apparence générale d'un graphique 465
  - Modifier en détail l'apparence des axes 469
  - Modifier l'apparence des éléments d'un graphique 470
  - Modifier l'apparence d'une donnée d'un graphique 470
  - Lisser les angles des graphiques en courbes 471
  - Excentrer des secteurs dans les graphiques en secteurs ou en anneaux 472
  - Modifier l'affichage d'un graphique 3D 473
- 12.4. Aller plus loin avec les graphiques 473
  - Utiliser simultanément deux types de graphiques 474
  - Ajouter un axe secondaire 474
  - Ajouter des courbes de tendance 475
  - Faciliter la lecture des données d'un graphique en ajoutant des barres ou des lignes 477
  - Ajouter des barres d'erreur 478
  - Copier un graphique comme une image 479
- 12.5. Cas pratique : Visualiser des cours boursiers 480

Chapitre 13   Insérer des dessins et des objets graphiques   483

- 13.1. Sélectionner des objets 484
  - Sélectionner un objet 484
  - Sélectionner plusieurs objets 484
  - Manipuler des objets dessinés 486
- 13.2. Utiliser les formes automatiques 488
  - Découvrir les formes automatiques 488
  - Remplacer une forme par une autre 490
  - Dessiner une forme libre 490
  - Dessiner une courbe 491
  - Modifier une forme libre ou une courbe 492
  - Dessiner une ligne 492
  - Dessiner un connecteur 493
  - Ajouter ou supprimer des pointes de flèche 494
- 13.3. Ajouter du texte 495
  - Ajouter du texte à une forme ou à une zone de texte 496

Redimensionner une forme ou une zone de texte
pour l'ajuster au texte 496
Modifier la mise en forme d'une forme ou d'une zone
de texte 497
Modifier la police dans une forme ou une zone de texte 498
13.4. **Travailler avec WordArt** **499**
13.5. **Insérer des diagrammes** **501**
Les diagrammes 501
Ajouter un diagramme 501
Ajouter un organigramme hiérarchique 503
13.6. **Insérer des images** **503**
Insérer une image ClipArt 503
Insérer une image à partir d'un fichier 504
Redimensionner ou rogner une image 505
13.7. **Manipuler les objets graphiques** **508**
Utiliser le volet de sélection 508
Aligner des objets 509
Disposer les objets à égale distance les uns des autres 511
Faire pivoter et retourner un objet 511
Avancer ou reculer un objet 512
Grouper, dissocier ou regrouper des objets 512
13.8. **Cas pratique : Réaliser un arbre généalogique** **513**

Chapitre 14   Gérer et exploiter des données   517

14.1. **Utiliser les tableaux de données** **518**
Créer un tableau 518
Accéder aux fonctions des tableaux par l'onglet
contextuel 522
Sélectionner les lignes ou les colonnes d'un tableau 525
14.2. **Trier les données** **526**
Connaître l'ordre de tri 526
Trier rapidement un tableau 527
Trier les lignes selon les valeurs 529
Trier les lignes selon les couleurs ou les icônes 531
14.3. **Utiliser les filtres** **533**
Utiliser le filtre automatique 533
Utiliser le filtre avancé 543
14.4. **Utiliser les plans** **547**
Créer un plan 548
Les symboles de plan 549

Sommaire

	Tri et plan	550
	Les autres fonctionnalités relatives aux plans	551
14.5.	**Utiliser les sous-totaux**	**552**
	Créer des sous-totaux	553
	La liste des fonctions de synthèse	557
	Supprimer des sous-totaux	558
	Créer des sous-totaux à plusieurs niveaux	558
	Trier des listes contenant des sous-totaux	559
14.6.	Cas pratique : Gérer une cave à vins	559

Chapitre 15 Analyser et réaliser des simulations 565

15.1.	Utiliser la fonction Valeur cible	566
	Mise en œuvre	567
15.2.	**Utiliser des tables de données**	**569**
	Tables de données à une entrée	569
	Tables de données à deux entrées	571
15.3.	Créer et gérer des scénarios	**571**
	Créer un scénario	572
	Afficher un scénario	574
	Modifier un scénario	574
	Supprimer un scénario	575
	Fusionner des scénarios	575
	Rapport de synthèse	576
	Cas pratique : Effectuer des simulations d'emprunt	577

Chapitre 16 Utiliser les tableaux croisés dynamiques 583

16.1.	Analyser des données avec des tableaux croisés dynamiques	584
	Organiser les données	584
	Créer un tableau croisé dynamique	585
	Utiliser un tableau croisé dynamique	586
16.2.	Compléter l'analyse avec les graphiques croisés dynamiques	600
	Créer un graphique croisé dynamique	600
	Utiliser un graphique croisé dynamique	601
16.3.	Cas pratique : Réaliser une pyramide des âges	603

Chapitre 17   Exploiter les possibilités d'Internet et de la messagerie   607

17.1. Partager un classeur 608
    Activer le partage d'un classeur 608
    Suivre et réviser les modifications 610
    Protéger un classeur partagé 612
    Annuler le partage d'un classeur 613
17.2. Envoyer un classeur par messagerie 614
17.3. Enregistrer un classeur au format .html 615
17.4. Utiliser des liens hypertextes 616
    Créer un lien hypertexte 617
    Modifier un lien hypertexte 618
    Supprimer un lien hypertexte 619
    Modifier la mise en forme des liens hypertextes 619
17.5. Cas pratique : Publier un planning sur Internet 619

Chapitre 18   Automatiser les traitements avec les macros et VBA   623

18.1. Enregistrer une macro 624
18.2. Affecter une macro à un bouton 626
18.3. Afficher l'onglet Développeur 628
18.4. Gérer les niveaux de sécurité 628
18.5. Découvrir les notions de base de la programmation en VBA 630
    Découvrir les objets 630
    Découvrir les procédures 631
    Découvrir les variables 633
    Déclarer les variables 635
    Connaître les instructions fondamentales de VBA 637
18.6. Découvrir l'éditeur VBA 640
    Découvrir l'environnement 640
    Maîtriser le débogage 644
18.7. Cas pratique : Quelques macros utiles 647
    Afficher la liste des feuilles de calcul du classeur 647
    Insérer une feuille de calcul par mois 647
    Protéger toutes les feuilles de calcul d'un classeur 648
    Additionner en fonction de la couleur 649

Sommaire

Chapitre 19 Retrouver les commandes des menus d'Excel 2003   **651**

   19.1. Menu Fichier 652
   19.2. Menu Édition 654
   19.3. Menu Affichage 655
   19.4. Menu Insertion 658
   19.5. Menu Format 660
   19.6. Menu Outils 661
   19.7. Menu Données 664
   19.8. Menu Fenêtre 667
   19.9. Menu Aide 668

Chapitre 20 Index   **669**

Chapitre 1

Découvrir Excel

Connaître l'historique du tableur et d'Excel	16
Démarrer Excel	21
Découvrir l'espace de travail	23
Utiliser l'aide en ligne	41
Récupérer des données après un incident	44

Chapitre 1 — Découvrir Excel

Ce premier chapitre vous permettra de prendre contact avec le tableur Excel. Tout d'abord, nous ferons un bref retour dans le passé afin de découvrir les grandes étapes qui ont jalonné l'histoire du tableur, pour aboutir à la version actuelle d'Excel. Ensuite, vous pourrez découvrir l'environnement de travail d'Excel. Il est nécessaire de bien maîtriser ce dernier afin d'être parfaitement à l'aise pour une utilisation optimale des fonctionnalités que nous aborderons au fil des chapitres suivants.

Nous étudierons enfin l'aide en ligne, qu'il ne faut pas hésiter à utiliser. En effet, elle recèle quantité d'informations utiles.

1.1. Connaître l'historique du tableur et d'Excel

"Tableur" est la traduction de l'expression anglaise "electronic spreadsheet", le terme "spreadsheet" désignant une grande feuille de papier, divisée en lignes et en colonnes et utilisée pour présenter les comptes d'une entreprise. Un tableur est donc la version informatisée d'un tableau de calcul.

Les débuts du tableur

Les prémices du tableur remontent à 1961, avec la création par Richard Mattesich (professeur à l'université américaine de Berkeley) d'un "computerized spreadsheet" écrit en Fortran et fonctionnant sur un "gros" système. Les débuts du tableur, proprement dit, peuvent être datés de 1978 avec la mise au point, en Basic, de ce qui allait devenir Visicalc, par un étudiant de Harvard, Daniel Bricklin. Ce dernier doit réaliser des tableaux comptables pour une étude de cas sur Pepsi-Cola. Il préfère se simplifier la vie en réalisant un programme lui permettant d'effectuer rapidement des calculs. En mai 1979, le logiciel VisiCalc, issu du prototype de Daniel Bricklin, fait son apparition sur le marché. Il est vendu 100 dollars et peut fonctionner sur l'Apple II. Le succès est rapide car ce logiciel met à la portée de tous ce qui était auparavant réservé aux seuls programmeurs. Son apparence est d'ailleurs voisine des tableurs actuels (la souris en moins).

En 1982, sort le premier tableur de Microsoft : Multiplan pour compatibles PC. Il ne connaît pas un grand succès aux États-Unis.

Connaître l'historique du tableur et d'Excel — Chapitre 1

En 1983, Lotus 1-2-3 fait son apparition, développé par une équipe de programmeurs "dissidents" de VisiCorp, emmenés par Mitch Kapor. Lotus 1-2-3 supplante bientôt VisiCalc que ses concepteurs, englués dans des querelles internes, ne sauront pas faire évoluer suffisamment rapidement. Ce nouveau logiciel apportait des améliorations indéniables : possibilités graphiques, gestion de bases de données, macros.

L'année 1984 voit la mise sur le marché de la première version d'Excel pour le Macintosh d'Apple, dont il met à profit l'interface graphique et la souris. Cela rend ce logiciel plus populaire que son prédécesseur Multiplan. Excel contribue au très grand succès du Macintosh (et réciproquement).

En 1987, Microsoft met sur le marché la version PC d'Excel. Jusqu'en 1992, ce sera le seul tableur disponible sous Windows, lui assurant ainsi la domination du marché au détriment de Lotus 1-2-3, malgré quelques assauts de Borland (Quattro) et de Computer Associates (SuperCalc).

L'évolution d'Excel depuis Excel 2

La version actuelle d'Excel dont la dénomination commerciale est Excel 2007 a pour nom Excel 12. Pourtant, il ne s'agit que de la dixième version. Une petite mise au point s'impose.

Comme nous l'avons vu, la première version d'Excel pour Windows date de 1987 ; il s'agit d'Excel 2. Pourquoi Excel 2 ? Tout simplement pour correspondre à la version Macintosh (puisque Macintosh était précurseur).

Excel 3 voit le jour en 1990. Cette version bénéficie d'améliorations au niveau des fonctionnalités comme de l'ergonomie. Citons, entre autres, les barres d'outils, les graphiques en 3D, les dessins.

En 1992, accompagnant l'essor commercial de Windows, Excel 4 fait son apparition. Mettant l'accent sur la facilité d'utilisation, cette version est plus accessible pour les novices.

La version Excel 5 apparaît, quant à elle, en 1994. Elle constitue un véritable bond en termes de fonctionnalités, avec notamment les classeurs multifeuilles. Le développement des macros est grandement amélioré grâce à l'apparition de VBA (*Visual Basic pour Application*).

Chapitre 1 — Découvrir Excel

Première version "millésimée", Excel 95 (en fait Excel 7) voit le jour en 1995. Sa principale nouveauté (peu visible pour l'utilisateur) est l'emploi du code 32 bits.

Excel 97 (Excel 8) constitue réellement une avancée par rapport aux précédentes. Les barres d'outils et les menus changent d'apparence. Le nombre de lignes maximal dans une feuille de calcul est multiplié par 4. L'aide en ligne et le langage VBA progressent également largement. Enfin, cette version introduit un nouveau format de fichier.

Excel 2000 (Excel 9), apparu en 1999, autorise, entre autres légères améliorations, l'enregistrement au format HTML.

Excel 2002 (Excel 10) est commercialisé en 2001 au sein de la suite Office XP. Cette version est axée sur la facilité de prise de main par le débutant (bouton d'options, balises actives...), le travail collaboratif (révision de documents en circuit, signature numérique...) et la fiabilité de récupération des données en cas de plantage. Le volet Office fait également son apparition.

Excel 2003 (Excel 11) prend la suite à partir d'octobre 2003. Cette version propose une ergonomie légèrement remaniée (barres d'outils redessinées). Les nouvelles fonctionnalités sont principalement :

- l'apparition de volets Office supplémentaires (accueil, gestion des classeurs, recherche...) ;
- la possibilité de créer et de gérer des listes de données (véritables "mini bases de données" au sein des feuilles de calcul) ;
- la comparaison de classeurs en côte à côte (défilement synchronisé de deux feuilles de calcul) ;
- l'amélioration de certaines fonctions statistiques (améliorations dans la précision et l'arrondi des résultats) ;
- la gestion de l'accès à l'information (gestion des droits d'accès aux données grâce au module *Information Rights Management*) ;
- le partage de documents (utilisation des sites Microsoft Windows SharePoint Services afin de faciliter le travail collaboratif autour d'un ensemble de documents Office) ;
- la prise en charge de XML (*eXtensible Markup Language*, langage de balisage extensible).

Excel 2007 en quelques mots

La version 12 d'Excel, commercialisée sous le nom d'Excel 2007, marque une rupture avec les versions précédentes en ce qui concerne l'ergonomie. Un nombre croissant d'utilisateurs estimait en effet que les menus devenaient parfois inextricables, rendant complexe l'accès à certaines fonctions. Les concepteurs d'Excel 2007 ont donc répondu à cette préoccupation en changeant radicalement l'accès aux diverses fonctions.

L'interface, qui reposait jusqu'à présent sur des menus et des barres d'outils, a été remplacée par un Ruban constitué d'onglets organisés en fonction de l'action à accomplir. Ainsi, Excel dispose par exemple d'onglets tels que **Mise en page**, **Insertion** ou **Formules** qui regroupent les commandes selon les tâches que vous souhaitez accomplir.

Figure 1.1 : Les onglets de commandes

Ces onglets sont associés aux galeries qui vous proposent de choisir parmi un ensemble de résultats potentiels, plutôt que de spécifier des paramètres dans des boîtes de dialogue.

Figure 1.2 :
Une galerie

Une fonction d'aperçu instantané permet de visualiser directement, sur le document, l'effet d'une modification ou d'une mise en forme lorsque vous déplacez le pointeur de votre souris sur les résultats proposés dans une galerie.

Excel 2007 recèle bon nombre d'autres nouveautés :

- Les feuilles de calcul comprennent désormais 1 048 576 lignes (contre 65 536 auparavant) et 16 384 colonnes (contre 256 auparavant). Cela multiplie la capacité de stockage d'une feuille par 1 024. Les colonnes sont à présent "numérotées" de *A* à *XFD*.
- Le tri des données a été également considérablement amélioré. Vous pouvez désormais trier selon 64 critères (3 auparavant) et même trier selon la couleur.
- Le filtre automatique est lui aussi plus performant, dans la mesure où vous pouvez, entre autres, spécifier plusieurs critères sur une même colonne.
- La fonction de mise en forme conditionnelle, déjà très performante, subit une véritable révolution. Cette fonction permet d'identifier encore plus facilement les tendances, les valeurs extrêmes d'un ensemble de données à l'aide de nuances de couleurs, de barres de données et même d'icônes. Bon nombre de conditions "classiques" sont déjà prédéfinies et il suffit de les sélectionner dans une galerie pour les appliquer.

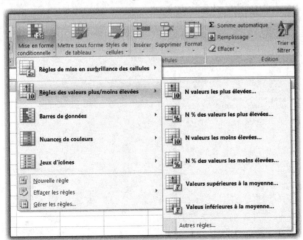

Figure 1.3 : La mise en forme conditionnelle a considérablement évolué

Démarrer Excel — Chapitre 1

- Les thèmes, déjà en service dans d'autres applications, font leur apparition dans Excel. Un thème est un ensemble prédéfini de couleurs, de polices de caractères, d'effets de remplissage qui peuvent être appliqués à une feuille de calcul. Les thèmes permettent d'améliorer l'homogénéité de la présentation des données.

- L'affichage en mode Page est désormais accessible dans Excel. Ce mode d'affichage vous permet de créer vos tableaux Excel en visualisant en même temps le format d'impression. Vous pouvez directement accéder à l'en-tête et au pied de page.

- La création et la mise en forme des graphiques ont été considérablement simplifiées et enrichies. La bibliothèque de graphiques prédéfinis a été très largement remaniée et étendue.

- La création et la manipulation des tableaux croisés dynamiques ont également fait l'objet de simplifications. Le tri et le filtrage des données ont été notamment améliorés.

- Les listes de données, qui avaient fait leur apparition dans Excel 2003, sont remplacées par les tables dont l'utilisation est plus souple et qui présentent des fonctionnalités nouvelles comme la possibilité d'ajouter des colonnes calculées.

- Le nouveau format de fichiers est appelé Microsoft Office Open XML. Ainsi les classeurs Excel 2007 auront pour suffixe *.xlsx*. Ce nouveau format est fondé sur les formats XML et ZIP. Il autorise une meilleure intégration des données externes et permet de réduire la taille des classeurs. Si Excel 2007 permet d'ouvrir sans problèmes les fichiers créés avec les versions précédentes, il faudra en revanche installer des mises à jour sur ces versions pour ouvrir les fichiers enregistrés au format Microsoft Office Open XML.

- Excel 2007 vous permet également d'enregistrer vos classeurs au format PDF ou XPS. Vous créez ainsi rapidement des versions de vos tableaux non modifiables, simples à mettre en ligne et à transmettre par mail.

1.2. Démarrer Excel

Avant tout, il faut bien sûr démarrer Excel. Il existe plusieurs façons de procéder ; nous présentons ci-après les deux plus courantes.

Chapitre 1　Découvrir Excel

Lancer Excel par le menu Démarrer

La première solution consiste à utiliser le menu **Démarrer** de Windows.

1 Dans la barre des tâches, cliquez sur **Démarrer**.

2 Sélectionnez **Tous les Programmes** puis **Microsoft Excel 2007**.

Ouvrir un classeur existant

Pour ouvrir un classeur existant, vous pouvez utiliser la commande **Ouvrir un document Office** du menu **Démarrer/Tous les programmes**. Une fois la boîte de dialogue ouverte, recherchez le classeur désiré.

Vous pouvez également utiliser l'Explorateur Windows afin de rechercher votre classeur.

Une fois le classeur localisé, double-cliquez dessus pour l'ouvrir dans Excel.

Comprendre le concept de classeur

Il est important de dire quelques mots sur le concept de classeur dans Excel. En effet, tout ce que vous réalisez dans Excel se fait à l'intérieur d'un classeur enregistré dans un fichier portant une extension *.xlsx* (*.xls* dans les versions précédentes). Un classeur peut contenir autant de feuilles que vous le souhaitez, dans la limite de la capacité mémoire de votre ordinateur, bien sûr.

Un classeur est susceptible de contenir quatre types de feuilles :

- les feuilles de calcul (le plus courant) ;
- les feuilles de graphique ;
- les feuilles de boîte de dialogue (pour la compatibilité avec les versions précédentes) ;
- les feuilles de macro XLM (pour la compatibilité avec les versions précédentes).

En résumé, les classeurs Excel permettent principalement d'organiser et de consulter des feuilles de calcul. Ainsi, plutôt que d'enregistrer séparément les feuilles de calcul, ils permettent de regrouper dans le même espace des feuilles de calcul relatives au même thème : détail des dépenses mensuelles, détail des ventes par produit, suivi des abonnements, etc.

1.3. Découvrir l'espace de travail

Si vous avez choisi de démarrer Excel à partir du menu **Programmes**, la fenêtre du programme s'affiche, ainsi qu'une autre fenêtre contenant un nouveau classeur.

Figure 1.4 : L'espace de travail

L'espace de travail est composé de la fenêtre de programme d'Excel (dont la barre de titre affiche *Microsoft Excel – Classeur1*, où *Classeur1* est le nom par défaut du classeur ouvert au lancement d'Excel) et d'une fenêtre de classeur affichant une feuille de calcul vierge.

La fenêtre de programme contient également :

- un Ruban d'onglets de commandes qui permettent d'accéder aux fonctions d'Excel ;
- la barre d'outils *Accès rapide* qui permet d'accéder rapidement aux fonctions courantes (enregistrement, impression…) ;

Figure 1.5 :
La barre d'outils Accès rapide

Chapitre 1 — Découvrir Excel

- le bouton **Microsoft Office** qui permet d'accéder à un menu s'apparentant à l'ancien menu **Fichier** et notamment d'accéder aux commandes d'enregistrement et d'impression.

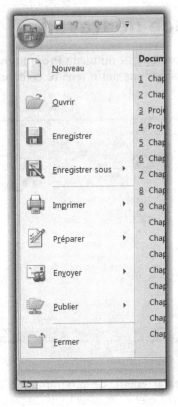

Figure 1.6 :
Le menu Fichier

Contrôler la taille de la fenêtre du classeur

Lors du lancement d'Excel, *Classeur1* est créé dans une fenêtre indépendante. Toutefois, cette fenêtre occupe l'intégralité de la fenêtre de programme d'Excel. Pourtant, il s'agit bien d'une fenêtre indépendante qui, comme toute fenêtre Windows, présente une barre de titre. Pour s'en convaincre, il suffit de cliquer sur le bouton **Restaurer la fenêtre** situé en haut à droite de la fenêtre.

Découvrir l'espace de travail — Chapitre 1

Figure 1.7 :
Les boutons de contrôle de la taille de la fenêtre de classeur

La barre de titre de la fenêtre du nouveau classeur indique le nom de ce dernier. Elle comprend également les trois boutons de contrôle de la taille de la fenêtre.

Figure 1.8 :
La barre de titre du classeur

Les trois boutons sont les suivants :

- **Réduire** affiche le classeur sous la forme d'une petite barre de titre.
- **Agrandir** permet d'agrandir la fenêtre de façon à lui faire occuper l'intégralité de l'espace de travail.
- **Fermer** ferme le classeur (équivalent de la commande **Fermer** du menu **Fichier**).

Une bonne maîtrise de l'utilisation de ces boutons est fondamentale, surtout si vous êtes amené à travailler simultanément avec plusieurs classeurs.

Après avoir cliqué sur **Réduire**, ce bouton est remplacé par **Restaurer** qui permet à la fenêtre du classeur de retrouver sa taille initiale.

Figure 1.9 :
La fenêtre du classeur réduite

Si vous cliquez sur **Agrandir**, la fenêtre occupe à nouveau tout l'espace de travail et sa barre de titre disparaît. Pour lui redonner sa taille initiale, cliquez à nouveau sur le bouton **Restaurer**.

Il est également possible, pour ajuster plus finement la taille de la fenêtre, d'utiliser la souris. Lorsque vous approchez le pointeur de la souris de la bordure de la fenêtre, celui-ci se transforme en une double flèche horizontale ou verticale. Cliquez, puis, tout en maintenant le bouton de la souris enfoncé, déplacez la double flèche.

Si vous vous positionnez sur les angles de la fenêtre, le pointeur se transforme en une double flèche oblique. En suivant la procédure décrite précédemment, vous pouvez modifier la taille de la fenêtre dans les deux dimensions.

Accéder aux feuilles de calcul

Comme nous l'avons vu, un classeur permet de stocker et d'organiser plusieurs feuilles de calcul. Pour accéder à leur contenu, il suffit de cliquer sur l'onglet correspondant à la feuille souhaitée. La feuille active est repérée par un onglet sur fond blanc.

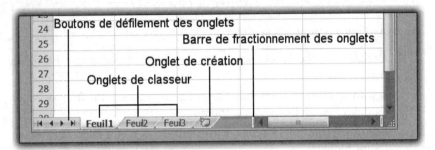

Figure 1.10 : *Les onglets de classeur*

Si tous les onglets ne peuvent être affichés simultanément, les boutons de défilement des onglets permettent d'accéder aux onglets cachés. En déplaçant vers la droite ou la gauche la barre de fractionnement des onglets, vous afficherez plus ou moins d'onglets. Pour ce faire, il suffit de positionner le pointeur de la souris dessus (il change d'apparence), de cliquer et de déplacer à votre convenance.

Pour afficher la liste de toutes les feuilles d'un classeur, cliquez du bouton droit sur l'un des boutons de défilement. Vous pouvez alors choisir la feuille à afficher.

Figure 1.11 :
La liste des feuilles du classeur

Découvrir l'espace de travail — Chapitre 1

Pour naviguer entre les feuilles de calcul, il est également possible d'utiliser les combinaisons de touches Ctrl+⇞ ou Ctrl+⇟.

Dans Excel 2007, un nouvel onglet situé à droite des onglets des feuilles existantes, permet d'ajouter une feuille vierge au classeur.

> **ASTUCE — Modifier le nombre de feuilles de calcul par défaut**
>
> Par défaut, les nouveaux classeurs contiennent trois feuilles. Pour modifier ce nombre, il suffit de cliquer sur le bouton **Microsoft Office**, puis sur **Options Excel**. Dans la boîte de dialogue **Options Excel**, cliquez sur **Standard**. Dans la rubrique *Lors de la création de classeurs*, saisissez le nombre de feuilles désiré (ou utilisez les boutons fléchés) dans la zone *Inclure ces feuilles*, puis validez par OK. Le nombre maximal de feuilles est 255.
>
> Les nouveaux classeurs créés contiendront désormais le nombre de feuilles spécifié.

Découvrir les feuilles de calcul

Une feuille de calcul est constituée d'un ensemble de cases appelées cellules. Les cellules sont repérées par deux coordonnées : leur colonne (identifiée par une ou deux lettres) et leur ligne (identifiée par un numéro). L'ensemble de ces deux coordonnées forme la référence de la cellule.

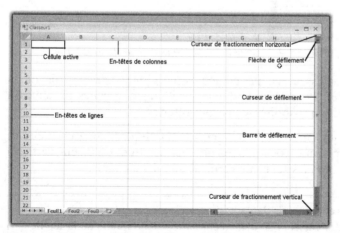

Figure 1.12 : Les éléments de contrôle et de navigation

Dans une feuille de calcul, il y a désormais 16 384 colonnes, repérées de A à *XFD*. Après la colonne *Z*, il y a la colonne *AA*, puis *AB*,… jusqu'à *AZ*, puis *BA* et ainsi de suite jusqu'à *XFD*. En ce qui concerne les lignes, le mode de numérotation est plus conventionnel, de *1* à *1 048 576*.

> **Durée de remplissage d'une feuille de calcul**
> Supposons que vous souhaitez remplir toutes les cellules d'une feuille de calcul. À raison de deux secondes par cellule, en supposant que vous y consacriez 12 heures par jour et 350 jours par an, il vous faudrait 2 272 ans de travail. En effet, y a plus de 17 milliards de cellules (17 179 869 184 exactement).

Parmi toutes ces cellules, il existe une cellule particulière que l'on nomme cellule active. C'est la cellule sélectionnée actuellement (à l'ouverture du classeur, il s'agit de la cellule *A1*). Les en-têtes de la ligne et de la colonne de la cellule active sont mis en surbrillance. Plus généralement, lorsque plusieurs cellules sont sélectionnées, les en-têtes de lignes et de colonnes sont également mis en surbrillance. Mais la cellule active demeure unique, il s'agit de la cellule en haut à gauche de cet ensemble de cellules (appelé en jargon Excel "plage de cellules").

La référence de la cellule active apparaît dans la zone *Nom*.

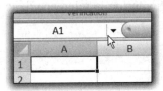

Figure 1.13 :
La référence de la cellule dans la zone Nom

La fenêtre du classeur ne permet de voir qu'une infime partie de la feuille de calcul. Pour afficher d'autres cellules que celles présentes à l'écran, plusieurs possibilités vous sont offertes :

- Utiliser les curseurs de défilement. En cliquant sur l'un d'eux et en le déplaçant, vous pouvez afficher des lignes (curseur vertical) ou des colonnes (curseur vertical) supplémentaires.

> **Taille des curseurs de défilement**
> La taille des curseurs de défilement varie selon la taille de la feuille de calcul. Plus le curseur de défilement est petit, plus la feuille de calcul est importante. La taille d'une feuille de calcul dépend de la taille de la

Découvrir l'espace de travail — Chapitre 1

> **REMARQUE** zone active. La zone active est la zone rectangulaire dans laquelle sont inscrites les données. Par exemple, si votre feuille de calcul contient des données jusque dans la colonne *AA* et dans la ligne *100*, la zone active sera la plage *A1 :AA100*.

> **ASTUCE**
> **Autre utilisation des curseurs de défilement**
> En appuyant sur la touche [Maj] avant de déplacer le curseur et en maintenant cette touche enfoncée pendant le déplacement, vous pouvez atteindre l'extrémité de la feuille de calcul (ligne *1 048 576* ou colonne *XFD*, selon le curseur choisi).

- Utiliser les barres de défilement. En cliquant sur une des barres de défilement (en dehors du curseur), vous vous déplacez dans la direction correspondante.
- Utiliser les flèches de défilement. Les flèches de défilement droite et gauche vous permettent de vous déplacer d'une colonne vers la droite ou vers la gauche. Les flèches de défilement haut et bas vous permettent de vous déplacer d'une ligne vers le haut ou vers le bas.

Fractionner l'affichage

Vous pouvez également utiliser les curseurs de fractionnement. En positionnant le pointeur de la souris sur un des curseurs de fractionnement et en cliquant dessus puis en vous déplaçant, vous divisez la fenêtre en deux parties, dotées chacune de leurs barres de défilement. Vous pouvez ainsi afficher plusieurs endroits de la feuille de calcul. Il est possible de combiner un fractionnement horizontal avec un fractionnement vertical. Toutefois, un seul fractionnement par direction est autorisé (voir Figure 1.14).

- Pour supprimer un fractionnement horizontal, déplacez la séparation en haut ou en bas de la fenêtre.
- Pour supprimer un fractionnement vertical, déplacez la séparation à droite ou à gauche de la fenêtre.
- Pour supprimer simultanément tous les fractionnements, cliquez sur le bouton **Fractionner** du groupe *Fenêtre* de l'onglet **Affichage**.

Chapitre 1 — Découvrir Excel

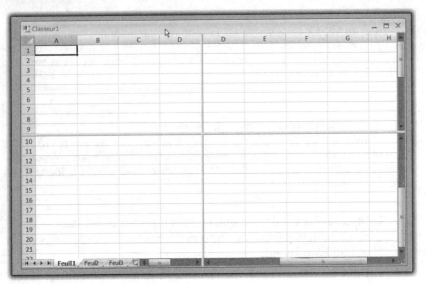

Figure 1.14 : *Double fractionnement*

Découvrir les onglets

Dans cette version, les menus et les barres d'outils ont cédé la place à un Ruban d'onglets, organisés par tâches : insertion d'objets et de graphiques, mise en page, formules...

Le Ruban

Figure 1.15 : *Les onglets de commandes*

Le Ruban est composé de sept onglets principaux :

- **Accueil** regroupe les commandes permettant de manipuler les données saisies, de les mettre en forme, etc.

Découvrir l'espace de travail — Chapitre 1

- **Insertion** permet d'accéder notamment aux fonctionnalités de création de graphiques, d'insertion d'objets et de formes graphiques.
- **Mise en page**. Ici sont regroupés les outils permettant de mettre en page les documents en vue de l'impression.
- **Formules** permet d'accéder aux fonctions de calcul, à la gestion des plages de cellules nommées, ainsi qu'aux outils d'audit de formules.
- **Données**. Vous retrouverez ici les fonctions permettant d'accéder à des données externes, de trier et filtrer les données, d'effectuer des analyses, de structurer vos données, etc.
- **Révision**. Il s'agit ici de gérer les commentaires, la protection des informations saisies, le travail collaboratif autour d'un classeur Excel.
- **Affichage** permet de gérer l'affichage des classeurs et feuilles de calcul : organisation des fenêtres, affichage des sauts de page, fractionnement de l'affichage, etc.

Ces onglets sont affichés par défaut dès l'installation d'Excel 2007. Il existe cependant un huitième onglet nommé **Développeur**. Il regroupe toutes les fonctionnalités liées aux macros et à Visual Basic pour Applications. Pour l'afficher :

1 Cliquez sur le bouton **Microsoft Office**

2 Dans la boîte de dialogue **Options Excel**, cliquez sur **Standard**.

3 Dans la rubrique *Meilleures options pour travailler avec Excel*, cochez la case *Afficher l'onglet Développeur dans le ruban*.

4 Validez par OK.

La structure des onglets

Dans chaque onglet, les commandes sont organisées en groupes, composés de boutons de commandes. Ainsi, l'onglet **Accueil** comprend sept groupes :

- *Presse-papiers* regroupe les fonctionnalités de copier/coller.
- *Police* regroupe les outils de mise en forme du texte et des cellules.

- *Alignement* permet de spécifier l'alignement du texte dans les cellules.
- *Nombre* permet d'appliquer des formats aux valeurs numériques.
- *Style* regroupe les outils de mise en forme des tableaux.
- *Cellules* permet d'insérer et de supprimer des lignes et des colonnes.
- *Édition* regroupe les outils permettant de gérer les données saisies (tri, filtre, recherche, remplacement, etc.).

Figure 1.16 : La structure d'un onglet

Lorsque vous cliquez sur un bouton de commande, ce dernier exécute une commande ou affiche un menu qui vous permettra d'affiner votre choix. Lorsqu'un bouton présente un petit triangle pointant vers le bas, c'est qu'il provoque l'affichage d'un menu. Certains de ces boutons sont "dédoublés" dans la mesure où un clic sur le texte du bouton permet d'effectuer une fonction standard tandis qu'un clic sur le petit triangle permet d'afficher un menu. Le bouton **Somme automatique** du groupe *Édition* de l'onglet **Accueil** en est un exemple.

Figure 1.17 :
Le bouton Somme automatique

À côté de l'intitulé de certains groupes (groupe *Police* de l'onglet **Accueil**, par exemple), vous pourrez apercevoir une petite icône : il s'agit d'un lanceur de boîte de dialogue. Lorsque vous cliquez dessus, une boîte de dialogue apparaît, vous permettant de spécifier des paramètres plus détaillés.

Découvrir l'espace de travail — Chapitre 1

Figure 1.18 :
Lanceur de boîte de dialogue

Les onglets contextuels

Au-delà des onglets affichés par défaut, il existe des onglets que l'on peut qualifier de contextuel, dans la mesure où ils n'apparaissent que lorsque le besoin s'en fait sentir. Par exemple, si vous sélectionnez un graphique, vous verrez apparaître à droite des onglets standard, un groupe de trois onglets intitulé **Outils de graphique**. Ces onglets regroupent des fonctions adaptées à l'objet sélectionné, en l'occurrence un graphique.

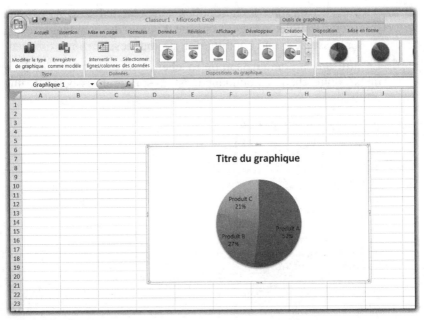

Figure 1.19 : Les onglets contextuels Outils de graphique

Utilisation du clavier

La nouvelle mouture de l'interface utilisateur prévoit toujours la possibilité d'utiliser des raccourcis clavier. Ces derniers ont toutefois, à l'instar des autres éléments de l'interface, évolué vers plus de convivialité. Pour les mettre en œuvre :

1 Appuyez sur la touche [Alt] (ou [F10]) puis relâchez-la.

2 En regard de chacun des éléments de l'interface, des infobulles apparaissent, mentionnant un ou plusieurs caractères. En appuyant sur les touches correspondantes, vous activez l'élément concerné. Par exemple, pour accéder à l'onglet **Accueil**, appuyez successivement sur [Y] puis [1].

Figure 1.20 :
Les nouveaux raccourcis clavier

3 Au fur et à mesure, les infobulles sont réactualisées. Ainsi, une fois dans l'onglet **Accueil**, chaque bouton de commande est à présent associé à une combinaison de touches.

4 En utilisant la combinaison de touches [F]+[3], vous accédez à un menu dont chaque commande est à son tour associée à une infobulle.

Figure 1.21 :
Les nouveaux raccourcis clavier

Découvrir l'espace de travail | Chapitre 1

Vous pouvez également naviguer dans le Ruban à l'aide des touches de direction. Pour cela, il suffit d'appuyer sur la touche [Alt] (ou [F10]). Ne tenez pas compte des raccourcis clavier qui apparaissent, mais utilisez les flèches de direction pour naviguer dans le Ruban et dans les onglets :

- Les touches [←] et [→] permettent de passer d'un onglet à l'autre.
- Les touches [↑] et [↓] permettent d'accéder aux boutons de commandes des onglets.
- Une fois le bouton de commande sélectionné, appuyez sur [Entrée] pour exécuter la commande associée.

Découvrir le bouton Microsoft Office

Le bouton **Microsoft Office** se trouve en haut et à gauche de la fenêtre d'Excel.

Figure 1.22 :
Le bouton
Microsoft Office

Il permet d'afficher un menu qui s'apparente au menu **Fichier** des versions précédentes :

- **Nouveau** permet de créer un nouveau classeur ou un classeur fondé sur un modèle.
- **Ouvrir** permet d'ouvrir un classeur précédemment créé.
- **Enregistrer** permet d'enregistrer le classeur actif.
- **Enregistrer sous** permet d'enregistrer le classeur actif sous un autre nom et/ou format.
- **Imprimer** permet d'accéder aux fonctions d'impression.
- **Préparer** permet de préparer le classeur en vue de sa distribution (gestion des droits d'accès, informations complémentaires…).
- **Envoyer** permet d'envoyer le classeur via Internet.
- **Publier** permet de publier le classeur sur Internet grâce à Excel Services.
- **Fermer** permet de fermer le classeur actif.

Le menu présente également la liste des documents récemment utilisés, ainsi que deux boutons :

- **Options Excel** permet d'accéder à des paramètres pour adapter finement Excel à vos besoins.

Chapitre 1 Découvrir Excel

- **Quitter Excel** permet de quitter l'application.

Découvrir la barre d'outils Accès rapide

La barre d'outils *Accès rapide* est la dernière rescapée de la trentaine de barres d'outils des précédentes versions. Elle se trouve en haut de la fenêtre Excel, à proximité du bouton **Microsoft Office**.

Figure 1.23 :
La barre d'outils Accès rapide

Cette barre d'outils, comme son nom l'indique, permet d'accéder rapidement à des fonctions fréquemment utilisées. Elle est composée par défaut de trois boutons :

- **Enregistrer.**
- **Annuler.**
- **Rétablir** ou **Répéter**. Si la dernière action est une annulation, le bouton **Rétablir** est affiché. Autrement, le bouton **Répéter** permet de répéter la dernière action effectuée.

Si vous souhaitez ajouter des boutons à cette barre d'outils :

1 Cliquez sur la petite flèche qui se trouve à son extrémité droite.

2 Dans le menu qui apparaît, sélectionnez la commande **Personnaliser la barre d'outils Accès rapide sous le ruban**.

3 Dans la boîte de dialogue **Options Excel**, sélectionnez la catégorie de commandes dans laquelle se trouve la commande à ajouter, puis sélectionnez-la dans la zone de gauche.

4 Cliquez sur le bouton **Ajouter** pour l'ajouter à la barre d'outils *Accès rapide*.

5 Si vous souhaitez supprimer une commande de la barre d'outils, sélectionnez-la dans la zone de droite puis cliquez sur le bouton **Supprimer**.

6 Spécifiez si ces modifications doivent être effectuées pour tous les classeurs ou uniquement pour le classeur actif (voir Figure 1.24).

7 Validez par OK.

Découvrir l'espace de travail — Chapitre 1

Vous pouvez également personnaliser rapidement la barre d'outils en cliquant du bouton droit sur un des boutons de commande des onglets. Sélectionnez ensuite la commande **Ajouter à la barre d'outils Accès rapide**.

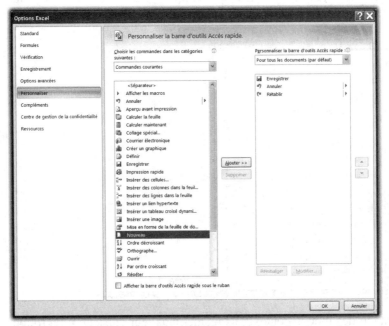

Figure 1.24 : Personnalisation de la barre d'outils Accès rapide

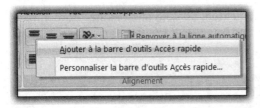

Figure 1.25 : Personnalisation rapide de la barre d'outils Accès rapide

Si vous souhaitez déplacer la barre d'outils *Accès rapide*, cliquez sur la petite flèche qui se trouve à son extrémité droite. Dans le menu qui apparaît, sélectionnez la commande **Placer la barre d'outils Accès rapide sous le ruban**. La barre d'outils sera alors placée sous le Ruban, donc plus proche de la zone de travail.

Découvrir les menus contextuels

Un menu contextuel varie en fonction de l'objet auquel il s'applique. Pour afficher un menu contextuel, cliquez du bouton droit sur l'élément souhaité. Vous pouvez par exemple cliquer du bouton droit sur une cellule de feuille de calcul.

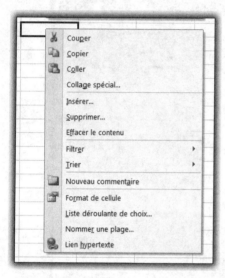

Figure 1.26 :
Un menu contextuel

L'avantage des menus contextuels réside dans leur capacité à regrouper les fonctions applicables à un élément donné (ici une cellule).

Dans cette version, le menu contextuel associé aux cellules est complété par une mini barre d'outils, qui regroupe les fonctionnalités les plus utiles pour la mise en forme.

Figure 1.27 :
La mini barre d'outils

Découvrir la barre de formule

La barre de formule est située en haut de la feuille de calcul et permet de saisir ou modifier des valeurs ou des formules dans les cellules. Elle affiche la valeur constante ou la formule enregistrée dans la cellule active.

Découvrir l'espace de travail — Chapitre 1

Dès que vous débutez la saisie, la barre de formule affiche, en plus des données en cours de saisie, trois boutons :

- **Annuler** permet d'annuler la saisie en cours et de conserver le contenu initial de la saisie (vous pouvez obtenir le même résultat avec le clavier en appuyant sur la touche [Echap]).
- **Entrer** permet de valider la saisie (vous pouvez obtenir le même résultat avec le clavier en appuyant sur la touche [Entrée]).
- **Assistant Fonction** permet d'afficher la boîte de dialogue **Insérer une fonction**.

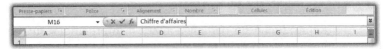

Figure 1.28 : Détail de la barre de formule

La nouveauté de la version 2007 réside dans la possibilité de redimensionner la barre de formule en hauteur et en largeur. Il peut en effet être utile de restreindre la largeur de la barre de formule pour augmenter celle de la zone *Nom*, qui se trouve à sa gauche, de façon à afficher dans leur intégralité des noms relativement longs. Modifier la hauteur de la barre de formule sera très utile si vous faites appel à des formules complexes (donc longues). Cela évitera que la barre empiète sur la feuille de calcul.

Pour modifier la largeur de la barre de formule :

1 Placez le pointeur de la souris entre la zone *Nom* et la zone de formule.

2 Lorsque le pointeur change d'apparence, cliquez et faites glisser la "frontière" entre les deux zones.

3 Lorsque la dimension est correcte, relâchez le bouton de la souris.

Pour modifier la hauteur de la barre de formule :

1 Cliquez sur le bouton représentant une double flèche, à droite de la barre de formule.

2 Si vous souhaitez modifier la hauteur de la barre de formule, placez le pointeur de la souris sur la bordure inférieure de la barre de formule. Lorsque le pointeur de la souris change d'apparence, cliquez et faites glisser la bordure inférieure de la barre de formule. Lorsque la dimension est correcte, relâchez le bouton de la souris.

3 Si vous souhaitez ajuster la taille de la barre de formule au contenu de la cellule, placez le pointeur de la souris sur la bordure inférieure de la barre de formule. Lorsque le pointeur de la souris change d'apparence, double-cliquez.

Pour afficher à nouveau la barre de formule sur une ligne, cliquez sur le bouton représentant une double flèche, à droite de la barre de formule.

Pour masquer la barre de formule, cochez la case *Barre de formule* du groupe *Afficher/Masquer* de l'onglet **Affichage**.

Découvrir la barre d'état

La barre d'état affiche un certain nombre d'informations sur l'activité d'Excel, ainsi que sur l'état du clavier.

Figure 1.29 : La barre d'état

La partie la plus à gauche de la barre d'état indique l'activité courante d'Excel :

- *Prêt* signifie qu'Excel est prêt à recevoir des données.
- *Entrer* indique qu'une première saisie est en cours dans une cellule.
- *Modifier* indique que le contenu d'une cellule est en cours de modification.
- *Calculer* indique qu'il est nécessaire de procéder au calcul du document (en cas de recalcul manuel).
- *Enregistrement* indique l'état d'avancement de l'enregistrement (visible seulement pour les documents volumineux).

Ensuite, une zone montre l'état du clavier dont voici quelques exemples :

- *Verr. num* indique que le pavé numérique est activé.
- *Verr. maj* indique que le clavier est verrouillé en majuscules.
- *Arrêt défil* indique que le défilement est activé (touche [Arrêt défil] appuyée).

Un bouton situé à droite de ces indicateurs permet de déclencher l'enregistrement d'une macro.

Sur la partie gauche de la barre d'état, un curseur permet de modifier le pourcentage de réduction/agrandissement en le déplaçant à l'aide de la souris. Vous pouvez également utiliser les boutons **+** et **-**. En cliquant sur le pourcentage de réduction/agrandissement, vous pouvez afficher une boîte de dialogue permettant de sélectionner des valeurs prédéterminées.

Figure 1.30 :
Réglage du zoom

Vous pouvez également accéder à différents modes d'affichage :

- Normal ;
- Mise en page ;
- Aperçu des sauts de page.

Figure 1.31 :
Différents modes d'affichage

Enfin, lorsque vous sélectionnez une plage de cellules contenant des valeurs numériques et/ou du texte, la barre d'outils affiche :

- la moyenne des valeurs numériques ;
- le nombre de cellules contenant des valeurs ;
- la somme des valeurs numériques.

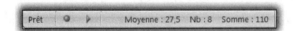
Figure 1.32 : Des calculs rapides sur la barre d'état

Vous pouvez paramétrer les différents éléments à afficher sur la barre d'état. Pour cela, cliquez du bouton droit sur celle-ci et choisissez les éléments à afficher dans le menu qui apparaît.

1.4. Utiliser l'aide en ligne

L'aide en ligne a été très largement remaniée dans cette nouvelle version. Mauvaise nouvelle pour ceux qui s'étaient attachés à "l'animal de compagnie virtuel" que constituait le Compagnon Office. En effet, celui-ci a disparu au profit d'une interface unique d'accès à l'aide en ligne. Pour y accéder, cliquez sur le bouton **Aide sur Microsoft Office Excel** situé à droite du Ruban (ou appuyez sur la touche [F1]).

Chapitre 1 Découvrir Excel

Figure 1.33 :
Le bouton d'accès à l'aide

L'aide en ligne apparaît dans une fenêtre indépendante.

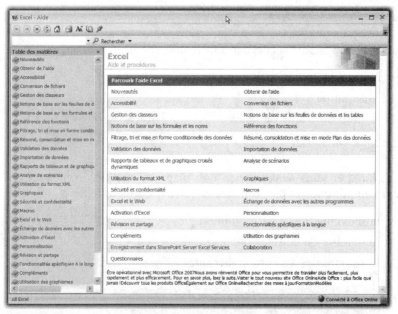

Figure 1.34 : La fenêtre de l'aide en ligne

Son interface est très simple :

- une barre d'outils ;
- une zone de recherche ;
- une zone pour la table des matières ;
- une zone d'affichage des résultats de la recherche.

La barre d'outils comprend neuf boutons :

Figure 1.35 :
La barre d'outils de l'aide

- **Précédent** permet, lors d'une navigation entre plusieurs articles, d'afficher l'article précédent.

Utiliser l'aide en ligne — Chapitre 1

- **Suivant** permet d'afficher l'article précédent.
- **Arrêter** permet d'arrêter la recherche.
- **Actualiser** permet d'actualiser le résultat de la recherche pour tenir compte d'éventuelles mises à jour sur le site Internet de Microsoft.
- **Accueil** permet d'afficher la page d'accueil de l'aide, qui affiche l'ensemble des rubriques de l'aide.
- **Imprimer** permet d'imprimer l'article en cours.
- **Modifier la taille de la police** permet de choisir parmi 5 tailles de police de caractères.
- **Table des matières** permet d'afficher ou non la table des matières.
- **Placer sur le dessus** représente une épingle et permet d'indiquer si la fenêtre doit rester au dessus de la fenêtre d'Excel, même lorsque la fenêtre d'Excel est active. Ainsi vous pouvez continuer à travailler tout en conservant un œil sur l'aide. La fenêtre d'aide sera placée au-dessus lorsque le bouton représente une épingle plantée.

Pour lancer une recherche, saisissez les mots-clés à rechercher dans la zone de recherche et cliquez sur **Rechercher**. Le petit bouton fléché vous permet de spécifier les sources de données de l'aide : sur le site **Microsoft Office Online** ou sur votre ordinateur.

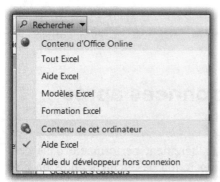

Figure 1.36 :
Choix de la source de données

Les résultats de votre recherche sont affichés par pages. Une page contient 25 éléments au maximum. Cliquez sur le numéro de la page ou sur les flèches gauche ou droite pour naviguer entre les pages.

LE GUIDE COMPLET 43

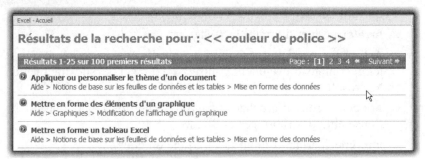

Figure 1.37 : Le résultat d'une recherche

Pour afficher le détail d'un des éléments, cliquez dessus.

Si les réponses ne sont pas satisfaisantes, vous pouvez reformuler votre recherche ou utiliser les liens situés en bas de page pour étendre le domaine de la recherche à d'autres sources de données.

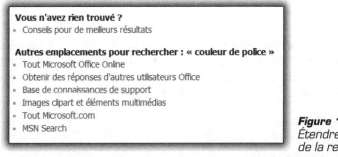

Figure 1.38 : Étendre le domaine de la recherche

1.5. Récupérer des données après un incident

Une autre forme d'assistance particulièrement performante dans cette nouvelle version d'Excel est la récupération des fichiers après un arrêt intempestif de l'application.

Au redémarrage de l'application, les fichiers en cours d'utilisation au moment de l'arrêt sont affichés dans le volet **Récupération de document**.

Récupérer des données après un incident — Chapitre 1

Si le titre d'un fichier contient *[Récupéré]*, ce fichier offre normalement plus de modifications récentes qu'un fichier dont le titre contient *[Original]*.

Si vous souhaitez consulter les réparations effectuées dans un fichier, pointez sur le fichier dans le volet Office **Récupération de document**, cliquez sur la flèche en regard de son nom puis cliquez sur **Afficher les réparations**.

> **REMARQUE**
>
> **Désactivation de la fonction**
>
> Vous pouvez désactiver la fonction de récupération automatique en cliquant sur le bouton **Microsoft Office** puis sur **Options Excel**. Dans la boîte de dialogue **Options Excel**, cliquez sur **Enregistrement**. Dans la rubrique *Exceptions de récupération automatique pour :* , sélectionnez le classeur concerné puis cochez la case *Désactiver la récupération automatique pour ce classeur uniquement*.

Chapitre 2

Saisir des données dans une feuille de calcul

Sélectionner des cellules 48
Saisir, modifier et supprimer des données 57
Gagner du temps pour la saisie des données 64
Insérer et supprimer des cellules 67
Annuler, rétablir et répéter des opérations 73

Chapitre 2 — Saisir des données dans une feuille de calcul

La construction d'une feuille de calcul passe presque nécessairement par la saisie de données (sauf lorsque vous récupérez des données depuis une autre application). Cette étape ne présente pas de difficultés majeures. Toutefois, il est important de bien connaître les techniques de base, ainsi que les moyens permettant de gagner du temps.

Dans ce chapitre, nous passerons d'abord en revue les méthodes de sélection des cellules. En effet, avant toute opération, il est souvent nécessaire de sélectionner les cellules sur lesquelles nous souhaitons agir ou dans lesquelles nous souhaitons saisir des données. Nous aborderons ensuite la saisie à proprement parler et les moyens d'être plus efficace puis nous verrons comment aménager l'espace de la feuille de calcul en insérant (ou en supprimant) des lignes, des colonnes et des plages de cellules. Enfin, nous aborderons les possibilités d'annuler certaines opérations en cas d'erreur ou de mauvaise manipulation.

2.1. Sélectionner des cellules

Sélectionner des cellules est une opération courante lors d'une séance de travail avec Excel. En effet, avant d'appliquer une fonction (mise en forme, par exemple), il est nécessaire de sélectionner au préalable les cellules sur lesquelles cette fonction doit agir. Il est donc primordial d'être à l'aise avec les techniques de sélection afin de gagner du temps lors de la conception de vos feuilles de calcul.

	A	B	C	D	E	F	G	H	I	J	K	L	M
1					Evolution des ventes								
2													
3													
4	Société :		SA DUPOND										
5	Année		2004										
6													
7	Gamme "Luxe"	Janvier	Février	Mars	Avril	Mai	Juin	Juillet	Août	Septembre	Octobre	Novembre	Décembre
8	Produit A	1 000,00 €	400,00 €	559,00 €	886,00 €	1 468,00 €	733,00 €	689,00 €	22,00 €	1 050,00 €	1 244,00 €	983,00 €	1 433,00 €
9	Produit B	900,00 €	750,00 €	437,00 €	113,00 €	707,00 €	491,00 €	54,00 €	902,00 €	1 444,00 €	975,00 €	38,00 €	1 362,00 €
10	Produit C	298,00 €	738,00 €	616,00 €	599,00 €	536,00 €	1 143,00 €	881,00 €	480,00 €	1 194,00 €	963,00 €	176,00 €	784,00 €
11	Produit D	1 392,00 €	370,00 €	495,00 €	1 202,00 €	1 084,00 €	493,00 €	89,00 €	679,00 €	860,00 €	63,00 €	350,00 €	538,00 €
12	TOTAL	3 590,00 €	2 258,00 €	2 107,00 €	2 800,00 €	3 795,00 €	2 860,00 €	1 713,00 €	2 083,00 €	4 648,00 €	3 245,00 €	1 547,00 €	4 117,00 €
13													
14	Gamme "Standard"	Janvier	Février	Mars	Avril	Mai	Juin	Juillet	Août	Septembre	Octobre	Novembre	Décembre
15	Produit A	1 476,00 €	199,00 €	836,00 €	193,00 €	1 406,00 €	1 484,00 €	1 453,00 €	238,00 €	102,00 €	1 112,00 €	842,00 €	642,00 €
16	Produit B	1 206,00 €	1 122,00 €	322,00 €	1 110,00 €	451,00 €	591,00 €	264,00 €	957,00 €	434,00 €	286,00 €	42,00 €	991,00 €
17	Produit C	51,00 €	332,00 €	746,00 €	167,00 €	195,00 €	1 426,00 €	618,00 €	407,00 €	10,00 €	17,00 €	1 302,00 €	570,00 €
18	Produit D	1 494,00 €	1 330,00 €	54,00 €	679,00 €	1 267,00 €	1 160,00 €	1 346,00 €	702,00 €	639,00 €	266,00 €	831,00 €	1 443,00 €
19	TOTAL	4 227,00 €	2 983,00 €	1 958,00 €	2 149,00 €	3 319,00 €	4 661,00 €	3 681,00 €	2 304,00 €	1 185,00 €	1 681,00 €	3 017,00 €	3 646,00 €

Figure 2.1 : Tableau de suivi de l'évolution des ventes

La feuille de calcul affichée est composée de quatre zones. Une zone est un ensemble de cellules non vides encadrées par des cellules vides ou par les en-têtes de lignes et de colonnes. Ainsi, dans la feuille affichée, les zones sont les suivantes :

- *A1:M1* ;
- *A4:D5* ;
- *A7:M12* ;
- *A14:M19*.

La zone active est la zone comprise entre la cellule *A1* et la dernière cellule non vide. Elle englobe donc toutes les zones de la feuille. Dans notre exemple, il s'agit de la zone *A1:M19*.

Sélectionner des cellules avec le clavier ou la souris

Nous allons à présent décrire différentes méthodes pour sélectionner des cellules dans une feuille de calcul.

Sélectionner une seule cellule

Avec la souris, cliquez sur la cellule voulue lorsque vous apercevez le curseur de sélection (large croix blanche).

Avec le clavier, appuyez sur les touches de direction pour vous déplacer jusqu'à la cellule choisie.

La cellule ainsi sélectionnée devient la cellule active , c'est-à-dire la cellule dans laquelle s'afficheront les données que vous saisirez au clavier. Elle est entourée d'une bordure plus épaisse, afin de la distinguer des autres.

Sélectionner une plage de cellules

Avec la souris, cliquez sur la première cellule de la plage à l'aide du curseur de sélection, maintenez le bouton de la souris appuyé puis faites glisser le curseur jusqu'à la dernière cellule.

> **ASTUCE** — **Utilisation du zoom pour faciliter la sélection**
> Lorsque la plage à sélectionner ne peut être affichée dans son intégralité, il faut faire défiler la feuille de calcul dans la fenêtre. Pour cela, déplacez le pointeur de la souris hors de la feuille de calcul ; la feuille défilera automatiquement dans la direction voulue. Mais bien

Chapitre 2 Saisir des données dans une feuille de calcul

> **ASTUCE** souvent, le défilement est trop rapide et l'opération devient vite exaspérante. Pour éviter cela, utilisez le bouton de commande **Zoom** du groupe *Zoom* de l'onglet **Affichage**. Si vous sélectionnez 25 % par exemple, vous verrez une plus grande partie de votre feuille de calcul et sans doute l'intégralité de la zone à sélectionner. Vous n'aurez donc pas à "jouer" avec la sensibilité du défilement automatique.

Avec le clavier, sélectionnez la première cellule de la plage, puis maintenez la touche [Maj] enfoncée et cliquez sur la dernière cellule de la plage. Vous pouvez faire défiler la feuille avec les barres de défilement afin que la dernière cellule soit visible.

Sélectionner toutes les cellules

Avec la souris, cliquez sur le bouton **Sélectionner tout**, qui se trouve à l'intersection des en-têtes des lignes et des colonnes.

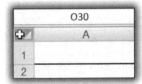

Figure 2.2 :
Le bouton Sélectionner Tout

Avec le clavier, appuyez sur [Ctrl]+[A].

Sélectionner des cellules ou des plages de cellules non adjacentes

Avec la souris, sélectionnez la première cellule ou plage de cellules, maintenez la touche [Ctrl] enfoncée et sélectionnez les autres cellules ou plages. Par exemple, pour sélectionner les plages *A7:F11* et *A14:F18* :

1 Sélectionnez *A7:F11*.

2 Appuyez sur [Ctrl].

3 Maintenez la touche [Ctrl] enfoncée et sélectionnez *A14:F18*.

Avec le clavier, déplacez-vous d'abord sur la première cellule à sélectionner avec les touches de direction. Puis appuyez sur [F8] et étendez votre sélection avec les touches de direction. La barre d'état indique Etendre la sélection (Mode Sélection étendue). Appuyez sur [Maj]+[F8], pour aller sur une autre cellule ou plage de cellules sans les sélectionner mais en préservant la précédente sélection. Déplacez-vous avec les touches de direction. La barre d'état indique Ajouter à la sélection (Mode Ajout). Appuyez sur [F8] pour ajouter ces cellules à la sélection, et ainsi de suite. Par exemple, pour sélectionner les plages *A7:F11* et *A14:F18* :

1 Sélectionnez *A7*.

2 Appuyez sur [F8].

3 Appuyez plusieurs fois sur [→] pour sélectionner *A7 :F7*, puis sur [↓] pour sélectionner *A7 :F11*.

4 Appuyez sur [Maj]+[F8].

5 Appuyez plusieurs fois sur [↓] pour sélectionner *A14*.

6 Appuyez sur [F8].

7 Appuyez plusieurs fois sur [→] pour sélectionner *A14 :F14*, puis sur [↓] pour sélectionner *A14 :F18*.

8 Appuyez une dernière fois sur [F8] pour quitter le mode EXT.

	A	B	C	D	E	F
1					Evolution d	
2						
3						
4	Société :		SA DUPOND			
5	Année		2004			
6						
7	Gamme "Luxe"	Janvier	Février	Mars	Avril	Mai
8	Produit A	1 000,00 €	400,00 €	559,00 €	886,00 €	1 468,00 €
9	Produit B	900,00 €	750,00 €	437,00 €	113,00 €	707,00 €
10	Produit C	298,00 €	738,00 €	616,00 €	599,00 €	536,00 €
11	Produit D	1 392,00 €	370,00 €	495,00 €	1 202,00 €	1 084,00 €
12	TOTAL	3 590,00 €	2 258,00 €	2 107,00 €	2 800,00 €	3 795,00 €
13						
14	Gamme "Standard"	Janvier	Février	Mars	Avril	Mai
15	Produit A	1 476,00	199,00	836,00	193,00	1 406,00
16	Produit B	1 206,00	1 122,00	322,00	1 110,00	451,00
17	Produit C	51,00	332,00	746,00	167,00	195,00
18	Produit D	1 494,00	1 330,00	54,00	679,00	1 267,00
19	TOTAL	4 227,00	2 983,00	1 958,00	2 149,00	3 319,00
20						

Figure 2.3 : Sélection de plages non adjacentes

Sélectionner une ligne ou une colonne entière

Avec la souris, cliquez sur l'en-tête de la ligne ou de la colonne. Le pointeur de la souris se transforme en une flèche noire dirigée vers la droite ou vers le bas.

Avec le clavier :

- Pour sélectionner une colonne, placez-vous sur une cellule de la colonne et appuyez sur [Ctrl]+[Barre d'espace].
- Pour sélectionner une ligne, placez-vous sur une cellule de la ligne et appuyez sur [Maj]+[Barre d'espace].

REMARQUE

Impact des cellules fusionnées
Si la ligne ou la colonne contiennent des cellules fusionnées, les combinaisons de touches précédentes sélectionneront un ensemble de lignes ou de colonnes incluant les cellules fusionnées.

Sélectionner des lignes ou des colonnes adjacentes

Avec la souris, cliquez et faites glisser la souris sur les en-têtes de colonne ou de ligne.

Avec le clavier :

1 Sélectionnez la première ligne ou colonne.

2 Appuyez sur [Maj] et maintenez la touche enfoncée.

3 Sélectionnez les autres lignes ou colonnes avec les touches de direction.

Sélectionner des lignes ou des colonnes non adjacentes

Avec la souris :

1 Sélectionnez la première ligne ou colonne.

2 Maintenez la touche [Ctrl] enfoncée.

3 Sélectionnez les autres lignes ou colonnes.

Avec le clavier :

1 Sélectionnez la première ligne ou la première colonne de votre sélection.

2 Appuyez sur [Maj]+[F8] pour aller sélectionner une autre ligne ou colonne.

3 Appuyez sur [F8] pour l'ajouter, puis à nouveau sur [Maj]+[F8] pour aller sélectionner une autre ligne ou colonne, et ainsi de suite.

Annuler une sélection de cellules

Avec la souris, cliquez sur une cellule quelconque de la feuille de calcul.

Avec le clavier, appuyez sur une touche de direction.

Sélectionner des cellules particulières

Dans une feuille de calcul, il existe un certain nombre de cellules qui sont "particulières" par leur position.

Sélectionner la cellule origine

La cellule origine est la cellule *A1*. Pour la sélectionner, il faut utiliser la combinaison de touches [Ctrl]+[↖]. (La touche [↖] peut, sur certains claviers, être représentée par une flèche indiquant la direction haut et à gauche.)

Sélectionner la dernière cellule

La dernière cellule est la cellule définissant l'autre extrémité de la zone active de la feuille en cours. Pour la sélectionner, utilisez la combinaison de touches [Ctrl]+[↘].

Sélectionner la première cellule de la ligne en cours

Pour sélectionner la première cellule de la ligne en cours (située à l'intersection de la colonne *A* et de la ligne en cours), appuyez sur la touche [↖].

Sélectionner les cellules situées sur les bords des zones

Comment sélectionner la cellule située dans la même colonne que la cellule active mais sur le bord inférieur ou supérieur de la zone ? Comment sélectionner la cellule située dans la même ligne que la cellule active mais sur le bord gauche ou droit de la zone ? Il existe plusieurs solutions pour résoudre ces problèmes.

Avec la souris, double-cliquez sur la bordure correspondante de la cellule active.

Avec le clavier, utilisez les combinaisons [Ctrl]+[Flèche de direction] correspondante. Vous pouvez également appuyer sur la touche [⇧] puis sur la touche [Flèche de direction] correspondante.

Supposons, par exemple, que la cellule *A7* soit sélectionnée :

1 Lorsque vous approchez le pointeur de la souris du bord inférieur de la cellule *A7*, il change d'apparence et se transforme en une flèche blanche accompagnée d'une croix noire. Double-cliquez sur le bord inférieur de la cellule *A7*.

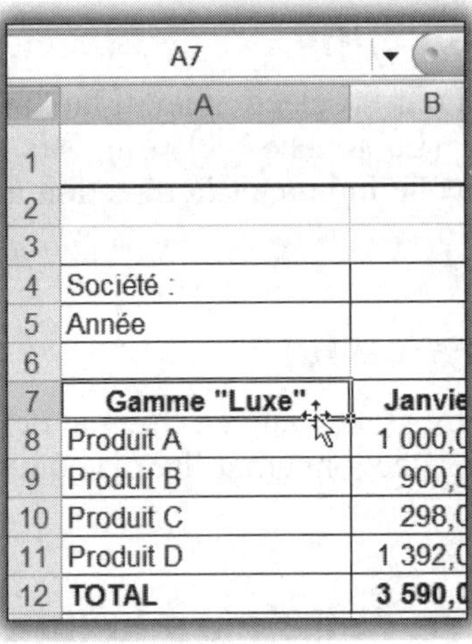

Figure 2.4 :
Le pointeur de la souris change d'apparence

2 La cellule *A12* est immédiatement sélectionnée.

Le résultat aurait été identique avec la combinaison [Ctrl]+[↓] ou [⇧] puis [↓].

Sélectionner des cellules  Chapitre 2

> **Sélection des cellules situées entre cellule active et bord de la zone**
> Si vous appuyez sur la touche [Maj] lors des manipulations précédentes, vous sélectionnez la cellule située sur le bord de la zone mais également toutes les cellules comprises entre elle et la cellule active.

Sélectionner des cellules avec la commande Atteindre

En plus de la sélection par l'intermédiaire du clavier ou de la souris, il existe une autre possibilité pour sélectionner des plages de cellules :

1 Dans le groupe *Édition* de l'onglet **Accueil**, cliquez sur le bouton **Rechercher et sélectionner** puis sélectionnez la commande **Atteindre** (ou appuyez sur la touche [F5]).

2 Dans la zone *Référence*, saisissez les références de la plage à sélectionner. Par exemple, B7:D12.

Figure 2.5 :
La boîte de dialogue Atteindre

3 Cliquez sur OK.

La commande **Atteindre** permet de mémoriser les quatre dernières sélections. Vous pourrez ainsi basculer rapidement entre ces quatre plages.

Chapitre 2 — Saisir des données dans une feuille de calcul

Vous pouvez également, à l'aide de cette commande, sélectionner des plages de cellules non adjacentes, en séparant les références des différentes plages par des points-virgules (par exemple *B7 :D12 ; B14 :D19*).

Vous pouvez aussi sélectionner des plages sur d'autres feuilles, en faisant précéder la référence par le nom de la feuille suivi d'un point d'exclamation (par exemple, *Feuil2 !A7 :D14*).

> **ASTUCE** — **Utilisation de la commande Atteindre pour étendre une sélection**
> Il est possible d'utiliser la commande **Atteindre** différemment. Pour sélectionner la plage *B7 :D12*, sélectionnez *B7*, affichez la boîte de dialogue **Atteindre**, saisissez D12 dans la zone *Référence* puis appuyez sur [Maj] en cliquant sur OK.

Sélectionner des cellules particulières

Si vous cliquez sur le bouton **Cellules** de la boîte de dialogue **Atteindre**, vous accédez à une nouvelle boîte de dialogue grâce à laquelle vous pouvez sélectionner des cellules ou des plages de cellules "particulières".

Vous pouvez accéder plus directement à cette boîte de dialogue : dans le groupe *Édition* de l'onglet **Accueil**, cliquez sur le bouton **Rechercher et sélectionner** puis choisissez **Sélectionner les cellules**.

Figure 2.6 :
La boîte de dialogue Sélectionner les cellules

Saisir, modifier et supprimer des données — Chapitre 2

Décrivons maintenant quelques-unes des options :

- *Constantes* sélectionne toutes les cellules contenant des constantes. Vous pouvez choisir le type de constante à sélectionner à l'aide de quatre cases à cocher (*Nombres*, *Texte*, *Valeurs logiques*, *Erreurs*).
- *Formules* sélectionne toutes les cellules contenant des formules. Vous pouvez choisir le type de résultat des formules à sélectionner à l'aide des quatre cases à cocher (*Nombres*, *Texte*, *Valeurs logiques*, *Erreurs*). Dans le cas de notre feuille de calcul, les plages *B12 :M12* et *B19:M19* seraient sélectionnées (cellules contenant le calcul des totaux mensuels).
- *Cellules vides* sélectionne les cellules vides de la zone active (et non de la feuille entière).
- *Zone en cours* sélectionne la totalité de la zone dans laquelle se trouve la cellule active. Si vous sélectionnez *E10* avant d'utiliser cette option, la plage *A7 :M12* sera sélectionnée.
- *Dernière cellule* sélectionne la dernière cellule de la zone active, ici *M19*.

2.2. Saisir, modifier et supprimer des données

Nous allons à présent décrire les opérations nécessaires à la saisie, à la modification et à la suppression de données dans des cellules ou des plages de cellules.

Saisir des données

Pour saisir du texte dans une cellule, procédez ainsi :

1 Dans une feuille vierge, sélectionnez la cellule *B2*.

2 Saisissez `Date de naissance:`. Si vous appuyez sur [Entrée], la cellule *B3* sera, par défaut, automatiquement sélectionnée, or la saisie suivante doit se faire dans la cellule *C2*. Vous seriez donc dans l'obligation de vous déplacer une fois à droite et une fois en haut, avec les touches de direction, pour atteindre la cellule voulue. Afin d'éviter ces manipulations, validez par [↵] au lieu d'utiliser la touche [Entrée].

3 Appuyez sur ⏎. La cellule C2 est automatiquement sélectionnée.
4 Saisissez 24/04/71 et appuyez sur ⏎. La cellule D2 est automatiquement sélectionnée.

> **REMARQUE**
>
> **Validation de cellule**
> Si vous voulez saisir une information dans la cellule située au-dessus de celle où vous êtes, appuyez sur la touche de direction [↑] (ou [Maj]+[Entrée]). Pour sélectionner une cellule à gauche de celle où vous êtes, appuyez sur la touche de direction [←] (ou [Maj]+[⏎]).

> **ASTUCE**
>
> **Modifier le sens de déplacement par défaut**
> Il est possible de modifier le sens de déplacement après validation. Pour cela, cliquez sur le bouton **Microsoft Office** puis sur **Options Excel**. Dans la boîte de dialogue **Options Excel**, cliquez sur **Options avancées**. Dans la rubrique *Options d'édition*, vous pouvez piloter le sens du déplacement après validation. Si vous désélectionnez la case *Déplacer la sélection après validation*, la sélection ne sera plus déplacée lorsque vous appuierez sur [Entrée]. Si vous cochez cette case, vous pourrez choisir le sens de déplacement parmi quatre directions (Haut, Bas, Gauche et Droite), à l'aide de la liste *Sens*.

Notre saisie n'a pas donné un résultat très convaincant. En effet, la date a masqué une très large partie du texte.

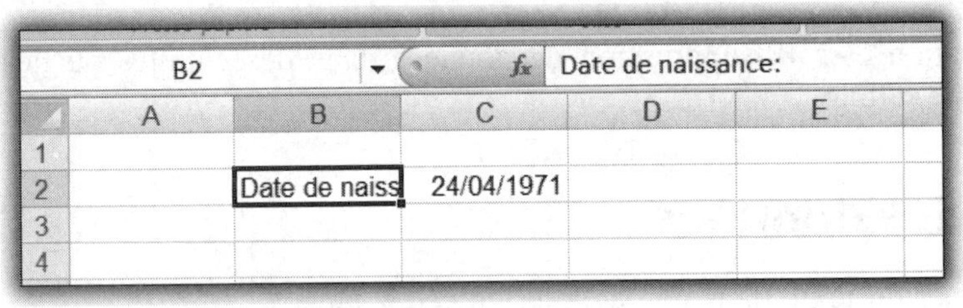

Figure 2.7 : Une saisie imparfaite

Saisir différents types de données

Lorsqu'un texte trop long est saisi dans une cellule, il dépasse dans la ou les cellules voisines, jusqu'à ce qu'une saisie dans ces cellules vienne le

Saisir, modifier et supprimer des données — Chapitre 2

masquer. Bien sûr, il est toujours stocké dans son intégralité dans la cellule initiale. Seul l'affichage est tronqué.

Pour les entrées numériques, c'est un peu différent, dans la mesure où seuls quinze chiffres sont significatifs. Si vous entrez plus de quinze chiffres, les chiffres à partir du seizième (avant ou après la virgule) seront convertis en zéros. De plus, lorsqu'une entrée numérique est trop longue pour être affichée dans une cellule, elle est affichée en notation scientifique (du type `5,45 E +12`, où E représente les puissances de 10, ici il s'agit de 10^{12}).

Si vous réduisez la largeur d'une colonne contenant une date ou une entrée numérique, l'affichage de la valeur sera remplacé par une série de dièses (#). Cela ne signifie pas que le contenu des cellules est perdu mais que l'affichage ne peut être réalisé dans de bonnes conditions.

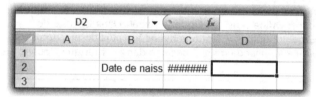

Figure 2.8 :
Affichage tronqué de la date

Pour faire disparaître ces symboles, il suffit d'élargir la colonne (ou de diminuer le nombre de décimales, par exemple).

Nous allons maintenant redonner à notre récente saisie une apparence plus convenable. Pour cela, sélectionnez la cellule *C2* et alignez le texte à droite à l'aide du bouton correspondant dans le groupe *Alignement* de l'onglet **Accueil**.

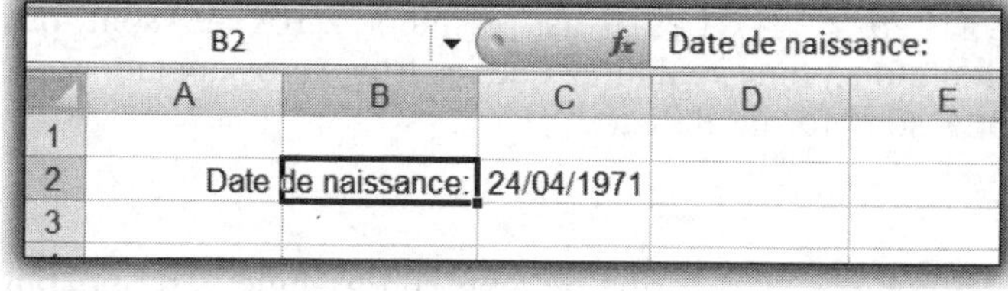

Figure 2.9 : *Voilà qui est mieux*

Par défaut, les entrées numériques et les dates sont alignées à droite et les textes sont alignés à gauche.

Continuons notre saisie d'informations complémentaires.

Chapitre 2 — Saisir des données dans une feuille de calcul

1 En *B3*, saisissez `Taux de réduction :`.
2 Alignez le texte à droite.
3 En *C3*, saisissez `20%`.

La dernière entrée, même si elle contient un symbole non numérique (%), est considérée comme une entrée numérique (vous constatez d'ailleurs qu'elle est alignée à droite). Excel a compris qu'il s'agissait d'un pourcentage ; la valeur numérique sous-jacente est 0,2. Si vous utilisez cette cellule dans une formule, 0,2 sera utilisé et non 20 (ne divisez donc pas par 100). Excel a appliqué automatiquement le format *Pourcentages*.

> **ASTUCE** — **Saisie des pourcentages**
> Lorsque le format *Pourcentages* est attribué à une cellule, si vous saisissez la valeur `0,5`, Excel comprend par défaut 0,5 % soit 0,05 et non 50 %. Si vous voulez saisir les pourcentages sous forme décimale, cliquez sur le bouton **Microsoft Office** puis sur **Options Excel**. Dans la boîte de dialogue **Options Excel**, cliquez sur **Options avancées** puis désélectionnez la case *Activer la saisie automatique de pourcentage* dans la rubrique *Options d'édition*.

Enfin, il est possible de saisir un nombre sous forme de texte. Pour cela, il faut le faire précéder d'une apostrophe (`'`) ou le saisir entre guillemets (`="0001921"`).

1 En *B4*, saisissez `N° abonnement :`.
2 Alignez le texte à droite.
3 En *C4*, saisissez `0001921`.

Excel n'a pas conservé les trois zéros. C'est normal car le logiciel a converti `0001921` en `1921`. Les trois premiers zéros ne sont pas significatifs. Si toutefois, vous souhaitez que les trois zéros apparaissent, saisissez `0001921` sous forme de texte.

4 En *C4*, saisissez `'0001921`.

Après la saisie du nombre sous forme de texte, un triangle vert apparaît dans l'angle supérieur gauche de la cellule. Si vous sélectionnez la cellule, une balise active apparaît.

Saisir, modifier et supprimer des données — Chapitre 2

	A	B	C
1			
2		Date de naissance:	24/04/1971
3		Taux de réduction :	20%
4		N° abonne⟨!⟩it:	0001921
5			

Figure 2.10 :
Saisie d'un nombre sous forme de texte

Si vous cliquez sur la balise active, un menu apparaît, indiquant qu'Excel a détecté ce qui lui semble être une erreur (*Nombre stocké sous forme de texte*). Puisque notre saisie est volontaire, vous pouvez sélectionner **Ignorer l'erreur**.

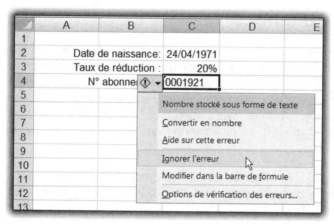

Figure 2.11 : Le menu de la balise active

Saisir des données dans une plage de cellules

Pour saisir des données dans une plage de cellules déterminée, sélectionnez cette dernière puis saisissez la valeur dans la première cellule, appuyez sur [Entrée], et ainsi de suite. La cellule active se déplacera successivement dans toutes les cellules de la plage sélectionnée et uniquement dans celles-ci. Procédez ainsi :

1 Sélectionnez *B8:C9*.

2 Saisissez 1000 et appuyez sur [Entrée].

3 Saisissez 900 et appuyez sur [Entrée].

Chapitre 2 — Saisir des données dans une feuille de calcul

4 Saisissez 400 et appuyez sur [Entrée].
5 Saisissez 750 et appuyez sur [Entrée].

La cellule active s'est successivement déplacée en *B9*, *C8*, *C9* pour revenir en *B8* après la dernière saisie.

> **ASTUCE — Saisie d'une même valeur dans une plage de cellules**
> Pour remplir une plage de cellules avec une même valeur, sélectionnez la plage désirée, saisissez la valeur souhaitée et validez la saisie avec [Ctrl]+[Entrée].

Modifier des données

Lorsque vous saisissez des données dans une cellule, vous êtes en mode Frappe, c'est-à-dire que vous pouvez corriger votre en-cours de frappe uniquement avec la touche [Retour Arrière]. Vous ne pouvez employer les touches de direction pour revenir sur un caractère, leur utilisation validerait la frappe. Si vous vous apercevez d'une erreur après la validation, vous disposez de plusieurs techniques pour modifier le contenu d'une cellule.

Vous pouvez saisir à nouveau la totalité du contenu correct et valider. Pour corriger, vous devez passer en mode Édition. Pour ce faire, vous avez trois possibilités :

- sélectionner la cellule à corriger puis appuyer sur [F2] ;
- cliquer directement sur la barre de formule ;
- double-cliquer sur la cellule.

> **REMARQUE — Désactivation de la modification directe**
> La dernière possibilité est nommée "modification directe" en jargon Excel. Il est toutefois possible de la désactiver. Pour cela, cliquez sur le bouton **Microsoft Office** puis sur **Options Excel**. Dans la boîte de dialogue **Options Excel**, cliquez sur **Options avancées** puis désélectionnez la case *Modification directe* dans la rubrique *Options d'édition*. Une fois cette modification réalisée, le double-clic sur une cellule n'a plus d'effet.

Si vous commencez votre saisie dans une mauvaise cellule ou si vous faites une erreur dans vos modifications, ne vous inquiétez pas. En effet,

Saisir, modifier et supprimer des données — Chapitre 2

tant que vous n'avez pas validé, il vous suffit d'appuyer sur la touche [Echap] pour annuler l'en-cours de frappe et récupérer les données précédentes.

Essayez ces quelques manipulations :

- Sélectionnez la cellule *B5*, saisissez `Pays :` et appuyez sur [Entrée].
- Sélectionnez la cellule *B5*, saisissez `Ville :` et appuyez sur [Entrée]. `Ville :` a remplacé `Pays :`.
- Sélectionnez la cellule *B5*, saisissez `Département :` et appuyez sur [Echap]. `Ville :` est toujours inscrit dans *B5*.
- Double-cliquez sur la cellule *B5*, le curseur clignote dans la cellule : vous êtes en mode Édition. Vous pouvez vous déplacer à l'aide des touches de direction. Ajoutez `de résidence` après `Ville`. Appuyez sur [Entrée].
- Sélectionnez la cellule *B5*, appuyez sur [F2]. Vous êtes à nouveau en mode Édition. Vous pouvez vous déplacer à l'aide des touches de direction. Remplacez `Ville` par `Pays`. Appuyez sur [Entrée].
- Sélectionnez la cellule *B5*, cliquez dans la barre de formule. Vous êtes à nouveau en mode Édition. Vous pouvez vous déplacer à l'aide des touches de direction. Après la modification, appuyez sur [Entrée].

Supprimer des données

Pour supprimer des données, sélectionnez la cellule ou la plage de cellules dont vous voulez supprimer le contenu. Vous avez ensuite deux possibilités :

- Cliquez sur le bouton **Effacer** du groupe *Édition* de l'onglet **Accueil**. Un sous-menu s'affiche dans lequel vous pouvez choisir ce que vous désirez supprimer.

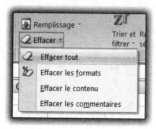

Figure 2.12 :
Options de la commande Effacer

- Appuyez sur la touche [Suppr]. Excel supprime le contenu de la cellule ou de la plage de cellules sélectionnée.

> **⚠ ATTENTION** **Risque d'erreur**
>
> Lorsque vous sélectionnez une cellule dont vous désirez supprimer le contenu, n'utilisez surtout pas la [Barre d'espace] qui, apparemment, donne le même résultat. Elle laisse en réalité un caractère d'espacement qui pourra devenir une cause d'erreur. Une cellule avec un caractère, même si c'est un espace, n'est pas considérée par Excel comme une cellule vide, mais comme une cellule contenant du texte.

2.3. Gagner du temps pour la saisie des données

Nous venons d'aborder les possibilités de saisie "simple" de plusieurs types de données. Nous allons à présent découvrir la saisie semi-automatique de données. En effet, lorsque vous saisissez des données, certaines d'entre elles peuvent apparaître plusieurs fois. Pourquoi les ressaisir à chaque fois dans leur intégralité ? La saisie semi-automatique peut prendre deux formes :

- la reconnaissance, au fil de la frappe, des chaînes de caractères déjà saisies dans la colonne ;
- la création d'une liste de choix avec les valeurs déjà saisies dans la colonne.

Mettre à profit la saisie semi-automatique

Pour illustrer cette fonctionnalité, nous utiliserons un tableau de suivi des ventes par client. Un même client peut revenir plusieurs fois. Dans notre exemple, les clients sont au nombre de quatre : DURAND, DUPOND, MARTIN et PAUL.

Supposons que nous souhaitions ajouter une vente pour le client MARTIN. En *A21*, lorsque nous commençons à saisir le nom, Excel nous a devancé et nous propose le nom complet.

Gagner du temps pour la saisie des données — Chapitre 2

	A	B	C
1	**Suivi des ventes par client**		
2			
3	Nom du client	Date	Montant
4	DUPOND	02/01/2006	1 364 €
5	DURAND	02/01/2006	1 364 €
6	MARTIN	02/01/2006	1 364 €
7	PAUL	07/01/2006	999 €
8	DURAND	07/01/2006	999 €
9	PAUL	07/01/2006	999 €
10	MARTIN	02/02/2006	458 €
11	DUPOND	02/02/2006	458 €
12	DURAND	02/02/2006	458 €
13	PAUL	08/02/2006	1 381 €
14	PAUL	08/02/2006	1 381 €
15	MARTIN	08/02/2006	1 381 €
16	DURAND	28/02/2006	320 €
17	DUPOND	28/02/2006	320 €
18	PAUL	28/02/2006	320 €
19	MARTIN	27/03/2006	1 285 €
20	PAUL	27/03/2006	1 285 €
21	MARTIN		
22			

Figure 2.13 :
La saisie semi-automatique

Excel mémorise les entrées précédentes réalisées dans la colonne et complète notre saisie par l'entrée qui correspond aux premières lettres saisies. Il est possible d'accepter la proposition en validant la saisie ou de continuer la saisie si la proposition ne convient pas. Dans notre cas, la proposition est correcte, nous pouvons donc la valider.

> **REMARQUE — Application de la saisie semi-automatique**
> La saisie semi-automatique fonctionne uniquement pour les entrées de type texte.

Continuons notre saisie en *A22* par une vente pour le client DURAND. Lorsque nous saisissons la première lettre (D), Excel ne nous propose rien. C'est normal car le logiciel ne sait pas s'il doit nous proposer DURAND ou DUPOND. Dans le doute, il s'abstient. Si nous continuons la saisie, dès que nous aurons tapé les lettre U et R, Excel nous proposera DURAND car il aura fait la différence entre les deux entrées de la colonne commençant par DU.

Chapitre 2   Saisir des données dans une feuille de calcul

Utiliser les listes de choix

Il existe une autre façon de mettre à profit la saisie semi-automatique de données. Il suffit pour cela de cliquer du bouton droit sur une cellule. Dans le menu contextuel, sélectionnez ensuite la commande **Liste déroulante de choix**.

	A	B	C
1	Suivi des ventes par client		
2			
3	Nom du client	Date	Montant
4	DUPOND	02/01/2006	1 364 €
5	DURAND	02/01/2006	1 364 €
6	MARTIN	02/01/2006	1 364 €
7	PAUL	07/01/2006	999 €
8	DURAND	07/01/2006	999 €
9	PAUL	07/01/2006	999 €
10	MARTIN	02/02/2006	458 €
11	DUPOND	02/02/2006	458 €
12	DURAND	02/02/2006	458 €
13	PAUL	08/02/2006	1 381 €
14	PAUL	08/02/2006	1 381 €
15	MARTIN	08/02/2006	1 381 €
16	DURAND	28/02/2006	320 €
17	DUPOND	28/02/2006	320 €
18	PAUL	28/02/2006	320 €
19	MARTIN	27/03/2006	1 285 €
20	PAUL	27/03/2006	1 285 €
21	MARTIN	02/04/2006	1 678 €
22			
23	DUPOND		
24	DURAND		
	MARTIN		
25	PAUL		
26			
27			

Figure 2.14 : L'autre forme de saisie semi-automatique

Vous pouvez choisir l'entrée qui vous convient. Dans notre exemple, `Nom du client` n'apparaît pas dans la liste. En effet, Excel a interprété la première ligne comme les intitulés des colonnes de notre liste.

> **ASTUCE** — **Désactivation de la saisie semi-automatique**
> Vous pouvez désactiver la saisie semi-automatique des données (mais pas la fonction `Liste de choix`). Pour cela, cliquez sur le bouton

Insérer et supprimer des cellules Chapitre 2

> **ASTUCE** **Microsoft Office** puis sur **Options Excel**. Dans la boîte de dialogue **Options Excel**, cliquez sur **Options avancées** puis désélectionnez la case *Saisie semi-automatique des valeurs de cellule* dans la rubrique *Options d'édition*.

2.4. Insérer et supprimer des cellules

Lors de la conception d'une feuille de calcul, il est fréquent de s'apercevoir que l'on a oublié telle ou telle donnée. Heureusement, une feuille de calcul n'est pas un espace figé, il est possible d'y insérer des lignes, des colonnes ou des plages de cellules. Réciproquement, des lignes, des colonnes ou des plages de cellules peuvent s'avérer inutiles. Dans ce cas, leur suppression est à envisager.

Insérer des lignes et des colonnes

Insérer des lignes

Pour insérer une ligne dans une feuille de calcul, la procédure est relativement simple :

1 Sélectionnez la ligne au-dessus de laquelle doit être insérée la nouvelle ligne. Pour cela, cliquez sur l'en-tête de la ligne.

2 Cliquez du bouton droit. Dans le menu contextuel qui apparaît, sélectionnez **Insertion**.

Figure 2.15 :
Insertion d'une ligne

LE GUIDE COMPLET 67

La ligne est insérée au-dessus de la ligne sélectionnée et l'ensemble du tableau est décalé vers le bas. Il reste un point à régler : la mise en forme de la ligne insérée. Par défaut, elle a hérité de la mise en forme de la ligne qui se trouve au-dessus. Dans notre exemple, il s'agit de la ligne de titre. Or, cela ne convient pas car nous souhaitons insérer une ligne destinée à recevoir des données. Qu'à cela ne tienne, cliquez sur le bouton d'options qui a fait son apparition et sélectionnez **Format identique à celui du dessous**. Il est également possible de sélectionner **Effacer la mise en forme**, c'est-à-dire d'insérer une ligne sans mise en forme.

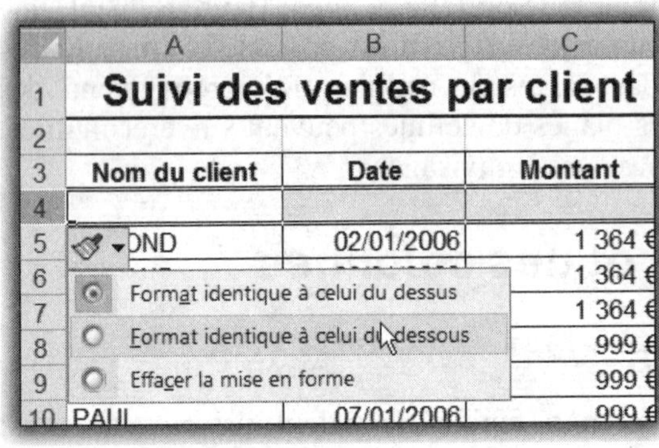

Figure 2.16 :
Choix du format de la ligne insérée

La ligne insérée est identique aux autres lignes de données.

Pour insérer plusieurs lignes, sélectionnez plusieurs lignes avant d'appliquer la fonction d'insertion. La sélection peut concerner des lignes adjacentes ou non. Dans tous les cas, les lignes insérées se placeront avant les lignes sélectionnées.

Pour insérer des lignes, il est également possible d'utiliser le bouton **Insérer** du groupe *Cellules* de l'onglet **Accueil**.

Insérer des colonnes

Le principe d'insertion des colonnes est strictement identique à celui de l'insertion des lignes.

1 Sélectionnez la colonne à gauche de laquelle la nouvelle colonne doit être insérée.

2 Cliquez du bouton droit. Dans le menu contextuel, sélectionnez **Insertion**.

Insérer et supprimer des cellules — Chapitre 2

Figure 2.17 : Insertion d'une colonne

La colonne est insérée à gauche de la colonne sélectionnée et l'ensemble du tableau est décalé vers la droite. Par défaut, la colonne insérée a hérité de la mise en forme de la colonne qui se trouve à sa gauche. Si vous souhaitez modifier cela, cliquez sur le bouton d'options qui a fait son apparition et sélectionnez **Format identique à celui de droite**. Il est également possible de sélectionner **Effacer la mise en forme**, c'est-à-dire d'insérer une ligne sans mise en forme.

L'insertion de groupes de colonnes (adjacentes ou non adjacentes) se réalise selon le même principe que celle des lignes.

Pour insérer des colonnes, il est également possible d'utiliser le bouton **Insérer** du groupe *Cellules* de l'onglet **Accueil**.

Insérer des cellules

Il n'est pas toujours nécessaire d'insérer des lignes ou des colonnes entières. Il peut être suffisant d'insérer des cellules. Pour cela :

1 Sélectionnez une plage de cellules.

Chapitre 2   **Saisir des données dans une feuille de calcul**

2 Cliquez du bouton droit et sélectionnez **Insérer** dans le menu contextuel.

Figure 2.18 :
La boîte de dialogue Insertion de cellule

3 Vous pouvez choisir entre :

- *Décaler les cellules vers la droite.* Les cellules sélectionnées seront décalées vers la droite et des cellules vierges insérées à leur place.
- *Décaler les cellules vers le bas.* Les cellules sélectionnées seront décalées vers le bas et des cellules vierges insérées à leur place.
- *Ligne entière.* Des lignes entières seront insérées. Il s'agit d'une alternative aux méthodes proposées précédemment.
- *Colonne entière.* Des colonnes entières seront insérées. Il s'agit d'une alternative aux méthodes proposées précédemment.

	A	B	C
1	Suivi des ventes par client		
2			
3	Nom du client	Date	Montant
4	DUPOND	02/01/2006	1 364 €
5			1 364 €
6			1 364 €
7			999 €
8	DURAND	02/01/2006	999 €
9	MARTIN	02/01/2006	999 €
10	PAUL	07/01/2006	458 €

Figure 2.19 :
Les cellules sélectionnées ont été décalées vers le bas

Insérer et supprimer des cellules — Chapitre 2

4 Une fois l'insertion réalisée, le bouton d'options permet de choisir la mise en forme des cellules insérées.

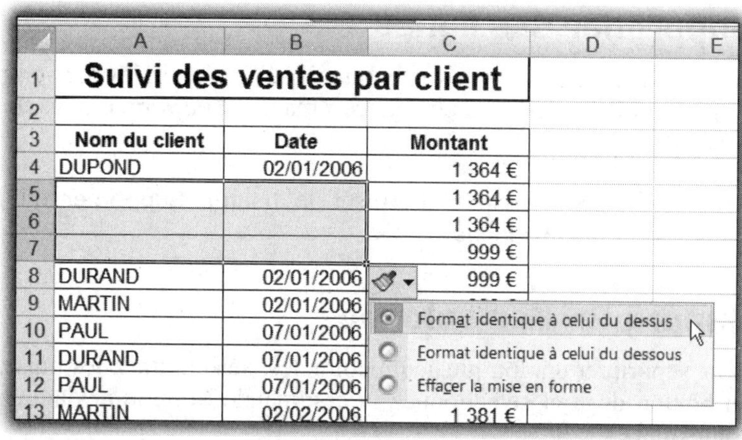

Figure 2.20 : Choix de la mise en forme

Il faut être relativement prudent lors de l'utilisation de cette fonction car le tableau peut se trouver "déstabilisé" par l'insertion d'un groupe de cellules. Les cellules des autres colonnes n'ont pas été décalées vers le bas. Dans le cas d'une liste de données, cela peut s'avérer dramatique car les lignes sont des ensembles de données cohérentes.

Pour insérer des cellules, il est également possible d'utiliser le bouton **Insérer** du groupe *Cellules* de l'onglet **Accueil**. Dans ce cas, les cellules existantes seront systématiquement décalées vers la droite. Si vous souhaitez spécifier le sens du décalage, cliquez sur le petit bouton fléché situé juste au-dessous du bouton **Insérer** et choisissez **Insérer des cellules** dans le menu déroulant.

Figure 2.21 :
Utilisation du menu associé au bouton Insérer

Supprimer des lignes et des colonnes

Supprimer des lignes

Pour supprimer une ou plusieurs lignes, sélectionnez-les puis cliquez du bouton droit et sélectionnez la commande **Supprimer** dans le menu contextuel.

Il est également possible d'utiliser le bouton **Supprimer** du groupe *Cellules* de l'onglet **Accueil**.

Supprimer des colonnes

Pour supprimer une ou plusieurs colonnes, sélectionnez-les puis cliquez du bouton droit et sélectionnez la commande **Supprimer** dans le menu contextuel.

Il est également possible d'utiliser le bouton **Supprimer** du groupe *Cellules* de l'onglet **Accueil**.

Supprimer des cellules

Pour supprimer une plage de cellules, la procédure est analogue à la procédure de l'insertion :

1 Sélectionnez la plage cellules à supprimer.

2 Cliquez du bouton droit et sélectionnez **Supprimer** dans le menu contextuel (voir Figure 2.22).

3 Vous pouvez choisir entre :

- *Décaler les cellules vers la gauche*. Les cellules situées à droite des cellules supprimées seront décalées vers la gauche.
- *Décaler les cellules vers le haut*. Les cellules situées en dessous des cellules supprimées seront décalées vers le bas.
- *Ligne entière*. Des lignes entières seront supprimées. Il s'agit d'une alternative aux méthodes proposées précédemment.
- *Colonne entière*. Des colonnes entières seront supprimées. Il s'agit d'une alternative aux méthodes proposées précédemment.

Annuler, rétablir et répéter des opérations   Chapitre 2

*Figure 2.22 :
La boîte de
dialogue
Supprimer*

La même prudence que pour l'insertion de plages de cellules s'impose.

Pour supprimer des cellules, il est également possible d'utiliser le bouton **Supprimer** du groupe *Cellules* de l'onglet **Accueil**. Dans ce cas, les cellules restantes seront systématiquement décalées vers le haut. Si vous souhaitez spécifier le sens du décalage, cliquez sur le petit bouton fléché situé juste au-dessous du bouton **Supprimer** et choisissez **Supprimer des cellules** dans le menu déroulant.

2.5. Annuler, rétablir et répéter des opérations

Tout le monde peut se tromper. Il est donc rassurant de savoir que bon nombre d'opérations peuvent être annulées.

Annuler des opérations

Pour annuler la dernière opération effectuée :

1 Cliquez sur le bouton **Annuler** de la barre d'outils *Accès rapide*.

2 Appuyez sur [Ctrl]+[Z].

| Chapitre 2 | Saisir des données dans une feuille de calcul |

Vous pouvez annuler l'opération précédente et jusqu'à la 100ᵉ opération.

Pour annuler en une fois plusieurs opérations, cliquez sur le bouton fléché à côté du bouton **Annuler**. Vous pouvez alors sélectionner plusieurs opérations à annuler (jusqu'à 16).

Figure 2.23 :
Annulation de plusieurs opérations

Lorsqu'il n'y a plus d'opérations à annuler, le bouton apparaît en grisé.

> **REMARQUE** **L'annulation n'est pas omnipotente**
> Toutes les opérations ne peuvent pas être annulées (enregistrement, suppression de feuilles de calcul…). De plus, lorsque vous enregistrez un document, vous "remettez à zéro" la liste des opérations à annuler.

Rétablir des opérations

Après avoir annulé des opérations, il peut arriver de regretter et de vouloir "annuler l'annulation". C'est également possible. Procédez ainsi :

1 Cliquez sur le bouton **Rétablir** de la barre d'outils *Standard*.

2 Appuyez sur [Ctrl]+[Y].

Vous pouvez rétablir l'opération précédente et jusqu'à la 100ᵉ opération.

Pour rétablir en une seule fois plusieurs opérations, cliquez sur le bouton fléché à côté du bouton **Rétablir**. Vous pouvez alors sélectionner plusieurs opérations à rétablir (jusqu'à 16).

Lorsqu'il n'y a plus d'opérations à rétablir, le bouton apparaît en grisé.

Répéter la dernière opération

Lorsque la dernière opération effectuée n'est pas une annulation, le bouton **Rétablir** de la barre d'outils *Accès rapide* devient **Répéter** et permet de répéter la dernière opération. Cela est notamment utile pour la mise en forme.

Le raccourci clavier est le même que celui utilisé pour **Répéter**, c'est-à-dire [Ctrl]+[Y].

# Chapitre 3

Manipuler les données saisies

Déplacer des cellules	78
Couper, copier, coller	83
Rechercher et remplacer	99
Vérifier l'orthographe	102

Chapitre 3 — Manipuler les données saisies

Dans ce chapitre, nous allons décrire les différentes fonctions de manipulation des données saisies. Il s'agira d'abord des fonctions permettant de déplacer des cellules ou des plages de cellules afin de réorganiser les données. Nous nous intéresserons également à la célèbre trilogie "couper-copier-coller" dont nous passerons en revue les spécificités. Nous traiterons ensuite des fonctions de recherche et de remplacement de chaînes de caractères. Pour conclure ce chapitre, nous aborderons la correction orthographique, dont l'utilisation n'est pas réservée aux seuls logiciels de traitement de texte.

3.1. Déplacer des cellules

Pour modifier la disposition de titres, de valeurs ou de formules, Excel propose la fonction de déplacement. Les données sont tout simplement effacées de leur emplacement initial et apparaissent à l'endroit que vous avez déterminé.

Déplacer une plage de cellules

La technique le plus simple, pour déplacer le contenu d'une cellule ou d'une plage de cellules, consiste à utiliser le glisser-déposer. Procédez ainsi :

1 Sélectionnez la plage de cellules à déplacer.

2 Placez le pointeur de la souris sur le contour de la sélection. Il prend la forme d'une flèche blanche accolée à une croix noire.

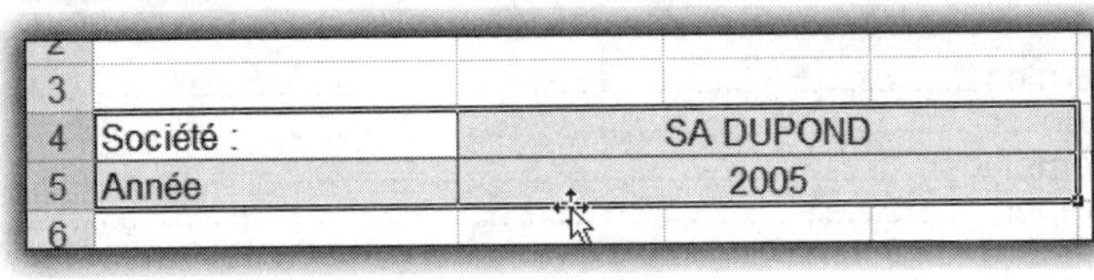

Figure 3.1 : Le pointeur de la souris change d'apparence

3 Cliquez et déplacez le cadre de la sélection vers l'emplacement souhaité.

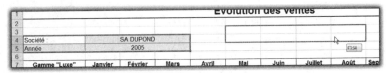

Figure 3.2 : Le contour de la sélection en cours de déplacement est matérialisé par une bordure grise

4 Relâchez le bouton de la souris.

Si la destination se situe au-delà du bord de la fenêtre, celle-ci défilera automatiquement dans la direction voulue. Si la position visée contient déjà des données, Excel vous demande si le contenu de ces cellules doit être remplacé. Si vous répondez par l'affirmative, le nouveau contenu remplace le précédent.

Cette technique permet aussi de déplacer des lignes et des colonnes entières. Sélectionnez d'abord la (ou les) ligne(s) ou colonne(s) concernées en cliquant sur leur en-tête.

> **REMARQUE** **Déplacement à l'aide du clavier**
> Vous pouvez déplacer une plage de cellules à l'aide du clavier. Pour cela, sélectionnez la plage à déplacer puis utilisez la combinaison de touches [Maj]+[Suppr]. Sélectionnez ensuite la destination et appuyez sur la touche [Entrée].

Insérer une plage déplacée

Lorsqu'il s'agit de déplacer des contenus de cellule, il faut parfois, au préalable, faire de la place pour ces contenus en insérant de nouvelles cellules. Il est possible de réaliser ces deux opérations en une seule manipulation.

Supposons que nous disposions d'une feuille de calcul contenant les tableaux des ventes mensuelles d'une gamme de produits en 2004 et 2005. Vous souhaitez comparer rapidement les ventes des mois de janvier 2004 et janvier 2005. Placez côte à côte les deux colonnes de données.

Voici la procédure à suivre :

1 Sélectionnez la plage à déplacer.

2 Positionnez le pointeur de la souris sur le contour de la sélection. Tout en maintenant la touche [Maj] appuyée, déplacez la plage vers son nouvel emplacement.

3 La sélection prend la forme d'une barre grisée. Placez cette barre entre les colonnes où vous voulez insérer la sélection.

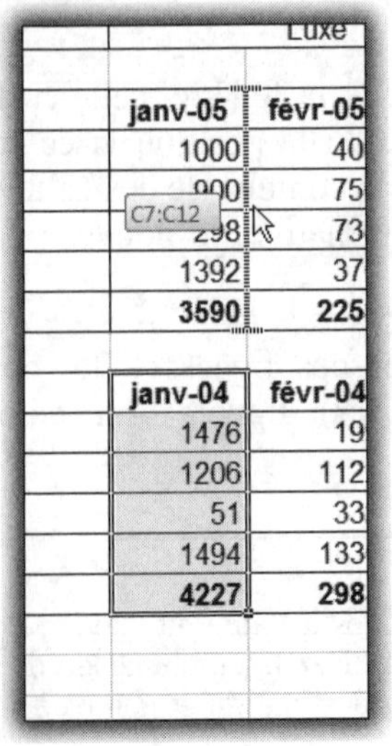

Figure 3.3 :
Choix de l'emplacement des données à insérer

4 Relâchez le bouton de la souris, les données sont déplacées et insérées à l'endroit souhaité. Le reste du tableau est décalé vers la droite.

Utiliser un menu contextuel pour déplacer et insérer des plages

Il est possible d'utiliser une autre méthode pour déplacer et/ou insérer des plages déplacées :

1 Sélectionnez la plage à déplacer.

2 Cliquez du bouton droit sur le contour de la plage sélectionnée.

3 Tout en maintenant le bouton droit enfoncé, déplacez la plage à l'endroit souhaité.

4 Relâchez le bouton de la souris et sélectionnez l'action à effectuer dans le menu contextuel (voir Figure 3.4).

- **Placer ici** permet de déplacer la plage de cellules à l'endroit sélectionné en remplaçant éventuellement le contenu qui s'y trouvait. Les données sont effacées de leur emplacement initial.

Déplacer des cellules — Chapitre 3

Figure 3.4 :
Le menu contextuel de déplacement

- **Copier ici** permet de copier la plage de cellules à l'endroit sélectionné en remplaçant éventuellement le contenu qui s'y trouvait. Les données sont conservées à leur emplacement initial.

- **Copier ici les valeurs seules** permet de copier seulement les valeurs (sans le format). Les données sont conservées à leur emplacement initial.

- **Copier les formats seuls** permet de copier seulement les formats (sans les valeurs). Les données sont conservées à leur emplacement initial.

- **Créer un lien** permet de créer une liaison avec les données initiales.

- **Créer un lien hypertexte** permet de créer un lien hypertexte vers la plage initiale.

- **Décaler vers le bas et copier** insère les données en décalant les cellules existantes vers le bas. Les données sont conservées à leur emplacement initial.

- **Décaler vers la droite et copier** insère les données en décalant les cellules existantes vers la droite. Les données sont conservées à leur emplacement initial.

- **Décaler vers le bas et copier** insère les données en décalant les cellules existantes vers le bas. Les données sont effacées de leur emplacement initial.
- **Décaler vers la droite et copier** insère les données en décalant les cellules existantes vers la droite. Les données sont effacées de leur emplacement initial.
- **Annuler** annule le déplacement.

Déplacer des cellules vers une autre feuille

Il est possible de déplacer une plage de cellules vers une autre feuille de calcul.

Pour ce faire :

1 Sélectionnez la plage de cellules à déplacer.

2 Positionnez le pointeur de la souris sur le contour de la sélection et, tout en maintenant la touche [Alt] enfoncée, déplacez la plage vers l'onglet de la feuille souhaitée.

3 La feuille en question devient la feuille active. Vous pouvez choisir l'emplacement de destination.

Déplacer des cellules vers un autre classeur

Il est possible de déplacer des données d'un classeur à l'autre. Pour cela, disposez les fenêtres des deux classeurs de manière qu'elles soient toutes deux visibles. Utilisez ensuite l'une des techniques que nous venons de décrire.

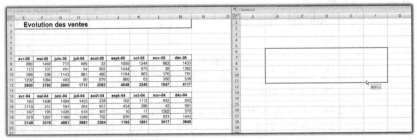

Figure 3.5 : Déplacement vers un autre classeur

3.2. Couper, copier, coller

Les "3 C" : **Couper, Copier** et **Coller** font partie des fonctions emblématiques de la bureautique sous Windows. Elles procurent en effet un confort d'utilisation assez appréciable et évitent des saisies multiples qui deviendraient rapidement fastidieuses.

Nous allons à présent décrire leurs multiples facettes.

Utiliser les fonctions de base

Copier/coller

Cette fonction consiste à stocker en mémoire une plage de cellules sélectionnées, puis à dupliquer cette sélection à un autre endroit. La mise en œuvre de cette fonction est très rapide. Nous allons à présent décrire comment copier puis coller une plage de cellules sur la feuille active.

Il faut au préalable sélectionner la plage de cellules à copier. Ensuite, il existe trois solutions pour copier cette plage de cellules :

- Utilisez le bouton **Copier** du groupe *Presse-papiers* de l'onglet **Accueil**.

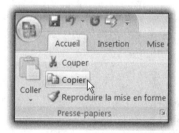

Figure 3.6 :
Le bouton Copier

- Cliquez du bouton droit sur la sélection et choisissez la commande **Copier** dans le menu contextuel.
- Appuyez sur [Ctrl]+[C].

Le plus rapide est sans doute d'utiliser [Ctrl]+[C] (sauf si vous êtes un inconditionnel de la souris). La sélection est entourée d'une bordure clignotante.

Ensuite, il convient de sélectionner la cellule qui sera située en haut et à gauche de la plage collée. Une fois cette opération effectuée, trois solutions s'offrent à vous pour coller vos données :

- Utilisez le bouton **Coller** du groupe *Presse-papiers* de l'onglet **Accueil**.

Figure 3.7 :
Le bouton Coller

- Cliquez du bouton droit sur la sélection et choisissez la commande **Coller** dans le menu contextuel.
- Appuyez sur [Ctrl]+[V].

6			
7	Gamme "Luxe"	Janvier	F
8	Produit A	1 000,00 €	
9	Produit B	900,00 €	
10	Produit C	298,00 €	
11	Produit D	1 392,00 €	
12	TOTAL	3 590,00 €	2
13			
14	Gamme "Standard"	Janvier	F
15	Produit A	1 476,00	
16	Produit B	1 206,00	
17	Produit C	51,00	
18	Produit D	1 494,00	
19	TOTAL	4 227,00	
20			
21			
22	Gamme "Luxe"	Janvier	
23	Produit A	1 000,00 €	
24	Produit B	900,00 €	
25	Produit C	298,00 €	
26	Produit D	1 392,00 €	
27	TOTAL	3 590,00 €	
28			
29			

Figure 3.8 :
La plage de cellules est collée à partir de la cellule sélectionnée

Tant que vous n'effectuez pas d'autre opération, la sélection peut être collée à nouveau. En fait, tant que la plage copiée est entourée par une bordure clignotante, vous pouvez la coller à nouveau.

Couper, copier, coller — Chapitre 3

À côté de la plage de cellules collée, un bouton d'options est affiché. Si vous cliquez dessus, un menu apparaît. Il vous permet de contrôler l'apparence des cellules collées.

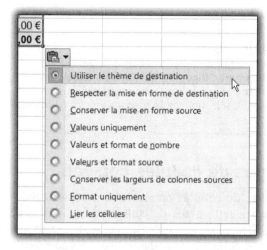

Figure 3.9 :
Le menu du bouton d'options

Les options du menu sont les suivantes :

- *Utiliser le thème de destination* emploie les caractéristiques (couleurs, polices, effets) du thème en vigueur dans le classeur de destination.
- *Respecter la mise en forme de destination* utilise la mise en forme de la plage dans laquelle sont collées les données.
- *Conserver la mise en forme source* conserve la mise en forme des cellules copiées.
- *Valeurs uniquement* colle seulement les valeurs des cellules, sans le format.
- *Valeurs et format de nombre* conserve uniquement les formats numériques ; les autres éléments de mise en forme sont perdus.
- *Valeurs et format source* colle les valeurs et conserve uniquement les formats ; les autres éléments de mise en forme sont perdus.
- *Conserver les largeurs de colonnes sources* conserve la mise en forme des cellules copiées, mais également la largeur des colonnes dans lesquelles elles étaient situées. C'est une fonctionnalité intéressante car cela vous évite retravailler la présentation des tableaux collés.

- *Format uniquement* colle seulement le format des cellules, sans les valeurs.
- *Lier les cellules* colle une référence aux cellules copiées et non leur contenu.

> **Empêcher l'apparition du bouton d'options**
> Il est possible d'empêcher l'apparition des boutons d'options. Pour cela, cliquez sur le bouton **Microsoft Office** puis sur **Options Excel**. Dans la boîte de dialogue **Options Excel**, cliquez sur **Options avancées**. Dans la rubrique *Couper, copier et coller*, désélectionnez la case *Afficher les boutons d'options de collage*.

Dupliquer des plages de cellules copiées

Lorsque vous collez une plage de cellules préalablement copiées, vous avez la possibilité de dupliquer cette plage de cellules. C'est-à-dire de faire en sorte qu'elle soit collée plusieurs fois en une seule opération. Pour cela, avant d'effectuer le collage, sélectionnez non pas une seule cellule comme nous l'avons fait précédemment, mais plusieurs. Le nombre de cellules doit correspondre à un multiple des dimensions de la plage copiée.

Par exemple, supposons que vous ayez copié une plage de cellules de 6 lignes et 2 colonnes. Si vous souhaitez la dupliquer "dans le sens de la hauteur", il faudra sélectionner au minimum une plage de 12 lignes et 1 colonne. Dans ce cas, la plage sera collée deux fois. De même, si vous sélectionnez une plage de 1 ligne et 6 colonnes, la plage initiale sera collée 3 fois "dans le sens de la largeur".

	Gamme "Luxe"	Janvier	Février	Mars	Avril	Mai
8	Produit A	1000	400	559	886	1468
9	Produit B	900	750	437	113	707
10	Produit C	298	738	616	599	536
11	Produit D	1392	370	495	1202	1084
12	TOTAL	3590	2258	2107	2800	3795
14	Gamme "Standard"	Janvier	Février	Mars	Avril	Mai
15	Produit A	1476	199	836	193	1406
16	Produit B	1206	1122	322	1110	451
17	Produit C	51	332	746	167	195
18	Produit D	1494	1330	54	679	1267
19	TOTAL	4227	2983	1958	2149	3319

Figure 3.10 :
Sélection d'un multiple de la dimension de la plage copiée

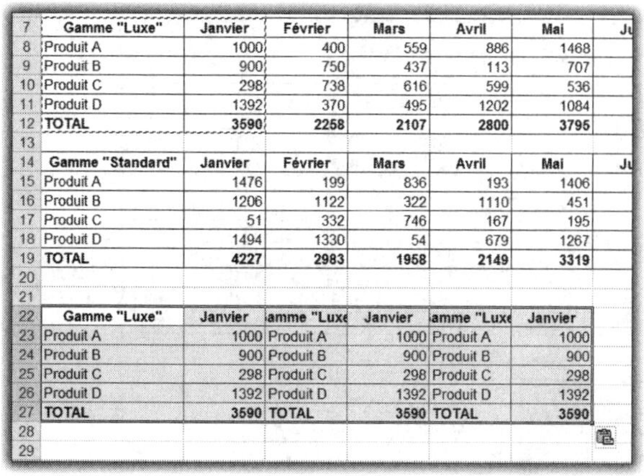

Figure 3.11 :
La plage copiée a été dupliquée

Ainsi, si vous copiez une seule cellule et que vous sélectionniez une plage de cellules avant d'effectuer l'opération de collage, chacune des cellules de cette plage sera mise à jour avec le contenu de la cellule copiée.

Copier des sélections multiples

Il est possible de copier, puis de coller des sélections multiples. Toutefois, les différentes plages constituant la sélection multiple doivent avoir une dimension commune (la largeur ou la hauteur) et être "alignées" les unes par rapport aux autres, c'est-à-dire situées dans les mêmes lignes si elles sont de même hauteur ou dans les mêmes colonnes si elles sont de même largeur.

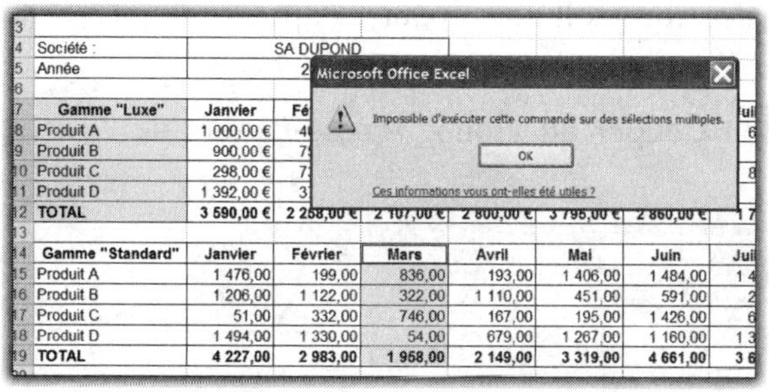

Figure 3.12 :
Quelques restrictions pour le collage de sélections multiples

Lors du collage, les différentes plages de cellules sont alors disposées les unes sous les autres ou les unes à côté des autres. Vous pouvez ainsi, par exemple, constituer un tableau de quatre colonnes extraites d'un tableau de taille plus importante.

Chapitre 3 — Manipuler les données saisies

		Janvier	Février	Mars	Avril	Mai	Juin
7	Gamme "Luxe"						
8	Produit A	1000	400	559	886	1468	733
9	Produit B	900	750	437	113	707	491
10	Produit C	298	738	616	599	536	1143
11	Produit D	1392	370	495	1202	1084	493
12	TOTAL	3590	2258	2107	2800	3795	2860
13							
14	Gamme "Standard"	Janvier	Février	Mars	Avril	Mai	Juin
15	Produit A	1476	199	836	193	1406	1484
16	Produit B	1206	1122	322	1110	451	591
17	Produit C	51	332	746	167	195	1426
18	Produit D	1494	1330	54	679	1267	1160
19	TOTAL	4227	2983	1958	2149	3319	4661
20							
21							
22	Gamme "Luxe"	Mars	Juin				
23	Produit A	559	733				
24	Produit B	437	491				
25	Produit C	616	1143				
26	Produit D	495	493				
27	TOTAL	2107	2860				

Figure 3.13 : *Utilisation d'une sélection multiple pour extraire des données d'un tableau*

Couper/coller

La différence entre **Couper** et **Copier** réside dans le traitement réservé aux données initiales. Lorsque vous copiez des données, les données initiales ne sont pas modifiées. En revanche, lorsque vous les coupez, elles disparaissent. Hormis cette différence (tout de même fondamentale), le processus est sensiblement identique.

Il faut évidemment sélectionner la plage de cellules à couper. Comme pour la copie, il existe trois solutions pour couper cette plage de cellules :

- Utilisez le bouton **Couper** du groupe *Presse-papiers* de l'onglet **Accueil**.

Figure 3.14 :
Le bouton Couper

Couper, copier, coller Chapitre 3

- Cliquez du bouton droit sur la sélection et choisissez la commande **Couper** dans le menu contextuel.
- Appuyez sur [Ctrl]+[X].

Le plus rapide est sans doute d'utiliser [Ctrl]+[X] (sauf si vous êtes un inconditionnel de la souris). La sélection est entourée d'une bordure clignotante.

Ensuite, il convient de sélectionner la cellule qui sera située en haut et à gauche de la plage collée. Une fois cette opération effectuée, les quatre solutions décrites précédemment pour coller vos données sont utilisables.

	A	B	C	D
6				
7			Février	Mars
8			400	559
9			750	437
10			738	616
11			370	495
12			2258	2107
13				
14	Gamme "Standard"	Janvier	Février	Mars
15	Produit A	1476	199	836
16	Produit B	1206	1122	322
17	Produit C	51	332	746
18	Produit D	1494	1330	54
19	TOTAL	4227	2983	1958
20				
21				
22	Gamme "Luxe"	Janvier		
23	Produit A	1000		
24	Produit B	900		
25	Produit C	298		
26	Produit D	1392		
27	TOTAL	3590		
28				

Figure 3.15 : La plage de cellules est collée à partir de la cellule sélectionnée

Les cellules initiales ont été vidées de leur contenu.

> **REMARQUE** — **Différences entre Copier et Couper**
> Contrairement au collage après une copie, il n'est plus possible de coller les données coupées. Quelle que soit la plage sélectionnée avant le collage, Excel colle une zone strictement identique à la zone coupée.

Chapitre 3 — Manipuler les données saisies

REMARQUE Cette fonction n'est pas utilisable avec une sélection multiple. De plus, le bouton d'options n'apparaît pas après le collage de données coupées.

Insérer les cellules coupées ou copiées

Jusqu'à présent, lorsque nous avons collé des données, elles ont pris place dans les cellules existantes. Il est possible d'insérer les cellules coupées ou copiées.

Pour cela, vous avez deux possibilités :

- Cliquez du bouton droit sur la cellule à partir de laquelle vous souhaitez insérer les cellules, puis sélectionnez la commande **Insérer les cellules copiées** (ou **Insérer les cellules coupées**) dans le menu contextuel.
- Sélectionnez la cellule à partir de laquelle vous souhaitez insérer les cellules, puis cliquez sur le bouton **Insérer** du groupe *Cellules* de l'onglet **Accueil**. Sélectionnez ensuite la commande **Insérer les cellules copiées** (ou **Cellules coupées**).

Figure 3.16 :
Insertion de cellules copiées

Dans les deux cas, une boîte de dialogue vous demandera de préciser si les cellules existantes doivent être décalées vers la droite ou vers le bas.

REMARQUE **Lignes et colonnes entières**
Il est possible de copier (ou de couper) puis de coller (ou d'insérer) des lignes et des colonnes entières. Pour cela, sélectionnez-les (en cliquant sur leur en-tête) et procédez comme pour n'importe quelle plage de cellules.

Couper, copier, coller — Chapitre 3

Utiliser le Presse-papiers

Le Presse-papiers garde en mémoire les vingt-quatre derniers éléments copiés. Vous pourrez donc l'utiliser pour "collecter" des données que vous irez ensuite coller à un autre endroit.

Supposons que vous vouliez extraire quelques colonnes d'un tableau pour en faire une analyse plus fine. Procédez ainsi :

1 Affichez le Presse-papiers. Pour cela, cliquez sur le lanceur de boîte de dialogue du groupe *Presse-papiers* de l'onglet **Accueil**.

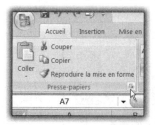

Figure 3.17 :
Affichage du Presse-papiers

2 Si le Presse-papiers n'est pas vide, cliquez sur **Effacer tout**.

Figure 3.18 :
Affichage du Presse-papiers Office

3 Sélectionnez et copiez, les unes après les autres, les colonnes qui composeront votre tableau.

Figure 3.19 :
Le contenu du Presse-papiers

4 Sélectionnez la cellule où vous souhaitez coller le premier élément, puis cliquez sur cet élément dans le Presse-papiers Office. Répétez cette opération pour chacun des autres éléments (voir Figure 3.20).

> **REMARQUE** **Collecte de données**
> Pour collecter des données, il est par défaut impératif que le Presse-papiers soit affiché. Sinon, seul le dernier élément copié sera collé.

Vous pouvez effacer les éléments un à un en utilisant la commande correspondante du petit menu s'ouvrant lorsque vous cliquez sur le bouton qui s'affiche à droite de chaque élément quand le pointeur de la souris vient se placer sur lui (voir Figure 3.21).

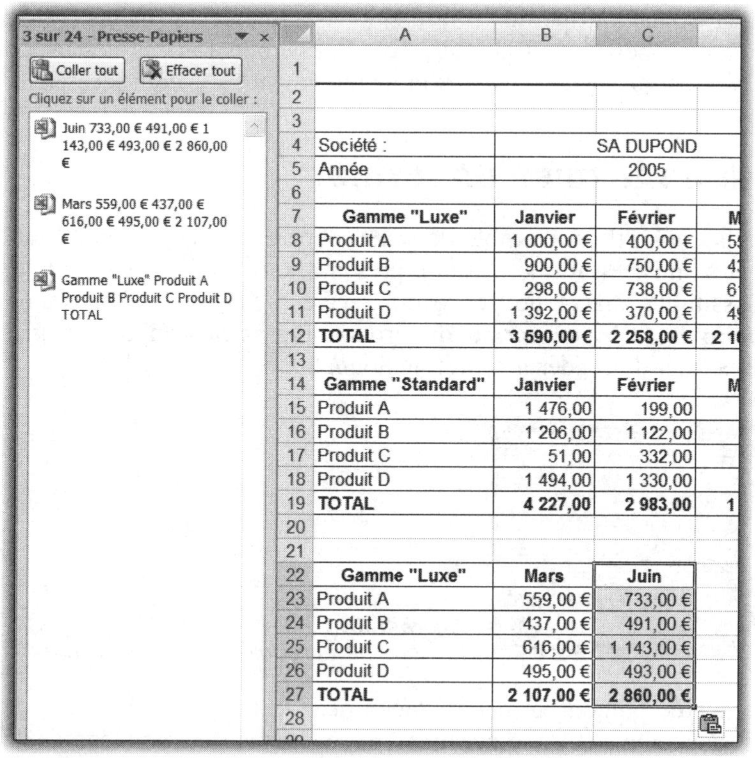

Couper, copier, coller — Chapitre 3

Figure 3.20 : Collage des éléments collectés

*Figure 3.21 :
Un petit menu est associé à chaque élément*

Si le Presse-papiers est plein, l'élément le plus ancien sera remplacé par la prochaine sélection lors de la prochaine copie.

Le bouton **Coller tout** permet d'insérer l'ensemble des éléments copiés en une seule opération. Toutefois, Excel les colle l'un au-dessus de l'autre, si bien qu'une réorganisation manuelle peut s'avérer nécessaire.

Reproduire la mise en forme

Lors de la copie, il est possible de traiter séparément le contenu d'une cellule et sa mise en forme. Jusqu'à présent, nous n'avons pas exploité cette possibilité mais elle se révèle souvent très utile. Le bouton **Reproduire la mise en forme** du groupe *Presse-papiers* de l'onglet **Accueil** permet d'accéder à cette fonctionnalité.

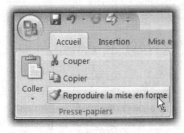

Figure 3.22 :
Le bouton Reproduire la mise en forme

Un clic sur ce bouton permet de mémoriser le format de la plage de cellules sélectionnée. Un pinceau est alors associé au pointeur de la souris. Le format ainsi mémorisé sera appliqué à la prochaine plage de cellules sélectionnée. Cette fonction permet d'obtenir rapidement des mises en forme cohérentes. De plus, les plages source et destination ne doivent pas obligatoirement être de la même taille. Vous pouvez ainsi étendre une mise en forme en sélectionnant une plage destination plus étendue que la plage source.

Un double-clic sur le bouton permet de l'utiliser plusieurs fois successivement. Pour le désactiver, cliquez à nouveau dessus.

Aller plus loin avec le collage spécial

Cette fonction autorise des possibilités supérieures au collage que nous avons décrit jusqu'à présent et que nous pourrions qualifier de "standard".

Accéder rapidement aux principales fonctions

Il existe un moyen d'accéder rapidement et facilement aux principales fonctions du collage spécial. Il s'agit du bouton fléché situé sous le bouton **Coller** dans le groupe *Presse-papiers* de l'onglet **Accueil**. Il permet en effet d'afficher un menu regroupant les fonctions de collage spécial les plus usitées.

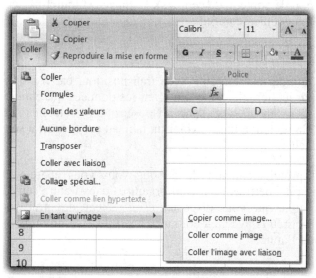

Figure 3.23 : Le menu de collage spécial

- **Formules** colle uniquement les formules, c'est-à-dire le contenu des cellules sans élément de mise en forme.
- **Coller des valeurs** colle uniquement des valeurs sans élément de mise en forme. Les éventuelles formules sont transformées en valeurs.
- **Aucune bordure** colle tout, sauf les bordures.
- **Transposer** colle en inversant les lignes et les colonnes.
- **Coller avec liaison** colle une référence aux cellules sources et non leur contenu.
- **Collage spécial** affiche la boîte de dialogue **Collage spécial**.
- **Coller comme lien hypertexte** colle un lien hypertexte vers les données copiées. Pour que cette commande soit active, il faut que le classeur ait déjà été enregistré au moins une fois.

Chapitre 3 — Manipuler les données saisies

La commande **En tant qu'image** permet d'accéder à des fonctionnalités spécifiques, autorisant le traitement des données comme des images :

- **Copier comme image** transforme les informations copiées en image.
- **Coller comme image** colle les informations sous forme d'image (et non de contenu de cellules).
- **Coller l'image avec liaison** colle les informations sous forme d'image (et non de contenu de cellules). L'image est toutefois liée au contenu des cellules copiées.

Coller en transposant

Nous allons nous attarder sur la copie avec transposition, car il s'agit d'une forme bien particulière de copie. En effet, les données qui étaient jusqu'alors disposées en lignes sont disposées en colonnes et réciproquement. Cela revient à faire pivoter un tableau par rapport à son angle supérieur gauche.

Cette fonction est principalement utile lorsque vous vous apercevez qu'un tableau serait plus pertinent s'il était organisé "dans l'autre sens". Supposons par exemple que vous disposiez d'un tableau de suivi des ventes de plusieurs produits avec, en colonnes les différents produits et en ligne les mois de l'année.

	A	B	C	D	E	F
1	Gamme "Standard"	Produit A	Produit B	Produit C	Produit D	TOTAL
2	Janvier	1476	1206	51	1494	**4227**
3	Février	199	1122	332	1330	**2983**
4	Mars	836	322	746	54	**1958**
5	Avril	193	1110	167	679	**2149**
6	Mai	1406	451	195	1267	**3319**
7	Juin	1484	591	1426	1160	**4661**
8	Juillet	1453	264	618	1346	**3681**
9	Août	238	957	407	702	**2304**
10	Septembre	102	434	10	639	**1185**
11	Octobre	1112	286	17	266	**1681**
12	Novembre	842	42	1302	831	**3017**
13	Décembre	642	991	570	1443	**3646**
14						

Figure 3.24 : Le tableau initial

Il serait plus logique de présenter les produits en lignes et les mois en colonnes. Qu'à cela ne tienne :

1 Sélectionnez le tableau et copiez-le ([Ctrl]+[C], par exemple).
2 Sélectionnez la cellule de destination.
3 Sélectionnez **Transposer** dans le menu associé au bouton **Coller** du groupe *Presse-Papiers* de l'onglet **Accueil**.

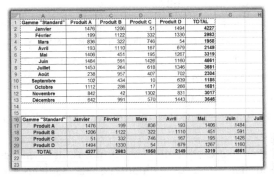

Figure 3.25 :
Une réorganisation express

Accéder à toutes les fonctions

Pour accéder à l'intégralité des fonctions de collage spécial, vous avez deux possibilités :

- Utilisez la commande **Collage spécial** du menu associé au bouton **Coller** du groupe *Presse-papiers* de l'onglet **Accueil**.
- Utilisez la commande **Collage spécial** du menu contextuel qui apparaît lorsque vous cliquez du bouton droit sur une cellule.

Dans tous les cas, la boîte de dialogue **Collage spécial** apparaît.

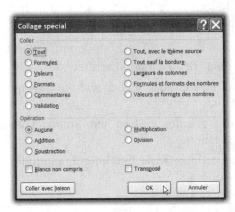

Figure 3.26 :
La boîte de dialogue Collage spécial

Chapitre 3 — Manipuler les données saisies

Il est possible de choisir les éléments à coller :

- *Tout* colle les formules, les valeurs, les formats, les commentaires, les validations, etc. Sauf les largeurs de colonnes.
- *Formules* colle uniquement les formules, c'est-à-dire le contenu des cellules sans élément de mise en forme.
- *Valeurs* colle uniquement des valeurs sans élément de mise en forme. Les éventuelles formules sont transformées en valeurs.
- *Formats* colle uniquement les formats (équivalent du bouton **Reproduire la mise en forme**).
- *Commentaires* colle uniquement les commentaires.
- *Validation* colle uniquement les paramètres de validation du contenu.
- *Tout, avec le thème source* colle les formules, les valeurs, les formats, les commentaires, les validations, etc. Sauf les largeurs de colonnes. En revanche, ce sont les caractéristiques (couleurs, polices, effets) du thème en vigueur dans le classeur contenant les données copiées qui sont utilisées et non celles du classeur en cours.
- *Tout sauf la bordure* colle tout sauf les bordures.
- *Largeurs de colonnes* répercute seulement les largeurs de colonnes.
- *Formules et formats des nombres* est identique à *Formules* mais ajoute la copie des formats des nombres (et seulement des nombres).
- *Valeurs et formats des nombres* est identique à *Valeurs* mais ajoute la copie des formats des nombres (et seulement des nombres).

Il est possible d'effectuer des opérations entre les données qui vont être collées et les éventuelles données présentes dans les cellules de destination :

- *Aucune*. Le contenu des cellules de destination sera écrasé.
- *Addition*. Le contenu des cellules collées sera ajouté au contenu des cellules de destination.
- *Soustraction*. Le contenu des cellules collées sera soustrait au contenu des cellules de destination.
- *Multiplication*. Le contenu des cellules de destination sera multiplié par le contenu des cellules collées.

- *Division*. Le contenu des cellules de destination sera divisé par le contenu des cellules collées.

Enfin, trois opérations particulières sont envisageables :

- *Blancs non compris*. Si cette case est cochée, les cellules vides de la plage collée n'iront pas écraser le contenu des cellules correspondantes de la plage de destination.
- *Transposé* colle en transformation les lignes en colonnes et réciproquement.
- *Coller avec liaison* colle une référence aux cellules sources et non leur contenu. Cette option est compatible uniquement avec les options *Tout* et *Tout sauf la bordure*.

3.3. Rechercher et remplacer

Vous ne pouvez vous souvenir de toutes les chaînes de caractères que vous avez saisies dans une feuille de calcul. Ce serait de toute façon superflu puisque Excel vous permet de systématiser cette recherche. Vous pouvez également remplacer une chaîne par une autre dans une plage spécifiée ou dans toute la feuille de calcul.

Rechercher des valeurs

Pour rechercher des valeurs :

1 Sélectionnez la plage de cellules sur laquelle vous voulez effectuer la recherche.

Si vous souhaitez effectuer la recherche sur l'ensemble de la feuille de calcul, cliquez sur n'importe quelle cellule.

2 Cliquez sur le bouton **Rechercher et sélectionner** du groupe *Édition* de l'onglet **Accueil**. Sélectionnez la commande **Rechercher** dans le menu qui apparaît.

3 Dans la zone *Rechercher*, saisissez le texte ou les nombres à rechercher, ou sélectionnez une recherche récente dans la zone de liste déroulante *Rechercher*.

Vous pouvez utiliser des caractères génériques (*, ?) dans vos critères de recherche.

Chapitre 3 — Manipuler les données saisies

Figure 3.27 :
La boîte de dialogue Rechercher et remplacer

4 Si vous voulez indiquer un format pour votre recherche, cliquez sur **Format** et effectuez les sélections souhaitées dans la boîte de dialogue **Rechercher le format**.

Si l'option *Format* n'est pas disponible dans la boîte de dialogue **Rechercher et remplacer**, cliquez sur **Options** puis sur **Format**.

5 Cliquez sur **Options** pour affiner la définition de votre recherche. Vous pouvez, par exemple, rechercher toutes les cellules contenant le même type de données, tel que des formules.

6 Dans la zone *Dans*, vous pouvez sélectionner *Feuille* ou *Classeur* pour effectuer la recherche dans une feuille de calcul ou dans l'intégralité d'un classeur.

7 Cliquez sur **Rechercher tout** ou sur **Suivant**.

Rechercher tout répertorie toutes les occurrences de l'élément que vous recherchez et vous permet de rendre une cellule active en sélectionnant une occurrence spécifique. Vous pouvez trier les résultats d'une recherche **Rechercher tout** en cliquant sur un en-tête.

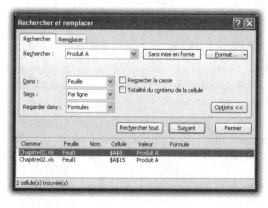

Figure 3.28 :
Le résultat d'une recherche Rechercher tout

Remplacer des valeurs

Pour remplacer des valeurs :

1 Sélectionnez la plage de cellules sur laquelle vous voulez effectuer la recherche.

Si vous souhaitez effectuer la recherche sur l'ensemble de la feuille de calcul, cliquez sur n'importe quelle cellule de la feuille de calcul.

2 Dans le menu **Édition**, cliquez sur **Remplacer**.

3 Dans la zone *Rechercher*, tapez le texte ou les nombres à rechercher, ou sélectionnez une recherche récente dans la zone de liste déroulante *Rechercher*.

Vous pouvez utiliser des caractères génériques (*, ?) dans vos critères de recherche.

4 Si vous voulez spécifier un format pour votre recherche, cliquez sur **Format** et effectuez les sélections souhaitées dans la boîte de dialogue **Rechercher le format**.

Si l'option *Format* n'est pas disponible dans la boîte de dialogue **Rechercher et remplacer**, cliquez sur **Options** puis sur **Format**.

5 Cliquez sur **Options** pour affiner la définition de votre recherche. Vous pouvez, par exemple, rechercher toutes les cellules contenant le même type de données, tel que des formules.

6 Dans la zone *Dans*, vous pouvez sélectionner *Feuille* ou *Classeur* pour effectuer la recherche dans une feuille de calcul ou dans l'intégralité d'un classeur.

7 Dans la zone *Remplacer par*, tapez les caractères de remplacement et des formats particuliers, si nécessaire.

Figure 3.29 :
Les paramètres de la recherche et remplacement

Chapitre 3 Manipuler les données saisies

Si vous souhaitez supprimer les caractères spécifiés dans la zone *Rechercher*, ne saisissez rien dans la zone *Remplacer par*.

8 Cliquez sur **Suivant**.

9 Pour remplacer les caractères trouvés au fur et à mesure de la recherche ou en une seule opération, cliquez sur **Remplacer** ou sur **Remplacer tout**, respectivement.

> **ASTUCE** **Passer rapidement de Rechercher à Remplacer**
> En cliquant alternativement sur les onglets **Rechercher** et **Remplacer** de la boîte de dialogue **Rechercher et remplacer**, vous pouvez faire la navette entre les deux fonctions.

3.4. Vérifier l'orthographe

Bien qu'Excel ne soit pas un outil de traitement de texte, il dispose du même outil de vérification et de correction orthographique que Word.

Pour lancer une vérification :

1 Sélectionnez la plage de cellules à vérifier.

Si vous voulez vérifier la totalité de la feuille de calcul, cliquez sur n'importe quelle cellule.

2 Cliquez sur le bouton **Orthographe** dans le groupe *Vérification* de l'onglet **Révision** (ou appuyez sur F7).

Figure 3.30 :
Le bouton Orthographe

3 Lorsque le vérificateur d'orthographe identifie un terme absent du dictionnaire, effectuez les modifications à l'aide des options de la boîte de dialogue **Orthographe**.

Vérifier l'orthographe — Chapitre 3

- **Ignorer.** Si vous estimez que le mot est correctement orthographié, cliquez sur ce bouton.
- **Ignorer tout.** Cliquez sur ce bouton si vous souhaitez qu'Excel ignore définitivement ce mot dans les vérifications suivantes.
- **Ajouter au dictionnaire.** Ce bouton vous permet d'enrichir le dictionnaire personnalisé choisi (cliquez sur le bouton **Options** en bas de la fenêtre pour en changer).
- **Remplacer.** Après avoir sélectionné la meilleure proposition dans la zone *Suggestions*, ce bouton vous permet de remplacer le mot mal orthographié. Si aucune des propositions ne vous convient, vous pouvez saisir l'orthographe correcte dans la zone *Absent du dictionnaire* avant de cliquer sur **Remplacer**.
- **Remplacer tout.** Ce bouton permet de remplacer en une seule fois toutes les occurrences du mot mal orthographié.
- **Correction automatique.** Ce bouton vous permet d'ajouter le mot mal orthographié et sa correction à la liste utilisée par la fonction de correction automatique. Si vous refaites la même erreur ultérieurement, elle sera automatiquement corrigée.

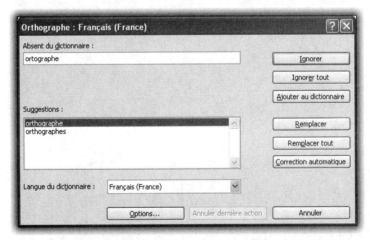

Figure 3.31 : Suggestion de correction

4 Pour vérifier l'orthographe d'un texte dans une autre langue, cliquez sur la langue du dictionnaire à utiliser dans la zone *Langue du dictionnaire*.

Chapitre 3 — Manipuler les données saisies

> **REMARQUE**
>
> **Corrections automatiques**
>
> Pour accéder à la liste des corrections automatiques, cliquez sur le bouton **Options** de la boîte de dialogue **Orthographe**, puis sur le bouton **Options de correction automatique** de la boîte de dialogue **Options**. Vous pouvez ainsi ajouter des corrections automatiques en saisissant un terme dans la zone *Remplacer* puis en saisissant, dans la zone *Par*, le terme qui doit automatiquement le remplacer. Vous pouvez par exemple faire en sorte qu'une abréviation soit remplacée par l'expression complète.

Chapitre 4

Mettre en forme les cellules et leur contenu

Mettre en œuvre les différents formats d'affichage	106
Aligner et orienter le contenu des cellules	119
Utiliser les thèmes de document	127
Changer la police	133
Changer les motifs et les couleurs	137
Changer l'apparence des bordures	141
Ajuster la taille des lignes et des colonnes	144

Chapitre 4 — Mettre en forme les cellules et leur contenu

Dans ce chapitre, nous étudierons les outils qui vous permettront d'améliorer l'aspect de vos feuilles de calcul. N'oubliez pas qu'une belle présentation améliorera la portée de votre message. Le destinataire n'en sera que plus motivé pour en approfondir le contenu.

Dans ce domaine également, Excel se révèle un logiciel riche en fonctions et outils. Toutes les caractéristiques des cellules peuvent être modifiées : police du texte, couleur du texte, couleur de remplissage, bordure, etc.

4.1. Mettre en œuvre les différents formats d'affichage

La première fonctionnalité que nous aborderons est le changement de format d'affichage du contenu d'une cellule ou d'une plage de cellules.

Appliquer les formats les plus courants

Excel 2007 permet d'accéder très rapidement aux formats les plus couramment utilisés. Trois outils sont prévus à cet effet :

- la liste des formats prédéfinis ;
- les boutons du groupe *Nombre* de l'onglet **Accueil** ;
- la mini barre d'outils.

Utiliser la liste des formats prédéfinis

Cette liste de choix, située dans le groupe *Nombre* de l'onglet **Accueil**, permet d'appliquer rapidement une batterie de formats prédéfinis. Pour cela :

1 Sélectionnez la cellule ou la plage de cellules dont vous voulez modifier le format.

2 Sélectionnez le format à appliquer dans la liste de choix. Afin de vous aider à faire votre choix, chaque format offre un aperçu du contenu de la cellule active.

Mettre en œuvre les différents formats d'affichage — Chapitre 4

Figure 4.1 :
La liste des formats prédéfinis

Nous allons à présent décrire chacun des formats proposés.

Le format Standard

Le format *Standard* est utilisé par défaut lorsque vous créez un classeur sans modèle particulier.

Le contenu des cellules apparaît tel qu'il est saisi. Les nombres et les dates sont alignés à droite et le texte à gauche.

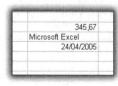

Figure 4.2 :
Contenu au format Standard

C'est le degré zéro de la mise en forme. Un tel format est valable pour une feuille de brouillon mais une feuille destinée à la diffusion ne devrait presque plus contenir de données au format *Standard*.

Ce format peut être utilisé pour repartir à zéro dans la mise en forme de cellules.

Le format Nombre

Le format *Nombre* est destiné à mettre en forme les entrées numériques en spécifiant l'affichage de deux décimales.

	Gamme "Luxe"	Janvier	Février	Mars	Avril
8	Produit A	1000,00	400,00	559,00	886,00
9	Produit B	900,00	750,00	437,00	113,00
10	Produit C	298,00	738,00	616,00	599,00
11	Produit D	1392,00	370,00	495,00	1202,00
12	TOTAL	3590,00	2258,00	2107,00	2800,00

Figure 4.3 : Résultat de l'application du format

Le format Monétaire

Le format *Monétaire* constitue un cas particulier de format numérique destiné à mettre en forme des montants en devises. Il comprend :

- l'affichage de deux décimales ;
- la présence de séparateurs de milliers ;

> **ASTUCE — Changement du séparateur de milliers**
> Par défaut, le séparateur de milliers est un espace, mais il est possible de le modifier. Pour cela, cliquez sur le bouton **Microsoft Office** puis sur **Options Excel**. Dans la boîte de dialogue **Options Excel**, cliquez sur **Options avancées**. Dans la rubrique *Options d'édition*, désélectionnez la case *Utiliser les séparateurs système* puis saisissez le caractère voulu dans la zone *Séparateur des milliers*.

- le symbole de la devise.

Mettre en œuvre les différents formats d'affichage — Chapitre 4

ASTUCE

Changement du symbole monétaire par défaut

Pour modifier l'unité monétaire, utilisez le Panneau de configuration de Windows. Sélectionnez *Paramètres régionaux* puis cliquez sur l'onglet **Symbole monétaire** et sélectionnez le symbole voulu dans la zone *Symbole Monétaire*. Validez par OK. Ce changement sera effectif au prochain démarrage d'Excel.

	Gamme "Luxe"	Janvier	Février	Mars	Avril
8	Produit A	1 000,00 €	400,00 €	559,00 €	886,00 €
9	Produit B	900,00 €	750,00 €	437,00 €	113,00 €
10	Produit C	298,00 €	738,00 €	616,00 €	599,00 €
11	Produit D	1 392,00 €	370,00 €	495,00 €	1 202,00 €
12	TOTAL	3 590,00 €	2 258,00 €	2 107,00 €	2 800,00 €

Figure 4.4 : Résultat de l'application du format

REMARQUE

Activation automatique du format Monétaire

Lorsque vous saisissez un nombre suivi du symbole de devise par défaut, par exemple `12 `, le format *Monétaire* est automatiquement activé pour la cellule.

Le format Comptabilité

Le format *Comptabilité* est un dérivé du format *Monétaire*. Il obéit toutefois à des règles plus strictes :

- Les nombres sont alignés à un caractère du bord de la cellule.
- Les valeurs nulles sont remplacées par un tiret.
- Les signes moins (-) sont alignés à gauche.

Format Monétaire	Format Comptabilité
123,78 €	123,78 €
0,00 €	- €
-2 589,45 €	- 2 589,45 €

Figure 4.5 :
Différences entre les formats Monétaire et Comptabilité

Le format Date courte

Le format *Date courte* permet d'afficher les dates au format jj/mm/aaaa.

Il est attribué automatiquement à une cellule dès que vous saisissez des données telles que :

- 23/02/06 ;
- Janvier 2006,
- 01/03.

Le format Date longue

Le format *Date longue* permet d'afficher le jour de la semaine et le mois en toutes lettres.

Le format Heure

Le format *Heure* permet d'afficher les heures au format hh :mm :ss.

Il est appliqué par défaut à une cellule lorsque vous effectuez des entrées du type :

- 8:00 ;
- 12:15:59.

Le format Pourcentage

Le format *Pourcentage* est destiné à mettre en forme les entrées numériques sous forme de pourcentages, en spécifiant l'affichage de deux décimales.

	Gamme "Luxe"	Janvier	Février	Mars	Avril
8	Produit A	0,2785515	0,1771479	0,2653061	0,3164286
9	Produit B	0,2506964	0,3321523	0,2074039	0,0403571
10	Produit C	0,0830084	0,3268379	0,2923588	0,2139286
11	Produit D	0,3877437	0,1638618	0,2349312	0,4292857

↓

	Gamme "Luxe"	Janvier	Février	Mars	Avril
16	Produit A		27,86%	17,71%	26,53%	31,64%
17	Produit B		25,07%	33,22%	20,74%	4,04%
18	Produit C		8,30%	32,68%	29,24%	21,39%
19	Produit D		38,77%	16,39%	23,49%	42,93%

Figure 4.6 :
Résultat de l'application du format

Le format Fraction

Le format *Fraction* permet de représenter des nombres décimaux avec :

- leur partie entière ;
- leur partie décimale représentée sous forme de fraction.

> **REMARQUE** — **Activation automatique du format Fraction**
> Lorsque vous saisissez un nombre sous la forme 12 4/5, le format *Fraction* est automatiquement activé pour la cellule. Si vous saisissez 2/5, Excel comprendra qu'il s'agit du 2 mai de l'année en cours. Pour éviter cela, saisissez 0 2/5.

Le format Scientifique

Le format *Scientifique* permet de représenter les nombres en notation exponentielle.

Standard	Scientifique 2 décimales	Scientifique 4 décimales
135634	1,36E+05	1,3563E+05
-1678	-1,68E+03	-1,6780E+03
0,00048293	4,83E-04	4,8293E-04
-0,06783	-6,78E-02	-6,7830E-02

Figure 4.7 : Exemples de format Scientifique

−1.2450 E 03 signifie −1,2450 x $10^{\wedge 03}$ soit −1 245.

> **REMARQUE** — **Activation automatique du format Scientifique**
> Lorsque vous saisissez un nombre sous la forme -1.2450E03, le format *Scientifique* est automatiquement activé pour la cellule.

Le format Texte

Le format *Texte* indique à Excel qu'il doit considérer toutes les entrées effectuées dans la cellule ou la plage de cellules concernée comme du texte, même s'il s'agit d'entrées purement numériques.

Cas des formules

Si vous tentez de saisir une formule dans une cellule préalablement mise au format *Texte*, c'est le texte de la formule et non son résultat qui s'affichera lorsque vous validerez l'entrée. Pour afficher le résultat, modifiez le format de la cellule et validez à nouveau la formule.

Utiliser les boutons du groupe Nombre

Le groupe *Nombre* de l'onglet **Accueil** contient également deux groupes de boutons qui permettent de modifier le format des données contenues dans les cellules sélectionnées.

Figure 4.8 :
Les boutons permettant d'appliquer rapidement des formats

Le premier groupe contient les trois boutons suivants :

- **Monétaire** permet d'appliquer le format *Monétaire*. Le petit bouton fléché situé à sa droite permet de spécifier la devise.
- **Pourcentage** permet d'appliquer le format *Pourcentage*.
- **Séparateur de milliers** permet d'afficher les nombres avec deux décimales et un séparateur de milliers.

Les deux derniers boutons permettent d'augmenter ou de réduire le nombre de décimales.

Utiliser la mini barre d'outils

Lorsque vous cliquez du bouton droit, la mini barre d'outils fait son apparition. Elle intègre également les cinq boutons du groupe *Nombre* de l'onglet **Accueil**.

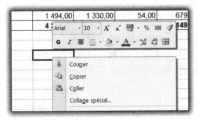

Figure 4.9 :
La mini barre d'outils

Définir plus finement les caractéristiques des formats

Les différents outils que nous venons de passer en revue permettent d'appliquer rapidement plusieurs types de format de données. Si toutefois vous souhaitez aller un peu plus loin en matière de gestion des formats d'affichage, utilisez l'onglet **Nombre** de la boîte de dialogue **Format de cellules**. Pour y accéder, vous avez l'embarras du choix :

- Cliquez sur le lanceur de boîte de dialogue du groupe *Nombre* de l'onglet **Accueil**.

Figure 4.10 :
Le lanceur de boîte de dialogue

- Sélectionnez **Autres** dans la liste de choix des formats prédéfinis du groupe *Nombre* de l'onglet **Accueil**.

- Cliquez du bouton droit puis choisissez **Format de cellule** dans le menu contextuel. Dans la boîte de dialogue **Format de cellule**, cliquez sur l'onglet **Nombre**.

- Cliquez sur le bouton **Format** du groupe *Cellules* de l'onglet **Accueil** et sélectionnez **Cellule** dans le menu déroulant. Dans la boîte de dialogue **Format de cellule**, cliquez sur l'onglet **Nombre**.

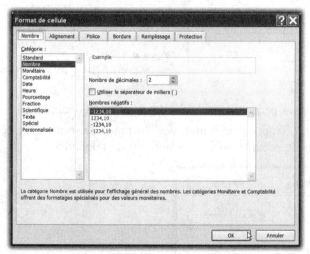

Figure 4.11 : *L'onglet Nombre de la boîte de dialogue Format de cellule*

Chapitre 4 — Mettre en forme les cellules et leur contenu

La zone *Catégorie* permet de sélectionner le type de format à appliquer. La partie droite de l'onglet affiche un aperçu du résultat dans la zone *Exemple*, ainsi que plusieurs paramètres permettant de peaufiner l'apparence des données (sauf pour les formats *Standard* et *Texte*).

- *Nombre* permet de spécifier le nombre de décimales, le séparateur de milliers ainsi que le traitement des nombres négatifs.
- *Monétaire* permet de spécifier le nombre de décimales, le séparateur de milliers, le symbole de devise ainsi que le traitement des nombres négatifs.
- *Comptabilité* permet de spécifier le nombre de décimales, le séparateur de milliers ainsi que le symbole de devise.
- *Date* permet de choisir parmi plusieurs formats.
- *Heure* permet de choisir parmi plusieurs formats.
- *Pourcentage* permet de spécifier le nombre de décimales.
- *Fraction*. Les trois premiers types (*D'un chiffre*, *De deux chiffres*, *De trois chiffres*) laissent Excel maître de déterminer la fraction qui approchera au mieux la partie décimale du contenu de la cellule. Les autres types permettent de spécifier le dénominateur de la fraction.

Standard	5,267
Un chiffre	5 1/4
Deux chiffres	5 4/15
Trois chiffres	5 106/397
Demis	5 1/2
Quarts	5 1/4
Huitièmes	5 2/8
Seizièmes	5 4/16
Dixièmes	5 3/10
Centièmes	5 27/100

Figure 4.12 :
Les différents types de formats de Fraction

- *Scientifique* permet de spécifier le nombre de décimales.
- *Spécial* permet d'appliquer des formats de type code postal, numéro de sécurité sociale et numéro de téléphone.

Standard	Code postal
9750	09750
Standard	N° de sécurité sociale
1,72091E+12	1 72 09 11 031 035
Standard	N° de téléphone
468459964	04 68 45 99 64

Figure 4.13 :
Exemples de format Spécial

- *Personnalisée*. Il s'agit ici de formats que vous vous pouvez définir vous-même. Nous allons décrire ci-après cette possibilité plus en détail.

Créer des formats personnalisés

L'éventail des formats proposés par défaut par Excel est conséquent. Pour autant, vous pouvez avoir besoin de formats qui ne se trouvent pas dans cet arsenal. Dans ce cas, Excel vous propose de bâtir des formats personnalisés.

Le principe est le suivant :

1 Sélectionnez la cellule ou la plage de cellules dont vous voulez modifier le format.

2 Cliquez du bouton droit et choisissez **Format de cellule**.

3 Cliquez sur l'onglet **Nombre** de la boîte de dialogue **Format de cellule** et sélectionnez *Personnalisée* dans la zone *Catégorie*.

4 Définissez le code du format dans la zone *Type* (voir plus bas, La syntaxe des codes de formats). Les formats prédéfinis apparaissent sous la zone de liste située sous la zone *Type*. Vous pouvez les sélectionner pour les modifier.

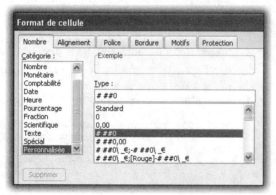

Figure 4.14 :
Définition d'un format personnalisé

5 Validez par OK.

Pour appliquer un format personnalisé préalablement créé, sélectionnez-le dans la liste sous la zone *Type*. Pour le supprimer, sélectionnez-le et cliquez sur le bouton **Supprimer**.

La syntaxe des codes de formats

Pour définir correctement les formats qui vous conviennent, il est nécessaire de maîtriser la syntaxe du pseudo langage qui sert à codifier leur définition.

Le tableau ci-après détaille la signification des codes de formats.

Tableau 4.1 : *Signification des codes de formats*

Code de format	Signification
#	Espace réservé à un chiffre. Les zéros non significatifs ne sont pas affichés.
0	Espace réservé à un chiffre. Affiche les zéros non significatifs si un nombre possède moins de chiffres qu'il n'y a de zéros dans le format.
?	Espace réservé à un chiffre. Ajoute des espaces pour les zéros non significatifs de chaque côté du séparateur décimal en vue d'aligner les séparateurs décimaux. Il est également possible d'utiliser "?" pour les fractions composées d'un nombre variable de chiffres.
Virgule	séparateur décimal
%	Excel multiplie le nombre par 100 et ajoute le symbole %.
(espace)	Séparateur de milliers. Deux espaces consécutifs divisent le nombre affiché par 1 000, trois espaces le divisent par un million.
E- E+ e- e+	Si un format contient un zéro (0) ou un symbole numérique (#) à droite du code de l'exposant, Excel affiche le nombre au format scientifique et insère un "E" ou un "e". Le nombre de 0 ou de signes # à droite du code détermine le nombre de chiffres compris dans l'exposant. "E-" ou "e-" insère un signe moins pour les exposants négatifs. "E+" ou "e+" insère un signe moins pour les exposants négatifs et un signe plus pour les exposants positifs.
F € $ + - / () : (espace)	Affiche le caractère indiqué.

Mettre en œuvre les différents formats d'affichage — Chapitre 4

Tableau 4.1 : *Signification des codes de formats*

Code de format	Signification
*	Pour reproduire dans toute la largeur de la colonne le caractère suivant dans le format, insérez un astérisque (*) dans le format de nombre. Par exemple, tapez 0*– pour faire suivre un nombre d'un nombre suffisant de tirets pour remplir la cellule.
_	Pour créer un espace correspondant à la largeur d'un caractère dans le format de nombre, insérez un caractère de soulignement (_) suivi du caractère en question. Par exemple, lorsque vous faites suivre un caractère de soulignement de parenthèses fermantes [(_)], les nombres positifs sont alignés correctement par rapport aux nombres négatifs entre parenthèses.
"texte"	Pour afficher à la fois du texte et des nombres dans une cellule, mettez le texte entre guillemets (" ") ou faites-le précéder d'une barre oblique inverse (\).
@	Si la cellule contient du texte, insérez le signe @ dans la section où vous souhaitez afficher le texte entré dans la cellule.
m	Affiche les mois sous la forme 1–12.
mm	Affiche les mois sous la forme 01–12.
mmm	Affiche les mois sous la forme de jan–déc.
mmmm	Affiche les mois sous la forme de janvier–décembre.
mmmmm	Affiche les mois sous la forme de la première lettre du mois.
j	Affiche les jours sous la forme 1–31.
jj	Affiche les jours sous la forme 01–31.
jjj	Affiche les jours sous la forme dim–sam.
jjjj	Affiche les jours sous la forme dimanche–samedi.
aa	Affiche les années sous la forme 00–99.
aaaa	Affiche les années sous la forme 1900–9999.
h	Affiche les heures sous la forme 0–23.

LE GUIDE COMPLET

Mettre en forme les cellules et leur contenu

Tableau 4.1 : Signification des codes de formats

Code de format	Signification
hh	Affiche les heures sous la forme 00–23.
m	Affiche les minutes sous la forme 0–59.
mm	Affiche les minutes sous la forme 00–59.
s	Affiche les secondes sous la forme 0–59.
ss	Affiche les secondes sous la forme 00–59.
H AM/PM	Affiche les heures sous la forme 4 am.
h:mm AM/PM	Affiche l'heure sous la forme 4:36 pm.
h:mm:ss A/P	Affiche l'heure sous la forme 4:36:03 p.
[h]:mm	Affiche le temps écoulé en heures, par exemple, 25.02.
[mm]:ss	Affiche le temps écoulé en minutes, par exemple, 63:46.
[ss]	Affiche le temps écoulé en secondes.
h:mm:ss.00	Affiche les fractions d'une seconde.
[Couleur]	Affiche dans la couleur spécifiée le contenu de la cellule. Les couleurs possibles sont : Noir, Cyan, Vert, Magenta, Rouge, Blanc, Jaune ou CouleurN (N variant de 1 à 56).
[condition]	Pour définir des formats de nombre qui sont appliqués uniquement si le nombre satisfait à une condition spécifiée, placez la condition en question entre crochets. Une condition se compose d'un opérateur de comparaison (=,>,<,<=,<=,<>) et d'une valeur. Par exemple, le format suivant affiche les nombres inférieurs ou égaux à 100 à l'aide d'une police rouge et les nombres supérieurs à 100 à l'aide d'une police bleue. [Rouge][<=100];[Bleu][>100]

De plus, chaque format personnalisé peut être composé de plusieurs sections ou parties (quatre au maximum), séparées par des points-virgules, dont la logique est la suivante :

- Si votre format personnalisé ne contient qu'une partie, elle sera appliquée aux valeurs positives, nulles et négatives.

Aligner et orienter le contenu des cellules — Chapitre 4

- Si votre format personnalisé contient deux parties, la première sera appliquée aux valeurs positives et nulles, la deuxième aux valeurs négatives.
- Si votre format personnalisé contient trois parties, la première sera appliquée aux valeurs positives, la deuxième aux valeurs négatives et la troisième aux valeurs nulles.
- Si votre format personnalisé contient quatre parties, la quatrième partie s'appliquera aux entrées de texte.

	A	B	C	D
1		Valeur	Affichage	Format
2		108624	Réf N° 108-624	"Réf N°" 000-000
3		100	100 €-------------------	# ### €*-
4		150	En stock	"En stock";"En rupture";"Stock nul";"A commander chez "@
5		0	Stock nul	"En stock";"En rupture";"Stock nul";"A commander chez "@
6		-2	En rupture	"En stock";"En rupture";"Stock nul";"A commander chez "@
7		TOP	A commander chez TOP	"En stock";"En rupture";"Stock nul";"A commander chez "@
8		150	150,00 €	[>999]# ##0,00 " k"€;# ##0,00 _ k€
9		2500	2,50 k€	[>999]# ##0,00 " k"€;# ##0,00 _ k€
10		35000	35,00 k€	[>999]# ##0,00 " k"€;# ##0,00 _ k€
11				

Figure 4.15 : Exemples de formats personnalisés

Les formats personnalisés sont définis uniquement pour le classeur en cours. Pour remédier à cela, enregistrez un classeur contenant le format souhaité sous forme de modèle (*.xlt*) et créez ensuite vos classeurs à partir de ce modèle.

Pour plus de détails sur l'utilisation des modèles, reportez-vous au chapitre 6, Gérer les feuilles de calcul et les classeurs.

Masquer le contenu de cellules
Pour masquer le contenu de cellules, créez un format personnalisé nul ou vide, c'est-à-dire composé de trois points-virgules (; ; ;). Cela signifie en effet que les quatre sections sont vides ; aucun élément ne sera donc affiché.

4.2. Aligner et orienter le contenu des cellules

Nous allons à présent aborder un autre aspect de la mise en forme des données : la position du contenu des cellules, autrement dit l'alignement et l'orientation.

Pour cela, nous utiliserons principalement les fonctions proposées par le groupe *Alignement* de l'onglet **Accueil**.

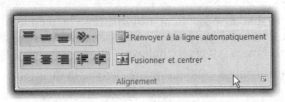

Figure 4.16 :
Les outils du groupe Alignement

Aligner à droite, à gauche et centrer

Nous avons déjà constaté que l'alignement par défaut variait selon le type de données : le texte est aligné à gauche alors que les nombres et les dates sont alignés à droite.

Il est bien entendu possible de modifier ces alignements par défaut. Pour ce faire, il existe deux méthodes :

- utiliser les boutons du groupe *Alignement* de l'onglet **Accueil** ;
- utiliser la zone *Horizontal* de l'onglet **Alignement** de la boîte de dialogue **Format de cellule**.

Pour les alignements "simples" (à gauche, centré et à droite), il est plus rapide d'utiliser les boutons de l'onglet.

Par exemple, pour centrer :

1 Sélectionnez la cellule ou la plage de cellules dont vous voulez modifier l'alignement.

2 Cliquez sur le bouton **Au centre**.

Vous auriez pu également procéder ainsi :

1 Cliquez du bouton droit sur la sélection.
2 Sélectionnez **Format de cellule**.
3 Cliquez sur l'onglet **Alignement**.
4 Dans la zone *Horizontal*, sélectionnez *Centré*.

Aligner et orienter le contenu des cellules — Chapitre 4

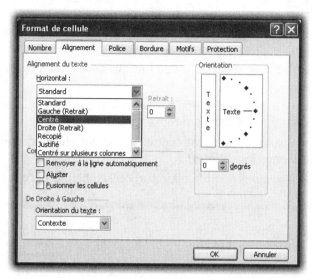

Figure 4.17 : Utilisation de la boîte de dialogue Format de cellule

 Pour aligner à droite ou à gauche, la procédure est identique, en utilisant soit les boutons correspondants du groupe *Alignement*, soit les options de la zone *Horizontal*.

Pour annuler l'alignement spécifié, cliquez à nouveau sur le bouton ou sélectionnez *Standard* dans la zone *Horizontal* de l'onglet **Alignement**.

Utiliser les autres possibilités d'alignement horizontal

Les autres possibilités d'alignement horizontal sont accessibles par l'onglet **Alignement** de la boîte de dialogue **Format de cellule** :

Figure 4.18 : Les autres options d'alignement horizontal

- *Gauche (Retrait)*. Alignement à gauche avec possibilité de spécifier un espacement par rapport à la bordure de la cellule dans la zone *Retrait*.

Chapitre 4 — Mettre en forme les cellules et leur contenu

- *Droite (Retrait)*. Alignement à droite avec possibilité de spécifier un espacement par rapport à la bordure de la cellule dans la zone *Retrait*.
- *Recopié* répète la valeur autant de fois que nécessaire pour remplir la cellule.
- *Justifié* aligne le texte sur les bords droit et gauche de la cellule, en insérant éventuellement des espaces.
- *Centré sur plusieurs colonnes* centre le texte sur plusieurs colonnes (sans fusionner les cellules).
- *Distribué (Retrait)* répartit le texte sur l'ensemble de la cellule.

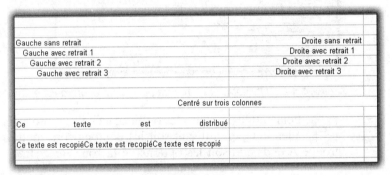

Figure 4.19 : *Exemples d'alignements*

  Il est possible de contrôler le retrait des textes à l'aide des boutons du groupe *Alignement* de l'onglet **Accueil** : **Diminuer le retrait** et **Augmenter le retrait**.

Aligner verticalement

L'alignement vertical permet de définir la position du texte dans la cellule lorsque celle-ci présente une hauteur supérieure à la hauteur du texte.

Pour accéder rapidement à cette fonction, vous disposez de trois boutons au sein du groupe *Alignement* de l'onglet **Accueil**. :

- **Aligner en haut** aligne par rapport à la bordure supérieure.
- **Aligner au centre** aligne au milieu.
- **Aligner en bas** aligne par rapport à la bordure inférieure. Ce choix est activé par défaut.

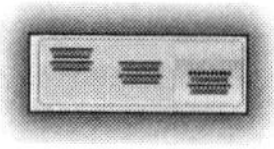

Aligner et orienter le contenu des cellules — Chapitre 4

Figure 4.20 :
Les boutons d'alignement vertical

Les possibilités d'alignement vertical sont également accessibles par l'onglet **Alignement** de la boîte de dialogue **Format de cellule**, zone *Vertical*.

- *Haut* correspond au bouton **Aligner en haut**.
- *Centré* correspond au bouton **Aligner au centre**.
- *Bas* correspond au bouton **Aligner en bas**.
- *Justifié* aligne le texte sur les bords haut et bas de la cellule, en insérant éventuellement des espaces.
- *Distribué* répartit le texte sur l'ensemble de la cellule.

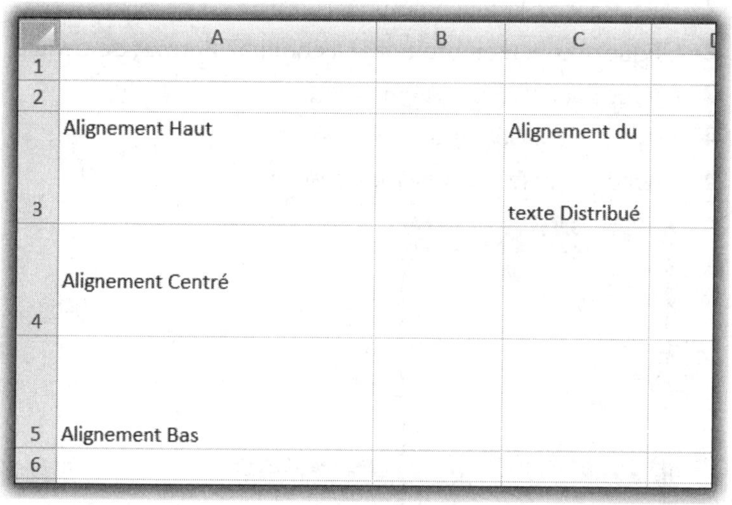

	A	B	C
1			
2			
3	Alignement Haut		Alignement du texte Distribué
4	Alignement Centré		
5	Alignement Bas		
6			

Figure 4.21 : Exemples d'alignements

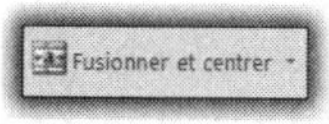

Fusionner et centrer

Le bouton **Fusionner et centrer** du groupe *Alignement* de l'onglet **Accueil** permet de combiner deux actions : fusionner des cellules et centrer le texte sur la cellule résultante obtenue.

1 Sélectionnez les cellules à fusionner.
2 Cliquez sur le bouton **Fusionner et centrer**.

Chapitre 4 — Mettre en forme les cellules et leur contenu

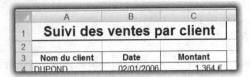

Figure 4.22 :
La plage A1 :C1 a été fusionnée

Il faut être prudent lors de l'utilisation de cette fonction car si plusieurs cellules contiennent une valeur, seul le contenu de la cellule supérieure gauche de la plage de cellules sélectionnée sera conservé.

Pour annuler la fonction, cliquez à nouveau sur le bouton **Fusionner et centrer**.

Pour obtenir le même résultat avec la boîte de dialogue **Format de cellules** :

1 Sélectionnez la plage désirée.
2 Cliquez du bouton droit et sélectionnez **Format de cellule**.
3 Cliquez sur l'onglet **Alignement**.
4 Sélectionnez *Centré* dans *Horizontal*.
5 Cochez la case *Fusionner les cellules*.

Figure 4.23 :
Fusionner et centrer à partir de la boîte de dialogue

6 Validez par OK.

Plus de possibilités

Le bouton **Fusionner et centrer** est associé à un petit bouton fléché qui permet d'accéder à un menu autorisant le choix parmi les commandes suivantes :

- **Fusionner et centrer.** Cela revient à cliquer sur le bouton **Fusionner et centrer**.

Aligner et orienter le contenu des cellules — Chapitre 4

- **Fusionner** fusionne les cellules sélectionnées mais en respectant la distinction des lignes. Si vous sélectionnez une plage de trois lignes et trois colonnes, vous obtiendrez une plage de trois lignes et une colonne (obtenue en fusionnant les colonnes initiales).
- **Fusionner les cellules** fusionne les cellules sélectionnées en une seule cellule. Le contenu n'est pas centré (contrairement à **Fusionner et centrer**).
- **Annuler Fusionner cellules** annule la fusion de cellules.

Orienter le texte

Il est possible d'orienter le texte différemment en utilisant le bouton **Orientation** du groupe *Alignement* de l'onglet **Accueil**.

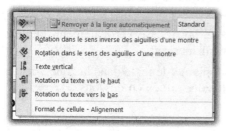

Figure 4.24 :
Le bouton Orientation

Le menu associé à ce bouton vous permet de choisir entre plusieurs commandes :

- **Rotation dans le sens inverse des aiguilles d'une montre** fait pivoter le contenu de la sélection de 45° vers la gauche.

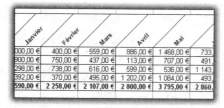

Figure 4.25 :
Changement d'orientation des titres de colonnes

- **Rotation dans le sens des aiguilles d'une montre** fait pivoter le contenu de la sélection de 45° vers la droite.
- **Texte vertical** affiche le contenu de la sélection verticalement.
- **Rotation du texte vers le haut** fait pivoter le contenu de la sélection de 180° vers la gauche.

LE GUIDE COMPLET 125

- **Rotation du texte vers le bas** fait pivoter le contenu de la sélection de 180° vers la droite.
- **Format de cellule – Alignement** permet d'afficher l'onglet **Alignement** de la boîte de dialogue **Format de cellule**.

Plus de possibilités

À l'aide de l'onglet **Alignement** de la boîte de dialogue **Format de cellule**, il est possible d'ajuster plus finement l'orientation du contenu des cellules :

1 Sélectionnez la cellule ou la plage de cellules dont vous voulez modifier l'orientation.

2 Cliquez du bouton droit et choisissez **Format de cellule** (ou sélectionnez la commande **Format de cellule – Alignement** du menu du bouton **Orientation**).

3 Si vous souhaitez que le texte apparaisse verticalement, cliquez sur la zone affichant *Texte* verticalement.

4 Autrement, vous pouvez faire pivoter le texte dans la zone voisine ou spécifier un angle dans la zone située en dessous.

Figure 4.26 :
Les paramètres d'orientation

5 Validez par OK.

Autres paramètres

Renvoyer à la ligne automatiquement

Par défaut, lorsque vous saisissez un texte trop long pour la cellule active, Excel le laisse dépasser sur les cellules adjacentes si elles sont vides. Sinon, il sera tronqué à l'affichage.

Utiliser les thèmes de document — Chapitre 4

En cliquant sur le bouton **Renvoyer à la ligne automatiquement** du groupe *Alignement* de l'onglet **Accueil**, vous spécifiez à Excel qu'il doit afficher le texte en entier. Pour cela, le logiciel augmente la hauteur de la ligne et scinde le texte en plusieurs parties.

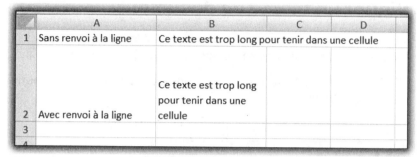

Figure 4.27 : *Impact du renvoi à la ligne*

Cliquez à nouveau sur ce bouton pour annuler le renvoi automatique à la ligne.

Ajuster

La manipulation précédente nous a permis d'ajuster la taille des cellules au texte. Celle qui suit nous permettra d'effectuer l'opération inverse.

En cochant la case *Ajuster* de l'onglet **Alignement** de la boîte de dialogue **Format de cellule**, vous indiquez à Excel qu'il doit réduire la taille du texte de façon à ce que ce dernier soit affiché dans la cellule.

4.3. Utiliser les thèmes de document

Si les thèmes de document existaient déjà dans d'autres applications (Microsoft Publisher par exemple), leur apparition dans Excel constitue une innovation de la version 2007. Un thème est un ensemble de choix de mise en forme qui inclut :

- un ensemble de couleurs (ou thème de couleurs) ;
- un ensemble de polices (ou thème de polices) ;
- un ensemble de lignes et d'effets de remplissage (ou thème d'effets).

Cela vous permet de créer des documents homogènes et cohérents, d'autant plus que les thèmes de document sont communs à l'ensemble des applications Office.

Appliquer un thème de document

Par défaut, lorsque vous créez un nouveau classeur, le thème *Bureau* lui est attribué. Si vous souhaitez modifier le thème appliqué à un classeur :

1 Dans l'onglet **Mise en page**, cliquez sur le bouton **Thèmes** du groupe *Thèmes*.

2 Une galerie présentant les thèmes prédéfinis fait son apparition.

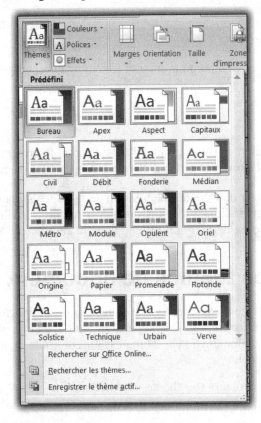

Figure 4.28 :
Les thèmes prédéfinis

3 Déplacez le pointeur de la souris sur l'un des thèmes proposés pour voir instantanément, sur votre document, l'impact du changement.

Utiliser les thèmes de document — Chapitre 4

4 Une fois votre choix effectué, cliquez sur le nouveau thème à appliquer.

Si le thème que vous recherchez n'est pas affiché, cliquez sur **Rechercher les thèmes** pour effectuer une recherche sur votre ordinateur ou sur un réseau. Vous avez également la possibilité de rechercher des thèmes sur le site Office Online, grâce à la commande **Rechercher sur Office Online**.

Panacher les thèmes

Le groupe *Thèmes* de l'onglet **Mise en page** propose également trois boutons qui permettent de n'appliquer qu'une partie d'un thème : les couleurs, les polices ou les effets.

Figure 4.29 :
Les boutons du groupe Thèmes

- **Couleurs** permet d'utiliser seulement les couleurs d'un thème.
- **Polices** permet de changer la police par défaut.
- **Effets** permet d'appliquer seulement les effets d'un thème.

Pour appliquer à nouveau l'ensemble des composantes du thème (couleurs, polices, effets), utilisez le bouton **Thèmes** du groupe *Thèmes* de l'onglet **Mise en page** et sélectionnez le thème voulu.

Créer un thème de document personnalisé

Si les thèmes prédéfinis ne vous conviennent pas, vous avez la possibilité de les personnaliser afin de créer vos propres thèmes. Ces thèmes personnalisés seront disponibles pour l'ensemble des classeurs.

Personnaliser les couleurs de thèmes

1 Sélectionnez le thème prédéfini qui s'approche le plus de vos souhaits.

2 Dans le groupe *Thèmes* de l'onglet **Mise en page**, cliquez sur le bouton **Couleurs**.

3 Cliquez sur **Nouvelles couleurs de thème**.

Chapitre 4   **Mettre en forme les cellules et leur contenu**

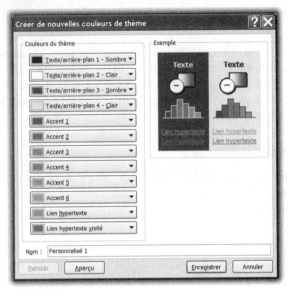

Figure 4.30 :
La boîte de dialogue Créer de nouvelles couleurs de thèmes

4 Dans la boîte de dialogue **Créer de nouvelles couleurs de thèmes**, cliquez sur les boutons associés à chacune des couleurs. Sélectionnez la nouvelle couleur dans la palette qui s'affiche. Si aucune des couleurs affichées ne vous convient, cliquez sur **Autres couleurs** pour afficher une palette étendue.

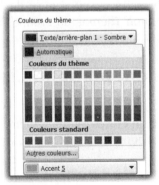

Figure 4.31 :
Le choix des nouvelles couleurs

5 Cliquez sur **Aperçu** pour visualiser les changements sur votre document.

6 Cliquez sur **Rétablir** pour effacer tous vos changements.

7 Une fois que vous êtes arrivé à un résultat satisfaisant, saisissez le nom du nouveau thème dans la zone *Nom* et cliquez sur **Enregistrer**.

Utiliser les thèmes de document — Chapitre 4

Désormais, lorsque vous cliquez sur le bouton **Couleurs** du groupe *Thèmes* de l'onglet **Mise en page**, vos thèmes de couleurs personnalisés apparaissent en début de liste.

Figure 4.32 :
Les couleurs personnalisées

Pour appliquer un thème personnalisé, sélectionnez-le.

Pour le modifier, cliquez du bouton droit dessus et sélectionnez la commande **Modifier** afin d'afficher la boîte de dialogue **Modifier les couleurs de thèmes**. Cliquez sur le bouton **Supprimer** pour supprimer votre thème de couleurs personnalisé.

Personnaliser les polices de thèmes

1 Dans le groupe *Thèmes* de l'onglet **Mise en page**, cliquez sur le bouton **Polices**.

2 Cliquez sur **Nouvelles polices de thème**.

Figure 4.33 : La boîte de dialogue *Créer de nouvelles polices de thèmes*

3 Dans la boîte de dialogue **Créer de nouvelles polices de thème**, sélectionnez les polices désirées.

4 Une fois que vous êtes arrivé à un résultat satisfaisant, saisissez le nom du nouveau thème dans la zone *Nom* et cliquez sur **Enregistrer**.

Désormais, lorsque vous cliquez sur le bouton **Polices** du groupe *Thèmes* de l'onglet **Mise en page**, vos polices de thèmes de polices personnalisés apparaissent en début de liste. Pour appliquer un thème personnalisé, sélectionnez-le.

Pour le modifier, cliquez du bouton droit dessus et sélectionnez la commande **Modifier** afin d'afficher la boîte de dialogue **Modifier les couleurs de thèmes**. Cliquez sur le bouton **Supprimer** pour supprimer votre thème de polices personnalisé.

Enregistrer un thème de document

Tous les changements apportés aux couleurs, polices et effets d'un thème peuvent être enregistrés en tant que thème personnalisé, que vous pourrez ensuite appliquer à d'autres documents. Supposons par exemple que, dans un document, vous ayez appliqué un thème de couleurs personnalisé, un thème de polices personnalisé et les effets du thème *Deluxe*. Vous pouvez alors souhaiter enregistrer cet ensemble de paramètres dans un thème de document personnalisé, de façon à appliquer ces éléments de mise en forme rapidement à d'autres classeurs. Pour cela :

1 Dans le groupe *Thèmes* de l'onglet **Mise en page**, cliquez sur le bouton **Thèmes**.

2 Sélectionnez la commande **Enregistrer le thème actif**.

3 Dans la zone *Nom de fichier*, saisissez un nom pour votre thème personnalisé et cliquez sur **Enregistrer**.

Le thème personnalisé apparaît dans la galerie associée au bouton **Thèmes**.

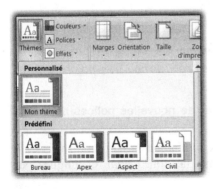

Figure 4.34 :
Un thème personnalisé

4.4. Changer la police

Pour changer la police d'une cellule ou d'une plage de cellules, c'est-à-dire modifier le type de caractères, leur taille, leur couleur, il existe trois méthodes :

- l'utilisation des listes de choix et des boutons du groupe *Police* de l'onglet **Accueil** ;

Figure 4.35 :
Les outils du groupe Police

- l'utilisation de la mini barre d'outils ;
- l'utilisation de l'onglet **Police** de la boîte de dialogue **Format de cellule**.

Listes de choix et boutons

Modifier le type de caractères

1 Sélectionnez la cellule ou la plage de cellules désirée.

2 Cliquez dans la liste de choix *Police*. Déplacez le pointeur de la souris sur l'une des polices proposées pour voir instantanément, sur votre document, l'impact du changement. Les polices du thème en cours apparaissent en début de liste.

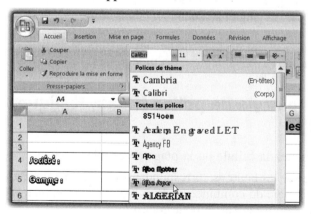

Figure 4.36 : *La liste de choix Police*

Chapitre 4 Mettre en forme les cellules et leur contenu

3 Sélectionnez la police désirée.

Modifier la taille des caractères

1 Sélectionnez la cellule ou la plage de cellules désirée.
2 Cliquez dans la liste de choix Taille de police. Déplacez le pointeur de la souris sur l'une des tailles de police proposées pour voir instantanément, sur votre document, l'impact du changement.

Figure 4.37 :
La liste de choix Taille de police

3 Sélectionnez la taille désirée ou saisissez une taille particulière.

La taille des lignes s'ajuste automatiquement à la taille de la police.

Vous pouvez également utiliser les boutons **Augmenter la taille de police** et **Diminuer la taille de police** du groupe *Police* de l'onglet **Accueil**.

Figure 4.38 :
Les boutons de contrôle de la taille de police

Ces boutons permettent de faire défiler les valeurs de la liste de choix *Taille de police* sans avoir à déployer cette dernière.

Modifier le style de police (Gras, Italique, Souligné)

1 Sélectionnez la cellule ou la plage de cellules désirée.
2 Cliquez sur les boutons correspondants (**Gras**, **Italique**, **Souligné**). Il est possible de combiner les trois styles. Pour annuler un style, cliquez à nouveau sur le bouton désiré.

Changer la police — Chapitre 4

Figure 4.39 :
Les trois boutons de contrôle des styles

Le bouton **Souligné** permet, grâce à un petit bouton fléché situé à sa droite, d'accéder à deux styles de soulignement : soulignement simple ou double.

Modifier la couleur de la police

1 Sélectionnez la cellule ou la plage de cellules désirée.
2 Cliquez sur le bouton fléché à côté du bouton **Couleur de police**.

Figure 4.40 :
Choix de la couleur de police

3 Déplacez le pointeur de la souris sur l'une des couleurs de police proposées pour voir instantanément, sur votre document, l'impact du changement. Les couleurs du thème sont affichées en premier, suivies des couleurs standard. Enfin, il est possible de cliquer sur **Autres couleurs** pour accéder à une palette de couleurs plus étendue.

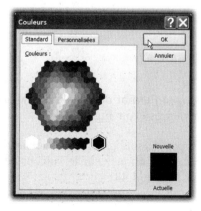

Figure 4.41 :
Une palette plus étendue

4 Une fois la couleur choisie, elle apparaît sur le bouton **Couleur de police**. Un clic sur ce bouton suffit à appliquer à nouveau cette couleur de police.

La mini barre d'outils

La mini barre d'outils, qui apparaît lorsque vous cliquez du bouton droit sur une sélection de cellules, intègre les outils suivants :

- la liste de choix *Police* ;
- la liste de choix *Taille de police* ;
- les boutons **Augmenter la taille de police** et **Diminuer la taille de police** ;
- les boutons **Gras**, **Italique**, **Souligné** ;
- le bouton **Couleur de police**.

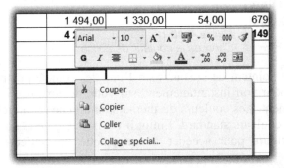

Figure 4.42 : La mini barre d'outils

L'onglet Police

L'onglet **Police** de la boîte de dialogue **Format de cellule** donne accès à quelques fonctionnalités supplémentaires (voir Figure 4.43).

Elles concernent notamment les types de soulignement et les attributs : *Barré*, *Exposant* et *Indice*. Pour y accéder, cliquez sur le lanceur de boîte de dialogue du groupe *Police* (voir Figure 4.44).

Changer les motifs et les couleurs — Chapitre 4

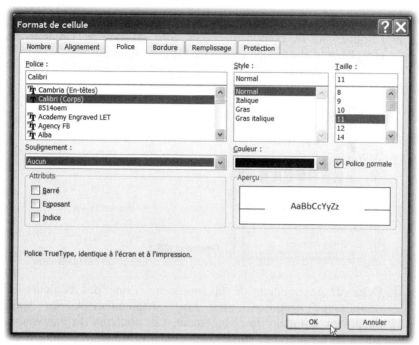

Figure 4.43 : L'onglet Police

Figure 4.44 :
Le lanceur de boîte de dialogue

ASTUCE

Polices variées
Si vous effectuez des sélections partielles de texte dans la barre de formule, vous pouvez obtenir des mises en forme de texte différentes dans une même cellule.

4.5. Changer les motifs et les couleurs

Modifier rapidement la couleur de remplissage

Pour modifier rapidement la couleur de remplissage d'une plage de cellules :

Chapitre 4 — **Mettre en forme les cellules et leur contenu**

1 Sélectionnez la cellule ou la plage de cellules désirée.
2 Cliquez sur le bouton fléché à côté du bouton **Couleur de remplissage** du groupe *Police* de l'onglet **Accueil**.

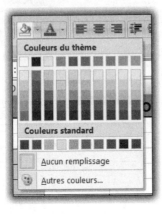

Figure 4.45 :
Choix de la couleur de remplissage

3 Déplacez le pointeur de la souris sur l'une des couleurs de remplissage proposées pour voir instantanément, sur votre document, l'impact du changement. Les couleurs du thème sont affichées en premier, suivies des couleurs standard. Enfin, il est possible de cliquer sur **Autres couleurs** pour accéder à une palette de couleurs plus étendue. Choisissez **Aucun remplissage** pour supprimer le remplissage.
4 Une fois la couleur choisie, elle apparaît sur le bouton **Couleur de remplissage**. Un clic sur ce bouton suffit à appliquer à nouveau cette couleur de remplissage.

Utiliser des motifs et des textures

Il est possible de modifier non seulement la couleur de remplissage des cellules mais aussi le motif ou la texture.

1 Sélectionnez la cellule ou la plage de cellules dont vous voulez modifier le motif ou la texture.
2 Cliquez du bouton droit et choisissez **Format de cellule** (ou cliquez sur le lanceur de boîte de dialogue du groupe *Police*).
3 Cliquez sur l'onglet **Remplissage** de la boîte de dialogue **Format de cellule**.

Changer les motifs et les couleurs — Chapitre 4

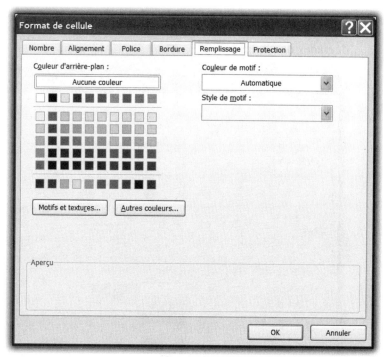

Figure 4.46 : L'onglet Remplissage

4 Vous pouvez, en cliquant sur l'une des couleurs, modifier la couleur de remplissage de la sélection. Cliquez sur **Aucune couleur** pour annuler votre choix.

5 En cliquant sur le bouton fléché de la zone *Motif*, vous faites apparaître un choix de motifs.

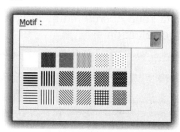

Figure 4.47 :
Choix des motifs

6 Modifiez la couleur du motif choisi à l'aide de la liste de choix *Couleurs* située immédiatement au-dessus.

Chapitre 4 — Mettre en forme les cellules et leur contenu

7 Cliquez sur le bouton **Motifs et textures** pour accéder à la boîte de dialogue **Motifs et textures**, qui vous permettra de définir des dégradés de couleurs

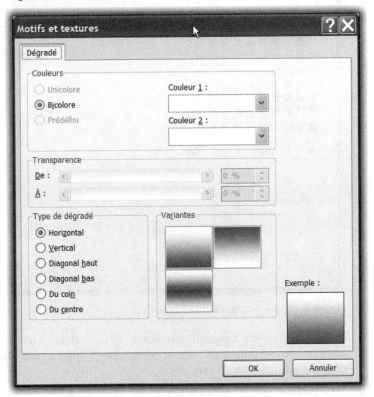

Figure 4.48 : Choix des motifs et textures

8 Une fois votre choix effectué, la zone *Aperçu* indique l'apparence future de l'arrière-plan de votre sélection.

Figure 4.49 : Aperçu du résultat

9 Validez par OK

4.6. Changer l'apparence des bordures

Pour changer l'apparence des bordures, c'est-à-dire modifier l'épaisseur du contour des cellules, sa couleur, etc. Il existe deux façons de procéder :

- l'utilisation du bouton **Bordures** du groupe *Police* de l'onglet **Accueil** (également présent sur la mini barre d'outils) ;
- l'utilisation de l'onglet **Bordure** de la boîte de dialogue **Format de cellule**.

Le bouton Bordures

Le bouton **Bordures** permet d'appliquer des styles de bordures prédéfinis à la sélection en cours. Pour ce faire :

1 Sélectionnez la cellule ou la plage de cellules désirée.

2 Cliquez sur le bouton fléché situé à côté du bouton **Bordures**.

3 Choisissez le type de bordure qui vous convient.

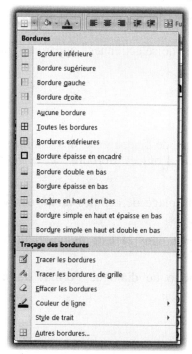

Figure 4.50 :
Choix du contour

4 Le bouton **Bordures** affiche ce format de bordures. Vous pourrez l'appliquer par un simple clic sur le bouton.

Traçage des bordures

La commande **Tracer les bordures** permet d'accéder à un outil intéressant appelé **Traçage de bordures**. Comme son nom l'indique, il permet de "dessiner" les bordures des cellules à même la feuille de calcul.

La commande **Tracer les bordures de grilles** permet d'appliquer un quadrillage alors que **Tracer les bordures** applique seulement un contour. Un fois le type de tracé sélectionné, cliquez sur une bordure de cellule pour lui appliquer le style de bordure actif. Cliquez et maintenez appuyé pour appliquer le contour ou le quadrillage à une plage de cellules.

La commande **Effacer les bordures** permet de transformer le pointeur de la souris en gomme pour bordures.

La commande **Couleur de ligne** permet d'afficher une palette de couleur.

La commande **Style de trait** permet de sélectionner l'apparence du trait de bordure.

L'onglet Bordure

Les fonctionnalités de modification de l'apparence des bordures sont également accessibles à l'aide de l'onglet **Bordure** de la boîte de dialogue **Format de cellule** :

1 Sélectionnez la cellule ou la plage de cellules dont vous voulez modifier le format de bordures.

2 Sélectionnez **Autres bordures** dans la liste associée au bouton **Bordures**.

3 L'onglet **Bordure** de la boîte de dialogue **Format de cellule** apparaît.

Changer l'apparence des bordures — Chapitre 4

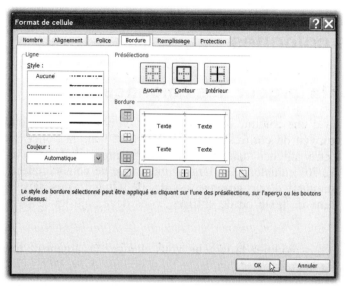

Figure 4.51 : L'onglet Bordure

4 Sélectionnez le style de bordure dans la zone *Style*.

5 Sélectionnez la couleur de la bordure dans la zone *Couleur*.

6 Une fois les paramètres précédents définis, vous pouvez les appliquer rapidement à l'aide des boutons **Contour** ou **Intérieur**. **Intérieur** permet d'appliquer les paramètres à l'ensemble des bordures intérieures à la sélection. **Contour** appliquera les paramètres au contour extérieur de la sélection.

7 Pour une application plus fine des paramètres, utilisez les boutons qui contrôlent les paramètres des contours et des bordures intérieures dans chaque direction (même en diagonale). Vous pouvez également cliquer sur les bordures souhaitées dans l'aperçu.

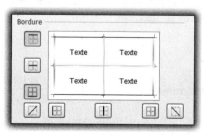

Figure 4.52 :
Des boutons pour une application plus fine des paramètres

8 Pour effacer toutes les bordures, cliquez sur **Aucune**.

4.7. Ajuster la taille des lignes et des colonnes

Ajuster la largeur des colonnes

La largeur d'une colonne est exprimée par un nombre correspondant au nombre moyen de chiffres compris entre 0 et 9 de la police standard, pouvant être affichés dans une cellule. Si une cellule peut contenir jusqu'à 32 767 caractères, sa largeur maximale ne peut excéder 255. La largeur standard d'une colonne est de 10. Quand vous saisissez une longue ligne de texte ou de chiffres, vous devez ajuster la largeur des colonnes.

Lorsque vous modifiez la largeur, vous changez la largeur de toutes les cellules de la colonne.

Deux méthodes permettent de modifier la largeur d'une colonne.

Ajuster rapidement la largeur d'une ou plusieurs colonnes

1 Placez la souris sur la ligne verticale à droite de la référence de la colonne à modifier (le pointeur de la souris prend la forme d'une double flèche).

2 Cliquez et faites glisser la souris vers la droite ou la gauche. Une infobulle vous indique la largeur.

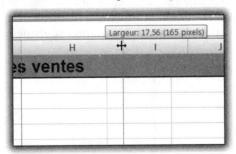

Figure 4.53 :
Curseur de redimensionnement de colonne

3 Relâchez le bouton lorsque la largeur vous convient.

Ajuster la taille des lignes et des colonnes — Chapitre 4

Pour que la largeur de la colonne soit automatiquement ajustée à son contenu :

1 Placez la souris sur la ligne verticale à droite de la référence de la colonne à modifier (le pointeur de la souris prend la forme d'une double flèche).

2 Double-cliquez.

Pour appliquer ces réglages à plusieurs colonnes en même temps, sélectionnez-les au préalable et effectuez les modifications sur l'une d'entre elles comme indiqué précédemment.

Ajuster précisément la largeur d'une ou plusieurs colonnes

Si vous souhaitez ajuster précisément la largeur d'une ou plusieurs colonnes :

1 Sélectionnez les colonnes à modifier.

2 Cliquez sur le bouton **Format** du groupe *Cellules* de l'onglet **Accueil**.

3 Sélectionnez **Largeur de colonne** dans le menu.

Figure 4.54 :
Utilisation du bouton Format

4 Saisissez la largeur souhaitée dans la boîte de dialogue et cliquez sur OK.

Masquer et afficher une ou plusieurs colonnes

Pour masquer une ou plusieurs colonnes :

1 Sélectionnez les colonnes à masquer.

Chapitre 4   Mettre en forme les cellules et leur contenu

2 Cliquez du bouton droit et sélectionnez la commande **Masquer**.

Pour afficher une ou plusieurs colonnes préalablement masquées :

1 Sélectionnez les colonnes comprises entre la colonne située à gauche des colonnes masquées et la colonne située à droite des colonnes masquées. Si vous avez masqué les colonnes *E* à *H*, sélectionnez les colonnes *D* à *I*.

2 Cliquez du bouton droit sur la sélection et choisissez la commande **Afficher**.

Vous pouvez également utiliser la commande **Masquer & afficher** du bouton **Format**.

Modifier la hauteur de ligne

Pour modifier la hauteur de ligne, suivez la même procédure que pour la largeur de colonne.

Ajuster rapidement la largeur d'une ou plusieurs lignes

1 Placez la souris sur la ligne horizontale en bas de la référence de la ligne à modifier (le pointeur de la souris prend la forme d'une double flèche).

2 Cliquez et faites glisser la souris vers le haut ou le bas. Une infobulle vous indique la hauteur.

Figure 4.55 :
Curseur de redimensionnement de ligne

3 Relâchez le bouton lorsque la hauteur vous convient.

Pour que la hauteur de la ligne soit automatiquement ajustée à son contenu :

1 Placez la souris sur la ligne horizontale en bas de la référence de la ligne à modifier (le pointeur de la souris prend la forme d'une double flèche).

2 Double-cliquez.

Pour appliquer ces opérations à plusieurs lignes en même temps, sélectionnez-les au préalable et effectuez les modifications sur l'une d'entre elles comme indiqué précédemment.

Ajuster précisément la hauteur d'une ou plusieurs lignes

Si vous souhaitez ajuster précisément la hauteur d'une ou plusieurs lignes :

1 Sélectionnez les lignes à modifier.

2 Cliquez sur le bouton **Format** du groupe *Cellules* de l'onglet **Accueil**.

3 Sélectionnez **Hauteur de ligne** dans le menu.

4 Saisissez la hauteur souhaitée dans la boîte de dialogue et cliquez sur OK.

Masquer et afficher une ou plusieurs lignes

Pour masquer une ou plusieurs lignes :

1 Sélectionnez les lignes à masquer.

2 Cliquez du bouton droit sur la sélection et choisissez la commande **Masquer**.

Pour afficher une ou plusieurs lignes préalablement masquées :

1 Sélectionnez les lignes comprises entre la ligne située au-dessus des lignes masquées et la ligne située en dessous des lignes masquées. Si vous avez masqué les lignes *5* à *8*, sélectionnez les lignes *4* à *9*.

2 Cliquez du bouton droit sur la sélection et choisissez la commande **Afficher**.

Vous pouvez également utiliser la commande **Masquer & afficher** du bouton **Format**.

Chapitre 5

Mettre en page et imprimer

Définir la zone d'impression	150
Utiliser les sauts de page	150
Utiliser le mode Page	152
Créer un en-tête et un pied de page	153
Spécifier les autres paramètres de mise en page	156
Utiliser l'aperçu avant impression	161
Lancer l'impression	162

Chapitre 5 — Mettre en page et imprimer

Malgré l'avènement de la civilisation du "tout numérique" que l'on nous annonce comme imminent depuis plusieurs années, nous restons, au moins pour la majorité d'entre nous, très attaché au bon vieux papier. C'est pourquoi dans ce chapitre, nous passerons en revue les principales fonctionnalités d'Excel relatives à la mise en forme et à la préparation d'un document en vue de son impression. En effet, un document qui "passe très bien à l'écran" peut s'avérer fort peu lisible une fois sur papier.

Dans un premier temps, vous verrez comment contrôler l'étendue des données à imprimer. Ensuite, avant de lancer l'impression, vous découvrirez comment donner une touche "professionnelle" à vos documents en peaufinant la mise en page.

5.1. Définir la zone d'impression

Comme son nom l'indique, la zone d'impression est la zone qui sera imprimée. Elle est spécifique à chaque feuille de calcul. Par défaut, elle est égale à la zone active de la feuille (la plage comprise entre *A1* et la dernière cellule non vide).

Pour l'ajuster :

1 Sélectionnez la plage de cellules qui doit devenir la nouvelle zone d'impression.

2 Dans l'onglet **Mise en page**, cliquez sur le bouton **Zone d'impression** du groupe *Mise en page* puis choisissez **Définir**.

La zone d'impression apparaît en pointillé sur la feuille de calcul.

Pour annuler la définition de la zone d'impression, utilisez la commande **Annuler** du menu associé au bouton **Zone d'impression**.

5.2. Utiliser les sauts de page

Les sauts de page permettent de forcer le report de certains éléments de la zone d'impression sur une nouvelle page. Ils peuvent être horizontaux ou verticaux. Ils sont matérialisés sur les feuilles de calcul par des lignes pointillées.

Pour définir un saut de page horizontal :

1 Sélectionnez la ligne au-dessus de laquelle le saut de page doit être inséré.

2 Dans l'onglet **Mise en page**, cliquez sur le bouton **Saut de page** du groupe *Mise en page*, puis choisissez **Insérer un saut de page.**

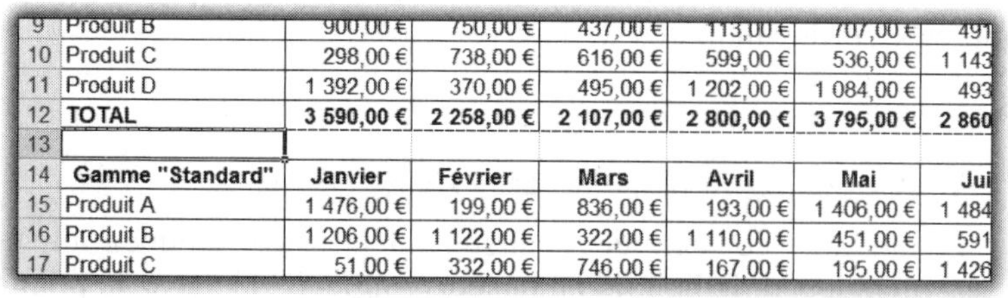

9	Produit B	900,00 €	750,00 €	437,00 €	113,00 €	707,00 €	491
10	Produit C	298,00 €	738,00 €	616,00 €	599,00 €	536,00 €	1 143
11	Produit D	1 392,00 €	370,00 €	495,00 €	1 202,00 €	1 084,00 €	493
12	**TOTAL**	**3 590,00 €**	**2 258,00 €**	**2 107,00 €**	**2 800,00 €**	**3 795,00 €**	**2 860**
13							
14	**Gamme "Standard"**	**Janvier**	**Février**	**Mars**	**Avril**	**Mai**	**Jui**
15	Produit A	1 476,00 €	199,00 €	836,00 €	193,00 €	1 406,00 €	1 484
16	Produit B	1 206,00 €	1 122,00 €	322,00 €	1 110,00 €	451,00 €	591
17	Produit C	51,00 €	332,00 €	746,00 €	167,00 €	195,00 €	1 426

Figure 5.1 : *Un saut de page horizontal a été inséré entre les lignes 12 et 13.*

Pour définir un saut de page vertical :

1 Sélectionnez la colonne à gauche de laquelle le saut de page doit être inséré.

2 Dans l'onglet **Mise en page**, cliquez sur le bouton **Saut de page** du groupe *Mise en page*, puis choisissez **Insérer un saut de page.**

Si vous ne sélectionnez qu'une cellule avant d'insérer un saut de page, Excel insérera en fait deux sauts de page : un saut de page horizontal au-dessus de la cellule et un saut de page vertical à gauche de la cellule.

Aperçu des sauts de page

Pour obtenir une meilleure visualisation des sauts de page, utilisez le bouton **Aperçu des sauts de page** du groupe *Affichages classeur* dans l'onglet **Affichage**. Vous avez ainsi accès à une vision globale de votre feuille et de ses sauts de page.

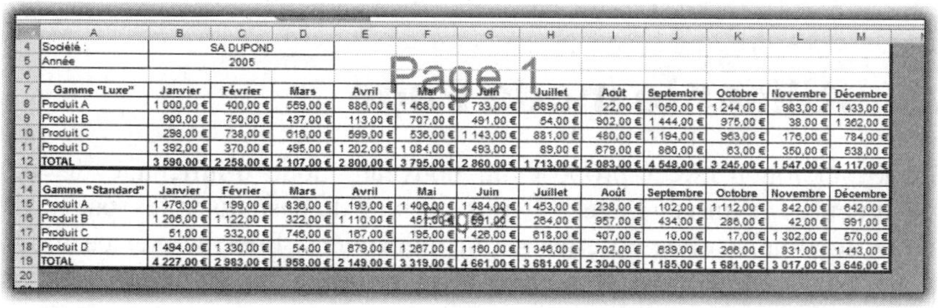

	A	B	C	D	E	F	G	H	I	J	K	L	M
4	Société :	SA DUPOND											
5	Année	2005											
6													
7	Gamme "Luxe"	Janvier	Février	Mars	Avril	Mai	Juin	Juillet	Août	Septembre	Octobre	Novembre	Décembre
8	Produit A	1 000,00 €	400,00 €	559,00 €	886,00 €	1 468,00 €	733,00 €	689,00 €	22,00 €	1 050,00 €	1 244,00 €	983,00 €	1 433,00 €
9	Produit B	900,00 €	750,00 €	437,00 €	113,00 €	707,00 €	491,00 €	54,00 €	902,00 €	1 444,00 €	975,00 €	38,00 €	1 362,00 €
10	Produit C	298,00 €	738,00 €	616,00 €	599,00 €	536,00 €	1 143,00 €	881,00 €	480,00 €	1 194,00 €	963,00 €	176,00 €	784,00 €
11	Produit D	1 392,00 €	370,00 €	495,00 €	1 202,00 €	1 084,00 €	493,00 €	89,00 €	679,00 €	860,00 €	63,00 €	350,00 €	538,00 €
12	TOTAL	3 590,00 €	2 258,00 €	2 107,00 €	2 800,00 €	3 795,00 €	2 860,00 €	1 713,00 €	2 083,00 €	4 548,00 €	3 245,00 €	1 547,00 €	4 117,00 €
13													
14	Gamme "Standard"	Janvier	Février	Mars	Avril	Mai	Juin	Juillet	Août	Septembre	Octobre	Novembre	Décembre
15	Produit A	1 476,00 €	199,00 €	836,00 €	193,00 €	1 406,00 €	1 484,00 €	1 453,00 €	238,00 €	102,00 €	1 112,00 €	842,00 €	642,00 €
16	Produit B	1 206,00 €	1 122,00 €	322,00 €	1 110,00 €	451,00 €	591,00 €	264,00 €	957,00 €	434,00 €	286,00 €	42,00 €	991,00 €
17	Produit C	51,00 €	332,00 €	746,00 €	167,00 €	195,00 €	1 426,00 €	618,00 €	407,00 €	10,00 €	17,00 €	1 302,00 €	570,00 €
18	Produit D	1 494,00 €	1 330,00 €	54,00 €	679,00 €	1 267,00 €	1 160,00 €	1 346,00 €	702,00 €	639,00 €	266,00 €	831,00 €	1 443,00 €
19	TOTAL	4 227,00 €	2 983,00 €	1 958,00 €	2 149,00 €	3 319,00 €	4 661,00 €	3 681,00 €	2 304,00 €	1 185,00 €	1 681,00 €	3 017,00 €	3 646,00 €
20													

Figure 5.2 : *Aperçu des sauts de page*

Dans cet affichage, la zone d'impression est affichée sur fond blanc, alors que ce qui ne sera pas imprimé est grisé. Les sauts de page, quant à eux, sont matérialisés par des traits bleus épais. En filigrane apparaissent les numéros de pages.

Pour déplacer un saut de page :

1 Positionnez le pointeur de la souris dessus.

2 Lorsque ce dernier change d'apparence, cliquez et tout en maintenant le bouton de la souris appuyé, déplacez le pointeur. Le nouvel emplacement du saut de page apparaît en gris.

3 Lorsque vous êtes satisfait, relâchez le bouton de la souris.

Pour supprimer un saut de page :

1 Sélectionnez une cellule de la colonne située immédiatement à droite (pour les sauts de page verticaux) ou de la ligne située immédiatement en dessous (pour les sauts de page horizontaux).

2 Cliquez du bouton droit et sélectionnez **Supprimer le saut de page** dans le menu qui apparaît.

Vous pouvez également modifier la zone d'impression en déplaçant ses contours (traits bleus délimitant la zone affichée sur fond blanc) comme des sauts de page.

Les traits pointillés épais bleus sont des sauts de page positionnés automatiquement par Excel car les données à imprimer ne peuvent être imprimées sur une seule page et il est nécessaire d'en rejeter une partie sur une autre page.

Pour revenir à un affichage conventionnel, cliquez sur le bouton **Normal** du groupe *Affichages classeur* dans l'onglet **Affichage**.

5.3. Utiliser le mode Page

Cette version d'Excel propose un nouveau mode d'affichage de vos documents : le mode Page. Il vous permet de visualiser les pages de votre document telles qu'elles seront imprimées. Pour activer ce mode d'affichage, cliquez sur le bouton **Mise en page** du groupe *Affichages classeur* de l'onglet **Affichage**.

Créer un en-tête et un pied de page — Chapitre 5

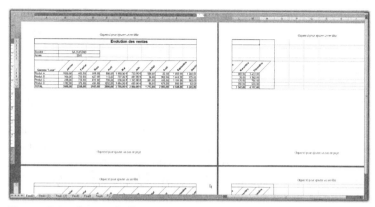

Figure 5.3 : Le mode Page

Vous avez toujours la possibilité de saisir des informations dans les cellules de la feuille de calcul et d'utiliser les fonctionnalités d'Excel.

Vous avez la possibilité d'ajouter un en-tête et un pied de page en cliquant sur les zones situées en haut et en bas de chaque page. Nous aborderons en détail cette possibilité dans le paragraphe suivant.

Pour revenir à un affichage conventionnel, cliquez sur le bouton **Normal** du groupe *Affichages classeur* dans l'onglet **Affichage**.

5.4. Créer un en-tête et un pied de page

L'en-tête et le pied de page d'un document sont respectivement le texte qui s'affiche en haut et en bas de chacune de ses pages. Il s'agit d'informations telles que le nom du rédacteur, le nom de la société, le numéro de la page, la date, l'heure… Bref, un ensemble d'informations qui ne font pas partie du corps du document mais apportent des précisions sur l'origine, l'ancienneté du document, etc. Compte tenu du caractère répétitif de ces textes, il deviendrait vite fastidieux d'avoir à les saisir sur chacune des pages (même avec copier/coller). C'est pourquoi Excel dispose d'une fonctionnalité permettant de spécifier ces textes une fois pour toutes, l'application se chargeant de les appliquer à chacune des pages du document.

Vous allez définir l'en-tête et le pied de page de votre feuille de calcul :

1 Cliquez sur le bouton **En-tête et pied de page** du groupe *Texte* de l'onglet **Insertion** (ou sur la zone prévue à cet effet si vous êtes en mode Page).

LE GUIDE COMPLET 153

Chapitre 5 — Mettre en page et imprimer

2 L'onglet contextuel **Outils des en-têtes et pieds de page** apparaît.

Figure 5.4 : L'onglet contextuel Outils des en-têtes et pieds de page

3 Le document est affiché en mode Page et le curseur se trouve dans la partie centrale de l'en-tête de la page. L'en-tête, comme le pied de page, est divisé en trois zones qui vous permettent de saisir des informations, d'inclure des images, etc. Cliquez sur l'une de ces zones pour y accéder.

4 Vous pouvez accéder au pied de page en cliquant sur le bouton **Atteindre le pied de page** dans le groupe *Navigation* de l'onglet contextuel. De même, vous pouvez accéder à l'en-tête en cliquant sur le bouton **Atteindre l'en-tête** dans le groupe *Navigation* de l'onglet contextuel.

5 Vous disposez d'en-têtes et de pieds de page prédéfinis en cliquant sur les boutons **En-tête automatique** et **Pied de page automatique**.

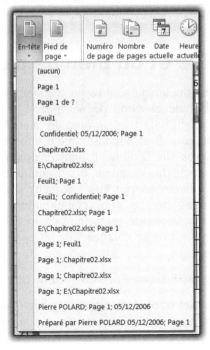

Figure 5.5 :
Les en-têtes prédéfinis

Créer un en-tête et un pied de page — Chapitre 5

6 Si vous préférez créer vous-même vos en-têtes et pieds de page, saisissez vos propres textes dans chacune des zones. Vous pouvez modifier la mise en forme des textes saisis en utilisant les outils du groupe *Police* de l'onglet **Accueil**.

Figure 5.6 : Modification de la mise en forme du texte

7 Vous pouvez également insérer des informations spécifiques à l'aide des boutons du groupe *Éléments en-tête et pied de page*.

— Le bouton **Numéro de page** insère le numéro de page dans l'en-tête ou le pied de page lorsque vous imprimez la feuille de calcul. Excel met à jour automatiquement les numéros de page lorsque vous ajoutez ou supprimez des données ou lorsque vous définissez des sauts de page.

— Le bouton **Nombre de pages** insère le nombre total de pages contenues dans la feuille de calcul, active et ajuste automatiquement les numéros de page lorsque vous imprimez la feuille de calcul.

— Le bouton **Date actuelle** insère la date en cours.

— Le bouton **Heure actuelle** insère l'heure en cours.

— Le bouton **Chemin d'accès** insère le chemin d'accès et le nom de fichier du classeur actif.

— Le bouton **Nom du fichier** insère le nom de fichier du classeur actif.

— Le bouton **Nom de la feuille** insère le nom de la feuille de calcul active.

- Le bouton **Insérer une image** vous permet de choisir une image à placer dans la feuille de calcul active.

- Le bouton **Format d'image** vous permet, entre autres, de dimensionner ou de mettre à l'échelle l'image que vous avez choisie.

8 Ces boutons insèrent des codes de commande pour l'imprimante. Ces codes sont composés du caractère `&`, ainsi que d'une description de l'élément inséré entre crochets. Ainsi, l'insertion de la date se traduit par l'apparition de `&[Date]` dans la zone.

9 Le groupe *Options* de l'onglet contextuel contient des cases à cocher :

- *Première page différente* permet de définir un en-tête et un pied de page spécifique pour la première page.
- *Pages paires et impaires différentes* permet de définir des en-têtes et des pieds de page différents pour les pages paires et impaires.
- *Mettre à l'échelle du document* permet d'adapter la taille de l'en-tête et du pied de page à la taille du document.
- *Aligner sur les marges de page* utilise les marges du document pour positionner les en-têtes et pieds de page.

10 Cliquez sur la feuille de calcul pour valider vos en-têtes et pieds de page.

Pour modifier l'en-tête ou le pied de page :

1 Si vous êtes en mode Page, cliquez directement sur la zone d'en-tête ou de pied de page à modifier.

2 Si vous n'êtes pas en mode Page, utilisez le bouton **En-tête et pied de page** du groupe *Texte* de l'onglet **Insertion**.

5.5. Spécifier les autres paramètres de mise en page

Pour accéder aux autres paramètres de mise en page, utilisez les boutons des groupes *Mise en page*, *Mise à l'échelle* et *Options de la feuille* de calcul de l'onglet **Mise en page**.

Spécifier les autres paramètres de mise en page — Chapitre 5

Figure 5.7 : Les outils de mise en page

Positionner les marges

Vous pouvez positionner les marges de votre document en utilisant le bouton **Marges** du groupe *Mise en page*. Vous accédez alors à une galerie qui vous permet de choisir entre plusieurs réglages prédéfinis (dont le dernier réglage utilisé).

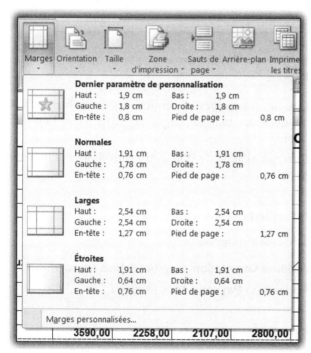

Figure 5.8 : Les réglages de marges prédéfinis

Si vous souhaitez positionner plus finement vos marges, sélectionnez **Marges personnalisées…**. Vous accédez alors à l'onglet **Marges** de la boîte de dialogue **Mise en page** dans lequel :

Chapitre 5 — Mettre en page et imprimer

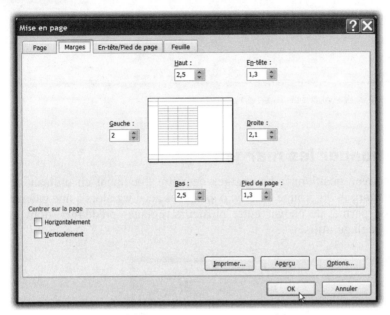

Figure 5.9 : L'onglet Marges

- Vous pouvez spécifier les marges en centimètres dans chacune des directions et indiquer des marges supplémentaires pour l'en-tête et le pied de page.
- Vous pouvez indiquer si le texte doit être centré horizontalement et/ou verticalement.

Choisir l'orientation

Pour choisir l'orientation de l'impression :

1 Cliquez sur le bouton **Orientation** du groupe *Mise en page*.

2 Sélectionnez **Portrait** ou **Paysage** dans le menu.

Choisir le format de papier

Pour choisir le format de papier :

1 Cliquez sur le bouton **Taille** du groupe *Mise en page*.

2 Sélectionnez le format adéquat dans la liste déroulante.

3 Sélectionnez **Autres...** pour afficher l'onglet **Page** de la boîte de dialogue **Mise en page**.

Spécifier les autres paramètres de mise en page — Chapitre 5

Imprimer les titres

Si vous souhaitez que le contenu d'une ou plusieurs lignes ou colonnes se répète systématiquement sur toutes les pages :

1 Cliquez sur le bouton **Imprimer les titres** du groupe *Mise en page*.

Cela a pour effet d'afficher l'onglet **Feuille** de la boîte de dialogue **Mise en page**.

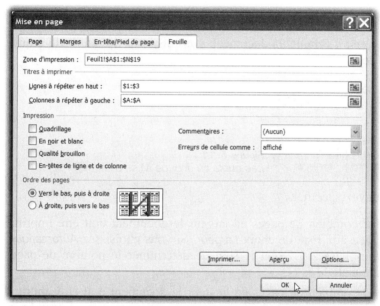

Figure 5.10 : L'onglet Feuille

2 Cliquez dans les zones *Lignes à répéter en haut* et *Colonnes à répéter à gauche*.

3 Sélectionnez les lignes ou colonnes souhaitées, directement sur la feuille de calcul.

Cela se révèle très utile pour imprimer les titres des lignes et des colonnes d'un tableau qui s'étend sur plusieurs pages.

À l'aide de l'onglet **Feuille** de la boîte de dialogue **Mise en page**, vous pouvez également :

- Redéfinir la zone d'impression en cliquant dans la zone *Zone d'impression* et en sélectionnant la nouvelle zone directement sur la feuille.

Chapitre 5 — Mettre en page et imprimer

- Indiquer si vous souhaitez imprimer le quadrillage par défaut de la feuille, les en-têtes de lignes et de colonnes (*A1*, *A2*, etc.). Vous pouvez piloter la qualité d'impression (*En noir et blanc*, *Qualité brouillon*).
- Contrôler le format d'impression des commentaires et des valeurs d'erreurs.
- Indiquer l'ordre d'impression des pages.

Mettre à l'échelle

Pour mettre à l'échelle un document, vous disposez des outils du groupe *Mise à l'échelle*.

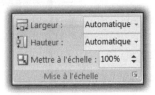

Figure 5.11 :
Les outils du groupe Mise à l'échelle

Vous pouvez spécifier :

- Sur combien de pages en largeur le document doit être imprimé grâce à la liste de choix *Largeur*. Si vous choisissez *Automatique*, vous laissez à Excel le soin de déterminer le nombre de pages adéquat.
- Sur combien de pages en hauteur le document doit être imprimé grâce à la liste de choix *Hauteur*. Si vous choisissez *Automatique*, vous laissez à Excel le soin de déterminer le nombre de pages adéquat.

Si vous indiquez la valeur *Automatique* dans chacune des deux listes de choix précédentes, vous pouvez modifier le taux de réduction/agrandissement à l'aide de la zone *Mettre à l'échelle*.

Autres paramètres

À l'aide des cases à cocher correspondantes du groupe *Options de la feuille* de calcul, vous pouvez indiquer si vous souhaitez que :

- le quadrillage de la feuille soit imprimé ;
- les en-têtes de colonne et de lignes soient imprimés.

Utiliser l'aperçu avant impression   Chapitre 5

5.6. Utiliser l'aperçu avant impression

Le mode Aperçu avant impression permet de visualiser les pages telles qu'elles seront imprimées.

Pour y accéder, cliquez sur le bouton **Microsoft Office**, sélectionnez la commande **Imprimer** puis **Aperçu avant impression**.

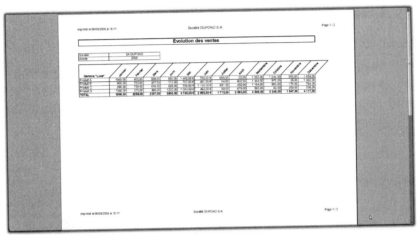

Figure 5.12 : Aperçu avant impression d'une feuille

En cliquant directement sur l'aperçu, vous pouvez effectuer un zoom. En cliquant à nouveau, vous affichez la vue de synthèse.

Les boutons situés en haut de l'écran permettent d'accéder à des fonctions supplémentaires :

Figure 5.13 :
Les boutons de l'onglet Aperçu avant impression

- **Imprimer** ouvre la boîte de dialogue **Imprimer**.
- **Mise en page** ouvre la boîte de dialogue **Mise en page**.
- **Zoom** produit le même effet qu'un clic sur la feuille.

- **Page suivante** et **Page précédente** permettent de faire défiler les pages à imprimer.
- La case à cocher *Afficher les marges* permet d'afficher les marges sur la feuille. Il est possible de les modifier à l'aide de la souris.
- **Fermer l'aperçu** permet de revenir à l'affichage normal.

5.7. Lancer l'impression

Pour lancer l'impression du document en cours, vous pouvez :

- cliquer sur le bouton **Microsoft Office** et choisir la commande **Imprimer** puis **Imprimer** ;
- cliquer sur le bouton **Microsoft Office** et choisir la commande **Imprimer** puis **Impression rapide** ;

La première solution permet d'accéder à la boîte de dialogue **Imprimer** afin de modifier éventuellement des paramètres ; les deux autres impriment directement en tenant compte des paramètres en cours.

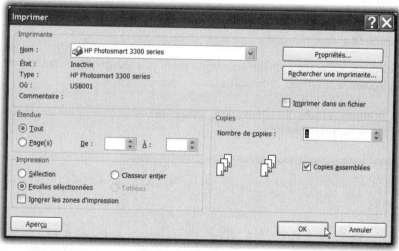

Figure 5.14 : *La boîte de dialogue Imprimer*

Vous pouvez :

- Sélectionner l'imprimante sur laquelle imprimer le document (si vous disposez de plusieurs imprimantes) grâce à la liste déroulante *Nom* de la section *Imprimante*.

Lancer l'impression — Chapitre 5

- Accéder au programme de gestion de l'imprimante en cliquant sur le bouton **Propriétés**. Il varie en fonction de l'imprimante installée.
- Demander l'impression depuis une page de début jusqu'à une page de fin (zones *De* et *à*).
- Choisir d'imprimer la sélection en cours (*Sélection*), les feuilles sélectionnées (*Feuilles sélectionnées*) ou tout le classeur (*Classeur entier*). Vous pouvez ignorer les zones d'impression en cochant la case correspondante.
- Indiquer le nombre de copies. Par défaut, les copies sont assemblées, c'est-à-dire que chacun des exemplaires est imprimé intégralement avant que l'impression du suivant ne débute. Cela évite d'avoir à trier les copies de chaque feuille.
- Accéder à l'aperçu avant impression en cliquant sur le bouton **Aperçu**.

Une fois ces paramètres définis, cliquez sur OK.

Chapitre 6

Gérer les feuilles de calcul et les classeurs

Découvrir les principes de base de la gestion des fichiers	166
Gérer les classeurs	185
Gérer et organiser les feuilles de calcul	191
Gérer l'affichage des feuilles de calcul	200
Protéger les feuilles et les classeurs	207

Chapitre 6 — Gérer les feuilles de calcul et les classeurs

Dans ce chapitre, nous aborderons d'abord la gestion des fichiers. En effet, il est primordial de garder une trace de vos réalisations. Dans ce domaine, Excel propose une palette étendue d'options et de formats d'enregistrement.

Ensuite, nous traiterons des différentes solutions visant à réorganiser les feuilles au sein d'un classeur, ainsi que des techniques permettant d'améliorer la visualisation des données au sein d'une feuille de calcul.

Enfin, nous étudierons les techniques visant à protéger vos données. Cette partie est d'autant plus importante que le travail en réseau se développe.

6.1. Découvrir les principes de base de la gestion des fichiers

Les outils informatiques permettent d'enregistrer un travail sous forme de fichier afin de pouvoir le consulter ou le modifier ultérieurement. Bien sûr, Excel ne déroge pas à la règle et vous propose de nombreuses fonctions destinées à la gestion des fichiers.

Enregistrer un classeur

Comme toujours dans Excel, il existe plusieurs façons d'arriver à vos fins, en l'occurrence d'enregistrer un classeur.

 La première solution consiste à utiliser le bouton **Enregistrer** de la barre d'outils *Accès rapide*.

La seconde solution consiste à utiliser le bouton **Microsoft Office** et les commandes **Enregistrer** ou **Enregistrer sous**. Lors du premier enregistrement du classeur, il n'y a pas de différence entre les deux commandes. En revanche, dès que le classeur a été enregistré une fois, une différence apparaît dans la mesure où la commande **Enregistrer sous** permet de modifier le nom du classeur alors que **Enregistrer** se limite à enregistrer les changements du classeur sans donner la possibilité de modifier son nom.

Le bouton **Enregistrer** de la barre d'outils *Accès rapide* est l'équivalent de la commande **Enregistrer** du bouton **Microsoft Office**.

Découvrir les principes de base de la gestion des fichiers — Chapitre 6

Lors du premier enregistrement avec la commande **Enregistrer** ou lors de l'utilisation de la commande **Enregistrer sous**, la boîte de dialogue **Enregistrer sous** apparaît.

Figure 6.1 : *La boîte de dialogue Enregistrer sous*

La boîte de dialogue **Enregistrer sous** est commune à bon nombre d'applications Windows. Nous allons en décrire les principaux éléments :

- La zone *Enregistrer dans* contient le répertoire dans lequel sera enregistré le classeur actif. Il est possible d'afficher l'arborescence des répertoires à l'aide du bouton fléché.
- Le bouton **Précédent** permet de naviguer vers les répertoires précédents. Le bouton fléché permet d'accéder à la liste de ces répertoires.
- Le bouton **Dossier parent** permet d'accéder au niveau immédiatement supérieur de l'arborescence des dossiers.

Gérer les feuilles de calcul et les classeurs

 Le bouton **Supprimer** permet de supprimer un ou plusieurs fichiers ou dossiers sélectionnés dans la zone d'exploration.

 Le bouton **Créer un dossier** permet de créer un nouveau sous-dossier dans le dossier en cours.

- Le bouton **Affichages** permet de modifier le format d'affichage des fichiers ou dossiers dans la zone d'exploration. L'affichage **Détails** propose un affichage en colonnes. Chaque colonne contient une information spécifique sur le dossier ou le fichier. En cliquant sur l'en-tête de colonne, les données sont triées dans l'ordre croissant selon cette colonne. En cliquant une seconde fois, le tri devient décroissant.

Figure 6.2 :
La liste des affichages

- Le bouton **Outils** permet d'accéder à des outils et à des informations supplémentaires sur les fichiers et dossiers. **Options générales** permet notamment de spécifier des mots de passe de protection du classeur.

Figure 6.3 :
Les outils disponibles

Découvrir les principes de base de la gestion des fichiers — Chapitre 6

- La zone d'exploration affiche les sous-dossiers et les fichiers du dossier en cours. Il est possible de sélectionner les fichiers affichés et de les supprimer en cliquant sur la touche [Suppr]. Il est également possible d'atteindre un sous-dossier en double-cliquant dessus.
- La barre *Mon environnement* permet d'accéder rapidement à des dossiers particuliers. L'icône *Mes documents* présente des raccourcis vers les derniers fichiers ouverts. L'icône *Bureau* vous positionne au plus haut niveau de l'arborescence des dossiers.

Figure 6.4 :
La barre Mon environnement

Pour organiser la barre de dossiers, il est possible d'afficher un menu contextuel en cliquant du bouton droit. Vous pouvez ainsi ajouter un dossier après l'avoir sélectionné dans l'arborescence (la barre peut contenir 256 dossiers au maximum). Vous pouvez supprimer un dossier, le faire monter ou descendre dans la barre selon son importance, le renommer. Enfin, vous pouvez afficher des petites ou des grandes icônes.

Figure 6.5 :
Le menu contextuel de la barre Mon environnement

- La zone *Nom de fichier* indique le nom courant du classeur actif. Par défaut, un classeur nouvellement créé est doté d'un nom du type *Classeur1*, *Classeur2*, etc. Pour modifier ce dernier, cliquez dans la zone et saisissez le nom désiré. En cliquant sur le bouton fléché, vous avez accès à la liste des dix derniers noms attribués. Il n'est pas nécessaire de saisir l'extension ; celle-ci est ajoutée automatiquement par Excel en fonction du type choisi dans la zone *Type de fichier*.

- La zone *Type de fichier* donne accès à la liste des types de fichiers.

- Le bouton **Enregistrer** enregistre le classeur selon les paramètres spécifiés.

- Le bouton **Annuler** abandonne l'opération et ferme la boîte de dialogue.

Du nouveau dans les formats de fichier

La version 2007 de Microsoft Office présente un nouveau format de fichier basé sur le langage XML : *Microsoft Office Open XML*.

Sans rentrer dans les détails, XML (*Extensible Markup Language*) est, comme HTML, un langage de description de documents qui présente l'information encadrée par des balises. Une balise est une portion de texte spécialement délimitée, donnant un "ordre" au navigateur web : c'est un mot du langage. La différence entre XML et HTML réside dans la nature et le nombre des balises. Alors que les balises HTML sont en nombre limité et qu'elles sont orientées vers la présentation du contenu (titre, paragraphe, etc.), il est possible de créer de nouvelles balises XML en fonction des besoins (d'où le nom de langage extensible). De plus, les balises XML sont orientées vers l'organisation et la structuration du contenu et non vers sa présentation. Le langage XML distingue en effet le contenu de la présentation.

Le nouveau format Microsoft Office Open XML combine les possibilités de XML en matière de gestion des informations avec la technologie de compression ZIP (popularisée par le logiciel WinZip). Cela a plusieurs conséquences :

- Les classeurs sont automatiquement compressés (taille inférieure de 30 à 75 % par rapport à l'ancien format). Lorsque vous ouvrez un classeur, il est automatiquement décompressé. Lorsque vous l'enregistrez, il est à nouveau compressé de façon entièrement transparente.

Découvrir les principes de base de la gestion des fichiers — Chapitre 6

- Du fait de l'utilisation de XML, les classeurs présentent une structure modulaire. Pour simplifier, on peut dire que les données sont dissociées de leur mise en forme et que les objets inclus dans les classeurs sont stockés de façon indépendante. Cela permet de faciliter la récupération des données en cas d'endommagement des fichiers.

- Les classeurs (et plus largement les documents créés avec les outils de la suite Office) sont aisément consultables et modifiables par d'autres applications. Décompressez-les et modifiez-les avec un éditeur XML.

Outre les formats de fichiers basés sur XML, Excel 2007 comprend une version binaire du format de fichier pour les classeurs volumineux ou complexes. Ce format de fichier, appelé Binary Office Excel 2007, peut être utilisé pour améliorer les performances et la compatibilité descendante.

Voici les nouveaux types de fichier :

- *.xlsx* : classeur au nouveau format Open XML ;
- *.xlsm* : classeur contenant des macros au nouveau format Open XML ;
- *.xltx* : modèle au nouveau format Open XML ;
- *.xltm* : modèle contenant des macros au nouveau format Open XML ;
- *.xlsb* : classeur binaire non XML ;
- *.xlam* : macro complémentaire.

Il existe une différence entre les classeurs contenant des macros et les autres. Seuls les fichiers dont les extensions se terminent par "m" peuvent contenir des macros VBA et des contrôles ActiveX. Les extensions facilitent la distinction entre les fichiers contenant des macros et les autres, ainsi que l'identification par un logiciel antivirus des fichiers renfermant un code potentiellement dangereux.

> **REMARQUE** **Structure d'un classeur Excel**
> Pour comprendre la nouvelle structure des classeurs Excel, vous pouvez vous livrer à une petite expérience. Modifiez l'extension d'un classeur en remplaçant *.xlsx* par *.zip* et ouvrez le fichier ainsi renommé à

Chapitre 6   Gérer les feuilles de calcul et les classeurs

> **REMARQUE**   l'aide de WinZip (ou de toute autre application susceptible de décompresser des fichiers *.zip*). Vous verrez qu'un classeur est en réalité constitué d'un ensemble de fichiers au format XML.

Conversion des classeurs créés avec les versions précédentes

Lorsque vous travaillez sur un classeur créé avec une version précédente d'Excel (.xls), vous pouvez le convertir rapidement au nouveau format. Pour cela, il suffit de cliquer sur le bouton **Microsoft Office** puis de sélectionner la commande **Convertir**.

Cette commande n'apparaît que lorsque vous travaillez avec un classeur "ancien format".

Compatibilité avec les versions précédentes

La compatibilité ascendante est automatiquement assurée. En d'autres termes, vous pouvez sans problème ouvrir et modifier un classeur créé avec une version précédente d'Excel. Excel 2007 dispose même d'un vérificateur de compatibilité intégré qui vous avertit si vous avez introduit dans le classeur une fonctionnalité non gérée par les précédentes versions.

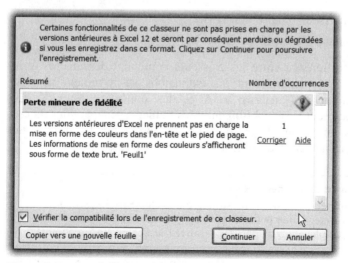

Figure 6.6 : *Le vérificateur de compatibilité*

Découvrir les principes de base de la gestion des fichiers — Chapitre 6

Le vérificateur de compatibilité est automatiquement exécuté lors de l'enregistrement d'un classeur créé à l'aide d'une version précédente. Vous pouvez toutefois l'exécuter à la demande en cliquant sur le bouton **Microsoft Office**, en choisissant la commande **Préparer** puis **Activer le vérificateur de compatibilité**.

Pour ce qui est de la compatibilité dite descendante (ouverture d'un fichier créé sous Excel 2007 dans une version précédente d'Excel), il sera nécessaire de télécharger des convertisseurs sur le site Office Online.

Vous avez la possibilité de créer une copie d'un classeur entièrement compatible avec les versions 1997 à 2003. Pour cela :

1 Cliquez sur le bouton **Microsoft Office** puis sur la petite flèche à droite de la commande **Enregistrer sous**.

2 Choisissez la commande **Format Excel 97-2003**.

Limitations relatives aux noms de fichiers

En tant qu'application Windows, Excel doit se conformer aux limitations relatives aux noms de fichiers. Limitation est sans doute un mot un peu fort car un nom de fichier peut contenir jusqu'à 215 caractères, y compris les espaces. Les noms de fichiers ne peuvent pas contenir les caractères suivants : \ / : * ? " < > |.

Il n'est cependant pas conseillé de créer des noms de 215 caractères. La plupart des programmes (et des utilisateurs) ne savent pas interpréter les noms de fichiers très longs.

> ⚠ **ATTENTION** — **Majuscules et minuscules**
> Excel ne fait pas de différence entre les majuscules et les minuscules dans les noms de fichiers. Ainsi, le logiciel ne fera pas de distinction entre les classeurs *Ventes*, *ventes* ou *VENTES*.

Enregistrer au format PDF ou XPS

PDF est un format de fichier basé sur le langage PostScript qui conserve la mise en page du document et permet le partage du fichier. Très utilisé pour la diffusion de données via Internet, ce format vous garantit que vos données ne seront pas modifiées et que la mise en page sera préservée. Le format XPS (*XML Paper Specification*) mis au point par Microsoft joue le même rôle.

Pour visualiser des fichiers enregistrés dans l'un de ces formats, vous devez disposer d'une visionneuse (type Acrobat Reader).

Pour enregistrer un classeur dans l'un de ces formats :

1 Cliquez sur le bouton **Microsoft Office** puis sur la petite flèche à droite de la commande **Enregistrer sous**.

2 Choisissez la commande **PDF ou XPS...**.

3 Sélectionnez le type de fichier (PDF ou XPS). Vous avez la possibilité de définir précisément les parties du documents à publier en cliquant sur le bouton **Options**.

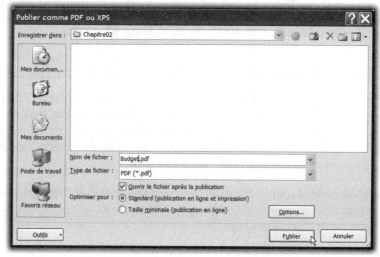

Figure 6.7 : *Enregistrement au format PDF ou XPS*

4 Cliquez sur **Publier**.

Créer des fichiers de sauvegarde automatique

Il est possible, lors de l'enregistrement d'un classeur, de demander à Excel de créer systématiquement une copie de sauvegarde dans le même dossier. Ce classeur portera le même nom que le classeur maître, mais précédé du suffixe *Sauvegarde de* et avec l'extension *.xlk*.

Pour cela, lors du premier enregistrement, effectuez les opérations suivantes :

1 Dans la boîte de dialogue **Enregistrer sous**, cliquez sur le bouton **Outils**.

2 Sélectionnez **Options générales**.

3 Dans la boîte de dialogue **Options d'enregistrement**, cochez la case *Créer une copie de sauvegarde*.

4 Validez par OK.

5 Terminez la procédure d'enregistrement.

Spécifier les paramètres d'enregistrement par défaut

Par défaut, Excel cherchera à enregistrer les classeurs dans le dossier *Mes documents*, sous le format *Classeur Microsoft Excel*.

Il est possible de modifier ces paramètres par défaut. D'abord, le dossier d'enregistrement par défaut :

1 Cliquez sur le bouton **Microsoft Office** puis sur **Options Excel**.

2 Dans la boîte de dialogue **Options Excel**, cliquez sur **Enregistrement**.

3 Saisissez le chemin complet du dossier souhaité dans la zone *Emplacement d'enregistrement par défaut*.

4 Validez par OK.

Passons au format d'enregistrement par défaut :

1 Cliquez sur le bouton **Microsoft Office** puis sur **Options Excel**.

2 Dans la boîte de dialogue **Options Excel**, cliquez sur **Enregistrement**.

3 Sélectionnez le format *Enregistrer les fichiers au format suivant*. C'est désormais ce format qui apparaîtra par défaut dans la zone *Type de fichier* de la boîte de dialogue **Enregistrer sous**.

4 Validez par OK.

Chapitre 6 — Gérer les feuilles de calcul et les classeurs

Ajouter des informations de résumé aux fichiers

Pour faciliter la recherche ultérieure des classeurs, il est possible de renseigner des informations (ou propriétés) complémentaires permettant de mieux "qualifier" le classeur.

Pour saisir ces informations, utilisez la commande **Préparer** puis **Propriétés** du bouton **Microsoft Office**. La fenêtre **Propriétés du document** apparaît au-dessus de la feuille de calcul.

Figure 6.8 : *La fenêtre Propriétés du document*

Vous pouvez renseigner les propriétés suivantes :

- *Auteur* ;
- *Titre* ;
- *Sujet* ;
- *Mots-clés* ;
- *Catégorie* ;
- *Statut* ;
- *Commentaire.*

Ces informations apparaîtront notamment dans l'affichage *Propriétés* (accessible grâce au bouton **Affichages**) des boîtes de dialogue **Enregistrer sous** et **Ouvrir**.

Il est possible d'aller plus loin dans la définition des propriétés en ajoutant des propriétés personnalisées. Pour cela :

1 Dans la fenêtre **Propriétés**, cliquez sur le bouton fléché **Propriétés du document** et sélectionnez **Propriétés avancées**.

2 Dans la boîte de dialogue **Propriétés**, cliquez sur l'onglet **Personnalisation**.

3 Sélectionnez la propriété à ajouter dans la liste ou créez une nouvelle propriété en saisissant son nom dans la zone *Nom*. Saisissez par exemple Version.

Découvrir les principes de base de la gestion des fichiers — Chapitre 6

4 Dans la zone *type*, sélectionnez le type voulu. Ici, choisissez *Nombre*.

5 Saisissez la valeur dans la zone *Valeur*. Saisissez 1.

6 Cliquez sur **Ajouter**.

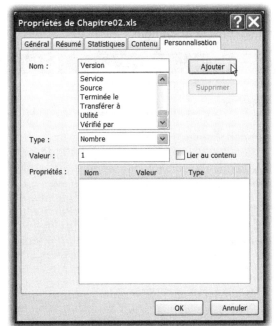

Figure 6.9 :
Création d'une nouvelle propriété

7 Pour supprimer une propriété personnalisée, sélectionnez-la dans la liste et cliquez sur le bouton **Supprimer**.

> **ASTUCE** — **Lier les propriétés personnalisées au contenu de cellules**
> En cliquant sur la case à cocher *Lier au contenu*, vous pouvez lier le contenu de la propriété au contenu d'une cellule nommée. La zone de saisie *Valeur* se transforme en liste déroulante qui affiche l'ensemble des cellules nommées.

Inspecter un fichier

Avant de diffuser un classeur, vous pouvez rechercher les éventuelles informations confidentielles qui s'y trouvent à l'aide de l'Inspecteur de document. Cet outil passe en revue votre classeur et recherche toutes les informations potentiellement confidentielles (commentaires de cellules, en-têtes et pieds de page, colonnes ou lignes masquées, etc.). Vous avez ensuite la possibilité de supprimer ces informations.

Pour exécuter l'Inspecteur de documents :

1 Cliquez sur le bouton **Microsoft Office**, choisissez la commande **Préparer** puis **Inspecter le document**.

Figure 6.10 : L'Inspecteur de document

2 Choisissez les éléments à rechercher puis cliquez sur **Inspecter**.
3 Lorsque des informations potentiellement confidentielles ont été détectées, vous pouvez cliquer sur les boutons **Supprimer tout** situés en regard des différents types d'informations.

Marquer un fichier comme terminé

Lorsque vous avez finalisé votre classeur, vous avez la possibilité de faire en sorte que plus personne ne puisse le modifier. Pour cela, cliquez

Découvrir les principes de base de la gestion des fichiers — Chapitre 6

sur le bouton **Microsoft Office**, choisissez la commande **Préparer** puis **Marquer comme final**.

Cela a pour effet de désactiver toutes les fonctionnalités d'Excel permettant de modifier les données.

Pour désactiver le marquage, cliquez sur le bouton **Microsoft Office**, choisissez la commande **Préparer** puis à nouveau **Marquer comme final**.

Protéger les fichiers

Il est possible, lors de l'enregistrement d'un classeur, d'attribuer un mot de passe à ce dernier pour limiter son accès en lecture ou en modification.

Lors du premier enregistrement, effectuez les opérations suivantes :

1 Dans la boîte de dialogue **Enregistrer sous**, cliquez sur le bouton **Outils**.

2 Sélectionnez **Options générales**.

3 Dans la boîte de dialogue **Options d'enregistrement**, saisissez un mot de passe pour la lecture et/ou un mot de passe pour la modification. Les mots de passe peuvent être différents.

4 La case à cocher *Lecture seule recommandée* provoque l'affichage d'un message pour l'utilisateur en lui conseillant, à l'ouverture du classeur, de l'ouvrir en lecture seule, c'est-à-dire sans possibilité de modification.

Figure 6.11 :
La boîte de dialogue Options d'enregistrement

5 Validez par OK.

6 Excel vous demandera, via des boîtes de dialogue, de confirmer les deux mots de passe.

7 Terminez la procédure d'enregistrement.

Enregistrer l'espace de travail complet

Dans certaines situations, vous serez amené à travailler régulièrement sur plusieurs classeurs à la fois. Il vous semblera alors fastidieux d'avoir à les ouvrir lors de chaque séance de travail. Excel a pensé à vous. Vous pouvez en effet enregistrer en une seule opération votre environnement de travail, c'est-à-dire l'ensemble des paramètres, les classeurs ouverts, la disposition des fenêtres, etc. Pour cela :

1 Dans l'onglet **Affichage**, cliquez sur le bouton **Enregistrer un espace de travail** du groupe *Fenêtre*.

2 Dans la boîte de dialogue **Enregistrer l'espace de travail**, qui ressemble à la boîte de dialogue **Enregistrer sous**, sélectionnez l'emplacement et saisissez un nom pour le fichier (extension *.xlw*).

3 Validez par OK.

Pour réactiver cet environnement de travail, ouvrez le fichier d'environnement ainsi créé.

Créer et ouvrir des classeurs

Créer un classeur

Pour créer un nouveau classeur, sélectionnez la commande **Nouveau** du bouton **Microsoft Office** (voir Figure 6.12).

Dans la boîte de dialogue **Nouveau classeur**, vous avez la possibilité :

- De créer un nouveau classeur vierge utilisant le modèle par défaut. Pour cela, cliquez sur **Nouveau classeur Excel** puis sur **Créer**.

- De créer un classeur à partir des modèles que vous avez créés. Pour cela, cliquez sur **Mes modèles...** puis sur **Créer**. Vous devrez ensuite sélectionner le modèle à utiliser.

- De créer un classeur à partir d'un autre classeur. Pour cela, cliquez sur **Créer à partir d'un document existant...** puis sur **Créer**. Vous devrez ensuite sélectionner le classeur à utiliser.

Découvrir les principes de base de la gestion des fichiers — Chapitre 6

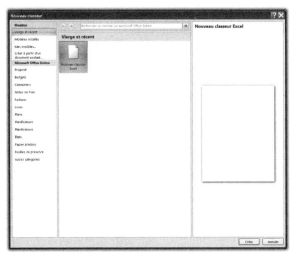

Figure 6.12 :
La boîte de dialogue
Nouveau classeur

- D'aller rechercher des modèles de classeur sur votre ordinateur ou sur Office Online à l'aide de l'arborescence se trouvant à gauche de la boîte de dialogue.

Figure 6.13 :
Recherche de modèles

Ouvrir un classeur

Pour ouvrir un classeur, sélectionnez la commande **Ouvrir** du bouton **Microsoft Office**.

Vous accédez à la boîte de dialogue **Ouvrir**.

Chapitre 6 — Gérer les feuilles de calcul et les classeurs

Figure 6.14 : La boîte de dialogue Ouvrir

Elle ressemble à la boîte de dialogue **Enregistrer sous** que nous avons déjà décrite en détail.

Pour ouvrir un classeur, sélectionnez-le puis cliquez sur le bouton **Ouvrir**.

Vous avez sans doute constaté que le bouton **Ouvrir** était doté d'un petit bouton flèche sur sa droite. Si vous cliquez sur ce bouton, vous accédez à une liste déroulante d'options d'ouverture.

Figure 6.15 :
Les différentes options d'ouverture d'un fichier

- **Ouvrir** correspond à l'ouverture "simple" du classeur. Cette option équivaut à un clic sur le bouton **Ouvrir**.
- **Ouvrir en lecture seule** ouvre le classeur en lecture seule. Les modifications ne pourront pas être enregistrées.

Découvrir les principes de base de la gestion des fichiers — Chapitre 6

- **Ouvrir une copie** crée une copie du classeur dans le même dossier et ouvre cette copie.
- **Ouvrir dans un navigateur** ouvre le fichier dans un navigateur. Utilisable avec les fichiers au format *.html*.
- **Ouvrir et réparer** tente d'ouvrir et de réparer des fichiers détériorés.

Si vous cliquez sur **Ouvrir et réparer**, une boîte de dialogue apparaît. Vous pouvez choisir entre **Réparer** et **Extraire des données**.

Figure 6.16 : Ouvrir et réparer

Essayez d'abord **Réparer**. Si cela s'avère infructueux, cliquez sur **Extraire des données**. Dans ce cas, Excel tentera de récupérer un maximum de données et de formules.

Ouvrir plusieurs classeurs à la fois

Pour ouvrir plusieurs classeurs en une seule opération, sélectionnez-les tous dans la boîte de dialogue **Ouvrir**. Pour cela, maintenez la touche [Ctrl] enfoncée pendant que vous sélectionnez les classeurs.

Pour désélectionner un classeur, cliquez à nouveau dessus (en maintenant toujours [Ctrl] enfoncée).

Une fois les classeurs correctement sélectionnés, cliquez sur **Ouvrir**.

Cette méthode est valable uniquement pour des fichiers situés dans un même dossier.

Basculer d'un classeur à l'autre

Lorsque plusieurs classeurs sont ouverts en même temps, il faut pouvoir passer rapidement de l'un à l'autre. Pour cela, deux solutions :

- Utilisez le bouton **Changement de fenêtre** du groupe *Fenêtre* de l'onglet **Affichage** et sélectionnez le classeur voulu.

Chapitre 6 — Gérer les feuilles de calcul et les classeurs

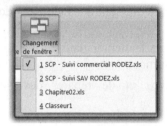

Figure 6.17 :
Le bouton Changement de fenêtre

- Utilisez la barre des tâches Windows. En effet, chaque classeur apparaît de façon indépendante dans la barre des tâches (tant qu'il y suffisamment de place).

> **Ne pas afficher les classeurs dans la barre des tâches**
>
> Si voir tous les classeurs ouverts dans la barre des tâches vous gêne, vous pouvez faire en sorte que seul Excel apparaisse dans la barre des tâches.
>
> Pour cela, cliquez sur le bouton **Microsoft Office** puis sur **Options Excel**. Dans la boîte de dialogue **Options Excel**, cliquez sur **Options avancées**. Dans la rubrique *Afficher*, désélectionnez la case *Afficher toutes les fenêtres dans la barre des tâches*.

Ouverture de classeurs au démarrage

Par défaut, Excel ouvre systématiquement les fichiers se trouvant dans le dossier *C:\Program Files\Microsoft Office\Office12\XLStart*.

Vous pouvez également spécifier un répertoire personnel dont tous les classeurs seront ouverts lors du démarrage d'Excel :

1 Cliquez sur le bouton **Microsoft Office** puis sur **Options Excel**.

2 Cliquez sur *Options avancées*.

3 Dans la rubrique *Général*, saisissez l'emplacement complet du dossier dans la zone *Au démarrage, ouvrir tous les fichiers du dossier*.

4 Validez par OK.

Veillez à ce que le dossier en question ne contienne pas trop de fichiers sous peine d'être submergé.

> **ASTUCE — Changer l'apparence des classeurs par défaut**
> Si vous avez créé un modèle *Classeur.xlt* ou *Feuille.xlt* et que vous l'ayez enregistré dans le dossier *XLStart*, Excel utilise ce modèle pour créer les classeurs par défaut ou insérer des nouvelles feuilles de calcul.

Renommer un classeur

Pour renommer un classeur, vous disposez de deux méthodes dont les effets ne sont pas identiques :

- Dans la boîte de dialogue **Ouvrir** ou **Enregistrer sous**, cliquez du bouton droit sur le classeur en question puis sélectionnez **Renommer** dans le menu contextuel. Saisissez le nouveau nom (n'oubliez pas l'extension).
- Enregistrez le classeur sous un autre nom (avec **Enregistrer sous**). Attention, cela ne supprime pas le classeur initial qui continuera à exister sous l'ancien nom.

6.2. Gérer les classeurs

L'utilisation simultanée de plusieurs classeurs est facilitée par des outils de réorganisation rapide de l'écran de travail.

Afficher plusieurs fenêtres pour un même classeur

Il est possible d'afficher plusieurs "vues" d'un même classeur. Toutes les modifications que vous apporterez dans l'une se répercuteront évidemment dans les autres ; en revanche, les paramètres d'affichage sont propres à chaque fenêtre. Procédez ainsi :

1 Dans l'onglet **Affichage**, cliquez sur le bouton **Nouvelle fenêtre** du groupe *Fenêtre*.

2 Une nouvelle fenêtre du classeur en cours apparaît. Dans la barre de titre de la fenêtre, le nom de la fenêtre reprend le nom du classeur suivi de :2.

Chapitre 6 — Gérer les feuilles de calcul et les classeurs

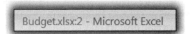

Figure 6.18 : La deuxième fenêtre du classeur en cours

Pour naviguer entre les fenêtres, vous pouvez utiliser le bouton **Changement de fenêtre** du groupe *Fenêtre* de l'onglet **Affichage** et sélectionner la fenêtre souhaitée ou utiliser la barre des tâches Windows.

Pour fermer une fenêtre, cliquez sur le bouton **Fermer** de sa barre de titre. Si vous enregistrez des changements, lors de la prochaine ouverture du classeur, l'affichage sera identique à celui de la fenêtre active lors de l'enregistrement.

Réorganiser les fenêtres de classeur

Lorsque plusieurs classeurs sont ouverts en même temps, il est possible de réorganiser rapidement et systématiquement l'affichage.

1 Cliquez sur le bouton **Réorganiser** du groupe *Fenêtre* de l'onglet **Affichage**.

2 Dans la boîte de dialogue **Réorganiser**, sélectionnez le mode de réorganisation.

Figure 6.19 : La boîte de dialogue Réorganiser

3 Validez par OK.

Gérer les classeurs — Chapitre 6

Figure 6.20 : Réorganisation en mosaïque

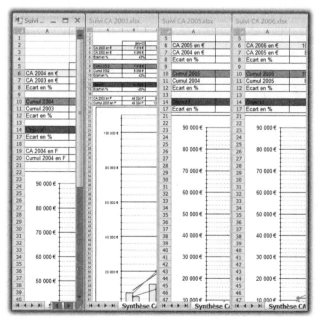

Figure 6.21 : Réorganisation verticale

Chapitre 6 — Gérer les feuilles de calcul et les classeurs

Figure 6.22 : Réorganisation horizontale

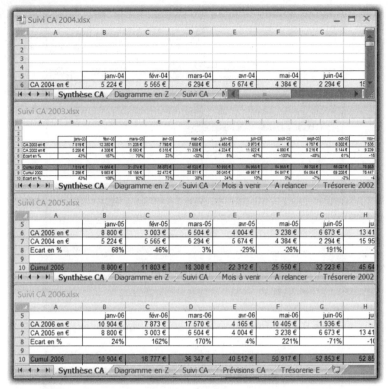

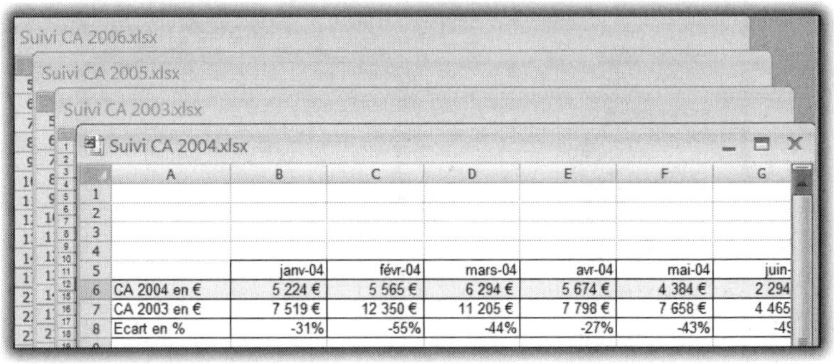

Figure 6.23 : Réorganisation en cascade

Pour restaurer l'affichage initial, cliquez sur le bouton **Agrandir** de l'une des fenêtres.

Gérer les classeurs — Chapitre 6

Si vous cochez la case *Fenêtres du classeur actif* dans la boîte de dialogue **Réorganiser**, la réorganisation affectera uniquement les fenêtres du classeur actif. Pour qu'une telle manipulation présente un intérêt, il faut avoir affiché plusieurs fenêtres du classeur actif (comme décrit précédemment). Cette manipulation permet de visualiser en même temps plusieurs feuilles d'un même classeur (en affichant une feuille différente dans chacune des fenêtres du classeur).

Comparer deux classeurs en côte à côte

Cette fonction d'Excel permet de faciliter une tâche souvent fastidieuse. En effet, qui d'entre vous n'a pas eu, un jour ou l'autre, à vérifier les différences entre deux classeurs de structure similaire ? Il faut les afficher tous deux à l'écran, faire défiler les lignes ou les colonnes de l'un puis activer l'autre et faire de même, puis repasser au premier, etc.

Excel vous propose d'automatiser cette démarche. Pour ce faire, procédez de la façon suivante :

1 Ouvrez les classeurs à comparer.

2 Activez le premier des deux classeurs.

3 Dans l'onglet **Affichage**, cliquez sur le bouton **Afficher côte à côte** du groupe *Fenêtre*.

4 Si plus de deux classeurs sont ouverts, la boîte de dialogue **Comparer en côte à côte** apparaît, sélectionnez le deuxième classeur.

Figure 6.24 :
La boîte de dialogue Comparer en côte à côte

5 Validez par OK.

Les deux classeurs apparaissent l'un au-dessus de l'autre et les déplacements dans l'un des deux se répercutent dans le second.

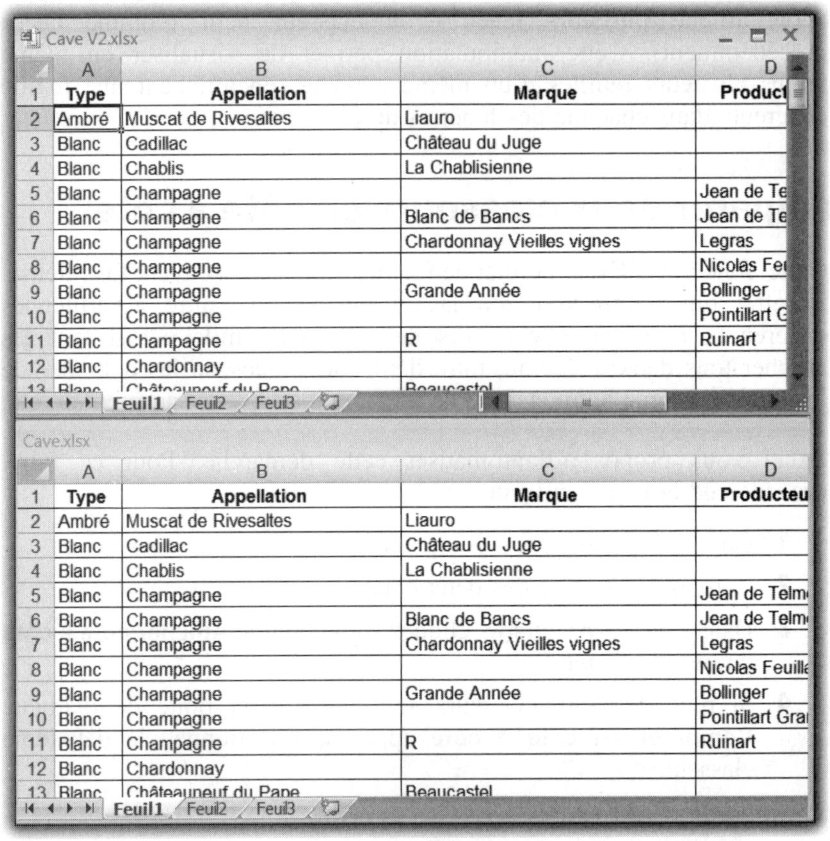
Cave V2.xlsx

	A	B	C	D
1	**Type**	**Appellation**	**Marque**	**Product**
2	Ambré	Muscat de Rivesaltes	Liauro	
3	Blanc	Cadillac	Château du Juge	
4	Blanc	Chablis	La Chablisienne	
5	Blanc	Champagne		Jean de Te
6	Blanc	Champagne	Blanc de Bancs	Jean de Te
7	Blanc	Champagne	Chardonnay Vieilles vignes	Legras
8	Blanc	Champagne		Nicolas Fe
9	Blanc	Champagne	Grande Année	Bollinger
10	Blanc	Champagne		Pointillart G
11	Blanc	Champagne	R	Ruinart
12	Blanc	Chardonnay		

Feuil1 Feuil2 Feuil3

Cave.xlsx

	A	B	C	D
1	**Type**	**Appellation**	**Marque**	**Producteu**
2	Ambré	Muscat de Rivesaltes	Liauro	
3	Blanc	Cadillac	Château du Juge	
4	Blanc	Chablis	La Chablisienne	
5	Blanc	Champagne		Jean de Telm
6	Blanc	Champagne	Blanc de Bancs	Jean de Telm
7	Blanc	Champagne	Chardonnay Vieilles vignes	Legras
8	Blanc	Champagne		Nicolas Feuill
9	Blanc	Champagne	Grande Année	Bollinger
10	Blanc	Champagne		Pointillart Gra
11	Blanc	Champagne	R	Ruinart
12	Blanc	Chardonnay		
13	Blanc	Châteauneuf du Pape	Beaucastel	

Feuil1 Feuil2 Feuil3

Figure 6.25 : *Comparer deux classeurs en côte à côte*

Le bouton **Rétablir la position de la fenêtre** permet de modifier la taille des fenêtres des classeurs comparés afin de diviser l'écran en deux parties égales.

Vous pouvez interrompre le défilement synchronisé en cliquant sur le bouton **Défilement synchrone**. Pour le réactiver, cliquez à nouveau sur ce bouton.

Pour mettre fin à la comparaison, cliquez à nouveau sur le bouton **Afficher côte à côte**.

Masquer un classeur

Pour masquer un classeur dans son intégralité, cliquez sur le bouton **Masquer** du groupe *Fenêtre* de l'onglet **Affichage**.

Pour afficher à nouveau le classeur :

1 Dans l'onglet **Affichage**, cliquez sur le bouton **Afficher** du groupe *Fenêtre*.

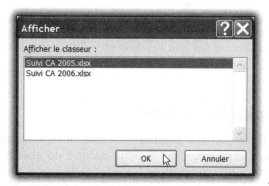

Figure 6.26 :
La boîte de dialogue Afficher

2 Sélectionnez le classeur à afficher.
3 Validez par OK.

6.3. Gérer et organiser les feuilles de calcul

Jusqu'à présent, nous n'avons pas abordé la possibilité d'utiliser plusieurs feuilles de calcul dans un classeur. Il s'agit pourtant d'une fonctionnalité très intéressante pour structurer et organiser vos données. Nous allons apprendre maintenant à naviguer entre les feuilles de calcul, copier des feuilles et organiser vos feuilles à l'intérieur du classeur.

Sélectionner les feuilles

Sélectionner une feuille

1 Cliquez sur l'onglet de la feuille.

Chapitre 6 Gérer les feuilles de calcul et les classeurs

2 Si vous ne voyez pas l'onglet souhaité, cliquez sur les boutons de défilement d'onglets pour afficher l'onglet puis cliquez sur ce dernier.

Figure 6.27 :
Boutons de défilement des onglets

> **Liste de choix des feuilles de calcul**
> Si vous cliquez du bouton droit sur un des boutons de défilements des onglets, vous obtenez une liste de choix affichant l'ensemble des feuilles de calcul du classeur. Sélectionnez ensuite, dans cette liste, la feuille à afficher.

Sélectionner plusieurs feuilles

Lorsque plusieurs feuilles sont sélectionnées en même temps, la mention [Groupe de travail] apparaît dans la barre de titre du classeur. Un groupe de travail est constitué de l'ensemble des feuilles sélectionnées. Dans ce cas, les modifications que vous allez effectuer affectent l'ensemble des feuilles sélectionnées. Ces changements remplaceront donc des données sur la feuille active et sur les autres feuilles sélectionnées.

Sélectionner deux feuilles adjacentes ou plus

1 Cliquez sur l'onglet correspondant à la première feuille.

2 Maintenez la touche [Maj] appuyée.

3 Cliquez sur l'onglet correspondant à la dernière feuille de votre sélection.

Sélectionner deux feuilles non adjacentes ou plus

1 Cliquez sur l'onglet correspondant à la première feuille.

2 Maintenez la touche [Ctrl] appuyée.

3 Cliquez sur les onglets correspondant aux autres feuilles de votre sélection.

Gérer et organiser les feuilles de calcul Chapitre 6

Sélectionner toutes les feuilles du classeur

1 Cliquez du bouton droit sur un onglet du classeur.

2 Un menu contextuel apparaît.

Figure 6.28 :
Menu contextuel sur Onglet

3 Cliquez sur **Sélectionner toutes les feuilles**.

> **REMARQUE** **Couleur d'onglet**
> Si les couleurs de certains onglets ont été modifiées, les noms des onglets concernés seront soulignés à l'aide de la couleur choisie par l'utilisateur lorsqu'ils seront sélectionnés. Si l'onglet de la feuille s'affiche avec une couleur d'arrière-plan, cela signifie que la feuille n'a pas été sélectionnée.

Annuler une sélection de plusieurs feuilles

1 Cliquez sur une feuille quelconque non sélectionnée.

Si aucune feuille non sélectionnée n'est visible :

2 Cliquez du bouton droit sur l'onglet d'une feuille sélectionnée. Un menu contextuel apparaît.

3 Cliquez sur **Dissocier les feuilles**.

Déplacer les feuilles

Cette fonctionnalité permet de réorganiser les feuilles de calcul d'un classeur comme vous le feriez avec un classeur papier. Nous l'illustrerons avec un classeur nouvellement créé, contenant trois feuilles vierges.

LE GUIDE COMPLET 193

Chapitre 6 Gérer les feuilles de calcul et les classeurs

1 Cliquez du bouton droit sur l'onglet **Feuil1**. Un menu contextuel apparaît.

2 Sélectionnez la commande **Déplacer ou copier...**.

3 La boîte de dialogue **Déplacer ou copier** s'ouvre.

Figure 6.29 :
Boîte de dialogue
Déplacer ou copier

4 Spécifiez dans la zone *Dans le classeur :* que la feuille doit être déplacée dans le classeur actif. Vous pourriez la déplacer ou en faire une copie dans un autre classeur en sélectionnant ce dernier dans cette zone.

5 Vérifiez que la case *Créer une copie* est décochée (sinon cliquez dans la case). Tant que la case est décochée, la feuille ne sera pas déplacée ni copiée. La case à cocher *Appliquer le thème de destination* permet, lors de la copie ou du déplacement d'une feuille vers un autre classeur, d'utiliser le thème de ce classeur pour mettre en forme la feuille copiée ou déplacée.

6 Sélectionnez *Feuil3* dans la zone *Avant la feuille :* afin de placer la feuille **Feuil1** après la feuille **Feuil2**. Cliquez sur le bouton OK.

Voici une autre méthode qui fait uniquement appel au pointeur de la souris :

1 Placez le curseur de la souris sur l'onglet **Feuil1**, sans appuyer. Cliquez sur l'onglet **Feuil1** et maintenez le bouton de la souris appuyé.

Gérer et organiser les feuilles de calcul — Chapitre 6

Figure 6.30 :
Le curseur devient une flèche sur une feuille.

2 Faites glisser le curseur vers la droite, afin de déplacer la feuille **Feuil1** après la feuille **Feuil2**.

Figure 6.31 :
Déplacez la feuille Feuil1 après la feuille Feuil2.

3 Une fois à l'endroit désiré, relâchez le bouton de la souris.

Figure 6.32 :
La feuille est déplacée.

Ces deux méthodes de copie peuvent aussi être utilisées avec une sélection de plusieurs feuilles.

Nommer les feuilles

Par défaut, les feuilles de calcul d'un classeur sont nommées **Feuil1**, **Feuil2**, etc. Il est légitime de vouloir modifier ces noms afin de les rendre plus explicites et ainsi de mieux organiser le classeur. Pour ce faire :

1 Double-cliquez sur l'onglet de la feuille à renommer.

Figure 6.33 :
Onglet en surbrillance

Le nom actuel de la feuille passe en surbrillance.

2 Saisissez le nouveau nom et validez avec [Entrée].

Cette méthode permet d'écraser l'ancien nom de la feuille. Si vous souhaitez seulement le modifier, cliquez à nouveau sur le nom lorsqu'il est en surbrillance. Cela vous permet de positionner le point d'insertion sur l'onglet et ainsi de modifier le nom sans l'écraser dans sa totalité.

LE GUIDE COMPLET | 195

Chapitre 6 Gérer les feuilles de calcul et les classeurs

Copier les feuilles

Cette fonctionnalité permet de créer des copies d'une ou plusieurs feuilles d'un classeur. Supposons que vous disposiez d'une feuille de suivi des ventes d'une entreprise sur le secteur de Paris (nommée **Ventes Paris**) et que vous souhaitiez initier un suivi identique sur les secteurs de Lyon et Bordeaux. Il vous suffira de créer deux copies de la feuille **Vente Paris** et de les renommer **Ventes Lyon** et **Ventes Bordeaux**. Comme pour les autres manipulations, il existe plusieurs méthodes :

1 Cliquez du bouton droit sur l'onglet **Ventes Paris**. Un menu contextuel apparaît.

2 Cliquez sur **Déplacer ou copier...**.

La boîte de dialogue **Déplacer ou copier** s'ouvre.

3 Spécifiez dans la zone *Dans le classeur :* que la feuille doit être copiée dans le classeur actif. Vous pourriez la déplacer ou en faire une copie dans un autre classeur en sélectionnant ce dernier dans cette zone.

4 Cochez la case *Créer une copie* (cliquez dans la case). Tant que la case est décochée, la feuille sera déplacée et non copiée.

5 Sélectionnez *Feuil2* dans la zone *Avant la feuille :* afin de placer la copie après la feuille **Ventes Paris**. Cliquez sur le bouton OK.

Figure 6.34 :
Sélectionnez devant quelle feuille doit se trouver la copie

Gérer et organiser les feuilles de calcul — Chapitre 6

La nouvelle feuille a pour nom **Ventes Paris (2)** parce qu'il existe déjà une feuille **Ventes Paris** dans le classeur.

6 Double-cliquez sur l'onglet **Ventes Paris (2)**.

7 Saisissez `Ventes Lyon`.

Vous allez à présent réaliser une copie de la feuille **Ventes Paris** pour le suivi des ventes du secteur de Bordeaux. Ainsi, vous pourrez tester l'autre méthode de copie :

1 Placez le curseur de la souris sur l'onglet **Ventes Paris** sans appuyer.

2 Cliquez sur l'onglet **Ventes Paris** et maintenez le bouton de la souris appuyé.

3 Appuyez sur la touche [Ctrl].

Figure 6.35 :
Un signe plus apparaît sur la feuille du curseur.

4 Faites glisser le curseur vers la droite, afin de placer la copie après la feuille **Ventes Lyon**.

Figure 6.36 :
Placez la copie après la feuille Ventes Lyon

5 Une fois à l'endroit désiré, relâchez le bouton de la souris puis la touche [Ctrl].

Ces deux méthodes de copie peuvent être utilisées avec une sélection de plusieurs feuilles.

Vous pouvez à présent renommer la feuille **Ventes Paris (2)** en **Ventes Bordeaux**.

> **ASTUCE** — **Déplacement ou copie de feuilles**
> Lorsque plusieurs classeurs sont visibles en même temps, il est possible de copier ou de déplacer, à l'aide de la souris (avec la méthode vue précédemment), des feuilles d'un classeur à l'autre.

LE GUIDE COMPLET | 197

Chapitre 6 Gérer les feuilles de calcul et les classeurs

Supprimer les feuilles

Lorsque certaines feuilles de calcul ne sont plus utiles dans un classeur, il est souvent préférable de les supprimer, afin de ne pas surcharger ce dernier inutilement. Pour cela :

1 Sélectionnez les feuilles à supprimer.

2 Cliquez du bouton droit sur l'un des onglets sélectionnés (ou cliquez sur le bouton **Supprimer** du groupe *Cellules* de l'onglet **Accueil** et sélectionnez **Supprimer une feuille**).

3 Cliquez sur **Supprimer**.

Si les feuilles de calcul ne sont pas vides, une boîte de dialogue apparaîtra pour demander confirmation de la suppression.

Insérer des feuilles

Imaginons maintenant que vous avez besoin d'une nouvelle feuille dans votre classeur qui ne soit pas une copie des feuilles déjà existantes.

Ajouter une feuille de calcul

La méthode la plus rapide consiste sans doute à cliquer sur l'onglet **Insérer une feuille de calcul** présent à droite des onglets des feuilles de calcul.

Figure 6.37 :
L'onglet Insérer une feuille de calcul

Vous pouvez également utiliser le bouton **Insérer** du groupe *Cellules* de l'onglet **Accueil**, puis choisir **Insérer une feuille** dans le menu qui lui est associé.

Voici une autre méthode :

1 Cliquez du bouton droit sur l'un des onglets.

2 Cliquez sur **Insérer**.

3 La boîte de dialogue **Insérer** s'ouvre.

Gérer et organiser les feuilles de calcul — Chapitre 6

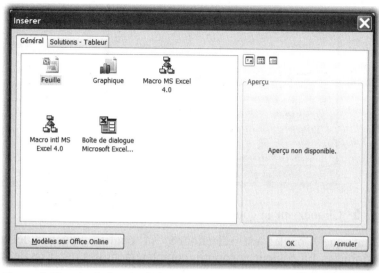

Figure 6.38 : *La boîte de dialogue Insérer*

4 L'icône *Feuille* est sélectionnée par défaut.
5 Cliquez sur le bouton OK.

Ajouter plusieurs feuilles de calcul

1 Sélectionnez un nombre d'onglets de feuille de calcul existants correspondant à celui que vous voulez ajouter dans le classeur ouvert. Par exemple, si vous souhaitez ajouter trois nouvelles feuilles de calcul, sélectionnez trois onglets de feuille de calcul existants.

2 Cliquez sur le bouton **Insérer** du groupe *Cellules* de l'onglet **Accueil** puis choisissez **Insérer une feuille**.

Modifier la couleur de l'onglet d'une feuille

1 Sélectionnez la (ou les) feuille(s) dont vous souhaitez modifier la couleur d'onglet.
2 Cliquez du bouton droit sur l'onglet de la (ou des) feuille(s).
3 Sélectionnez **Couleur d'onglet** dans le menu contextuel.
4 Une palette de couleurs apparaît.

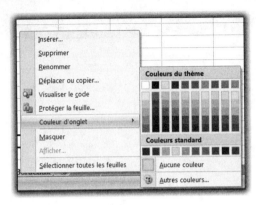

Figure 6.39 :
La palette de couleurs

5 Cliquez sur la couleur de votre choix.

Tant que l'onglet est sélectionné, sa couleur apparaît légèrement estompée. La couleur apparaîtra complètement dès que l'onglet ne sera plus sélectionné.

Figure 6.40 :
L'onglet est sélectionné

Figure 6.41 :
L'onglet n'est plus sélectionné

6.4. Gérer l'affichage des feuilles de calcul

Plusieurs fonctions permettent de modifier l'affichage des feuilles de calcul, afin notamment de faciliter leur exploitation.

Utiliser le zoom

Lorsque la feuille de calcul contient des zones très étendues, il peut être souhaitable d'en obtenir une vision d'ensemble. Pour cela, la commande **Zoom** de l'onglet **Affichage** vous sera très utile.

Gérer l'affichage des feuilles de calcul — Chapitre 6

1 Dans l'onglet **Affichage**, cliquez sur le bouton **Zoom** du groupe *Zoom*.

2 Dans la boîte de dialogue **Zoom**, sélectionnez le niveau de zoom qui vous convient. Un zoom inférieur à 100 % "rétrécit" la feuille, un zoom supérieur à 100 % augmente la taille de la feuille. Vous pouvez saisir un pourcentage personnalisé dans la zone prévue à cet effet (de 10 à 400). Sélectionnez *25%*.

Figure 6.42 :
La boîte de dialogue Zoom

3 Validez par OK.

Figure 6.43 :
Voilà le résultat

Vous obtenez une vision très synthétique. Cela va permettre d'utiliser une autre possibilité du zoom : l'ajustement à la sélection.

Chapitre 6 — Gérer les feuilles de calcul et les classeurs

1 Sélectionnez la plage de cellules sur laquelle vous souhaitez zoomer.

2 Dans l'onglet **Affichage**, cliquez sur le bouton **Zoom sur la sélection** du groupe *Zoom*.

	A	B	C
1	Suivi des ventes par client		
2			
3	Nom du client	Date	Montant
4	DUPOND	02/01/2006	1 364 €
5	DURAND	02/01/2006	1 364 €
6	PAUL	02/01/2006	1 364 €
7	DUPOND	07/01/2006	999 €
8	DURAND	07/01/2006	999 €
9	PAUL	07/01/2006	999 €
10	DUPOND	02/02/2006	458 €
11	DURAND	02/02/2006	458 €
12	PAUL	02/02/2006	458 €
13	DUPOND	08/02/2006	1 381 €
14	DURAND	08/02/2006	1 381 €
15	PAUL	08/02/2006	1 381 €
16	DUPOND	28/02/2006	320 €
17	DURAND	28/02/2006	320 €
18	PAUL	28/02/2006	320 €
19	DUPOND	27/03/2006	1 285 €
20	DURAND	27/03/2006	1 285 €
21	PAUL	27/03/2006	1 285 €
22	DUPOND	10/04/2006	383 €
23	DURAND	10/04/2006	383 €
24	PAUL	10/04/2006	383 €
25	DUPOND	21/04/2006	532 €
26	DURAND	21/04/2006	532 €
27	PAUL	21/04/2006	532 €
28	DUPOND	08/05/2006	582 €
29	MARTIN	08/05/2006	582 €

Figure 6.44 : Le zoom est ajusté pour afficher la sélection en totalité à l'écran.

Accès au zoom par la barre d'état

Vous pouvez accéder aux fonctionnalités du zoom à l'aide de la barre d'état.

Figure 6.45 :
Les fonctionnalités de zoom de la barre d'état

Figer les volets

Lorsqu'un tableau est très étendu, vous ne pouvez plus voir les intitulés des lignes et des colonnes quand vous consultez des données très éloignées des bords du tableau. En effet, pour les atteindre, vous êtes amené à faire défiler la feuille de calcul. Finalement, les titres ne sont plus affichés.

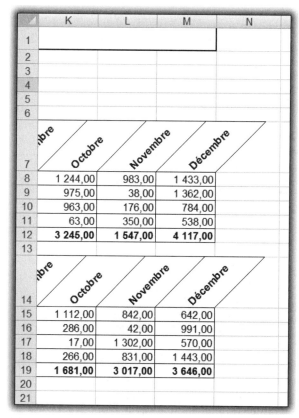

Figure 6.46 :
Impossible de lire les titres des lignes

Pour remédier à cela, vous pouvez figer les volets.

Chapitre 6 — Gérer les feuilles de calcul et les classeurs

1 Sélectionnez la cellule à partir de la laquelle vous souhaitez figer les volets.

2 Dans l'onglet **Affichage**, cliquez sur le bouton **Figer les volets** du groupe *Fenêtre*. Sélectionnez **Figer les volets**. Vous avez la possibilité de figer la première ligne ou la première colonne de la feuille de calcul à l'aide des commandes **Figer la ligne supérieure** et **Figer la première colonne**. Toutefois, cela n'est vraiment intéressant que si votre tableau débute à la première ligne et/ou à la première colonne de la feuille de calcul.

3 Vous pouvez à présent vous déplacer tranquillement ; les lignes situées à gauche de la cellule et les colonnes situées au-dessus resteront toujours affichées.

	A	K	L	M	N	O
1						
2						
3						
4	Société :					
5	Année					
6						
7	Gamme "Luxe"	Octobre	Novembre	Décembre		
8	Produit A	1 244,00	983,00	1 433,00		
9	Produit B	975,00	38,00	1 362,00		
10	Produit C	963,00	176,00	784,00		
11	Produit D	63,00	350,00	538,00		
12	TOTAL	3 245,00	1 547,00	4 117,00		
13						
14	Gamme "Standard"	Octobre	Novembre	Décembre		
15	Produit A	1 112,00	842,00	642,00		
16	Produit B	286,00	42,00	991,00		
17	Produit C	17,00	1 302,00	570,00		
18	Produit D	266,00	831,00	1 443,00		
19	TOTAL	1 681,00	3 017,00	3 646,00		
20						
21						

Figure 6.47 : Volets figés

La cellule que vous sélectionnez avant d'appliquer **Figer les volets** est importante, car elle conditionne les parties qui seront figées : toutes les colonnes situées à sa gauche et toutes les lignes situées au-dessus seront figées. Si vous voulez des volets verticaux, il faudra sélectionner une

Gérer l'affichage des feuilles de calcul — Chapitre 6

cellule de la ligne *1*. Réciproquement, si vous souhaitez des volets horizontaux, il faudra sélectionner une cellule de la colonne *A*.

Pour rétablir un affichage normal, sélectionnez **Libérer les volets** après avoir cliqué sur **Figer les volets**.

Ce type d'affichage est proche du fractionnement mais lors d'un fractionnement, chaque partie de l'écran dispose de barres de défilement.

 Nous avons décrit au chapitre 1, Découvrir Excel, les possibilités liées au fractionnement de la fenêtre.

Afficher en plein écran

Il est possible d'afficher un feuille de calcul en plein écran. Cela signifie que le Ruban d'onglets, la barre de formule et la barre d'état sont masqués en une seule opération. Associée au zoom ajusté à la sélection, cette fonction permet de maximiser l'affichage d'une zone donnée. Cela peut être utile lors d'une présentation à l'aide d'un vidéoprojecteur, par exemple.

Pour activer l'affichage en plein écran, cliquez sur le bouton **Plein écran** du groupe *Affichages classeur* de l'onglet **Affichage**.

Figure 6.48 :
Affichage en plein écran

Pour désactiver l'affichage en plein écran, cliquez du bouton droit sur la feuille de calcul et sélectionnez **Fermer le plein écran** dans le menu contextuel ou appuyez sur la touche [Echap].

Masquer une feuille de calcul

Dans certaines situations, il peut être utile de masquer une feuille de calcul. La feuille existe toujours mais son onglet n'est plus visible.

Pour mettre en œuvre cette possibilité :

1 Sélectionnez la feuille à masquer.

2 Cliquez sur le bouton **Format** du groupe *Cellules* de l'onglet **Accueil**. Sélectionnez **Masquer & afficher** puis **Masquer la feuille**.

Ainsi la feuille n'est pas directement visible et un utilisateur "novice" ne songera pas à l'afficher. C'est intéressant si vous souhaitez conserver un modèle de document intact pour créer ensuite d'autres feuilles par duplication.

Nous verrons plus loin dans ce chapitre d'autres moyens plus complexes et plus efficaces de protection.

Pour afficher à nouveau une feuille masquée :

1 Cliquez sur le bouton **Format** du groupe *Cellules* de l'onglet **Accueil**. Sélectionnez **Masquer & afficher** puis **Afficher la feuille**.

2 Dans la boîte de dialogue **Afficher**, sélectionnez la feuille à afficher.

3 Validez par OK.

Utiliser les affichages personnalisés

Il est possible de mémoriser différents paramètres d'affichage afin de pouvoir les appeler rapidement et en une seule opération. Pour cela :

1 Spécifiez, dans la fenêtre active, les paramètres que vous souhaitez enregistrer (volets figés, zoom, feuilles masquées, etc.).

2 Dans le l'onglet **Affichage**, cliquez sur le bouton **Affichages personnalisés** du groupe *Affichages classeur*.

Figure 6.49 :
La boîte de dialogue Affichages personnalisés

Protéger les feuilles et les classeurs — Chapitre 6

3 Cliquez sur **Ajouter**.

4 Dans la zone *Nom*, saisissez le nom de l'affichage. Validez par OK.

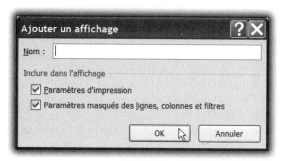

Figure 6.50 :
Définition de l'affichage

Vous pourrez ensuite choisir d'afficher alternativement l'un ou l'autre des affichages que vous aurez définis à l'aide de la boîte de dialogue **Affichages personnalisés**. Sélectionnez l'affichage désiré et cliquez sur **Afficher**.

6.5. Protéger les feuilles et les classeurs

Nous avons vu qu'il était possible de protéger globalement un classeur à l'aide d'un mot de passe. Il existe des outils permettant d'affiner le niveau de protection ainsi que les fonctionnalités protégées.

Protéger les feuilles de calcul

La protection des feuilles de calcul s'effectue en deux temps. Il faut d'abord indiquer les cellules à protéger puis définir et appliquer le type de protection. Chaque feuille est indépendante en matière de protection. Il faut donc spécifier les paramètres de protection de chacune des feuilles du classeur que vous souhaitez protéger.

Définir les cellules à protéger

Pour définir si une cellule (ou une plage de cellules) est protégée ou non, sélectionnez d'abord la cellule (ou la plage de cellules) en question puis utilisez le bouton **Format** du groupe *Cellules* de l'onglet **Accueil**. Si la

LE GUIDE COMPLET 207

cellule est protégée, le cadenas situé en regard de la commande **Verrouiller la cellule** apparaîtra en surbrillance. Si ce n'est pas le cas, sélectionnez **Verrouiller la cellule**. Par défaut, toutes les cellules sont verrouillées. Il s'agit en fait de dire quelles cellules ne seront pas protégées.

Figure 6.51 :
Protéger une cellule

Vous pouvez aussi cliquer du bouton droit sur la cellule (ou la plage de cellules) et sélectionner **Format de cellule**. L'onglet **Protection** permet de définir si la cellule doit être protégée.

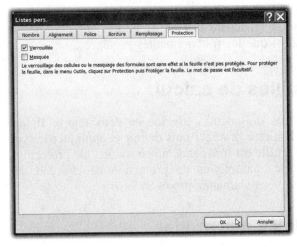

Figure 6.52 :
L'onglet Protection de la boîte de dialogue Format de cellule

Si vous cochez la case *Verrouillée*, la protection s'appliquera à la cellule.

Protéger les feuilles et les classeurs — Chapitre 6

La case *Masquée*, si elle est cochée, indique que le contenu de la cellule ne s'affichera pas dans la barre de formule lorsque le classeur sera protégé. Cela vous sera utile si vous ne souhaitez pas que l'on puisse voir vos formules de calcul.

Appliquer la protection

Une fois les paramètres de protection spécifiés, il faut activer la protection.

1 Dans l'onglet **Accueil**, cliquez sur le bouton **Format** du groupe *Cellules*. Sélectionnez **Protéger la feuille**. Vous pouvez également utiliser le bouton **Protéger la feuille** du groupe *Modifications* de l'onglet **Révision**.

2 Sélectionnez les options de protection désirées.

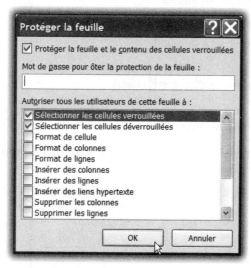

Figure 6.53 :
Choix des options de protection

3 Vous pouvez saisir un mot de passe dans la zone prévue à cet effet. Excel vous demandera confirmation lorsque vous validerez.

4 Validez par OK.

Si vous tentez de saisir des valeurs ailleurs que dans les cellules déverrouillées, une boîte de dialogue vous informe que cela est pour l'instant impossible.

Chapitre 6 — Gérer les feuilles de calcul et les classeurs

Figure 6.54 : *Information relative à la protection*

Supprimer la protection

Pour annuler la protection de la feuille :

- Dans l'onglet **Accueil**, cliquez sur le bouton **Format** du groupe *Cellules*. Sélectionnez **Ôter la protection de la feuille**.
- Dans **Révision**, cliquez sur le bouton **Ôter la protection de la feuille** de l'onglet **Modifications**.

Si vous avez saisi un mot de passe lors de la mise en place de la protection, ce dernier vous sera demandé.

Protéger une plage de cellules

Il est possible d'attribuer un mot de passe spécifique à une plage de cellules déterminée. Il faut au préalable ôter la protection de la feuille.

1 Dans l'onglet **Révision**, cliquez sur le bouton **Permettre la modification des plages** du groupe *Modifications*.

Figure 6.55 : *La boîte de dialogue Permettre la modification des plages*

Protéger les feuilles et les classeurs — Chapitre 6

2 Dans la boîte de dialogue **Permettre la modification des plages**, cliquez sur le bouton **Nouvelle**.

3 Saisissez le nom de la plage protégée dans la zone *Titre*.

4 Cliquez dans la zone *Fait référence aux cellules* puis sélectionnez les cellules concernées.

5 Saisissez le mot de passe dans la zone *Mot de passe de la plage*. Validez par OK.

Figure 6.56 :
Protection de la plage

6 Saisissez à nouveau le mot de passe et validez par OK.

Vous pouvez modifier ou supprimer les plages définies en les sélectionnant puis en cliquant sur les boutons **Modifier** ou **Supprimer**.

Le bouton **Protéger la feuille** permet d'accéder directement à la boîte de dialogue de choix des options de protection. Pour que la protection d'une plage de cellules soit opérationnelle, il faut que les cellules soient verrouillées, c'est-à-dire que la case *Verrouillée* soit cochée dans l'onglet **Protection** de la boîte de dialogue **Format de cellule**.

Une fois la protection en place, si vous essayez de saisir des données dans la plage ainsi protégée, Excel vous demandera de saisir le mot de passe.

Figure 6.57 :
Demande du mot de passe pour saisir des données dans la plage

Après la première saisie du mot de passe, ce dernier ne sera plus demandé.

Protéger les classeurs

Pour protéger un classeur dans son intégralité, il faut utiliser le bouton **Protéger le classeur** du groupe *Modifications* de l'onglet **Révision**.

Figure 6.58 :
Protéger le classeur

Vous pouvez ainsi empêcher les utilisateurs d'ajouter ou de supprimer des feuilles de calcul ou d'afficher des feuilles de calcul masquées. Si vous cochez *Fenêtres*, vous pouvez en plus empêcher les utilisateurs de changer les tailles ou les positions des fenêtres que vous avez définies pour afficher un classeur. Ces protections s'appliquent à l'ensemble du classeur.

Si vous saisissez un mot de passe, Excel vous demandera de le confirmer. Ce mot de passe vous sera demandé si vous souhaitez ultérieurement supprimer la protection du classeur en utilisant le bouton **Protéger le classeur** du groupe *Modifications* de l'onglet **Révision**.

Information Rights Management

Dans cette nouvelle version, Excel met à votre disposition un système de droits d'accès à vos documents. Vous pouvez attribuer aux utilisateurs plusieurs niveaux d'autorisation : en lecture, en modification, pour une période limitée, etc. Cette fonctionnalité requiert Microsoft .NET Passport. Pour vous connecter via .NET Passport, vous devez taper votre adresse de messagerie et un mot de passe.

Pour activer cette fonction :

Protéger les feuilles et les classeurs — Chapitre 6

1 Cliquez sur le bouton **Microsoft Office**, sélectionnez la commande **Préparer** puis **Limiter les autorisations** et enfin **Ne pas distribuer...**. Lors de la première utilisation, téléchargez puis installez un module supplémentaire. Cette opération est très simple puisqu'elle est guidée pas à pas par un Assistant.

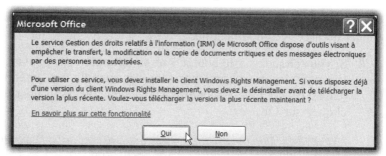

Figure 6.59 : Installation d'un module supplémentaire

2 Dans la boîte de dialogue **Autorisation**, activez la case à cocher *Restreindre l'autorisation à ce classeur*.

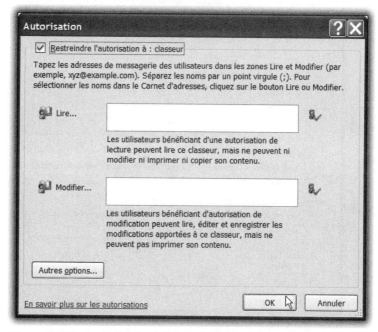

Figure 6.60 : La boîte de dialogue Autorisation

Chapitre 6 — Gérer les feuilles de calcul et les classeurs

3 Vous pouvez sélectionner les utilisateurs auxquels vous ne souhaitez attribuer qu'un accès en lecture seule en cliquant sur le bouton **Lire**, qui donne accès à un carnet d'adresses, ou en saisissant directement leur adresse de messagerie dans la zone de saisie correspondante.

De la même façon, vous pouvez désigner ceux à qui vous souhaitez donner un accès en modification.

4 Si vous cliquez sur le bouton **Autres options**, vous pouvez affiner la portée des droits, en leur fixant par exemple une durée limitée (case à cocher *Ce classeur expire le...*). Une fois les droits attribués, cliquez sur OK.

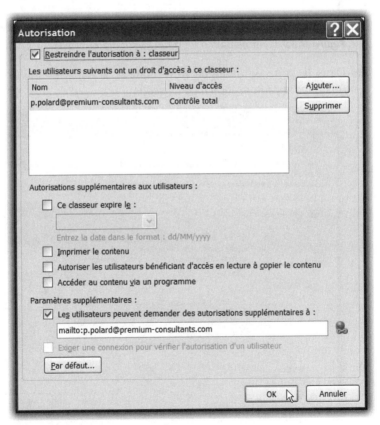

Figure 6.61 : Les autres options

Pour désactiver ces droits d'accès, cliquez sur le bouton **Microsoft Office**, sélectionnez la commande **Préparer** puis **Limiter les**

Protéger les feuilles et les classeurs — Chapitre 6

autorisations et enfin **Accès illimité**. Pour cela, il faut bien sûr avoir le niveau de droit *Contrôle total*.

Utilisez la commande **Préparer/Limiter les autorisations/Restreindre l'autorisation en tant que...** pour employer un compte d'utilisateur différent afin de créer ou ouvrir un fichier à accès restreint.

Chapitre 7

Personnaliser Excel

Paramétrer les options 218
Personnaliser la barre d'outils Accès rapide 236

Chapitre 7 : Personnaliser Excel

Dans ce chapitre, nous décrirons des outils qui vous permettront d'adapter finement Excel à vos besoins. D'abord, nous passerons en revue les nombreuses options qui contrôlent de façon détaillée le fonctionnement d'Excel. L'accès à ces options a été entièrement réorganisé par rapport aux précédentes versions d'Excel. De plus, bon nombre de paramètres ont reçu des désignations plus explicites.

Nous traiterons ensuite des moyens disponibles pour modifier la barre d'outils *Accès rapide* afin d'y ajouter des commandes que vous utilisez régulièrement.

7.1. Paramétrer les options

Des paramètres permettent d'effectuer des réglages fins qui s'appliqueront, selon les cas, à Excel, au classeur actif, voire à la feuille active.

Pour accéder à ces paramètres, cliquez sur le bouton **Microsoft Office** puis sur **Options Excel**. La boîte de dialogue **Options Excel** apparaît. Elle est subdivisée en neuf catégories. Seules les cinq premières nous intéresseront dans ce paragraphe.

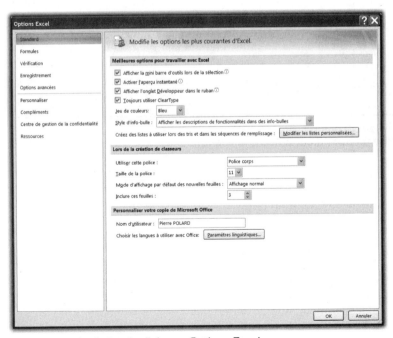

Figure 7.1 : *La boîte de dialogue Options Excel*

La catégorie Standard

Cette catégorie regroupe les paramètres destinés à gérer l'affichage des différents éléments de l'application.

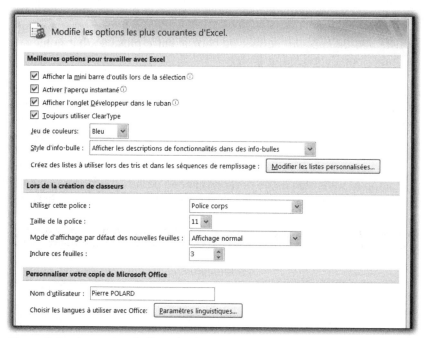

Figure 7.2 : *La catégorie Standard*

Rubrique Meilleures options pour travailler avec Excel

La case à cocher *Afficher la mini barre d'outils lors de la sélection* permet de spécifier si la mini barre d'outils affichant les principaux outils de mise en forme doit être affichée lors de la sélection d'une cellule.

La case à cocher *Activer l'aperçu instantané* permet de spécifier si Excel doit afficher un aperçu de l'effet d'une fonction directement sur le document lorsque vous déplacez le pointeur de la souris sur la fonction en question.

Chapitre 7 — Personnaliser Excel

La case à cocher *Afficher l'onglet Développeur dans le ruban* permet d'indiquer si l'onglet **Développeur**, qui regroupe les fonctions liées aux macros et à XML, doit apparaître dans le Ruban.

La case à cocher *Toujours utiliser Cleartype* permet de forcer l'utilisation des polices Cleartype.

La liste *Jeu de couleurs* permet de choisir entre plusieurs harmonies de couleurs pour l'application Excel.

Lorsque vous déplacez le pointeur sur certains éléments des onglets, des info-bulles décrivant la fonction apparaissent. La liste déroulante *Style d'info-bulle* permet de choisir entre l'affichage d'info-bulles agrémentées de copie d'écran, d'info-bulles contenant seulement du texte ou l'affichage d'aucune info-bulle.

Le bouton **Modifier les listes personnalisées** permet d'accéder à la boîte de dialogue **Listes pers** qui permet de créer des listes personnalisées.

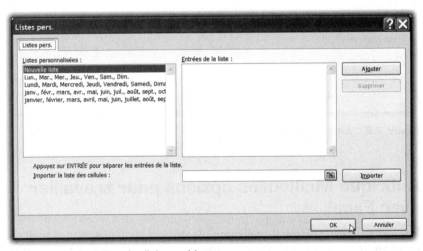

Figure 7.3 : La boîte de dialogue Listes pers

Pour utiliser cette boîte de dialogue :

- La zone *Listes personnalisées* donne accès aux listes existantes, que vous pouvez modifier. Cliquez sur *Nouvelle liste* pour en créer

Paramétrer les options — Chapitre 7

une nouvelle, puis saisissez les entrées dans la zone *Entrées de la liste*. Le premier caractère ne peut pas être un nombre. Appuyez sur [Entrée] pour séparer chaque entrée.

- Avec le bouton **Ajouter**, enregistrez une liste personnalisée.
- Avec le bouton **Supprimer**, supprimez la liste personnalisée sélectionnée. Vous ne pouvez pas supprimer les listes personnalisées prédéfinies.
- La zone *Importer la liste des cellules* permet d'importer des entrées de liste à partir d'une plage de cellules.
- Le bouton **Importer** permet de créer une liste personnalisée à partir d'éléments existants groupés dans une plage de feuille de calcul dont la référence se trouve dans la zone *Importer la liste des cellules*.

Pour plus de détails sur l'utilisation des listes personnalisées, reportez-vous au chapitre 11, Bâtir des feuilles de calcul plus élaborées.

Rubrique Lors de la création de classeurs

La liste de choix *Utiliser cette police* permet de spécifier la police utilisée par défaut lors de la création d'un classeur.

La liste de choix *Taille de la police* permet de spécifier la taille de la police sélectionnée à l'aide de la liste de choix précédente.

La liste de choix *Mode d'affichage par défaut des nouvelles feuilles* permet de spécifier si les nouvelles feuilles doivent être affichées "normalement" ou s'il faut leur appliquer le mode d'affichage Sauts de pages ou Mise en page.

Dans la zone *Inclure ces feuilles*, définissez le nombre de feuilles de calcul souhaité lors de la création d'un nouveau classeur.

Rubrique Personnaliser votre copie d'Office

Saisissez votre nom dans la zone *Nom d'utilisateur* afin qu'il apparaisse dans les propriétés des documents que vous créerez.

Chapitre 7 — Personnaliser Excel

Le bouton **Paramètres linguistiques** permet de spécifier les langues qui seront gérées par Office.

La catégorie Formules

Cette catégorie regroupe les paramètres destinés à optimiser la gestion des formules, ainsi que leur mode de calcul.

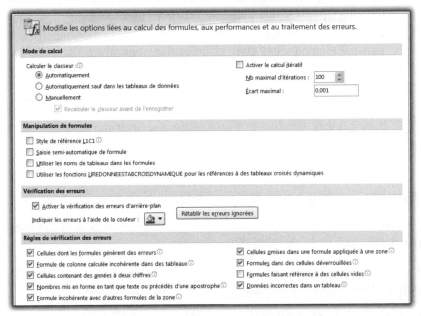

Figure 7.4 : La catégorie Formules

Rubrique Mode de calcul

Elle permet de spécifier le mode de calcul des formules : automatique ou à la demande (*Sur ordre*) via la touche [F9]. Si vous choisissez *Sur ordre*, Excel active automatiquement la case à cocher *Recalcul avant l'enregistrement*.

Vous pouvez accéder directement à ce paramètre à l'aide du bouton **Options de calcul** du groupe *Calcul* de l'onglet **Formules**.

La case à cocher *Activer le calcul itératif* active l'itération pour la recherche ou la résolution des références circulaires. Sauf spécification contraire de votre part, Excel arrête après 100 itérations ou lorsque l'écart de modification est inférieur à 0,001. Vous pouvez limiter l'itération en modifiant la valeur du champ *Nb maximal d'itérations* ou du champ *Écart maximal*, ou la valeur des deux.

Rubrique Manipulation de formules

Cette rubrique propose un certain nombre de cases à cocher :

- *Style de référence L1C1* permet de passer du style de référence d'en-têtes de lignes et de colonnes *A1* (alphabétique pour les colonnes, numérique pour les lignes) au style de référence *L1C1* (numérique pour les lignes et les colonnes).

- *Saisie semi-automatique de formule* permet de spécifier si la liste de choix des fonctions doit apparaître lorsque vous débutez la saisie d'une formule.

- *Utiliser les noms des tableaux dans les formules* permet de spécifier s'il est possible d'utiliser les noms des tableaux créés dans les formules.

Pour plus de détails sur la création de tableaux, reportez-vous au chapitre 14 **Gérer et exploiter des données***.*

- *Utiliser les fonctions LIREDONNEESTABCROISDYNAMIQUE pour les références à des tableaux croisés dynamiques* permet d'indiquer si, lorsqu'une formule fait référence à une cellule incluse dans un tableau croisé dynamique, cette dernière doit être référencée par son adresse ou si son contenu doit être lu par la fonction LIREDONNEESTABCROISDYNAMIQUE.

Pour plus de détails sur les tableaux croisés dynamiques, reportez-vous au chapitre 16 **Utiliser les tableaux croisés dynamiques***.*

Rubrique Vérification des erreurs

Elle permet d'activer ou de désactiver la vérification automatique des erreurs.

Si vous cochez la case *Activer la vérification des erreurs à l'arrière-plan*, Excel détecte les erreurs éventuelles dans les cellules. S'il en repère une, il la signale au moyen d'un indicateur vert dans l'angle supérieur gauche de la cellule en cause.

Dans la zone *Couleur de l'indicateur d'erreur*, définissez la couleur utilisée par Excel pour marquer les erreurs. Si vous cliquez sur *Automatique*, l'indicateur prend la couleur par défaut : le vert.

Le bouton **Rétablir les erreurs ignorées** permet de retrouver les erreurs dans la feuille de calcul lors de la vérification, même si ces dernières ont déjà été détectées et ignorées.

Rubrique Règles de vérification des erreurs

Cette rubrique offre un certain nombre de cases à cocher :

- *Cellules dont les formules génèrent des erreurs* traite les cellules contenant des formules erronées comme des erreurs et affiche un avertissement.
- *Formule de colonne incohérente dans les tableaux* traite comme des erreurs les cellules d'un tableau contenant des formules incohérentes avec la formule de colonne.
- *Cellules contenant des années à deux chiffres* traite comme des erreurs les formules faisant intervenir le contenu de cellules avec des années à deux chiffres et affiche un avertissement lors de la vérification des erreurs.
- *Nombres mis en forme en tant que texte ou précédés d'une apostrophe* traite les nombres au format texte ou précédés d'une apostrophe comme des erreurs et affiche un avertissement.
- *Formule incohérente avec d'autres formules de la zone* traite les formules différant de toutes les autres cellules d'une même zone comme des erreurs et affiche un avertissement.
- *Cellules omises dans une formule appliquées à une zone* traite les formules omettant certaines cellules d'une zone comme des erreurs et affiche un avertissement.
- *Formules dans des cellules déverrouillées* traite les cellules déverrouillées qui contiennent des formules comme des erreurs et affiche un avertissement lors de la vérification des erreurs.

Paramétrer les options — Chapitre 7

- *Formules faisant référence à des cellules vides* traite les formules faisant référence à des cellules vides comme des erreurs et affiche un avertissement.
- *Données incorrectes dans un tableau* traite comme des erreurs les cellules d'un tableau contenant des valeurs incohérentes avec le type de données de la colonne pour les tableaux connectés à des données SharePoint.

La catégorie Vérification

Elle permet d'accéder aux options relatives à la correction orthographique.

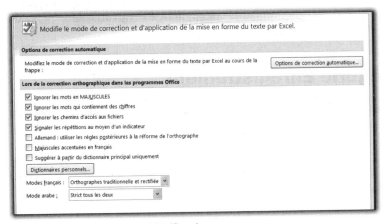

Figure 7.5 : La catégorie Vérification

Rubrique Options de correction automatique

Le bouton **Options de correction automatique** permet de spécifier les options de correction automatique du texte pendant la saisie, ou les options de stockage et de réutilisation de textes et d'autres éléments souvent employés.

Rubrique Lors de la correction orthographique dans les programmes Office

Cette rubrique offre un certain nombre de cases à cocher :

LE GUIDE COMPLET | 225

Chapitre 7 Personnaliser Excel

- *Ignorer les mots en MAJUSCULES* ignore les mots en majuscules pendant la vérification de l'orthographe.
- *Ignorer les mots contenant des chiffres* ignore les mots contenant des chiffres pendant la vérification de l'orthographe.
- *Ignorer les chemins d'accès aux fichiers* ignore automatiquement les noms des fichiers pendant la vérification de l'orthographe.
- *Signaler les répétitions au moyen d'un indicateur* permet de mettre en exergue l'éventuelle répétition d'un mot.
- *Suggérer à partir du dictionnaire principal uniquement* force le correcteur orthographique à suggérer l'orthographe correcte à partir du dictionnaire principal, et non des dictionnaires personnalisés ouverts. Désactivez cette case à cocher si vous voulez qu'Excel suggère des corrections orthographiques à partir de tous les dictionnaires personnalisés ouverts, en plus du dictionnaire principal.

La catégorie Enregistrement

Elle permet de spécifier les paramètres liés à la gestion de l'enregistrement.

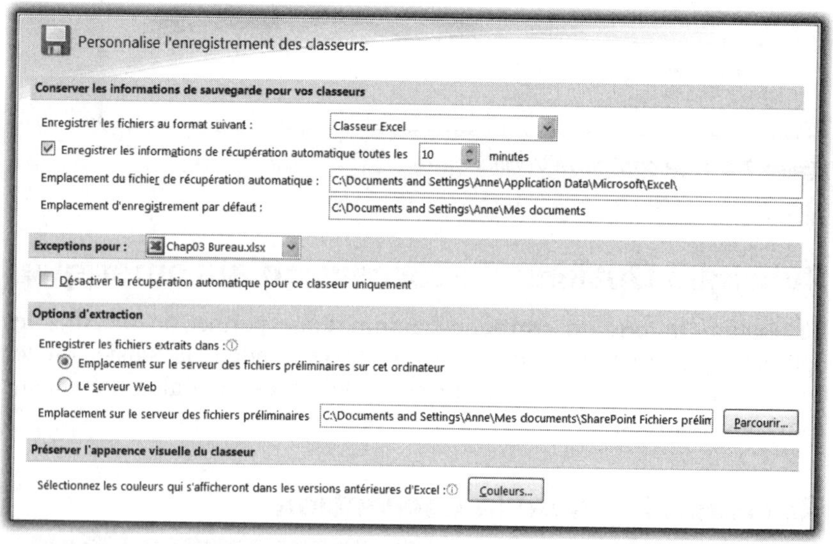

Figure 7.6 : La catégorie Enregistrement

Rubrique Conserver les informations de sauvegarde pour vos classeurs

Dans la zone *Enregistrer les fichiers au format suivant*, définissez le type de fichier par défaut utilisé lors de l'enregistrement des classeurs. Il est possible d'exploiter des classeurs dans différentes versions de Microsoft Excel, dans des pages web ou dans d'autres programmes. Sélectionnez le type de fichier que vous employez le plus fréquemment.

La case à cocher *Enregistrer les informations de récupération automatique toutes les* permet de créer automatiquement un fichier de récupération de classeur à l'intervalle spécifié dans la zone *Minutes* (saisissez un nombre compris entre 1 et 120). Si l'ordinateur se bloque (ne répond plus) ou si un problème d'alimentation survient de manière inattendue, le système ouvre le fichier de récupération automatique au démarrage suivant de Microsoft Excel.

La zone *Emplacement du fichier de récupération automatique* affiche l'emplacement d'enregistrement par défaut du fichier de récupération automatique. Vous pouvez le modifier.

Dans la zone *Emplacement d'enregistrement par défaut*, saisissez le chemin d'accès du dossier de travail par défaut. Si le dossier par défaut se trouve sur réseau, vous devez saisir son chemin d'accès en respectant la syntaxe UNC (*\\nomserveur\nomdossier*) et redémarrer Excel pour que la modification soit prise en compte.

Rubrique Exceptions pour

La case à cocher *Désactiver la récupération automatique* désactive la fonction de récupération automatique pour le classeur sélectionné.

Rubrique Options d'extraction

Choisissez *Emplacement sur le serveur des fichiers préliminaires sur cet ordinateur* si vous souhaitez que les données que vous partagez via SharePoint soient sauvegardées sur votre ordinateur avant diffusion. Choisissez *Le serveur Web* pour une diffusion directe.

La zone *Emplacement sur le serveur des fichiers préliminaires* vous permet d'indiquer où se trouvent les fichiers préliminaires SharePoint.

Rubrique Préserver l'apparence visuelle du classeur

Le bouton **Couleurs** vous permet de définir la correspondance des couleurs du classeur dans les précédentes versions d'Excel qui ne géraient pas la notion de thème de document.

La catégorie Options avancées

Rubrique Options d'édition

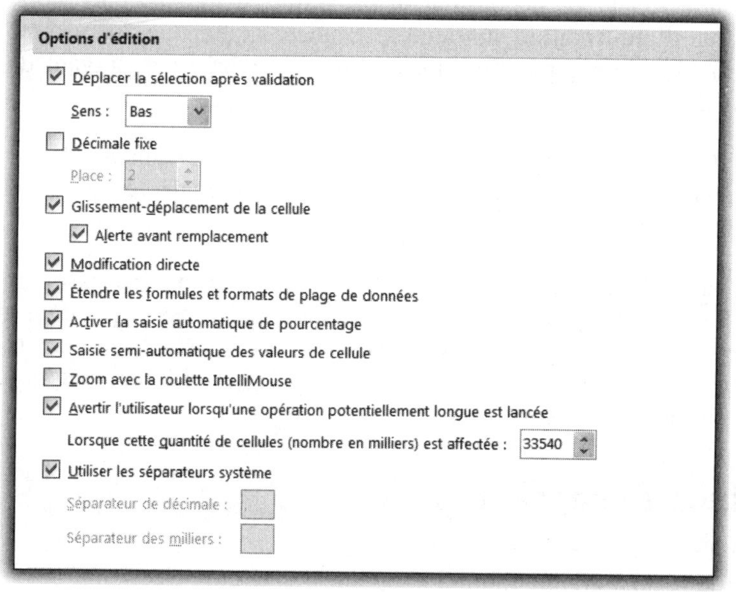

Figure 7.7 : La rubrique Options d'édition

La case à cocher *Déplacer la sélection après validation* permet de spécifier la cellule adjacente comme cellule active après validation de la cellule active en cours. Dans la zone *Sens*, choisissez la cellule adjacente qui deviendra la cellule active.

En activant la case à cocher *Décimale fixe*, vous pouvez spécifier le nombre de décimales dans la zone *Place* pour indiquer à Excel l'emplacement de la virgule insérée automatiquement dans les nombres que vous saisissez comme constantes. Pour insérer la virgule manuellement, saisissez 0 (zéro) ou n'indiquez rien dans la zone *Place*.

La case à cocher *Glissement-déplacement de la cellule* permet de déplacer et de copier les cellules par glisser-déplacer. Lorsque cette option est activée, vous pouvez également faire glisser la poignée de remplissage pour copier des données ou poursuivre la saisie d'une série de données dans les cellules adjacentes.

La case à cocher *Modification directe* permet de modifier le contenu d'une cellule en double-cliquant dessus, et non plus seulement via la barre de formule.

Si vous activez la case à cocher *Étendre les formules et formats de plage de données*, Excel applique automatiquement le format de la plage aux nouveaux éléments ajoutés à la fin de celle-ci. Les formules répétées à chaque ligne sont également copiées. Pour être étendus, les formats et les formules doivent apparaître dans au moins trois des cinq lignes de la liste qui précèdent la nouvelle ligne.

Si vous activez la case à cocher *Activer la saisie automatique de pourcentage*, les nombres inférieurs à 1 que vous saisissez dans des cellules au format *Pourcentage* sont multipliés par 100. Si vous la désactivez, tous les nombres saisis dans ces cellules, qu'ils soient inférieurs, égaux ou supérieurs à 1, sont multipliés par 100.

La case à cocher *Saisie semi-automatique des valeurs de cellule* complète les entrées de texte que vous commencez à saisir dans une colonne de données. Si les quelques premières lettres que vous saisissez correspondent à une entrée existante dans cette colonne, Excel complète le reste du texte à votre place.

La case à cocher *Zoom avec la roulette IntelliMouse* permet de zoomer avec la roulette de la souris, au lieu de faire défiler la feuille de calcul ou la feuille de graphique.

La case à cocher *Avertir l'utilisateur lorsqu'une opération potentiellement longue est lancée* permet de déclencher l'affichage d'un message en cas de traitement d'une opération impliquant un grand nombre de cellules. Ce nombre peut être spécifié dans la zone située juste en dessous. La valeur est indiquée en milliers (si vous saisissez 1 dans la zone, cela correspond en fait à 1 000).

La case à cocher *Utiliser les séparateurs système* rétablit l'utilisation des séparateurs par défaut pour la décimale et les milliers.

Dans la zone *Séparateur de décimale*, modifiez si besoin le séparateur de décimale par défaut. Désactivez la case à cocher *Utiliser les séparateurs système* puis saisissez le nouveau séparateur par défaut.

Dans la zone *Séparateur de milliers*, modifiez éventuellement le séparateur de milliers par défaut. Ici aussi, il faut désactiver au préalable la case à cocher *Utiliser les séparateurs système*.

Rubrique Couper, copier et coller

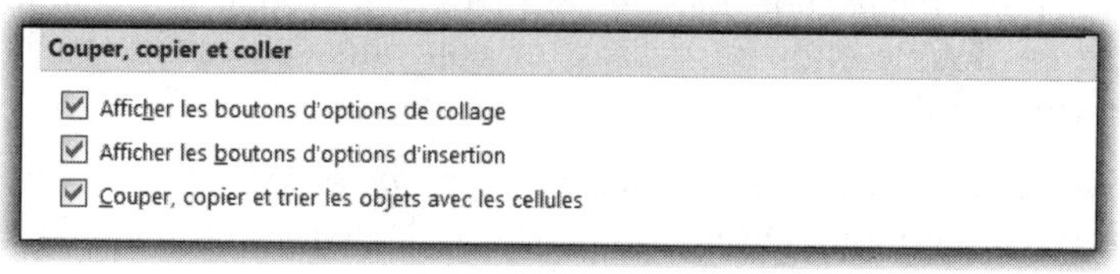

Figure 7.8 : La rubrique Couper, copier et coller

La case à cocher *Afficher les boutons d'options de collage* affiche automatiquement une boîte de dialogue d'options lors d'une demande de collage telle que **Mise en forme uniquement** et **Lier les cellules**.

La case à cocher *Afficher les boutons d'options d'insertion* affiche automatiquement une boîte de dialogue d'options, lors de l'insertion de cellules de lignes ou de colonnes, telle que **Format identique à celui du dessus** et **Effacer la mise en forme**.

La case à cocher *Couper, copier et trier les objets avec les cellules* maintient le lien entre des objets graphiques, des boutons, des zones de texte, des objets dessinés ou des images avec leurs cellules associées lorsque vous déplacez, copiez, filtrez ou triez les données d'une feuille de calcul.

Rubrique Afficher

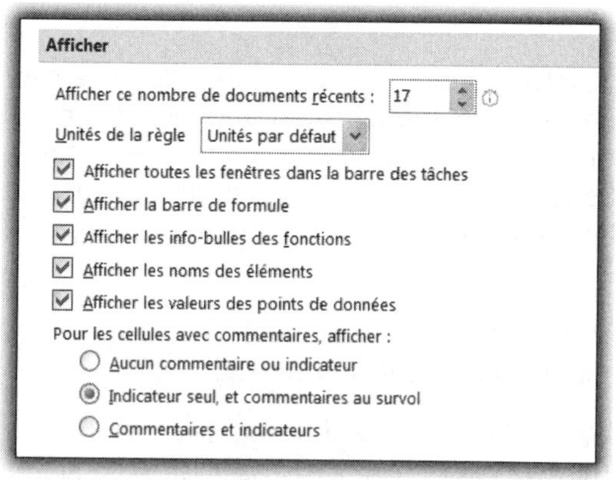

Figure 7.9 : La rubrique Afficher

- *Nombre de documents dans la liste Documents récents* permet de spécifier le nombre de classeurs à afficher dans la liste des documents récents obtenue en cliquant sur le bouton **Microsoft Office**.
- *Unités de la règle* permet de spécifier l'unité de graduation de la règle affichée dans le mode Mise en page.
- *Afficher la barre de formule* permet de masquer ou d'afficher la barre de formule.
- *Afficher les info-bulles des fonctions* permet de spécifier si les infobulles affichant les arguments d'une fonction doivent être affichées lors de la saisie d'une formule.
- *Afficher les noms* affiche le nom d'un élément de graphique lorsque vous pointez dessus.
- *Afficher les valeurs* affiche la valeur d'un indicateur de données lorsque vous pointez dessus.

Vous pouvez choisir l'apparence par défaut des commentaires associés aux cellules : aucun affichage, un indicateur (petit triangle rouge) ou un indicateur accompagné du commentaire dans son intégralité.

Pour plus de détails sur l'utilisation des commentaires, reportez-vous au chapitre 11, Bâtir des feuilles de calcul plus élaborées.

Rubrique Afficher les options pour ce classeur

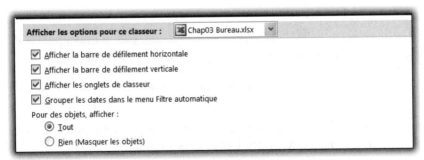

Figure 7.10 : La rubrique Afficher les options pour ce classeur

Les paramètres suivants s'appliquent uniquement au classeur sélectionné :

- *Afficher la barre de défilement horizontale* permet d'afficher ou de masquer la barre de défilement horizontale.
- *Afficher la barre de défilement verticale* permet d'afficher ou de masquer la barre de défilement verticale.
- *Afficher les onglets de classeurs* permet d'afficher ou de masquer les onglets des feuilles de calcul.
- *Grouper les dates dans le menu Filtre automatique* permet de grouper les dates par année et mois afin de faciliter leur recherche, lorsque vous choisissez un critère de filtre à l'aide de la liste déroulante de filtre automatique.

Vous pouvez choisir d'afficher les objets (dessins, graphiques...) en sélectionnant *Tout*. Choisissez *Rien* si vous ne souhaitez pas afficher les objets.

Afficher les options pour cette feuille de calcul

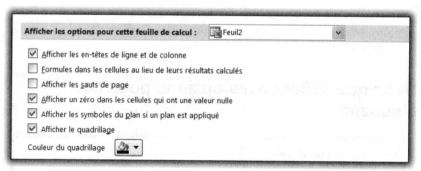

Figure 7.11 : La rubrique Afficher les options pour cette feuille de calcul

Les paramètres suivants s'appliquent uniquement à la feuille sélectionnée :

- *Afficher les en-têtes de ligne et de colonne* permet d'afficher ou de masquer les en-têtes des lignes et des colonnes.
- *Formules dans les cellules au lieu de leurs résultats calculés* permet d'afficher les formules et non leur résultat.

Paramétrer les options — Chapitre 7

- *Afficher les sauts de page* permet de forcer l'affichage des sauts de page automatique dans le mode d'affichage Normal. Ils apparaissent alors sous forme de lignes pointillées.

- *Afficher un zéro dans les cellules qui ont une valeur nulle* permet, si elle est décochée, de ne rien afficher dans les cellules qui contiennent une valeur nulle. Cela permet de repérer plus facilement les valeurs différentes de zéro.

- *Afficher les symboles de plan si un plan est appliqué* permet, si elle est décochée, de ne pas afficher les symboles de plan.

- *Couleur de quadrillage* permet de sélectionner une couleur de quadrillage à l'aide d'une palette.

Rubrique Lors du calcul de ce classeur

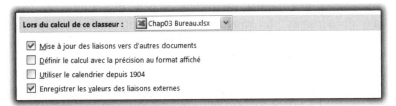

Figure 7.12 : *La rubrique Afficher les options pour cette feuille de calcul*

Les paramètres suivants s'appliquent uniquement au classeur sélectionné :

La case à cocher *Mise à jour des liaisons vers d'autres documents* permet de rendre systématique la mise à jour d'éléments liés.

Activez la case à cocher *Définir le calcul avec la précision au format affiché* si vous souhaitez effectuer les calculs avec les valeurs affichées, qui peuvent être différentes des valeurs contenues dans les cellules (suite à une limitation du nombre de décimales affichées, par exemple).

La case à cocher *Utiliser le calendrier depuis 1904* déplace la date de départ servant de base à tous les calculs de date du 1er janvier 1900 au 2 janvier 1904. C'est le standard Macintosh.

La case à cocher *Enregistrer les valeurs des liaisons externes* permet d'enregistrer des copies des valeurs contenues dans un document externe lié à une feuille de calcul Excel. Si une feuille de calcul contenant des liaisons vers une grande plage de données dans un document externe occupe un espace disque démesuré ou tarde à s'ouvrir, désactivez cette case à cocher.

Chapitre 7 — Personnaliser Excel

Rubrique Général

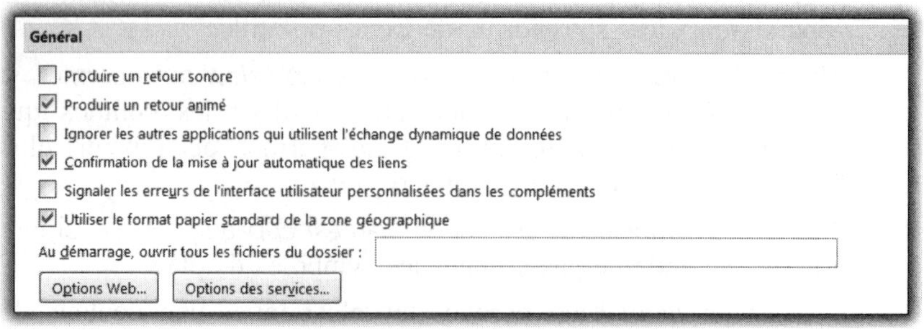

Figure 7.13 : *La rubrique Général*

Cette rubrique offre un certain nombre de cases à cocher :

- *Produire un retour sonore* reproduit les sons disponibles associés aux événements de programme Microsoft Office, tels que l'ouverture, l'enregistrement ou l'impression de fichiers, ou encore l'affichage de messages d'erreur.

- *Produire un retour animé* anime les déplacements et les modifications (ajout ou suppression de cellules, de lignes ou de colonnes) dans votre feuille de calcul. L'animation peut ralentir les performances sur certains systèmes.

- *Ignorer les autres applications qui utilisent l'échange dynamique de données* empêche tout échange de données avec d'autres applications utilisant l'échange dynamique de données (DDE).

- *Confirmation de la mise à jour automatique des liens* permet d'afficher un message vous demandant de confirmer chaque mise à jour d'éléments liés.

- *Utiliser le format standard de la zone géographique* permet de tenir compte que, dans certains pays, le format de papier standard est le format Lettre. Dans d'autres, il s'agit du format A4. Activez cette case à cocher pour que Microsoft Excel adapte automatiquement les documents ayant le format de papier standard d'un autre pays (par exemple, A4) pour les imprimer correctement dans le format utilisé dans votre pays (par exemple, Lettre). Cette option affecte uniquement l'impression et non la mise en forme des documents.

Si vous spécifiez le chemin d'accès complet d'un dossier dans la zone *Au démarrage, ouvrir tous les fichiers du dossier*, Excel ouvrira automatiquement tous les fichiers qu'il contient.

- Le bouton **Options Web** affiche la boîte de dialogue **Options Web** dans laquelle vous pouvez définir plusieurs options qui déterminent l'aspect et le comportement de vos données Microsoft Excel lorsqu'elles sont affichées dans un navigateur web.
- Le bouton **Options des services** affiche la boîte de dialogue **Options des services** qui permet de définir les options pour les commentaires client, le contenu en ligne et l'espace de travail partagé.

Rubrique Compatibilité avec Lotus

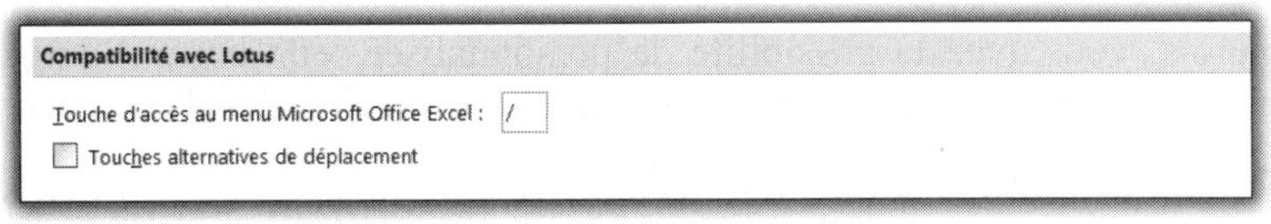

Figure 7.14 : La rubrique Compatibilité avec Lotus

La zone *Touche d'accès au menu ou à l'aide Microsoft Excel* indique la touche qui active la barre de menus d'Excel.

La case à cocher *Touches alternatives de déplacement* active un ensemble de touches pour la navigation dans la feuille de calcul, la saisie de formules, la saisie d'étiquettes et d'autres actions.

Rubrique Paramètres de compatibilité avec Lotus

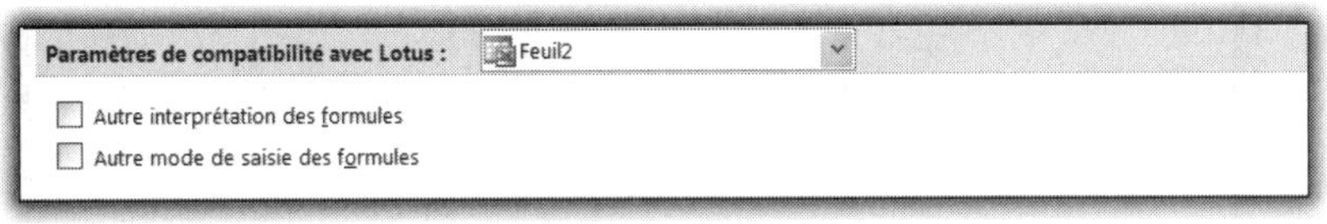

Figure 7.15 : La rubrique Paramètres de compatibilité avec Lotus

La case à cocher *Autre interprétation des formules* permet d'ouvrir et d'interpréter les fichiers Lotus 1-2-3 sans perte ni modification d'informations. Lorsque cette option est activée, Excel interprète les chaînes de texte comme 0 (zéro), les expressions booléennes comme 0 ou 1 et les critères de base de données en fonction des règles utilisées dans Lotus 1-2-3.

La case à cocher *Autre mode de saisie des formules* convertit les formules saisies selon la syntaxe Lotus 1-2-3 en formules Excel et fait en sorte que les noms définis dans Excel se comportent comme des noms définis dans Lotus 1-2-3.

Chapitre 7 — Personnaliser Excel

7.2. Personnaliser la barre d'outils Accès rapide

Comme son nom l'indique, la barre d'outils *Accès rapide* permet d'accéder rapidement à des fonctionnalités d'Excel : enregistrement, annulation et rétablissement d'actions, etc.

Figure 7.16 :
La barre d'outils Accès rapide

Toutefois, vous avez la possibilité de personnaliser cette barre d'outils afin d'ajouter les fonctions qui vous semblent les plus utiles. Pour cela :

1 Cliquez sur le petit bouton fléché situé à droite de la barre d'outils *Accès rapide*.

2 Sélectionnez une des commandes proposées par défaut ou sélectionnez **Autres commandes** pour accéder à l'intégralité des commandes.

3 Vous accédez à la boîte de dialogue **Options Excel**, dans la catégorie **Personnalisation**.

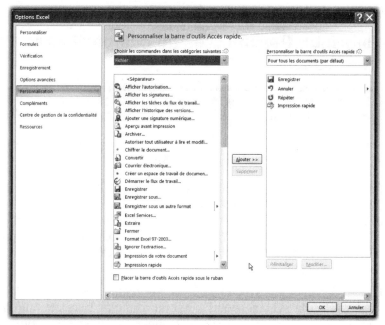

Figure 7.17 : *La catégorie Personnalisation*

Personnaliser la barre d'outils Accès rapide — Chapitre 7

4 Sélectionnez la catégorie de commandes qui vous convient à l'aide de la liste de choix (voir Figure 7.18).

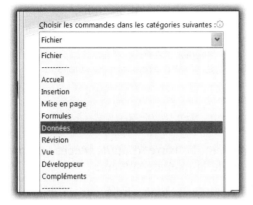

Figure 7.18 :
Choix de la catégorie

5 Sélectionnez la commande à ajouter à la barre d'outils et cliquez sur **Ajouter**. La commande apparaît dans la liste des fonctions de la barre d'outils *Accès rapide*.

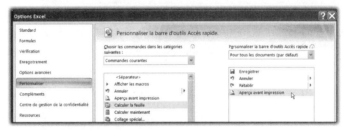

Figure 7.19 : *Ajout d'une commande*

6 Une fois que vous avez ajouté des nouvelles commandes, le bouton **Supprimer** devient actif. Sélectionnez la commande à supprimer et cliquez sur **Supprimer**.

7 Vous avez la possibilité de choisir si ces modifications doivent s'appliquer à tous les documents ou seulement au classeur actif.

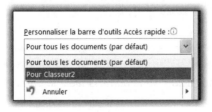

Figure 7.20 :
Périmètre d'application des modifications

LE GUIDE COMPLET 237

Chapitre 7 Personnaliser Excel

8 Si vous souhaitez annuler toutes vos modifications, cliquez sur le bouton **Réinitialiser**.

9 Cliquez sur OK pour valider vos modifications.

Figure 7.21 :
La barre d'outils personnalisée

Autre méthode de personnalisation

Pour personnaliser rapidement la barre d'outils *Accès rapide*, vous pouvez également procéder de la manière suivante :

1 Sur le Ruban, cliquez du bouton droit sur le bouton de la commande à ajouter.

2 Sélectionnez la commande **Ajouter à la barre d'outils Accès rapide**.

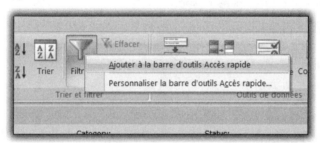

Figure 7.22 : *Ajout rapide d'une commande à la barre d'outils Accès rapide*

3 Si vous souhaitez supprimer un élément de la barre d'outils *Accès rapide*, cliquez du bouton droit dessus et sélectionnez **Supprimer de la barre d'outils Accès rapide**.

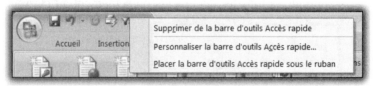

Figure 7.23 : *Suppression rapide d'une commande à la barre d'outils Accès rapide*

Chapitre 8

Élaborer des formules de calcul

Concevoir des formules	240
Identifier des cellules avec des références	244
Identifier des cellules avec des noms	257
Vérifier les erreurs et auditer les formules	272
Cas pratique : Réaliser un suivi de budget mensuel	284

Chapitre 8 Élaborer des formules de calcul

Ce chapitre va vous permettre d'aborder une fonctionnalité majeure d'Excel : la création des formules de calcul faisant intervenir le contenu de plusieurs cellules. Cette possibilité constitue une part importante de la "valeur ajoutée" d'Excel. En effet, elle rend aisée la réalisation de tableaux de simulation dans lesquels il suffit de changer quelques valeurs pour que l'ensemble des calculs soit remis à jour.

Pour cela, nous procéderons par étapes successives. Tout d'abord, nous aborderons la réalisation de calculs simples, avec les opérateurs classiques. Ensuite, nous introduirons la notion de références de cellule, qui permet d'accéder au contenu des cellules pour l'utiliser dans les formules. Nous distinguerons les différents types de références de cellules dont la bonne utilisation permet de réaliser simplement des tableaux de calcul complexes. Nous verrons également la notion de nom de cellule, qui permet d'identifier de façon plus explicite les cellules.

Pour en finir avec la "théorie", nous décrirons les fonctions qui vous serviront à détecter et corriger les erreurs qui pourraient se glisser dans vos formules.

Enfin, nous terminerons ce chapitre par un cas pratique qui vous permettra de réaliser pas à pas un suivi de budget mensuel.

8.1. Concevoir des formules

Voyons d'abord comment saisir une formule simple puis comment la modifier.

Saisir une formule

Une formule de calcul doit impérativement débuter par le signe = (égal). Ce dernier indique à Excel qu'il doit considérer les éléments qui seront saisis comme une formule de calcul et non comme une simple entrée numérique ou alphanumérique.

Prenons un exemple :

1 Créez un nouveau classeur.
2 En *A1*, saisissez =19+71.
3 Appuyez sur [Entrée].

Concevoir des formules — Chapitre 8

Le résultat du calcul apparaît en *A1*, soit 90.

La formule, quant à elle, apparaît dans la barre de formule.

Figure 8.1 :
Une formule simple

> **Utilisation du pavé numérique**
> Pour saisir des formules simples, comme celle que nous venons de voir, utiliser le pavé numérique représente un gain de temps. Mais sur ce dernier, le signe égal n'est pas présent. Remplacez, lors de la saisie, le signe égal par le signe + (plus) ou - (moins) si le premier nombre est négatif. Ainsi, vous auriez saisi +19+71. Excel aurait converti en =19+71.

Modifier une formule

La saisie de formule se révèle d'une grande simplicité. Mais personne n'est à l'abri d'une erreur ; c'est pourquoi il est important de pouvoir modifier une formule saisie.

Reprenons l'exemple précédent en supposant que la formule correcte soit =(19+71)/5 :

1 Double-cliquez sur la cellule *A1*.

2 À l'aide de la souris ou en utilisant [→] et [←], déplacez le curseur après le signe égal et saisissez la parenthèse ouvrante.

3 Déplacez le curseur à la fin de la formule à l'aide de la touche [↘]. Saisissez la fin de la modification.

4 Appuyez sur [Entrée].

Le nouveau résultat s'affiche immédiatement (18).

Au moment où vous avez saisi la parenthèse fermante, les deux parenthèses sont apparues fugitivement en gras. Excel a "compris" que la parenthèse fermante était associée à la parenthèse ouvrante. Cela

Chapitre 8 — Élaborer des formules de calcul

permet de se repérer plus facilement lorsqu'il existe plusieurs niveaux de parenthèses dans une formule.

> **REMARQUE — Autres méthodes**
> Il existe deux autres façons de modifier une formule. Le résultat est bien sûr identique à celui proposé dans la première méthode.
>
> La première variante consiste à sélectionner la cellule contenant la formule à modifier et à appuyer sur la touche [F2]. La seconde consiste à sélectionner la cellule et à cliquer dans la barre de formule.
>
> Vous pourrez ainsi choisir la méthode qui convient le mieux à vos habitudes de travail.

Utiliser des opérateurs

Nous allons décrire les différents opérateurs utilisables dans Excel, en commençant bien sûr par les plus classiques : les opérateurs mathématiques. Nous étudierons également un opérateur spécifique à Excel, qui permet de traiter les chaînes de caractères.

Utiliser des opérateurs mathématiques

Connaître les règles de priorité des opérateurs

Pour concevoir vos formules, vous disposez des opérateurs mathématiques courants :

- puissance : ^ ;
- signe de multiplication : * ;
- signe de division : / ;
- signe plus : + ;
- signe moins : -.

Les règles de priorité des opérateurs sont évidemment respectées, c'est-à-dire que les expressions utilisant le signe puissance sont évaluées en premier, puis viennent, au même niveau, la multiplication et la division et enfin l'addition et la soustraction (même niveau).

Voici quelques exemples de formules mettant en jeu les opérateurs mathématiques :

Concevoir des formules — Chapitre 8

Tableau 8.1 : Quelques exemples de formules de calcul

Formule	Résultat
=4+5*3	= 4+15 = 19
=2-3+10/2	= 2-3+5 = 4
=5*6/2-18/3	= 15-6 = 9
=2^2*5+3-2	= 4*5+3-2 = 20 +3 − 2 = 21

Utiliser des parenthèses

Les parenthèses permettent d'influer sur les règles de priorité des opérateurs mathématiques. En effet, toute expression placée entre parenthèses sera évaluée de façon prioritaire. Il est évidemment possible d'imbriquer les niveaux de parenthèses.

Supposons que vous souhaitiez calculer le prix TTC d'un ensemble de deux articles dont les prix HT sont 75 € et 100 €, sur lesquels une remise respective de 10 % et 5 % a été préalablement appliquée.

Pour obtenir un résultat correct, il faut utiliser des parenthèses. En effet, il s'agit d'abord d'évaluer le prix total HT, compte tenu de la remise, puis de calculer le prix TTC :

1 Sélectionnez *A3*.
2 Saisissez `=(75*(1-10%)+100*(1-5%))*(1+19,6%)`.
3 Appuyez sur [Entrée].

Si nous suivons pas à pas l'évaluation de cette formule, voilà ce qui se produit :

- étape 1 : =(75*0,9+100*(1-5%))*(1+19,6%) ;
- étape 2 : =(67,5+100*(1-5%))*(1+19,6%) ;
- étape 3 : =(67,5+100*0,95)*(1+19,6%) ;
- étape 4 : =(67,5+95)*(1+19,6%) ;
- étape 5 : =162,5*(1+19,6%) ;
- étape 6 : =162,5*1,196 ;
- étape 7 : 194,35.

Chapitre 8 — Élaborer des formules de calcul

Lors de la saisie, chaque niveau de parenthèse possède une couleur. Cela permet de mieux visualiser la hiérarchie des parenthèses. De plus, lorsque vous refermez une parenthèse, la paire de parenthèses, identifiée par Excel, est mise brièvement en gras.

Utiliser un opérateur particulier

L'opérateur & permet de juxtaposer (ou concaténer) des chaînes de caractères. En effet, jusqu'à présent nous avons évoqué des formules dont les opérandes étaient numériques, or il peut être nécessaire de manipuler des opérandes alphanumériques avec lesquels, bien entendu, les opérateurs mathématiques n'ont aucun sens (essayez par exemple de diviser "Bonjour" par "Au revoir").

1 Sélectionnez *A2*.
2 Saisissez =« `Micro` »& " "& "Application ".
3 Appuyez sur [Entrée].

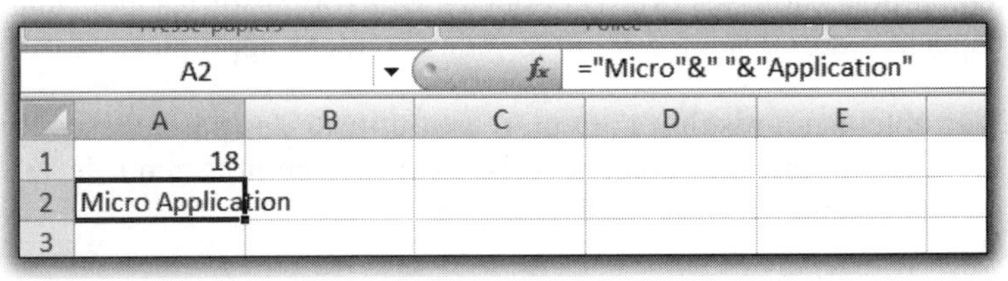

Figure 8.2 : Une formule alphanumérique

Il est possible de concaténer des expressions numériques avec des expressions alphanumériques.

8.2. Identifier des cellules avec des références

Si les possibilités en matière de calcul en restaient là, Excel ne serait qu'une super calculatrice. Vous savez qu'Excel est beaucoup plus que cela. Cette puissance supplémentaire provient, entre autres, de la possibilité de faire référence à d'autres cellules dans une formule. Cette faculté autorise la conception de formules très complexes et très puissantes. Nous aborderons progressivement l'utilisation des différents types de références dans la conception des formules de calcul.

Identifier des cellules avec des références — Chapitre 8

Découvrir les références de cellules

Une référence de cellule permet de localiser une cellule dans un classeur, en indiquant la ligne et la colonne de la cellule. Les colonnes sont identifiées par des lettres (de A à XFD, soit 16 384 colonnes) et les lignes par des chiffres (de 1 à 1 048 576). Par exemple, *A1* localise la cellule située à l'intersection de la première colonne et de la première ligne, *B10* la cellule située à l'intersection de la deuxième colonne et de la dixième ligne.

Lorsque vous saisissez la référence d'une cellule dans une formule, vous utilisez le contenu de la cellule correspondante dans votre formule.

Utiliser des références de cellules

Voici l'exemple le plus simple d'utilisation d'une référence de cellule dans une formule :

1 Sélectionnez *A4*.

2 Saisissez =A3.

3 Appuyez sur [Entrée].

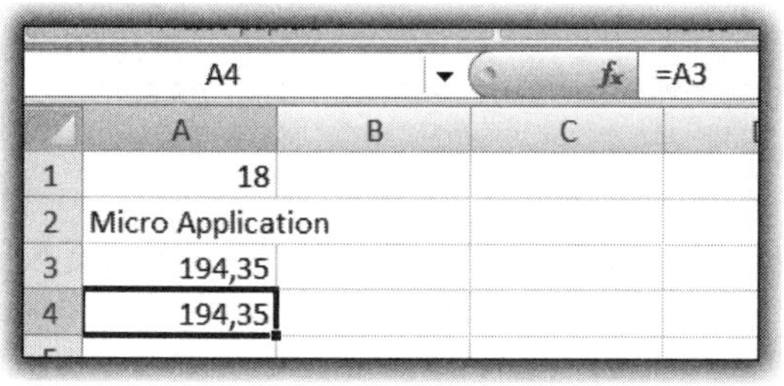

Figure 8.3 :
Utilisation d'une référence

Le contenu de la cellule *A4* est maintenant égal au contenu de la cellule *A3*. Si ce dernier varie, celui de *A4* variera également.

Pour appréhender l'apport de ce type d'approche comparé à l'approche "calculatrice" que nous avons suivie jusqu'à présent, reprenons l'exemple de calcul du prix TTC des deux articles. En cas de changements de tarif ou de taux de remise, il faut modifier la formule contenue en *A3*, ce qui n'est pas très aisé. Nous utiliserons donc des références pour simplifier le travail :

1 En *A6*, saisissez 75.

Chapitre 8 — Élaborer des formules de calcul

2 En *B6*, saisissez 10%.

3 En *A7*, saisissez 75.

4 En *B7*, saisissez 10%.

5 En *A8*, saisissez 19,6%.

6 En *A10*, saisissez =(A6*(1-B6)+A7*(1-B7))*(1+A8).

Au fur et à mesure de l'écriture de la formule, les références des cellules intégrées dans la formule sont affichées avec des couleurs différentes. De plus, ces couleurs sont utilisées pour la bordure des cellules correspondantes. C'est un bon moyen d'avoir une vision synthétique des cellules impliquées dans une formule (à condition, bien sûr, qu'elles soient toutes visibles à l'écran).

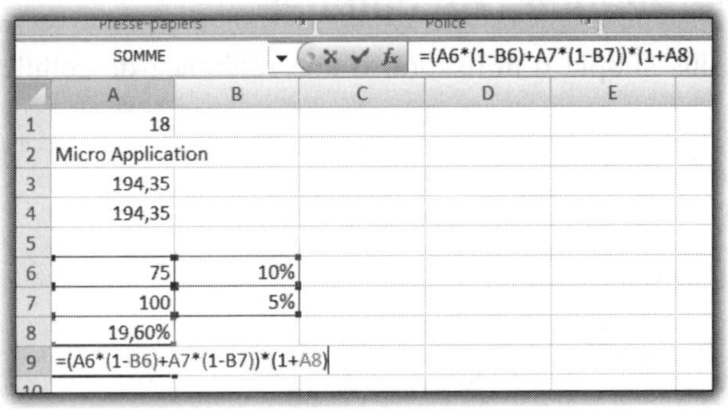

Figure 8.4 : Utilisation de références dans un calcul

7 Validez par [Entrée].

Le résultat contenu dans la cellule *A10* est égal à *A3* mais il est beaucoup plus facile de tenir compte d'éventuelles modifications de tarif, de remise ou de taux de TVA.

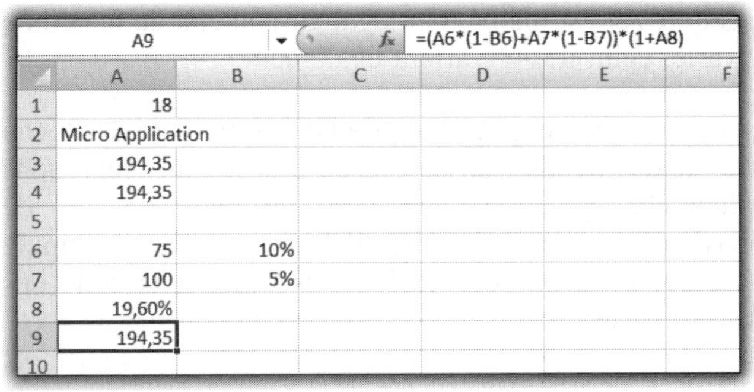

Figure 8.5 : Résultat de la formule

Saisir des références de cellules avec la souris

Dans la dernière formule que nous avons créée, il existe cinq références de cellules. Leur saisie au clavier ne pose pas de problème car elles sont peu nombreuses et toutes visibles à l'écran en même temps. Mais dans la plupart des cas, il est préférable de sélectionner les cellules correspondantes afin d'insérer leur référence dans la formule en cours.

1 Sélectionnez *A47*.

2 Saisissez = (.

3 Faites défiler, à l'aide de la barre de défilement verticale, la feuille de calcul jusqu'à ce que la cellule *A6* soit visible.

4 Sélectionnez la cellule *A6* à l'aide de la souris. La cellule *A6* est entourée en pointillés et avec une bordure de couleur. De plus, sa référence apparaît dans la barre de formule qui affiche le contenu de la cellule active (*A47*).

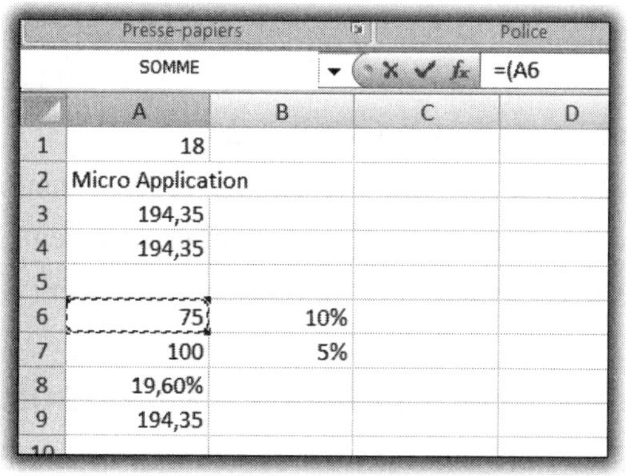

Figure 8.6 :
Saisie de référence à l'aide de la souris

5 Continuez la définition de la formule en saisissant les opérateurs et les parenthèse au clavier et en sélectionnant les références avec la souris.

6 Validez à l'aide de la touche [Entrée].

Distinguer les différents types de références : relatives, absolues et mixtes

Jusqu'à présent, vous avez utilisé des références relatives. Lorsque vous avez saisi =A3 dans la cellule *A4*, vous avez fait une référence non pas à

Chapitre 8 — Élaborer des formules de calcul

la cellule *A3* en tant que telle, mais à la cellule se trouvant une ligne au-dessus de la cellule en cours (en l'occurrence *A4*). Ainsi, lorsque vous copiez le contenu de la cellule *A4* et le collez en *B10*, *B10* contiendra =B9 et non =A3.

Pour faire référence à la cellule *A3*, il faut utiliser une référence absolue. Elle se présente sous la forme suivante : *$A$3*. Si vous saisissez =$A$3 en *A4*, puis copiez le contenu de la cellule *A4* et le collez en *B10*, *B10* contiendra =$A$3. Le symbole $ indique que la colonne *A* et que la ligne *3* sont figées.

Il est possible de combiner des références absolues sur les colonnes avec des références relatives sur les lignes et vice versa. Il s'agit alors de références mixtes.

Lors de la saisie d'une formule, vous pouvez facilement passer d'un mode de référence à l'autre à l'aide de la touche [F4] :

1 Double-cliquez sur *A10*.

2 Positionnez le curseur à côté de la référence à *A6* (après le 6, par exemple).

3 Appuyez sur [F4]. La référence devient *$A$6*.

4 Appuyez une deuxième fois sur [F4]. La référence devient *A$6*.

5 Appuyez une troisième fois sur [F4]. La référence devient *$A6*.

6 Appuyez encore une fois sur [F4]. La référence redevient *A6*.

Utiliser des références relatives et absolues

Dans un premier temps, vous allez mettre en pratique les références absolues et relatives. Pour cela, vous créerez une feuille de calcul dont l'objectif est de déterminer les tarifs de différents produits, compte tenu d'un taux de remise et d'un taux de TVA.

1 En *A1*, saisissez TARIF.

2 En *E3*, saisissez Taux TVA.

3 En *F3*, saisissez 19,6%.

4 En *A5*, *B5*, *C5*, *D5*, *E5*, *F5*, saisissez respectivement Référence, Libellé, P.U.. H.T., Remise, P.U. net H.T., P.U. T.T.C..

5 Saisissez les différentes lignes d'exemple suivantes :

Identifier des cellules avec des références — Chapitre 8

Tableau 8.2 : *Lignes d'exemple*

Référence	Libellé	P.U. H.T.	Remise
ABC1	Bloc-notes	0,93 €	15 %
ABC2	Enveloppes (500)	11,07 €	12 %
ABC3	Stylo	0,66 €	25 %
ABC4	Gomme	0,76 €	12 %
ABC5	Marqueur	1,65 €	14 %
ABC6	Agrafeuse	9,95 €	20 %
ABC7	Classeur	2,57 €	33 %
ABC8	Surligneur	0,66 €	25 %

6 Sélectionnez *A1:F1* et cliquez sur **Fusionner et centrer** (onglet **Accueil**, groupe *Alignement*). Appliquez une taille de police de 16 et mettez le texte en gras.

7 Sélectionnez *E3:F3* et appliquez un contour de type quadrillage. Mettez *E3* en gras.

8 Sélectionnez *A5:F5*, centrez le texte et mettez-le en gras.

9 Sélectionnez *A5:F13* et appliquez un contour de type quadrillage.

> **ASTUCE — Sélection de la zone en cours**
>
> Dans Excel, une zone est une plage de cellules séparées des autres par des cellules vides. Ainsi, dans la feuille que vous êtes en train d'élaborer, il y a trois zones : *A1:F1*, *E3:F3* et *A5:F13*. Pour sélectionner rapidement la zone à laquelle appartient la cellule active, appuyez sur [Ctrl] +[*]. Ici, il suffit donc de sélectionner *A5* (par exemple) et d'appuyer sur [Ctrl]+[*] pour sélectionner *A5:F13*.

10 Sélectionnez *C6:C13*, ainsi que *E6:F13* et appliquez le format *Euro* (voir Figure 8.7).

Cette feuille est donc un tarif présentant plusieurs articles avec, pour chacun d'eux, son prix HT ainsi qu'un taux de remise. Le but final est de calculer, pour chaque article, le prix net HT (c'est-à-dire compte tenu de la remise) et le prix TTC.

Pour calculer le prix net, il faut pour chaque ligne appliquer le taux de remise :

Chapitre 8 — Élaborer des formules de calcul

	A	B	C	D	E	F	G
1			TARIF				
2							
3					Taux TVA	19,60%	
4							
5	Référence	Libellé	P.U. H.T.	Remise	P.U. net H.T.	P.U. T.T.C.	
6	ABC1	Bloc note	0,93 €	15%			
7	ABC2	Enveloppes (500)	11,07 €	12%			
8	ABC3	Stylo	0,66 €	25%			
9	ABC4	Gomme	0,76 €	12%			
10	ABC5	Marqueur	1,65 €	14%			
11	ABC6	Agrafeuse	9,95 €	20%			
12	ABC7	Classeur	2,57 €	33%			
13	ABC8	Surligneur	0,66 €	25%			
14							
15							

Figure 8.7 : La feuille de calcul initiale

1 En *E6*, saisissez =C6*(1-D6).

2 Étendez le contenu, à l'aide de la poignée de recopie, jusqu'en *E13*. Pour cela, sélectionnez la cellule *E6* et approchez le pointeur de la souris de la poignée de recopie de la cellule. La poignée de recopie est le petit carré noir situé dans l'angle inférieur droit. Le pointeur de la souris change d'apparence et se transforme en une petite croix noire.

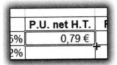

Figure 8.8 :
Le pointeur change d'apparence

3 Cliquez sur la poignée de recopie et déplacez le pointeur jusqu'en *E13*. La plage *E6:E13* est entourée d'un contour gris. Relâchez le bouton de la souris. La formule de calcul de la cellule *E6* a été "étendue" aux autres cellules de la plage.

> **ASTUCE — Extension rapide d'une formule dans une colonne**
>
> Pour étendre encore plus rapidement une formule dans une colonne, sélectionnez la cellule qui contient la formule à étendre et double-cliquez sur la poignée de recopie de cette cellule. La formule est alors étendue jusqu'à la ligne correspondant à la dernière cellule non vide des colonnes immédiatement adjacentes. Si vous aviez double-cliqué sur la poignée de recopie de la cellule *E6*, sa formule aurait été étendue jusqu'en *E13*, puisque la colonne *D* contenait des valeurs jusqu'en *D13*.

Vous avez ainsi mis à profit les propriétés des références relatives : elles localisent les cellules par rapport à la cellule active. En étendant le

Identifier des cellules avec des références — Chapitre 8

contenu de la cellule active à celles situées dans la même colonne, nous avons également "fait suivre" les références relatives de la formule.

Il reste à calculer les prix TTC. Pour cela, il faut utiliser le taux de TVA situé dans la cellule *F3* :

1 En *F6*, saisissez =E6*(1+F3).

2 Étendez le contenu, à l'aide de la poignée de recopie, jusqu'en *F13*.

Figure 8.9 :
Première tentative de calcul du prix TTC

Le résultat n'est pas très probant. Vous avez sans doute déjà identifié les causes de ce problème. La référence à *F3* doit être une référence absolue, puisque ce taux sera utilisé de la même façon à chaque ligne.

1 Double-cliquez sur *F6*.

2 Positionnez le curseur à côté de la référence à *F3* (après le 3, par exemple).

3 Appuyez sur [F4]. La référence devient *$F$3*.

4 Validez par [Entrée].

5 Étendez le contenu, à l'aide de la poignée de recopie, jusqu'en *F13*.

Figure 8.10 :
Deuxième tentative de calcul du prix TTC

Cette deuxième tentative est sans doute plus conforme à vos attentes.

Chapitre 8 Élaborer des formules de calcul

Pour résumer, l'emploi de références relatives ou absolues est principalement conditionné par le comportement attendu de la formule lorsqu'elle sera copiée. En effet, une formule est rarement "isolée", elle fait souvent partie de lignes ou de colonnes présentant des formules semblables, obtenues par recopie d'une formule initiale.

Utiliser des références mixtes

Pour mettre en pratique les références mixtes, vous allez construire une feuille de calcul qui permet de calculer la capacité de production d'un atelier, en fonction de la capacité horaire de chaque machine et de la durée d'ouverture journalière de l'atelier.

1 En *A1*, saisissez Capacités de production - Atelier XXXX.

2 En *C3*, saisissez Lundi et étendez le contenu de la cellule jusqu'en *I3*.

3 En *B4*, saisissez Durée du travail.

4 En *C4*, *D4*, *E4*, *F4*, *G4*, *H4*, *I4*, saisissez respectivement 8, 10, 10, 10, 8, 6, 0.

5 En *A6*, saisissez Machine.

6 En *B6*, saisissez Capacité.

7 En *C6*, saisissez Lundi et étendez le contenu de la cellule jusqu'en *I6*.

8 En *J6*, saisissez Total.

9 En *A7*, saisissez Machine 1 et étendez le contenu de la cellule jusqu'en *A12*.

10 En *A13*, saisissez Total/jour.

11 En *B7*, *B8*, *B9*, *B10*, *B11*, *B12*, saisissez respectivement 100, 150, 75, 98, 102, 123.

12 Sélectionnez *A1:J1* et cliquez sur **Fusionner et centrer** (onglet **Accueil**, groupe *Alignement*). Appliquez une taille de police de 16 et mettez le texte en gras.

13 Sélectionnez *C3:I3* et appliquez un contour de type quadrillage. Mettez le texte en gras.

14 Sélectionnez *B4:I4* et appliquez un contour de type quadrillage. Mettez *B4* en gras.

15 Sélectionnez *A6:J6*, centrez le texte et mettez-le en gras.

Identifier des cellules avec des références — Chapitre 8

16 Sélectionnez *A6:J13* et appliquez un contour de type quadrillage.

17 À l'aide du bouton **Somme automatique** (onglet **Formules**), positionnez les totaux de lignes et de colonnes.

 Pour plus d'information sur le bouton Somme automatique, reportez-vous au chapitre 9 Utiliser les fonctions.

18 Sélectionnez *C13:J13* et mettez le texte en gras.

19 Sélectionnez *J7:J12* et mettez le texte en gras.

	A	B	C	D	E	F	G	H	I	J
1			Capacités de production - Atelier XXXX							
2										
3			Lundi	Mardi	Mercredi	Jeudi	Vendredi	Samedi	Dimanche	
4		Durée du travail	8	10	10	10	8	6	0	
5										
6	Machine	Capacité	Lundi	Mardi	Mercredi	Jeudi	Vendredi	Samedi	Dimanche	Total / Machine
7	Machine 1	100								-
8	Machine 2	150								-
9	Machine 3	75								-
10	Machine 4	98								-
11	Machine 5	102								-
12	Machine 6	123								-
13	Total / Jour	108	-	-	-	-	-	-	-	-

Figure 8.11 : La feuille de calcul initiale

Ainsi, la capacité de production de la machine 1 pour le lundi est de 100 x 8, soit 800 pièces. Nous généraliserons ce calcul à l'ensemble des machines, pour chacun des jours de la semaine.

1 En *C7*, saisissez =$B7*C$4.

2 Étendez le contenu, à l'aide de la poignée de recopie, jusqu'en *C12*.

3 Étendez le contenu, à l'aide de la poignée de recopie, jusqu'à la colonne *I*.

	A	B	C	D	E	F	G	H	I	J
1			Capacités de production - Atelier XXXX							
2										
3			Lundi	Mardi	Mercredi	Jeudi	Vendredi	Samedi	Dimanche	
4		Durée du travail	8	10	10	10	8	6	0	
5										
6	Machine	Capacité	Lundi	Mardi	Mercredi	Jeudi	Vendredi	Samedi	Dimanche	Total / Machine
7	Machine 1	100	800	1 000	1 000	1 000	800	600	-	5 200
8	Machine 2	150	1 200	1 500	1 500	1 500	1 200	900	-	7 800
9	Machine 3	75	600	750	750	750	600	450	-	3 900
10	Machine 4	98	784	980	980	980	784	588	-	5 096
11	Machine 5	102	816	1 020	1 020	1 020	816	612	-	5 304
12	Machine 6	123	984	1 230	1 230	1 230	984	738	-	6 396
13	Total / Jour	108	5 184	6 480	6 480	6 480	5 184	3 888	-	33 696

Figure 8.12 : Le calcul des capacités

En saisissant une formule, vous avez pu en créer 42 (6x7) par simple copie. Il est important de réfléchir, lors de la conception des formules, à

Chapitre 8 — Élaborer des formules de calcul

l'intérêt de figer ou non la référence à la ligne ou à la colonne. En figeant la référence à la colonne *B* et en laissant la ligne libre, vous demandez à la formule d'aller chercher la valeur de la capacité horaire de chaque machine, quel que soit le jour de la semaine. De même, en figeant la référence à la ligne *4* et en laissant la colonne libre, vous autorisez la formule à aller chercher la durée d'ouverture de l'atelier pour chacun des jours, quelle que soit la machine considérée.

> **ASTUCE — Rendre une formule plus lisible**
>
> Lorsqu'une formule devient complexe, elle peut vite se révéler incompréhensible et peu lisible. Pour aérer la présentation d'une formule, insérez des sauts de ligne avec [Alt]+[Entrée] pendant la saisie. De plus, vous avez la possibilité de redimensionner la barre de formule afin d'augmenter le nombre de lignes visibles.

```
=SI(H9>0;
SI(E9="INT";
+(C9*12*(1+Paramètres!$C$21/100)*(1+Paramètres!$C$22/100)*(1+Paramètres!$C$23/100);
+(C9*Paramètres!$C$9+(Paramètres!$H$6+Paramètres!$H$7+Paramètres!$H$8)*H9)*(1+Paramètres!$C$21/100)*(1+Paramètres!$C$22/100)*(1+Paramètres!$C$23/100))
;0)
*SI(E9<>"CDI";SI(F9>3;1;F9-2);1)
```

Figure 8.13 : Une formule complexe mise en forme

Références tridimensionnelles

Jusqu'à présent, les références que vous avez employées permettaient de situer une cellule dans une feuille de calcul. Pour cela, deux "coordonnées" sont nécessaires : la colonne et la ligne. Ce type de repérage est donc bidimensionnel. Or, il peut être utile, dans certaines situations, de faire appel à des cellules d'autres feuilles de calcul du même classeur. Pour repérer ces cellules, il faut introduire une "troisième dimension", en l'occurrence le nom de la feuille de calcul "source". Procédez ainsi :

1 Dans le classeur que vous venez de créer, sélectionnez une autre feuille (ou insérez-en une).

2 Sélectionnez la cellule *A3*.

3 Saisissez =.

4 Cliquez sur l'onglet de la feuille où se trouve le tableau dont vous voulez utiliser les données (dans notre exemple, il s'agit de la feuille **Mixtes**).

Identifier des cellules avec des références — Chapitre 8

5 Sélectionnez, par exemple, la cellule *J13*. Vous pouvez voir le contenu de la cellule active dans la barre de formule.

6 Saisissez /7.

7 Validez par [Entrée].

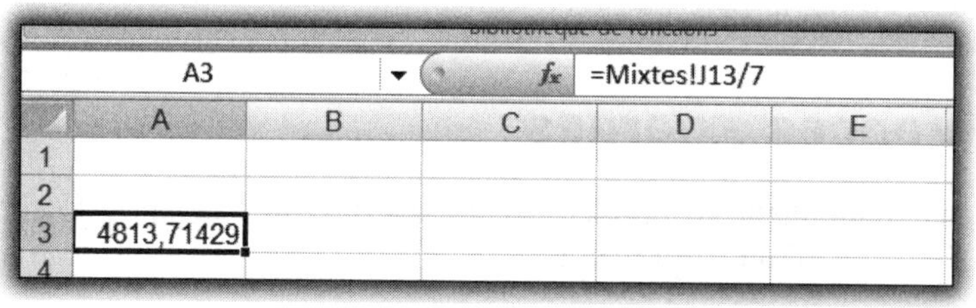

Figure 8.14 : Utilisation de référence tridimensionnelle

Vous obtenez, sur la feuille, la moyenne des capacités journalières de production.

La syntaxe d'une référence tridimensionnelle est la suivante : *Feuille!Référence*. Si le nom de la feuille contient des espaces, il est entouré d'apostrophes, par exemple :

`'Ventes Annuelles'!B8`.

Il est possible de combiner les références tridimensionnelles avec les références relatives, absolues et mixtes.

Plages de cellules tridimensionnelles

Vous pouvez aller plus loin et faire références à des plages "tridimensionnelles". Par exemple, la formule suivante permet de calculer la somme des cellules des plages *A1:C3* des feuilles **Feuil1** à **Feuil5** :

`=SOMME(Feuil1:Feuil5!A1:C3)`

Pour plus d'informations sur l'utilisation de la fonction SOMME, *reportez-vous au chapitre 9* **Utiliser les fonctions**.

Pour saisir une telle formule :

1 Saisissez = SOMME(dans la cellule de votre choix.

2 Cliquez sur l'onglet de la première feuille, ici **Feuil1**.

3 Maintenez la touche [Maj] appuyée et cliquez sur l'onglet de la dernière feuille, ici **Feuil5**.

4 Sélectionnez la plage souhaitée (ici *A1:C3*) dans la feuille active.

5 Fermez la parenthèse et validez par [Entrée].

Références externes

Il peut également se révéler nécessaire d'avoir recours à des cellules situées dans d'autres classeurs.

Pour illustrer cette possibilité, enregistrez le classeur contenant le tableau des capacités de production en lui donnant le nom *Capacité_Prod.xlsx*.

1 Créez un nouveau classeur.

2 En *A3*, saisissez =.

3 Dans l'onglet **Affichage**, cliquez sur le bouton **Changement de fenêtre** du groupe *Fenêtre* puis sélectionnez *Capacité_Prod.xlsx*.

4 Sélectionnez la cellule *J13*.

5 Validez par [Entrée].

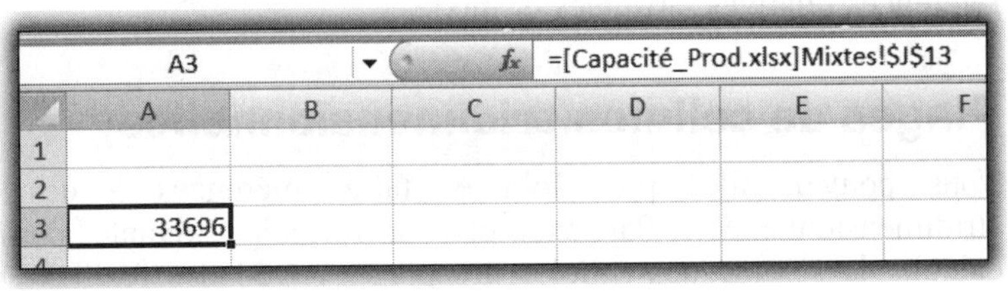

Figure 8.15 : Utilisation de référence externe

La syntaxe d'une référence externe est la suivante : *'[Nom du classeur]Feuille'!Référence*.

Par défaut, il s'agit d'une référence absolue, mais il est possible de combiner les références externes avec les références relatives et mixtes.

Si vous fermez le classeur source, la référence externe fait apparaître le chemin complet du classeur source. Vous pouvez afficher l'ensemble des références externes d'un classeur grâce au bouton **Modifier les liens**

d'accès du groupe *Connexions* de l'onglet **Données**. Il provoque l'affichage de la boîte de dialogue **Modifier les liaisons**.

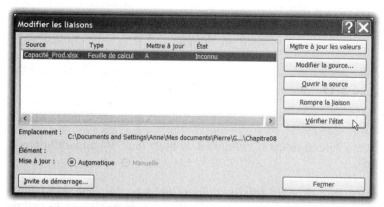

Figure 8.16 : La boîte de dialogue Modifier les liaisons

Lorsque vous ouvrez un classeur contenant des références externes, Excel vous demande s'il doit mettre à jour les liaisons.

8.3. Identifier des cellules avec des noms

Les noms permettent d'utiliser un mode de repérage plus convivial que les références classiques. Nous allons à présent aborder les fonctionnalités qui vous permettront de créer, de modifier et de supprimer des noms dans un classeur ou une feuille de calcul.

Attribuer simplement un nom à une cellule ou à une plage de cellules

Pour illustrer l'attribution d'un nom à une cellule, nous allons réutiliser la feuille de calcul élaborée au paragraphe précédent.

Attribuer un nom à une cellule

Vous allez, par exemple, attribuer le nom *TauxTVA* à la cellule *F3* :

1 Sélectionnez *F3*.

LE GUIDE COMPLET 257

Chapitre 8 — Élaborer des formules de calcul

2 Dans la zone *Nom* (qui contient la référence de la cellule *F3*), saisissez TauxTVA.

Figure 8.17 : Attribution d'un nom à la cellule F3

3 Validez par [Entrée].

Lorsque vous sélectionnez la cellule *F3*, le nom *TauxTVA* apparaît dans la zone *Nom*.

Réciproquement, si vous saisissez *TauxTVA* dans la zone *Nom* alors qu'une cellule est sélectionnée, la sélection est déplacée sur la cellule *F3*.

> **REMARQUE — Règles pour la saisie de noms**
>
> Le premier caractère d'un nom doit être une lettre ou un caractère de soulignement. Les autres caractères du nom peuvent être des lettres, des nombres, des points et des caractères de soulignement.
>
> Les noms ne peuvent être identiques à des références de cellules, telles que *A10* ou *$B$12*.
>
> Vous pouvez utiliser des caractères de soulignement ou des points comme séparateurs de mots, par exemple *Taux.TVA* ou *Taux_TVA*.
>
> Un nom peut compter jusqu'à 255 caractères. Si un nom défini pour une plage contient plus de 253 caractères, vous ne pouvez le sélectionner dans la zone *Nom*.
>
> Les noms peuvent contenir des majuscules et des minuscules. Excel ne fait pas de distinction entre les majuscules et les minuscules des noms. Par exemple, si vous avez créé le nom *TAUX* puis l'autre nom *Taux* dans le même classeur, le second nom remplace le premier.
>
> Evitez d'utiliser les noms suivants, réservés par Excel : *Zone_d_impression*, *Impression_des_titres*, *Titre_de_la_feuille*, *Zone_de_consolidation*, *Base_de_données* ainsi que *FilterDatabase*.

Utiliser un nom dans une formule

Une fois que le nom est créé, vous pouvez l'utiliser dans toutes vos formules. Un nom constitue une référence absolue.

Identifier des cellules avec des noms — Chapitre 8

Vous allez recréer les formules de calcul du prix TTC.

1 En *F6*, saisissez =E6*(1+t. Dès que vous avez saisi la lettre "t ", Excel affiche une liste déroulante permettant de choisir les fonctions dont le nom débute par t. Le nom que vous avez créé figure également dans cette liste. Il est précédé d'un symbole différent pour le distinguer des fonctions. Vous pouvez continuer la saisie du nom ou le sélectionner dans la liste en double-cliquant.

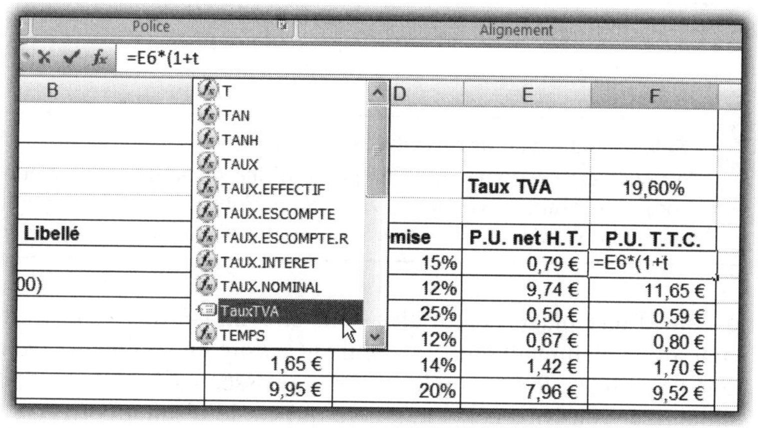

Figure 8.18 : Saisie de la formule avec un nom de cellule

Le nom est affiché en couleur et la cellule *F3* est encadrée avec cette même couleur.

2 Validez par [Entrée].

3 Étendez le contenu, à l'aide de la poignée de recopie, jusqu'en *F13*.

Vous pouvez ainsi vérifier qu'un nom est une référence absolue, puisque sur chaque ligne, *TauxTVA* fait toujours référence à la cellule *F3*.

Attribuer un nom à une plage de cellules

Nous avons vu comment attribuer un nom à une cellule. De la même façon, il est possible d'attribuer un nom à une plage de cellules.

1 Sélectionnez *F6:F13*.

2 Dans la zone *Nom* (qui contient la référence de la cellule *F6*), saisissez PU_TTC.

Chapitre 8 — Élaborer des formules de calcul

3 Validez par [Entrée].

Pour sélectionner la plage de cellules, il est possible de saisir le nom dans la zone *Nom* ou d'utiliser la liste déroulante qui apparaît lorsque vous cliquez sur le bouton fléché situé à côté de cette zone.

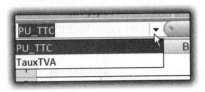

Figure 8.19 :
Liste des noms

Sélection des plages de cellules nommées
Si vous ne sélectionnez qu'une partie d'une plage de cellules nommée, son nom n'apparaîtra pas dans la zone *Nom*. Pour que le nom apparaisse, il faut que la plage soit sélectionnée dans son intégralité.

Le nom d'une plage de cellules peut être utilisé dans une formule, à condition évidemment que la formule nécessite un argument qui soit une plage de cellules. Par exemple, si vous saisissez =Max(PU_TTC) dans la cellule *F14*, vous obtenez 11,65, ce qui est le résultat correct.

Plus généralement, un nom de plage peut être utilisé dans toute fonction qui requiert une plage de cellules comme argument.

Pour plus d'informations sur les fonctions et leurs arguments, référez-vous au chapitre 9 Utiliser les fonctions.

Sélectionner une cellule ou une plage nommée

Pour sélectionner une cellule ou une plage nommée, nous avons vu qu'il était possible d'utiliser la liste déroulante de la zone *Nom*. Il est également envisageable d'employer le bouton **Rechercher et sélectionner** du groupe *Édition* de l'onglet **Accueil**.

1 Dans l'onglet **Accueil**, cliquez sur le bouton **Rechercher et sélectionner** du groupe *Édition* et sélectionnez la commande **Atteindre**.

Identifier des cellules avec des noms — Chapitre 8

2 Dans la boîte de dialogue **Atteindre**, sélectionnez le nom désiré.

Figure 8.20 :
La boîte de dialogue Atteindre

3 Validez par OK.

Définir et modifier les noms

Vous avez pu mettre en pratique une méthode rapide et simple pour attribuer rapidement un nom de plage ou de cellule. Toutefois, il existe une autre méthode qui offre davantage de possibilités.

Nous allons également aborder les outils permettant de modifier et supprimer les noms existants, ainsi que des outils permettant de créer rapidement des plages nommées. Pour cela, nous utiliserons les boutons du groupe *Noms définis* de l'onglet **Formules**.

Définir un nom

L'avantage du bouton **Définir un nom** du groupe *Noms définis* de l'onglet **Formules** réside dans la prise en compte des cellules adjacentes à la cellule ou à la plage sélectionnée pour proposer un nom. Procédez ainsi :

1 Sélectionnez la plage de cellules *E6:E13*.

2 Dans l'onglet **Formules**, cliquez sur le bouton **Définir un nom** du groupe *Noms définis*.

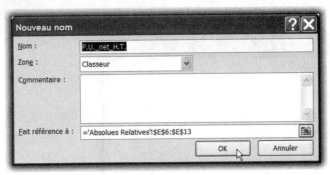

Figure 8.21 : La boîte de dialogue Nouveau nom

Excel propose (mais vous pouvez le modifier), en guise de nom de plage, l'étiquette de colonne du tableau. Les espaces ont été remplacés par des tirets. La zone *Fait référence à* contient les références (absolues) de la plage de cellules. Il est possible de les modifier soit en saisissant des références dans cette zone, soit en cliquant dans la zone puis en allant sélectionner la plage désirée à l'aide de la souris.

3 Cliquez sur OK.

Vous pouvez également nommer des plages de cellules non contiguës, obtenues en utilisant la touche [Ctrl] lors de la sélection.

> **Noms de plages tridimensionnelles**
> Il est possible d'attribuer un nom à une plage tridimensionnelle en saisissant par exemple =`'Feuil1:Feuil2'!$A$6:$F$13` dans la zone *Fait référence à*. Le nom est attribué à la plage composée des plages *A6:F13* des feuilles **Feuil1** et **Feuil2**.

Modifier la cible d'un nom

Vous pouvez utiliser le gestionnaire de noms pour modifier la cellule ou la plage de cellules associée au nom :

1 Dans l'onglet **Formules**, cliquez sur le bouton **Gestionnaire de noms** du groupe *Noms définis*.

> **Afficher rapidement le gestionnaire de noms**
> Pour afficher rapidement le gestionnaire de noms, utilisez la combinaison de touches [Ctrl]+[F3].

Identifier des cellules avec des noms — Chapitre 8

2 Sélectionnez *P.U._net_H.T.*

3 Vous pouvez à présent modifier la plage de cellules associée dans la zone *Fait référence à*. Saisissez par exemple $E$15 à la place de $E$13.

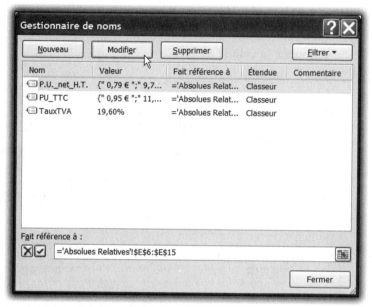

Figure 8.22 : Le gestionnaire de noms

4 Cliquez sur **Modifier** pour valider vos modifications.

5 Cliquez sur **Fermer** pour quitter le gestionnaire de noms.

Dans le gestionnaire de noms, vous pouvez créer une nouvelle plage nommée en cliquant sur le bouton **Nouveau**.

> **Impact de la suppression d'une feuille**
> Si vous supprimez une feuille de calcul qui contenait des cellules ou des plages nommées, les noms demeureront présents, mais leur référence ne sera plus correcte. En effet, le nom de la feuille sera remplacé par #REF car cette dernière n'existe plus. Si vous utilisez ce nom dans une formule, le résultat sera le message d'erreur #REF! car la référence liée au nom sera introuvable.

Chapitre 8 — Élaborer des formules de calcul

Insérer un nom dans une formule

Pour insérer un nom dans une formule, la méthode la plus simple consiste à saisir le nom au clavier, comme nous l'avons fait avec le calcul du prix TTC dans un des exemples précédents. Si votre classeur contient un grand nombre de noms, vous ne les aurez peut-être pas tous en tête et un aide-mémoire sera sans doute le bienvenu. Procédez ainsi :

1 Sélectionnez la cellule *F6*.

2 Saisissez =E6*(1+.

3 Cliquez sur le bouton **Utiliser dans la formule** du groupe *Noms définis* de l'onglet **Formules**.

4 Dans la liste, sélectionnez *TauxTVA*.

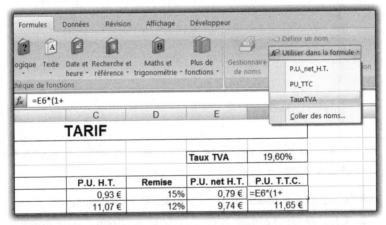

Figure 8.23 : La liste des noms

5 Validez par OK.

6 Saisissez la parenthèse fermante.

7 Appuyez sur [Entrée].

Coller la liste des noms

Dans les feuilles de calcul qui contiennent un grand nombre de noms, il peut être intéressant de créer une liste des noms ainsi que des plages auxquelles ils font référence.

1 Sélectionnez une autre feuille du classeur.

2 Sélectionnez la cellule *A5*.

Identifier des cellules avec des noms — Chapitre 8

3 Cliquez sur le bouton **Utiliser dans la formule** du groupe *Noms définis* de l'onglet **Formules**.

4 Sélectionnez **Coller...** puis cliquez sur le bouton **Coller une liste** dans la boîte de dialogue **Coller un nom**.

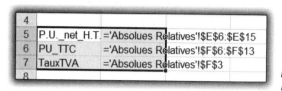

Figure 8.24 :
La liste des noms

Créer des séries de noms

Supposons que vous souhaitiez nommer toutes les lignes et toutes les colonnes d'un tableau en utilisant, pour ce faire, les étiquettes de lignes et de colonnes. Il est parfaitement envisageable de sélectionner successivement chacune des plages, puis d'utiliser le gestionnaire de noms. Cela risque toutefois de s'avérer fastidieux. Heureusement, Excel a prévu une fonction qui permet d'automatiser ce traitement. Procédez ainsi :

1 Sélectionnez le tableau en incluant les titres de lignes et de colonnes.

2 Cliquez sur le bouton **Créer à partir de la sélection** du groupe *Noms définis* de l'onglet **Formules**.

3 Dans la boîte de dialogue **Créer des noms à partir de la sélection**, sélectionnez *Ligne du haut* et *Colonne de gauche*.

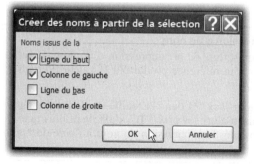

Figure 8.25 :
La boîte de dialogue
Créer des noms

4 Validez par OK.

Chapitre 8 — Élaborer des formules de calcul

Si vous cliquez sur le bouton fléché situé à côté de la zone *Nom*, vous constatez que des noms ont été créés. Chaque ligne est identifiée par l'étiquette de ligne correspondante et chaque colonne par l'étiquette de colonne correspondante.

	Machine	Capacité	Lundi	Mardi	Mercredi	Jeudi	Vendredi	Samedi	Dimanche	Total / Machine
5										
6	Machine 1	100	800	1 000	1 000	1 000	800	600	-	5 200
7	Machine 2	150	1 200	1 500	1 500	1 500	1 200	900		7 800

Figure 8.26 : La plage Machine_1

Repérer une cellule à l'intersection de plages nommées

Il est possible d'identifier une cellule en tant qu'intersection de plages nommées. Si vous saisissez dans une cellule =Mardi Machine_3, vous obtiendrez 750, ce qui correspond au contenu de la cellule *D9*, qui est situé à l'intersection de la plage nommée *Mardi* et de la plage nommée *Machine_3*. L'espace entre *Mardi* et *Machine_3* correspond en fait à l'opérateur d'intersection.

Supprimer un nom

Pour supprimer un nom, il faut utiliser à nouveau le gestionnaire de noms :

1 Dans l'onglet **Formules**, cliquez sur le bouton **Gestionnaire de noms** du groupe *Noms définis*.

2 Sélectionnez le nom que vous souhaitez supprimer.

3 Cliquez sur **Supprimer**.

4 Validez par OK.

Impact de la suppression d'un nom

La prudence est requise lors de la suppression d'un nom. En effet, toutes les formules y faisant référence produiront la valeur d'erreur #NOM?.

Si vous supprimez le nom *TauxTVA* dans la feuille de calcul des tarifs, la colonne contenant jusqu'alors les prix TTC n'affichera plus que #NOM?. Vous pouvez annuler la suppression du nom à l'aide du bouton **Annuler**.

Identifier des cellules avec des noms — Chapitre 8

Remplacer systématiquement les références de cellules par les noms

Il se peut que lors de la conception d'une feuille de calcul, vous n'ayez pas utilisé dès le début de votre travail des cellules nommées mais plutôt des références classiques. Une fois les noms définis, vous souhaitez qu'ils remplacent les références dans les formules déjà saisies. Excel a prévu une solution :

1 Dans l'onglet **Formules**, cliquez sur le bouton fléché situé à côté de **Définir un nom** du groupe *Noms définis*. Sélectionnez **Appliquer les noms…**.

2 Dans la zone *Affecter le(s) nom(s)*, sélectionnez *TauxTVA*. Vous pouvez sélectionner plusieurs noms si vous le souhaitez. Pour désélectionner un nom, cliquez dessus à nouveau.

Figure 8.27 :
La boîte de dialogue Affecter un nom

3 Validez par OK.

Dans toutes les formules qui contenaient la référence *$F$3*, celle-ci a été remplacée par *TauxTVA*.

Examinons maintenant en détail les options de cette fonction :

- *Ignorer relatif/absolu*. Si cette case est sélectionnée, Excel considère que les références *$F$3*, *$F3*, *F$3* et *F3* sont équivalentes et seront, dans notre exemple, remplacées par *TauxTVA*.

LE GUIDE COMPLET 267

Chapitre 8 — Élaborer des formules de calcul

■ *Utiliser les noms de colonnes et de lignes.* Si cette case est sélectionnée, cela signifie que les références classiques seront remplacées par des noms de plages.

En cliquant sur le bouton **Options**, vous pouvez afficher les paramètres supplémentaires suivants :

Figure 8.28 :
Les options supplémentaires de la boîte de dialogue Affecter un nom

■ *Ignorer nom de colonne si même colonne.* Cette case, sélectionnée par défaut, indique qu'Excel prend en compte les intersections implicites pour les colonnes.

■ *Ignorer nom de ligne si même ligne.* Cette case, sélectionnée par défaut, indique qu'Excel prend en compte les intersections implicites pour les lignes.

■ *Ordre du nom.* Ces boutons d'option permettent de spécifier l'ordre des noms des lignes et des colonnes lors du remplacement des références par des noms.

Attribuer des noms à des constantes et à des formules

Jusqu'à présent, les noms que nous avons créés faisaient référence de façon absolue à des cellules ou à des plages de cellules. C'est le cas

Identifier des cellules avec des noms — Chapitre 8

d'utilisation le plus fréquent mais ce n'est pas le seul. Il est également possible d'attribuer des noms à des constantes et à des formules.

Attribuer des noms à des constantes

Si nous reprenons l'exemple de notre tarif, nous pouvons définir le taux de TVA sans le saisir dans une cellule :

1 Dans l'onglet **Formules**, cliquez sur le bouton **Gestionnaire de noms** du groupe *Noms définis*.

2 Cliquez sur **Nouveau**. Dans la boîte de dialogue **Nouveau nom**, saisissez Taux_TVA dans la zone *Nom*.

3 Dans la zone *Fait référence à*, saisissez 19,6%.

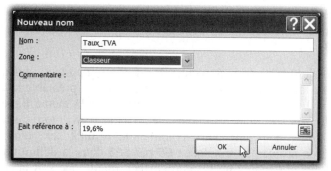

Figure 8.29 : Attribution d'un nom à une constante

4 Cliquez sur OK.
5 Cliquez sur **Fermer**.

Si vous saisissez =Taux_TVA dans une cellule, la valeur 0,196 s'affichera. Vous pouvez utiliser ce nom dans n'importe quelle formule, au même titre que les noms que nous avons déjà créés.

> **REMARQUE** **Attribution d'un nom à une constante texte**
> Pour attribuer un nom à la chaîne de caractères *Excel 2007*, saisissez ="Excel 2007" dans la zone *Fait référence à*.

Attribuer des noms à des formules

Il est également possible, comme nous l'avons évoqué, d'attribuer un nom à une formule de calcul. Par exemple, nous allons définir une formule de calcul permettant de calculer le prix TTC à partir du prix HT à l'aide du taux de TVA que nous avons créé sous forme de constante.

1 Sélectionnez *G6*.

2 Dans l'onglet **Formules**, cliquez sur le bouton **Gestionnaire de noms** du groupe *Noms définis*.

3 Cliquez sur **Nouveau**. Dans la boîte de dialogue **Nouveau nom**, saisissez `Calcul_prix` dans la zone *Nom*.

4 Dans la zone *Fait référence à*, saisissez `=Feuil1!E6*(1+Taux_TVA)`.

5 Cliquez sur OK.

6 Cliquez sur **Fermer**.

7 En *G6*, saisissez `=Calcul_prix`.

8 Étendez le contenu, à l'aide de la poignée de recopie, jusqu'en *G13*.

Le calcul s'effectue correctement. Il est très important, puisque la définition se fait de façon relative, de sélectionner au préalable la cellule *G6*. En fait, la formule utilise la cellule située sur la même ligne mais deux colonnes à gauche pour le calcul. Si vous saisissez `=Calcul_prix` dans une autre colonne, le résultat sera faux. Pour remédier à ce problème, remplacez *E6* par *$E6* dans la définition de la formule. Vous obtiendrez un résultat correct, quelle que soit la colonne dans laquelle vous saisissez la formule `=Calcul_prix`.

> **REMARQUE** **Liste déroulante des noms**
> Les noms faisant référence à des constantes ou à des formules n'apparaissent pas dans la liste déroulante de la zone *Nom*.

Noms spécifiques à une feuille de calcul

Jusqu'à présent, nous ne nous sommes pas intéressé à la portée des noms que nous avons créés. Les noms créés sont valides dans tout le classeur. Si vous sélectionnez le nom *TauxTVA* dans la liste des noms alors que la feuille **Feuil1** n'est pas affichée, la feuille **Feuil1** sera activée. Toutefois, il est possible de définir des noms valables uniquement dans une feuille définie.

Nous transformerons le nom *TauxTVA* en nom "local" à la feuille **Feuil1**.

Identifier des cellules avec des noms — Chapitre 8

1 Dans l'onglet **Formules**, cliquez sur le bouton **Gestionnaire de noms** du groupe *Noms définis*.

2 Sélectionnez *TauxTVA*. Cliquez sur **Supprimer**. Il n'est en effet pas possible de modifier la portée d'un nom existant.

3 Cliquez sur **Nouveau**.

4 Dans la boîte de dialogue **Nouveau nom:**, saisissez TauxTVA dans la zone *Nom*.

5 Sélectionnez *Feuil1* dans la liste déroulante *Zone*.

6 Cliquez dans la zone *Fait référence à* puis sélectionnez la cellule *F3* de la feuille **Feuil1**.

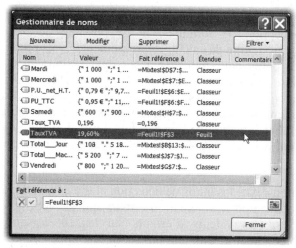

Figure 8.30 : Modification de la portée d'un nom

7 Cliquez sur OK.

Le nom *TauxTVA* est désormais disponible dans la liste déroulante des noms uniquement dans la feuille **Feuil1**.

> **ATTENTION — Copie de feuilles de calcul**
> Lorsque vous copiez une feuille de calcul qui contient des noms locaux au sein d'un même classeur, la feuille résultante contiendra les mêmes noms locaux. Si le classeur porte un nom qui fait référence à une cellule ou à une plage de cellules de la feuille que vous copiez, ce nom deviendra un nom local dans la feuille résultante.

>
> De même, lorsque vous copiez une feuille dans un autre classeur, tous les noms locaux ou globaux faisant référence à des cellules de la feuille copiée seront créés dans le classeur "cible".
>
> La plus grande vigilance est donc recommandée lorsque vous copiez des feuilles, sous peine de ne plus vous y retrouver entre les noms locaux et globaux.

8.4. Vérifier les erreurs et auditer les formules

Lors de la conception de formules, il est possible qu'une erreur survienne dans votre feuille de calcul. Heureusement, Excel propose une véritable boîte à outils pour remédier à ces dysfonctionnements. Ces outils peuvent être classés en deux catégories : les outils de détection d'erreurs et les outils d'analyse d'erreur. Les outils de détection d'erreurs permettent de localiser les erreurs dans une feuille de calcul, ainsi que d'identifier la nature de l'erreur. Les outils d'analyse, quant à eux, vous aideront à localiser précisément l'erreur au sein même de la formule.

Avant d'aborder en détail les outils de détection et d'analyse des erreurs, décrivons la signification des valeurs d'erreurs qui peuvent apparaître dans des cellules. Ces valeurs d'erreurs surviennent lorsque, pour différentes raisons, Excel ne parvient pas à calculer une formule.

Tableau 8.3 : Liste des valeurs d'erreurs

Valeur d'erreur	Signification
#VALEUR!	Se produit lorsqu'un type d'argument inapproprié est utilisé.
#DIV/0!	Se produit lorsqu'un nombre est divisé par 0.
#NOM?	Se produit lorsque Excel ne reconnaît pas une saisie sous forme de texte. Il peut s'agir, par exemple, de l'utilisation d'un nom qui n'existe pas (ou qui n'existe plus) ou d'une erreur de saisie d'un nom existant.
#N/A	Se produit lorsqu'une valeur n'est pas disponible pour une fonction ou une formule.

Vérifier les erreurs et auditer les formules — Chapitre 8

Tableau 8.3 : Liste des valeurs d'erreurs

Valeur d'erreur	Signification
#REF!	Se produit lorsqu'une référence de cellule n'est pas valide (suite à la suppression de la ligne ou de la colonne la contenant, par exemple).
#NOMBRE!	Se produit lorsqu'une formule ou une fonction contient des valeurs numériques non valides.
#NULL!	Se produit lorsque vous spécifiez une intersection de deux zones qui, en réalité, ne se coupent pas.

ATTENTION

Autres erreurs

Ce ne sont pas les seules erreurs possibles. En effet, une cellule affichant une valeur peut très bien contenir une erreur de conception.

Repérer des erreurs

Nous allons à présent aborder les outils qui vous permettront de détecter les erreurs dans vos feuilles de calcul.

Détecter les erreurs lors de la saisie

Un premier filtre "anti-erreur" existe afin de détecter les erreurs de syntaxe les plus grossières. Ce filtre agit lors de la saisie de la formule. Au moment de la validation, un message d'erreur apparaît et vous indique que la formule contient une erreur. Excel propose une correction qu'il vous est possible d'accepter ou de refuser. Si vous refusez, Excel positionne le curseur à l'endroit où il a détecté l'erreur.

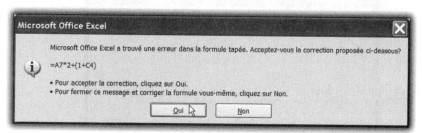

Figure 8.31 : Détection d'une erreur lors de la saisie

Chapitre 8 — Élaborer des formules de calcul

Vérifier les erreurs dans une feuille de calcul

Vérifier les erreurs à la demande

Pour détecter la présence de valeurs d'erreurs dans une feuille de calcul, utilisez le bouton **Vérification des erreurs** du groupe *Audit de formules* de l'onglet **Formules**. Lorsque vous choisissez cette commande, Excel recherche systématiquement les cellules contenant des erreurs.

La boîte de dialogue **Vérification des erreurs** apparaît et vous indique, le cas échéant, la première erreur détectée.

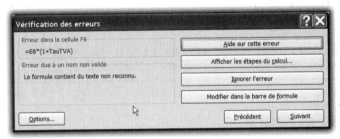

Figure 8.32 : La boîte de dialogue Vérification des erreurs

Cette boîte de dialogue vous informe de la localisation de l'erreur et propose un bref descriptif de cette erreur. Plusieurs boutons vous permettent d'agir sur cette dernière :

- **Aide sur cette erreur** permet d'accéder à l'aide en ligne pour obtenir de plus amples informations sur l'erreur en cours.
- **Afficher les étapes du calcul** permet d'afficher les étapes du calcul dans la boîte de dialogue **Évaluation de formule** et de détecter le moment où l'erreur se produit dans la formule.

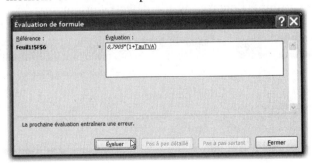

Figure 8.33 : La boîte de dialogue Evaluation de formules

Vérifier les erreurs et auditer les formules — Chapitre 8

- **Ignorer l'erreur** demande à Excel d'oublier cette erreur. Excel passe à l'erreur suivante. L'erreur ainsi ignorée ne sera plus affichée lors d'une prochaine utilisation de **Vérification des erreurs**.
- **Modifier dans la barre de formule** donne accès à la barre de formule pour modifier la formule incriminée.
- **Suivant** affiche l'erreur suivante.
- **Précédent** affiche l'erreur précédente.
- **Options** donne accès à la boîte de dialogue **Options Excel**.

*Pour plus de détails sur l'utilisation des paramètres d'options, consultez le chapitre 7 **Personnaliser Excel**.*

Le bouton **Rétablir les erreurs ignorées** permet de prendre à nouveau en compte, dans la vérification, les erreurs précédemment ignorées.

Vérifier les erreurs en arrière-plan

Il est possible d'activer la vérification des erreurs en arrière-plan grâce à la boîte de dialogue **Options**. Lorsque cette boîte de dialogue est affichée, cliquez sur **Formules** et cochez la case *Activer la vérification des erreurs d'arrière-plan* (cochée par défaut).

*Pour plus de détails sur l'utilisation des paramètres d'options, consultez le chapitre 7 **Personnaliser Excel**.*

Si vous choisissez cette solution, les cellules contenant des erreurs (telles que celles définies à l'aide de la boîte de dialogue **Options** dans la rubrique *Règles de vérification des erreurs*) sont mises en exergue à l'aide d'un petit triangle situé dans l'angle supérieur gauche.

Figure 8.34 :
Mise en évidence des erreurs

Si vous sélectionnez une telle cellule, une balise active apparaît et vous donne accès à un menu qui regroupe des options permettant d'agir sur l'erreur détectée.

Chapitre 8   Élaborer des formules de calcul

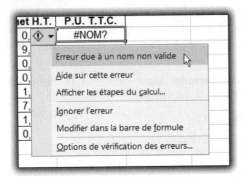

Figure 8.35 :
Balise active et menu correspondant

Ces options sont identiques à celles présentées lors de la description de la boîte de dialogue **Vérification des erreurs**.

Auditer les formules de calcul

Les fonctionnalités d'audit de formules sont accessibles dans le groupe *Audit de formules* de l'onglet **Formules**.

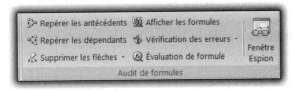

Figure 8.36 :
Les outils d'Audit de formules

Repérer les antécédents

Le bouton **Repérer les antécédents** permet de visualiser les liaisons d'une cellule avec les cellules qui lui servent de paramètres.

	A	B	C	D	E	F	G
1			TARIF				
2							
3					Taux TVA	19,60%	
4							
5	Référence	Libellé	P.U. H.T.	Remise	P.U. net H.T.	P.U. T.T.C.	
6	ABC1	Bloc note	0,93 €	15%	0,79 €	0,95 €	
7	ABC2	Enveloppes (500)	11,07 €	12%	9,74 €	11,65 €	
8	ABC3	Stylo	0,66 €	25%	0,50 €	0,59 €	

Figure 8.37 : Repérer les antécédents

Vérifier les erreurs et auditer les formules — Chapitre 8

La cellule *F6* dépend des cellules *F3* et *E6*. Si vous cliquez à nouveau sur **Repérer les antécédents**, les antécédents des antécédents sont affichés. Ainsi, vous pouvez voir que la cellule *E6* dépend des cellules *C6* et *D6*.

	A	B	C	D	E	F
1			TARIF			
2						
3					Taux TVA	19,60%
4						
5	Référence	Libellé	P.U. H.T.	Remise	P.U. net H.T.	P.U. T.T.C.
6	ABC1	Bloc note	0,93 €	15%	0,79 €	0,95 €
7	ABC2	Enveloppes (500)	11,07 €	12%	9,74 €	11,65 €

Figure 8.38 : *Repérer les antécédents des antécédents*

Si vous double-cliquez sur une flèche matérialisant une liaison, vous sélectionnez alternativement l'une ou l'autre des deux cellules liées. Dans les grandes feuilles de calcul, cela permet de naviguer facilement entre les cellules impliquées dans une formule complexe.

Repérer les dépendants

Le bouton **Repérer les dépendants** permet de visualiser les liaisons d'une cellule avec les cellules qui l'utilisent comme paramètre.

	A	B	C	D	E	F
1			TARIF			
2						
3					Taux TVA	19,60%
4						
5	Référence	Libellé	P.U. H.T.	Remise	P.U. net H.T.	P.U. T.T.C.
6	ABC1	Bloc note	0,93 €	15%	0,79 €	0,95 €
7	ABC2	Enveloppes (500)	11,07 €	12%	9,74 €	11,65 €
8	ABC3	Stylo	0,66 €	25%	0,50 €	0,59 €
9	ABC4	Gomme	0,76 €	12%	0,67 €	0,80 €
10	ABC5	Marqueur	1,65 €	14%	1,42 €	1,70 €
11	ABC6	Agrafeuse	9,95 €	20%	7,96 €	9,52 €
12	ABC7	Classeur	2,57 €	33%	1,72 €	2,06 €
13	ABC8	Surligneur	0,66 €	25%	0,50 €	0,59 €

Figure 8.39 : *Repérer les dépendants*

La cellule *F3* est utilisée dans les cellules *F6*, *F7*, *F8*, *F9*, *F12* et *F13*. Comme pour la fonction précédente, il est possible, en réutilisant cette fonction, de passer au "niveau" suivant et d'afficher les dépendants des dépendants.

Repérer une erreur

Cette fonction doit être appliquée à une cellule contenant une valeur d'erreur. Cliquez sur le bouton fléché situé à droite du bouton

Vérification des erreurs et sélectionnez la commande **Repérer une erreur**. Dans ce cas, un lien est matérialisé entre la cellule en question et ses antécédents qui contiennent des valeurs d'erreur. Dans notre exemple, nous avons appliqué la fonction à la cellule F8, or l'erreur est provoquée par une erreur dans la cellule E8. C'est pourquoi un lien (rouge) est affiché entre ces deux cellules. De plus, les liens entre E8 et ses antécédents sont matérialisés, ce qui permet de remonter aux causes de l'erreur de E8 (en fait, du texte et non un pourcentage saisi en D8). Cette fonction permet donc d'obtenir une traçabilité de l'erreur.

	A	B	C	D	E	F
1			TARIF			
2						
3					Taux TVA	19,60%
4						
5	Référence	Libellé	P.U. H.T.	Remise	P.U. net H.T.	P.U. T.T.C.
6	ABC1	Bloc note	0,93 €	15%	0,79 €	0,95 €
7	ABC2	Enveloppes (500)	11,07 €	12%	9,74 €	11,65 €
8	ABC3	Stylo	0,66 €	pas de re	#VALEUR!	#VALEUR!
9	ABC4	Gomme	0,76 €	12%	0,67 €	0,80 €

Figure 8.40 : Repérer une erreur

Supprimer toutes les flèches

L'usage des fonctions précédentes peut vite surcharger votre feuille de calcul. Cliquez sur le bouton **Supprimer les flèches** pour effacer toutes les flèches tracées à l'aide de ces fonctions.

Vous pouvez cliquer sur le petit bouton fléché situé à sa droite pour être plus sélectif en utilisant l'une des deux possibilités suivantes :

- Supprimer les flèches des précédents ;
- Supprimer les flèches des dépendants.

Évaluer des formules

Le bouton **Évaluation de formules** permet de suivre pas à pas le processus de calcul de la formule saisie dans la cellule sélectionnée : (voir Figure 8.41)

- Le bouton **Pas à pas détaillé** permet de suivre le détail du processus de calcul des cellules antécédentes (voir Figure 8.42).

Vérifier les erreurs et auditer les formules — Chapitre 8

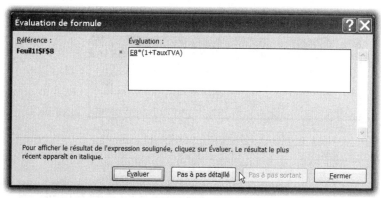

Figure 8.41 : Évaluation de formule

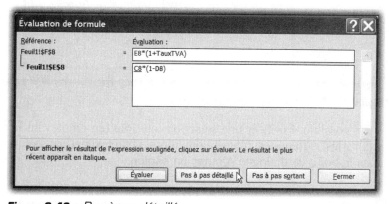

Figure 8.42 : Pas à pas détaillé

- Le bouton **Pas à pas sortant** permet de revenir au niveau supérieur.
- Le bouton **Évaluer** permet d'obtenir directement le résultat du calcul des cellules antécédentes sans passer par le pas à pas.

Afficher la fenêtre Espion

Cliquez sur le bouton **Fenêtre Espion** pour afficher la **Fenêtre Espion**. Cette fenêtre donne la possibilité de suivre la valeur de cellules que vous choisissez. Pour cela, cliquez sur **Ajouter un espion** puis sélectionnez la cellule ou la plage de cellules désirée.

Chapitre 8 — Élaborer des formules de calcul

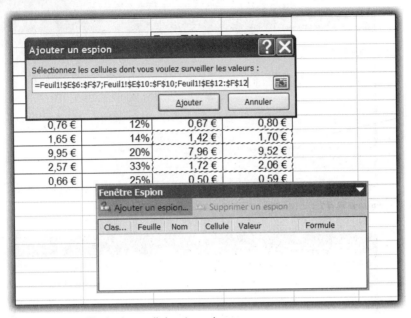

Figure 8.43 : *Choix des cellules à espionner*

Il est possible d'utiliser une sélection multiple (en employant la touche [Ctrl]) ; les différentes plages sont alors séparées par un point-virgule dans la boîte de dialogue **Ajouter un espion**.

 Pour plus de détails sur la sélection de cellules, reportez-vous au chapitre 2 Saisir des données dans une feuille de calcul.

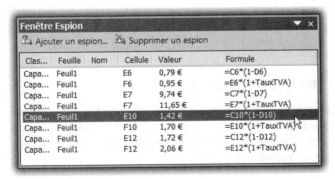

Figure 8.44 : *Les espions*

Vérifier les erreurs et auditer les formules — Chapitre 8

Un double-clic sur une ligne de la liste des espions permet de sélectionner la cellule correspondante.

Pour supprimer un espion, sélectionnez-le dans la liste et cliquez sur le bouton **Supprimer un espion**.

Pour masquer la fenêtre, cliquez sur la croix située à l'angle supérieur droit de cette fenêtre.

Mode Audit de formules

Cliquez sur le bouton **Afficher les formules** pour afficher les formules de calcul et non leur résultat.

Taux TVA	0,196
P.U. net H.T.	P.U. T.T.C.
=C6*(1-D6)	=E6*(1+TauxTVA)
=C7*(1-D7)	=E7*(1+TauxTVA)
=C8*(1-D8)	=E8*(1+TauxTVA)
=C9*(1-D9)	=E9*(1+TauxTVA)
=C10*(1-D10)	=E10*(1+TauxTVA)
=C11*(1-D11)	=E11*(1+TauxTVA)
=C12*(1-D12)	=E12*(1+TauxTVA)
=C13*(1-D13)	=E13*(1+TauxTVA)

Figure 8.45 : *Le mode Audit de formules*

Cliquez à nouveau sur le bouton pour revenir à un affichage normal.

Maîtriser les références circulaires

Lorsqu'une formule fait référence à son propre résultat, elle occasionne une référence circulaire. L'exemple le plus simple, voire le plus caricatural, est une cellule dans laquelle la formule saisie fait appel à cette même cellule.

Pour expérimenter ce cas de figure, saisissez en *A1* la formule =A1+B1. Une fois que vous avez validé cette formule, Excel affiche un message d'avertissement.

Chapitre 8 — Élaborer des formules de calcul

Figure 8.46 : *Message d'avertissement concernant une référence circulaire*

Si vous cliquez sur OK, l'aide en ligne apparaît, vous indiquant comment faire pour résoudre le problème.

En déployant le menu associé au bouton **Vérification des erreurs** du groupe *Audit de formules* de l'onglet **Formules**, vous pouvez accéder à la liste des cellules contenant une référence circulaire.

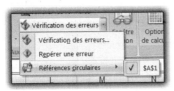

Figure 8.47 :
Les références circulaires

La barre d'état indique également la présence de références circulaires dans la feuille.

Utiliser les références circulaires

Dans certains cas, les références circulaires peuvent être utilisées pour réaliser des calculs itératifs.

Pour illustrer cette possibilité, considérons le cas d'un entreprise qui voudrait attribuer à son personnel une prime égale à 5 % du résultat net. Le résultat net étant calculé après déduction de la prime, nous tournons en rond. En d'autres termes, nous nous heurtons à une référence circulaire.

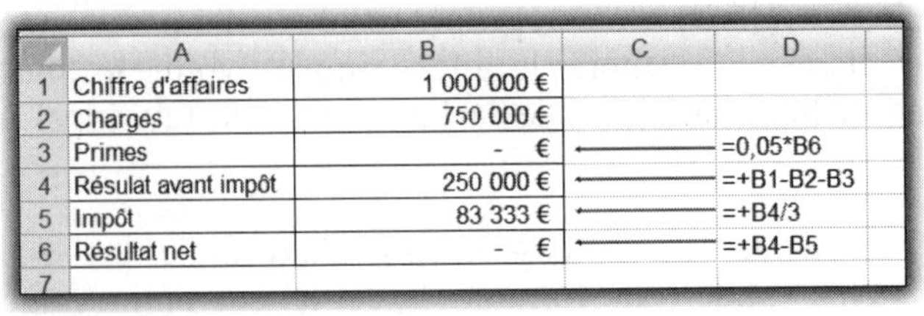

	A	B	C	D
1	Chiffre d'affaires	1 000 000 €		
2	Charges	750 000 €		
3	Primes	- €	←	=0,05*B6
4	Résulat avant impôt	250 000 €	←	=+B1-B2-B3
5	Impôt	83 333 €	←	=+B4/3
6	Résultat net	- €	←	=+B4-B5
7				

Figure 8.48 : *Exemple de références circulaires*

Vérifier les erreurs et auditer les formules — Chapitre 8

Les cellules *B3*, *B4* et *B6* contiennent des références circulaires :

- *B3* (Primes) fait référence à *B6* qui elle-même fait référence à *B3*.
- *B4* (Résultat avant impôt) fait référence à *B3* qui fait référence à *B4* qui fait référence à *B4*.
- *B6* (Résultat net) fait référence à *B4* qui fait référence à *B3* qui fait référence à *B6*.

Par défaut, les références circulaires provoquent l'affichage du message décrit précédemment. Dans ce cas, les références circulaires sont intentionnelles ; vous pouvez donc cliquer sur **Annuler**.

Il est souhaitable d'évaluer à nouveau les cellules *B3*, *B4* et *B6*. Pour cela, il faut procéder à des itérations. Afin d'activer le calcul des itérations, agissez de la façon suivante :

1 Cliquez sur le bouton **Microsoft Office** puis sur **Options Excel**.

2 Cliquez sur **Formules**.

3 Dans la rubrique *Mode de calcul*, cochez *Activer le calcul itératif*.

Figure 8.49 : Activation du calcul des itérations

Dans la zone *Nb maximal d'itérations*, il est possible de spécifier le nombre maximal de fois où Excel évalue la formule avant d'arrêter. Si la variation entre deux recalculs est inférieure à *Écart maximal*, Excel arrête les itérations. Plus *Nb maximal d'itérations* est important et plus *Écart maximal* est faible, plus le temps nécessaire à l'évaluation des références circulaires est important. Si *Calculer* apparaît sur la barre d'état après l'évaluation des références circulaires, cela signifie qu'Excel n'a pu aboutir à un résultat satisfaisant (nombre maximal d'itérations atteint sans que l'écart entre deux évaluations ne soit inférieur à l'écart maximal). Pour remédier à cette situation, vous pouvez augmenter le nombre d'itérations ou faire baisser l'écart maximal.

4 Validez par OK.

Les cellules ont été évaluées. Visiblement, le résultat est satisfaisant.

	A	B	C	D
1	Chiffre d'affaires	1 000 000 €		
2	Charges	750 000 €		
3	Primes	8 065 €	←	=0,05*B6
4	Résulat avant impôt	241 935 €	←	=+B1-B2-B3
5	Impôt	80 645 €	←	=+B4/3
6	Résultat net	161 290 €	←	=+B4-B5
7				

Figure 8.50 : *Évaluation des références circulaires*

8.5. Cas pratique : Réaliser un suivi de budget mensuel

Vous allez à présent créer un document qui vous permettra de réaliser un suivi simple de votre budget familial. Vous pourrez l'enrichir afin de prendre en compte les éventuelles particularités de votre propre budget.

Mise en œuvre

Création du classeur

1 Cliquez sur le bouton **Microsoft Office** et sélectionnez la commande **Nouveau**.

2 Cliquez sur le bouton **Créer** dans la boîte de dialogue **Nouveau classeur**.

Vous aurez besoin de trois feuilles, une pour la synthèse des données, une pour la saisie des dépenses et une pour la saisie des recettes :

3 Renommez la feuille **Feuil1** en **Synthèse**.

4 Renommez la feuille **Feuil2** en **Dépenses**.

La feuille **Recettes** sera créée en dupliquant la feuille **Dépenses**.

La feuille Dépenses

Nous allons bâtir progressivement cette feuille de calcul :

Cas pratique : Réaliser un suivi de budget mensuel — Chapitre 8

1 En *A1*, saisissez Dépenses. Sélectionnez *A1 :AA1* puis cliquez sur **Fusionner et centrer** (onglet **Accueil**, groupe *Alignement*). Appliquez une taille de police de 16 et une bordure épaisse.

2 En *A4*, saisissez Intitulé. Centrez le texte et mettez-le en gras. Appliquez une bordure épaisse.

3 En *B4*, saisissez CUMUL. Sélectionnez *B4 :C4* puis cliquez sur **Fusionner et centrer** (onglet **Accueil**, groupe *Alignement*). Mettez le texte en gras. Appliquez une bordure épaisse.

4 En *D4*, saisissez Janvier. Sélectionnez *D4 :E4* puis cliquez sur **Fusionner et centrer** (onglet **Accueil**, groupe *Alignement*). Mettez le texte en gras. Appliquez une bordure épaisse.

5 Étendez le contenu jusqu'en *AA4*, à l'aide de la poignée de recopie. Vous obtenez ainsi la liste des mois de l'année.

*Pour plus de détails sur la création de séries de données, référez-vous au chapitre 11 **Bâtir des formules de calcul plus élaborées**.*

Nous avons prévu deux colonnes pour chaque mois. Dans la colonne de gauche, vous pourrez saisir les montants des différentes dépenses. Dans la colonne de droite, nous allons mettre en place une formule qui calculera le pourcentage représenté par la dépense dans le total des dépenses du mois.

6 En *E5*, saisissez =SI(D$30<>0;D5/D$30;"") et validez.

Cette formule signifie que si *D30* est différente de 0 (en d'autres termes, s'il y a eu des dépenses dans le mois), la cellule *E5* contiendra le rapport de la dépense saisie en *D5* par rapport au total situé en *D30*. Cela nous permet de calculer le pourcentage de la dépense dans le total des dépenses du mois. L'utilisation de la référence mixte permet de figer la ligne (*$30*) et de laisser "libre" la colonne (*D*). Cela permettra d'étendre cette formule à l'ensemble des mois.

Pour plus de renseignements sur l'utilisation des fonctions SI *et* Somme automatique, *consultez le chapitre 9 **Utiliser les fonctions**.*

7 Étendez la formule, à l'aide de la poignée de recopie, jusqu'en *E29*. Rien n'apparaît puisque la cellule *D30* est vide.

Chapitre 8 — Élaborer des formules de calcul

8 Sélectionnez *D30* et cliquez sur le bouton **Somme automatique** (onglet **Formules**). Sélectionnez *D5 :D29* et validez la formule.

9 Sélectionnez *D5 :D30* et appliquez une bordure de type quadrillage. Appliquez une bordure épaisse.

10 Sélectionnez *D5 :D30* et appliquez le format *Euros*.

11 Sélectionnez *E5 :E30* et appliquez le format *Pourcentages*.

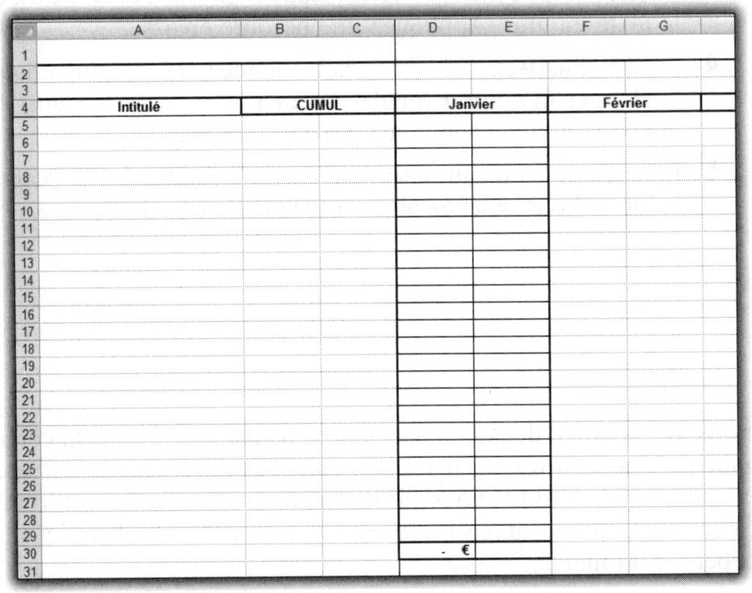

Figure 8.51 : La feuille Dépenses

12 Sélectionnez *D5 :E30* et étendez, à l'aide de la poignée de recopie, les formules jusqu'à la colonne *AA*. En une seule opération, les onze mois restants ont été complétés.

13 Sélectionnez *D5 :E30* et cliquez sur **Reproduire la mise en forme** (onglet **Accueil**, groupe *Presse-papiers*), puis sélectionnez *B5*.

14 En *B5*, saisissez =D5+F5+H5+J5+L5+N5+P5+R5+T5+V5+X5+Z5.

15 Sélectionnez *B5* puis étendez, à l'aide de la poignée de recopie, la formule jusqu'en *B29*. Lorsque le bouton d'options de recopie apparaît, cliquez dessus et sélectionnez **Recopier les valeurs sans la mise en forme**, afin de préserver la mise en forme de la colonne.

Cas pratique : Réaliser un suivi de budget mensuel — Chapitre 8

Figure 8.52 :
Les options de recopie

16 Sélectionnez *B30* et cliquez sur le bouton **Somme automatique** (onglet **Formules**). Validez la formule proposée.

17 Sélectionnez *E5 :E29* et appuyez sur [Ctrl]+[C]. Sélectionnez *C5* et appuyez sur [Ctrl]+[V].

18 En *A30*, saisissez TOTAL. Centrez le texte et mettez-le en gras.

19 Sélectionnez *A5 :A30* et appliquez une bordure de type quadrillage. Appliquez une bordure épaisse.

20 Sélectionnez *A30 :AA30* et appliquez une bordure épaisse.

21 Sélectionnez *D5* et cliquez sur le bouton **Figer les volets** du groupe *Fenêtre* de l'onglet **Affichage**. Sélectionnez la commande **Figer les volets**.

La feuille **Dépenses** est finalisée.

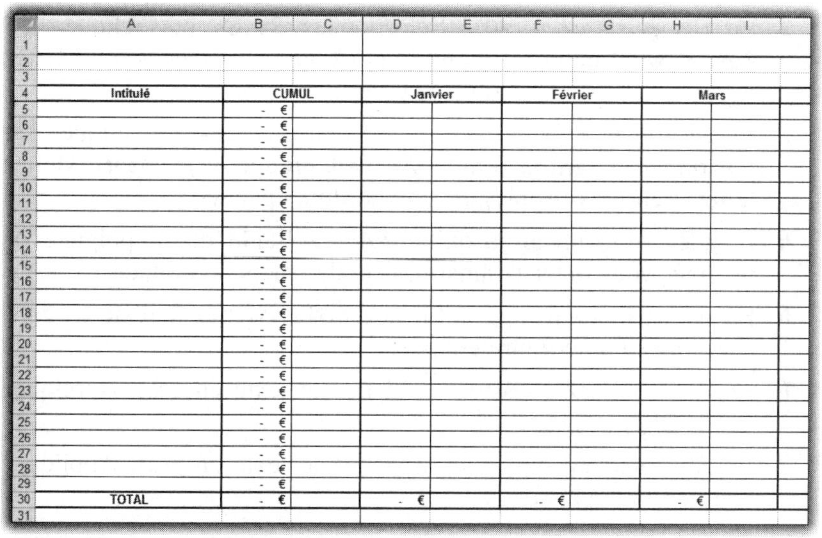

Figure 8.53 : *La feuille Dépenses*

Chapitre 8   **Élaborer des formules de calcul**

La feuille Recettes

Pour obtenir la feuille **Recettes** :

1 Réalisez une copie de la feuille **Dépenses** et renommez-la.

2 Tout en maintenant la touche [Ctrl] appuyée, cliquez sur l'onglet de la feuille **Dépenses** et déplacez la souris vers la droite.

3 Relâchez le bouton de la souris puis la touche [Ctrl].

Pour plus de renseignements sur la copie de feuilles de calcul, consultez le chapitre 6 Gérer les feuilles de calcul et les classeurs.

4 Renommez la nouvelle feuille et modifiez le contenu de la cellule *A1* (saisissez Recettes à la place de Dépenses).

La feuille Synthèse

Cette feuille va vous permettre de calculer le solde dépenses/recettes de chaque mois, ainsi que l'évolution du solde du compte bancaire.

1 En *A1*, saisissez Suivi du budget mensuel. Sélectionnez *A1 :AA1* puis cliquez sur **Fusionner et centrer** (onglet **Accueil**, groupe *Alignement*). Appliquez une taille de police de 16 et une bordure épaisse.

2 En *B4*, saisissez CUMUL. Sélectionnez *B4 :C4* puis cliquez sur **Fusionner et centrer** (onglet **Accueil**, groupe *Alignement*). Mettez le texte en gras. Appliquez une bordure épaisse.

3 En *D4*, saisissez Janvier. Sélectionnez *D4 :E4* puis cliquez sur **Fusionner et centrer** (onglet **Accueil**, groupe *Alignement*). Mettez le texte en gras. Appliquez une bordure épaisse.

4 Étendez le contenu jusqu'en *AA4*, à l'aide de la poignée de recopie. Vous obtenez ainsi la liste des mois de l'année.

5 En *A5*, saisissez Solde début de mois. Mettez le texte en gras. Appliquez une bordure épaisse.

6 En *A7*, saisissez Recettes. Mettez le texte en gras. Appliquez une bordure épaisse.

7 En *A9*, saisissez Dépenses. Mettez le texte en gras. Appliquez une bordure épaisse.

Cas pratique : Réaliser un suivi de budget mensuel — Chapitre 8

8 En *A11*, saisissez `Solde du mois`. Mettez le texte en gras. Appliquez une bordure épaisse.

9 En *A13*, saisissez `Solde fin de mois`. Mettez le texte en gras. Appliquez une bordure épaisse.

10 Affichez la feuille **Recettes**. Sélectionnez *B30 :AA30* et appuyez sur [Ctrl]+[C].

11 Affichez la feuille **Synthèse** et sélectionnez la cellule *B7*. Cliquez du bouton droit dessus et sélectionnez **Collage spécial...** dans le menu contextuel. Dans la boîte de dialogue **Collage spécial**, cliquez sur le bouton **Coller avec liaison**. De cette façon, les recettes seront mises à jour à chaque modification dans la feuille **Recettes**. Ne vous préoccupez pas de la mise en forme pour l'instant.

12 Répétez l'opération avec la feuille **Dépenses** en *B9*.

13 En *D11*, saisissez `=D7-D9`. Il s'agit de la différence entre les recettes et les dépenses du mois.

14 En *D13*, saisissez `=D5+D11`. Il s'agit du solde de fin mois, égal au solde en début de mois augmenté du solde du mois.

15 En *F5*, saisissez `=D13`. Le solde de début du mois suivant est égal au solde de fin du mois précédent. Seul le solde de début du mois de janvier sera saisi manuellement.

16 Sélectionnez *D11 :E11* et étendez la formule jusqu'en *AA11*.

17 Sélectionnez *D13:E13* et étendez la formule jusqu'en *AA13*.

18 Sélectionnez *F5 :G5* et étendez la formule jusqu'en *AA5*.

19 Sélectionnez les colonnes *B, C, E, G, I, K, M, O, Q, S, U, W, Y, AA* et masquez-les. En effet, nous n'en aurons pas besoin car elles seront vides. Elles nous servent uniquement à obtenir une structure identique pour les feuilles **Recettes** et **Dépenses**, afin de pouvoir utiliser la fonction **Coller avec liaison**.

20 Sélectionnez *D5 :Z5* et appliquez le format *Euros*. Appliquez une bordure de type quadrillage puis une bordure épaisse.

21 Double-cliquez sur le bouton **Reproduire la mise en forme** (onglet **Accueil**, groupe *Presse-papiers*) et sélectionnez successivement *D7, D9, D11,* et *D13*.

22 Cliquez sur le bouton **Reproduire la mise en forme** (onglet **Accueil**, groupe *Presse-papiers*).

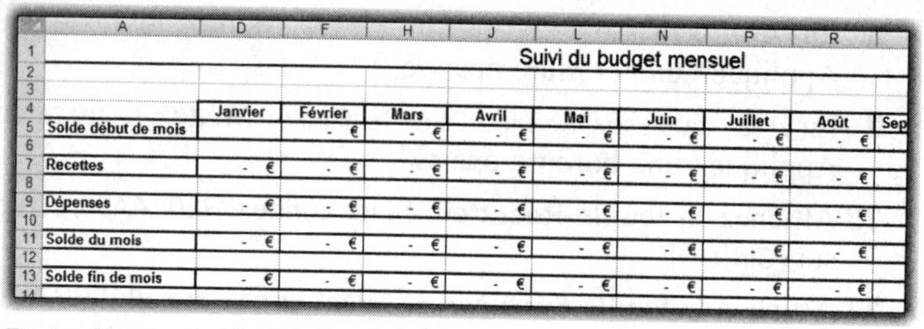

	Janvier	Février	Mars	Avril	Mai	Juin	Juillet	Août	Sep
Suivi du budget mensuel									
Solde début de mois		- €	- €	- €	- €	- €	- €	- €	
Recettes	- €	- €	- €	- €	- €	- €	- €	- €	
Dépenses	- €	- €	- €	- €	- €	- €	- €	- €	
Solde du mois	- €	- €	- €	- €	- €	- €	- €	- €	
Solde fin de mois	- €	- €	- €	- €	- €	- €	- €	- €	

Figure 8.54 : *La feuille Synthèse*

Vous pouvez à présent utiliser ce document en renseignant les différents intitulés de recettes et de dépenses ainsi que leur montant dans les feuilles **Recettes** et **Dépenses**. Saisissez le solde du compte bancaire au début du mois de janvier sur la feuille **Synthèse** et vous pourrez suivre l'évolution du solde réel (ou prévisionnel) au fil des mois.

Si vous souhaitez améliorer ce document, vous pouvez par exemple protéger les cellules qui contiennent des formules, afin d'éviter de les supprimer par inadvertance.

Chapitre 9

Utiliser les fonctions

Maîtriser les principes d'utilisations des fonctions	292
Découvrir les différentes catégories de fonctions	303
Connaître les principales fonctions	309
Cas pratique : Calculer les mensualités d'un emprunt	369

Chapitre 9 — Utiliser les fonctions

Au chapitre précédent, nous avons abordé les grands principes de conception des formules de calcul. Vous pouvez, dès maintenant, mettre à profit ces connaissances pour construire les formules de calcul adaptées à vos besoins. Une bonne définition du problème à résoudre, un peu de réflexion et normalement, vous ne devriez rencontrer aucun obstacle insurmontable. D'autant qu'Excel a peut-être déjà résolu pour vous certaines difficultés. En effet, le logiciel propose plus de trois cents fonctions de calcul. Les fonctions sont des formules prédéfinies qui effectuent des calculs ou des traitements à partir de données que vous leur fournissez. Cela vous évite d'avoir à "réinventer la roue" à chaque fois.

Dans un premier temps, nous traiterons des principes d'utilisation des fonctions. Ensuite, nous décrirons rapidement les différentes catégories de fonctions. Nous ne passerons pas en revue l'ensemble des fonctions. En revanche, nous nous attarderons sur certaines d'entre elles qui nous paraissent particulièrement utiles.

Enfin, nous mettrons en pratique quelques fonctions, financières notamment, pour réaliser un document de calcul des mensualités d'un emprunt.

9.1. Maîtriser les principes d'utilisations des fonctions

L'utilisation des fonctions n'est pas d'une grande complexité. En revanche, il convient de respecter quelques principes simples.

Comprendre la notion de fonction

Pour calculer la somme des cellules de *C1* à *C10*, vous pourriez écrire =C1+C2+C3+C4+C5+C6+C7+C8+C9+C10. Cela fonctionne. Mais vous trouverez sans doute plus pratique d'écrire =SOMME(C1:C10). Et cela sera sans doute encore plus pratique lorsqu'il s'agira de calculer la somme des cellules de *C1* à *C1000*.

La fonction SI, sans doute parmi les plus utilisées, permet de bâtir des formules conditionnelles, c'est-à-dire modifiées en fonction d'une condition. Par exemple, si le délai de paiement d'une facture est passé, la formule conditionnelle affichera un message d'alerte. Cette formule pourrait avoir l'allure suivante (si la date de règlement se trouve dans la cellule *B5*) :

Maîtriser les principes d'utilisations des fonctions — Chapitre 9

```
=SI(AUJOUDHUI()>B5;"Le délai est dépassé";"Facture à
régler").
```

Au passage, vous pouvez remarquer l'utilisation de la fonction `AUJOURDHUI()` qui renvoie la date du jour.

Les fonctions d'Excel ne sont pas exclusivement destinées au calcul numérique ; elles traitent de domaines larges et variés :

- les fonctions de recherche et matrices ;
- les fonctions de texte ;
- les fonctions de date et heure ;
- les fonctions logiques ;
- les fonctions d'information ;
- les fonctions de base de données ;
- les fonctions mathématiques ;
- les fonctions statistiques ;
- les fonctions financières ;
- les fonctions d'ingénierie.

Pour donner des résultats, la plupart des fonctions nécessitent que vous leur fournissiez des données pour travailler. Ces données sont appelées des arguments. Ainsi, une fonction qui calcule une mensualité d'emprunt aura besoin du taux de l'emprunt, du montant emprunté et de la durée de l'emprunt. Tout cela est très logique.

Les arguments doivent figurer après l'intitulé de la fonction, entre parenthèses et séparés par des points-virgules. Il est impératif de respecter leur ordre car, en règle générale, chacun d'entre eux a un rôle spécifique. Il est également indispensable de bien faire attention au type d'argument nécessaire (valeurs numériques, chaîne de caractères, dates, etc.), sous peine de voir apparaître des messages d'erreurs tels que `#VALEUR!`.

Les arguments peuvent être fournis, sous forme de valeur, de référence à une cellule ou plage de cellules, de plage nommée. Les arguments d'une fonction peuvent être le résultat d'autres fonctions. Nous consacrerons un paragraphe aux différents types d'arguments.

Chapitre 9 — **Utiliser les fonctions**

Découvrir la bibliothèque de fonctions

Vous allez à présent voir comment insérer une fonction dans une formule. Bien sûr, vous n'êtes pas censé connaître l'ensemble des noms des fonctions. C'est pourquoi nous allons décrire une méthode visant à identifier la fonction qui résoudra votre problème.

Rechercher et insérer une fonction

Supposons que vous souhaitiez calculer la moyenne de valeurs qui se trouvent dans une même colonne d'une feuille de calcul, mais que vous ne connaissiez pas la fonction à utiliser.

La façon de procéder est la suivante :

1 Sélectionnez la cellule dans laquelle vous souhaitez insérer une fonction (en l'occurrence *B13*).

	A	B
1		
2		
3		
4		Durée du travail
5		
6	Machine	Capacité
7	Machine 1	100
8	Machine 2	150
9	Machine 3	75
10	Machine 4	98
11	Machine 5	102
12	Machine 6	123
13	Total / Jour	
14		

Figure 9.1 : Calcul d'un moyenne en B13

2 Cliquez sur le bouton **Insérer une fonction** du groupe *Bibliothèque de fonctions* de l'onglet **Formules** ou cliquez sur le bouton **Insérer une fonction** de la barre de formule.

Figure 9.2 : Le bouton Insérer une fonction

Maîtriser les principes d'utilisations des fonctions — Chapitre 9

3 La boîte de dialogue **Insérer une fonction** apparaît.

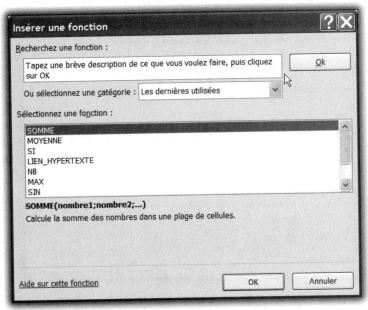

Figure 9.3 : La boîte de dialogue Insérer une fonction

4 Plusieurs possibilités s'offrent à vous :

— décrire ce que vous souhaitez faire dans la zone *Recherchez une fonction* ;

— sélectionner une catégorie à l'aide de la liste déroulante *Sélectionnez une catégorie* ;

— cliquer dans la zone *Sélectionnez une fonction* et saisir les premières lettres de la fonction désirée.

5 Une fois la fonction affichée, cliquez sur le bouton OK.

Dans notre exemple, sélectionnez la catégorie *Statistiques*. Excel vous propose un choix de fonctions plus restreint (voir Figure 9.4).

Si vous sélectionnez la fonction MOYENNE, Excel affiche en bas de la boîte de dialogue la syntaxe de la fonction ainsi qu'un bref descriptif.

Il est également possible d'accéder à l'aide sur la fonction en cliquant sur le lien hypertexte correspondant (**Aide sur cette fonction**).

Chapitre 9 **Utiliser les fonctions**

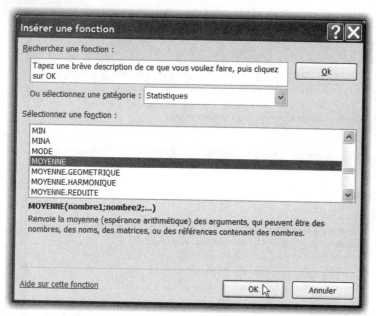

Figure 9.4 : Fonctions de la catégorie Statistiques

Vous pouvez maintenant cliquer sur le bouton OK en bas de la boîte de dialogue. Excel affiche une nouvelle boîte de dialogue intitulée **Arguments de la fonction**.

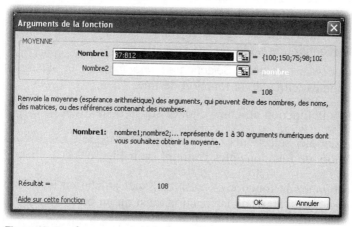

Figure 9.5 : Arguments de la fonction

Excel propose par défaut la plage *B7:B12*, ce qui est correct. En cliquant dans la barre de formule, vous pouvez éventuellement compléter la

Maîtriser les principes d'utilisations des fonctions — Chapitre 9

formule. Dans notre cas, cliquez sur OK pour valider. La fonction a été placée dans la cellule *B13*.

En fait, Excel propose comme plage de cellules, la plus grande plage de cellules contenant des valeurs numériques située au-dessus de la cellule contenant la fonction ou à gauche, s'il n'y a rien au-dessus. Dans ce cas, la plage était correcte car l'en-tête de colonne était un texte. Si l'en-tête de colonne avait été un nombre (une année, par exemple), elle aurait été incluse dans la moyenne, ce qui aurait faussé le résultat. Considérez donc avec circonspection ce que vous propose Excel.

Utilisation de la boîte de dialogue Insérer une fonction dans une formule

Lorsque vous êtes en train de saisir une formule qui fait intervenir plusieurs fonctions, vous pouvez faire apparaître la boîte de dialogue **Insérer une fonction** en cliquant sur le bouton **Insérer une fonction** de la barre de formule. Ce dernier est en effet actif même en cours de saisie ou d'édition de formule.

Saisir une fonction connue

Avec la pratique, vous vous apercevrez sans doute que les trois cents fonctions ne vous seront pas utiles. En fait, avec une vingtaine voire une trentaine de fonctions, il est possible de faire face à la majorité des situations courantes. Donc, au bout d'un certain temps, vous connaîtrez par cœur les fonctions utiles et trouverez un peu pesant d'utiliser la boîte de dialogue **Insérer une fonction**. Rassurez-vous, vous pouvez saisir directement les fonctions dans vos formules.

Pour cela, saisissez l'intitulé de la fonction (en majuscules ou minuscules), puis la liste des arguments entre parenthèses, séparés par des points-virgules. Si la fonction se trouve en début d'une formule, il faut la faire précéder du signe égal (=).

Les parenthèses

Même si la fonction ne requiert pas d'arguments (ALEA(), AUJOURDHUI(),...), n'oubliez pas les parenthèses ouvrantes et fermantes. La présence de parenthèses permet en effet à Excel de détecter que le texte saisi est une fonction et non un nom de cellule défini par l'utilisateur.

Chapitre 9 — Utiliser les fonctions

Par exemple :

1 Saisissez =10+s dans une cellule.

Dès que vous avez saisi la lettre "s", la liste des fonctions débutant par cette lettre apparaît.

2 Sélectionnez une fonction pour afficher une infobulle qui décrit l'objectif de la fonction.

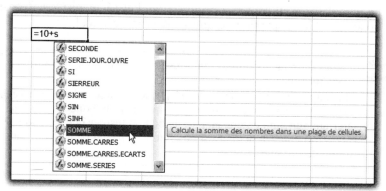

Figure 9.6 : La liste de choix des fonctions

3 Continuez la saisie du nom de la fonction ou sélectionnez cette dernière dans la liste en double-cliquant.

Dès que vous avez saisi la parenthèse ouvrante, une infobulle apparaît, affichant l'intitulé de la fonction et la liste des arguments de la fonction. Les arguments entre crochets sont facultatifs. Si vous cliquez sur l'intitulé de la fonction dans l'infobulle, l'aide relative à la fonction sera affichée.

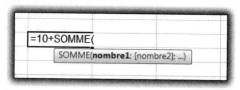

Figure 9.7 :
L'infobulle des arguments

> **ASTUCE — Détecter les erreurs de saisie**
> Si l'infobulle n'apparaît pas alors que vous avez saisi la parenthèse ouvrante, c'est qu'Excel n'a pas "reconnu" la fonction. Il y a donc une très forte probabilité pour vous ayez fait une faute de frappe.

Maîtriser les principes d'utilisations des fonctions — Chapitre 9

4 Continuez la formule soit en saisissant les arguments, soit en allant sélectionner des plages de cellules dans une feuille de calcul.

Si vous cliquez sur la représentation du paramètre dans l'infobulle, vous sélectionnez le paramètre correspondant dans la formule.

Figure 9.8 : Navigation entre les arguments grâce à l'infobulle

5 Terminez la saisie en fermant la parenthèse et validez avec [Entrée].

Après validation, le résultat apparaît dans la cellule.

> **REMARQUE — Désactiver la liste de choix des fonctions**
> Si vous ne souhaitez pas que la liste de choix des fonctions apparaisse, cliquez sur le bouton **Microsoft Office** puis sur **Options Excel**. Dans la catégorie **Formules**, désélectionnez la case *Saisie semi-automatique de formules* de la rubrique *Manipulation de formules*.

Utiliser les bibliothèques

Dans le groupe *Bibliothèque de fonctions* de l'onglet **Formules**, vous disposez de plusieurs boutons qui vous permettent d'accéder aux fonctions classées par thèmes : **Financier**, **Texte**, **Date et heure**, etc.

Figure 9.9 : Accès aux fonctions classées par thèmes

LE GUIDE COMPLET | 299

Chapitre 9   Utiliser les fonctions

Utiliser le bouton Somme automatique

Le bouton **Somme automatique** est sans doute l'un des boutons les plus utilisés lors d'une séance de travail sur Excel. Le nom est un peu réducteur dans la mesure où ce bouton permet d'accéder rapidement à cinq fonctions.

> **REMARQUE** — **Le bouton Somme automatique a le don d'ubiquité**
> Le bouton **Somme automatique** est également disponible dans l'onglet **Accueil**, dans le groupe *Édition*.

Insérer un total

La première utilisation de ce bouton consiste à sélectionner une cellule dans laquelle vous souhaitez positionner le total d'une ligne ou d'une colonne, puis à cliquer sur **Somme automatique**.

Figure 9.10 :
Le bouton Somme automatique

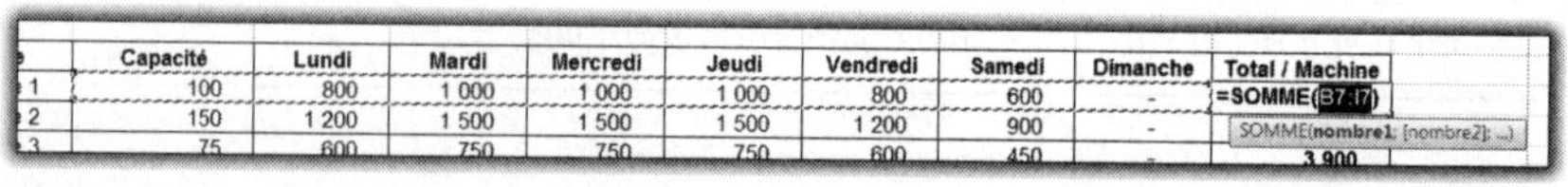

Figure 9.11 : *Insertion d'une somme grâce au bouton Somme automatique*

Il est possible de modifier la plage de cellules proposée par défaut, soit en cliquant dans la barre de formule et en saisissant au clavier la nouvelle plage, soit en la sélectionnant à l'aide de la souris.

Insérer d'autres fonctions

Le bouton **Somme automatique** permet d'accéder rapidement à d'autres fonctions. Pour cela, cliquez sur la petite flèche vers le bas située en dessous du symbole sigma, puis sélectionnez la fonction souhaitée (voir Figure 9.12).

L'option **Autres fonctions** permet d'accéder à la boîte de dialogue **Insérer une fonction**.

Maîtriser les principes d'utilisations des fonctions — Chapitre 9

Figure 9.12 :
Liste des fonctions accessibles

Utiliser les différents types d'arguments

Les arguments nécessaires à une fonction dépendent évidemment du type de fonction. Certaines fonctions (ALEA(), AUJOURDHUI(),...) ne nécessitent pas d'argument. Pour les autres, leur nature peut être très variée. À condition de respecter la syntaxe de la fonction utilisée, il est possible de mélanger des arguments de types différents.

Constantes numériques

=CTXT(15;1)

Convertit 15 en texte avec une décimale.

Constantes alphanumériques

=DROITE("Micro Application";11)

Les chaînes de caractères doivent être saisies entre guillemets.

Renvoie les 11 caractères de droite de l'expression entre guillemets soit Application.

Références à des cellules ou des plages de cellules

=ENT(A1)

Renvoie la partie entière du contenu de la cellule *A1*.

```
=SOMME(A1:A10)
```

Renvoie la somme des valeurs contenues dans la plage *A1:A10*.

```
=MOYENNE(A1:A10;C1:C10)
```

Calcule la moyenne des valeurs des plages *A1:A10* et *C1:C10*.

```
=GAUCHE(B2;3)
```

Renvoie les 3 caractères de gauche du contenu de *B2*.

Noms de cellules ou de plages de cellules

```
=MOYENNE(Ventes)
```

Calcule la moyenne des valeurs de la plage *Ventes*.

```
=SI(Montant>1500;"Ok";"A voir")
```

Si le contenu de la cellule *Montant* est supérieur à 1 500, le message Ok est affiché. Autrement, A voir est affiché.

Lignes ou colonnes entières

```
=SOMME(D:D)
```

Calcule la somme de toutes les valeurs contenues dans la colonne *D*.

```
=SOMME(D:D;A1:A10;10)
```

Calcule la somme de toutes les valeurs contenues dans la colonne *D*, dans la plage *A1:A10*, et ajoute la valeur 10.

```
=MOYENNE(3:3)
```

Calcule la moyenne de toutes les valeurs contenues dans la ligne *3*.

Fonctions

```
=SI(Montant>1500;SOMME(A1:A10);SOMME(B1:B10))
```

Si le contenu de la cellule *Montant* est supérieur à 1 500, on calcule la somme des valeurs contenues dans la plage *A1:A10*. Autrement, on calcule la somme des valeurs contenues dans la plage *B1:B10*.

Les arguments de la fonction SI sont eux-mêmes des fonctions (en l'occurrence la fonction SOMME). Dans ce cas, on parle d'imbrication de fonctions. Les fonctions SOMME sont dites de deuxième niveau, car elles correspondent à des arguments de la fonction SI. Une fonction imbriquée dans la fonction SOMME serait une fonction de troisième niveau, etc. Une formule peut contenir jusqu'à sept niveaux d'imbrication. Lorsqu'une fonction imbriquée est utilisée comme argument, elle doit renvoyer le même type de valeur que ce dernier.

9.2. Découvrir les différentes catégories de fonctions

Comme nous l'avons décrit au début de ce chapitre, les fonctions d'Excel sont regroupées par catégories. Cela permet notamment de faciliter leur recherche à l'aide de la boîte de dialogue **Insérer une fonction**. Nous allons à présent revenir un peu plus en détail sur ces catégories.

Les fonctions de recherche et matrices

Les fonctions de recherche et matrices ont pour objectif de traiter des problématiques telles que la détermination des adresses de cellules, la recherche de données dans des plages de cellules, le choix de valeurs parmi plusieurs possibilités, etc.

Les fonctions de texte

Bien qu'Excel soit avant tout dédié à la manipulation des chiffres, ce logiciel dispose d'un nombre important de fonctions destinées à traiter les chaînes de caractères, autrement dit le texte. Ces fonctions permettent entre autres de rechercher un mot dans un texte plus long, de tronquer une chaîne de caractères, de convertir du texte en nombre et réciproquement, etc.

Les fonctions de date et heure

Les fonctions de date et heure sont principalement centrées sur la conversion de texte en numéros de séries, de numéros de séries en dates, et sur la récupération des éléments d'une date (année, mois, jour, heure, minute, seconde).

Il existe également des fonctions qui permettent de gérer les intervalles de temps, en jours calendaires ou en jours ouvrés.

Les fonctions logiques

Ces fonctions permettent de rendre "intelligentes" des feuilles de calcul sans recours aux macros, plus complexes à mettre en œuvre. Bien entendu, cette "intelligence" est assez primitive, mais elle permet de créer une feuille de calcul adaptable et réactive à certains résultats de calculs.

La fonction la plus connue est évidemment SI, qui permet de choisir le contenu d'une cellule en fonction du résultat d'un test logique. Pour effectuer ces tests logiques, vous pourrez mettre à profit les fonctions ET, OU et NON.

Les fonctions d'information

Ces fonctions permettent d'obtenir des informations sur le contenu des cellules, par exemple de déterminer si une cellule est vide, si elle contient du texte, une valeur d'erreur, etc.

Les fonctions de base de données

Ces fonctions permettent de manipuler des tableaux de données pour en extraire des valeurs particulières, réaliser des calculs de moyenne, etc.

Les fonctions mathématiques

Les fonctions mathématiques sont de plusieurs sortes :

Découvrir les différentes catégories de fonctions — Chapitre 9

- les fonction trigonométriques : sinus, cosinus, tangente et fonctions réciproques ;
- les fonctions hyperboliques : sinus hyperbolique, cosinus hyperbolique, tangente hyperbolique et fonctions réciproques ;
- les fonctions logarithmiques et de puissance ;
- les fonctions d'arrondis ;
- les fonctions liées aux matrices.

Les fonctions statistiques

Les fonctions statistiques constituent un des groupes de fonctions les plus étoffés dans Excel. On peut les subdiviser en trois sous-groupes :

- les fonctions de statistique descriptive ;
- les fonctions de régression ;
- les fonctions relatives aux lois de probabilités.

Les fonctions de statistique descriptive

Les fonctions de statistique descriptive permettent de caractériser, de décrire une série de données, notamment selon des caractéristiques de valeur centrale et de dispersion. Les caractéristiques de valeur centrale sont le mode, la médiane, la moyenne (arithmétique, harmonique ou géométrique). Les caractéristiques de dispersion sont les centiles, l'écart type et la variance.

Les fonctions de régression

Les fonctions de régression permettent de modéliser une série de données à l'aide d'une courbe dont l'équation est connue. Excel propose de modéliser à l'aide de droite ou de courbes exponentielles. La qualité de la modélisation est fournie par le coefficient de corrélation. Plus ce dernier est proche de 1 (ou de -1), meilleure sera la qualité de la modélisation.

L'intérêt de cette modélisation est de pouvoir estimer les valeurs de points de la série qui n'ont pas été mesurés. Par exemple, s'il s'agit d'une série de données chronologiques, il est possible d'estimer les valeurs futures de la série de données. Dans ce cas, on fait l'hypothèse que le "futur se comportera comme le passé", ce qui est de moins en moins vrai.

Les lois de probabilités

Les lois de probabilités sont fondées sur le concept de variable aléatoire. Une variable aléatoire est une variable dont toutes les valeurs possibles sont connues, valeurs telles qu'il est possible d'attacher à chacune une probabilité de réalisation connue.

Une distinction est classiquement faite entre les variables aléatoires discrètes (qui ne prennent que des valeurs entières) et les variables aléatoires continues (qui peuvent prendre toutes les valeurs réelles dans un intervalle).

Prenons un exemple simple pour illustrer ce concept. Considérons une loterie dont le règlement prévoit que cent billets sont mis en vente et que, parmi ces billets :

- Un billet recevra le gros lot de 10 000 €.
- Quatre billets donneront droit, chacun, à 1 000 €.
- Dix billets recevront un lot de 500 €.
- Vingt billets donneront droit, chacun, à 100 €.
- Les autres billets (65) seront des billets perdants.

Un joueur achète un billet. Avec ce billet, il peut ne recevoir aucun lot, ou recevoir un lot de 100 €, ou un lot de 500 €, ou de 1 000 € ou de 10 000 €. Le montant du lot est une variable aléatoire, dont il est très facile de calculer la probabilité associée à chaque valeur :

Tableau 9.1 : Calcul des probabilités associées à chaque valeur de lot

Montant du lot	Probabilité
0	0,65
100	0,20
500	0,10
1000	0,04
10 000	0,01

Découvrir les différentes catégories de fonctions — Chapitre 9

Ce tableau constitue la loi de probabilité de notre variable aléatoire discrète.

Une loi de probabilité associe à une valeur d'une variable aléatoire, sa probabilité d'occurrence.

La fonction de répartition d'une variable aléatoire donne les probabilités cumulées, c'est-à-dire pour une valeur donnée, la probabilité d'obtenir une valeur (dans notre cas un gain) inférieure ou égale à cette valeur.

Tableau 9.2 : Calcul des probabilités cumulées associées à chaque valeur de lot

Montant du lot	Probabilité
0	0,65
100	0,85
500	0,95
1000	0,99
10 000	1,00

Dans les fonctions traitant des lois de probabilités, le paramètre logique cumulative permet de passer de la loi de probabilité (FAUX) à la fonction de répartition (VRAI).

Lois classiques

Il existe un certain nombre de lois classiques traitées par Excel :

- Loi binomiale : loi discrète. Loi du compte d'un caractère (couleur d'une bille par exemple) dans un tirage avec remise.
- Loi hypergéométrique : loi discrète. Loi du compte d'un caractère (couleur d'une bille par exemple) dans un tirage sans remise.
- Loi de Poisson : loi discrète. Loi du nombre d'appels à un standard, de véhicules à un péage, etc.
- Loi exponentielle : loi continue. Loi du temps d'attente entre deux événements consécutifs.
- Loi normale : loi continue. La plus connue des lois. Dans une population nombreuse, beaucoup de phénomènes peuvent être représentés par cette loi (notes à une examen, pièces défectueuses, etc.).

Chapitre 9 — Utiliser les fonctions

Les fonctions financières

Les fonctions financières traitent de trois thèmes principaux :

- les calculs d'amortissement ;
- les calculs liés aux emprunts ;
- les calculs liés aux valeurs mobilières de placement.

Les fonctions d'ingénierie

Il existe deux grands types de fonctions scientifiques :

- les calculs sur les nombres complexes ;
- les fonctions de conversion entre les bases.

Nombres complexes

Les nombres complexes sont de la forme $z = x + y\,i$, où x et y sont des réels et i le nombre tel que $i^2 = -1$.

Un nombre complexe peut être exprimé en coordonnées rectangulaires, comme précédemment. x est la partie réelle et y la partie imaginaire. Il peut également être exprimé en coordonnées polaires, de la forme |z|*(cos θ + i sin θ), où |z| représente le module du nombre complexe et θ son argument.

|z|=Racine carrée de (x^2+y^2)

θ=Atan(y/x)

Les fonctions concernant les nombres complexes permettent d'effectuer des opérations courantes (addition, soustraction, multiplication, division), mais également des opérations spécifiques aux nombres complexes (calcul du module, de l'argument, du conjugué, etc.).

Conversions entre les bases

Dans la vie quotidienne, nous utilisons de façon implicite des nombres en base 10. Il existe d'autres bases pour exprimer les nombres. Les fonctions de conversion entre les bases traitent de la base 2 (binaire), de la base 8 (octale) et de la base 16 (hexadécimale) et bien sûr de la base 10 (décimale). Ces bases, notamment la base 2 ou binaire, sont très utilisées en électronique et en informatique.

Le principe de représentation d'un nombre dans une base donnée repose sur les puissances croissantes de cette base. Prenons l'exemple de la base 10. Le nombre 256 peut s'écrire : $2*10^2 + 5*10^1 + 6*10^0$. En base 2, le principe est identique ; ainsi le nombre 110 correspond en fait à $1*2^2 + 1*2^1 + 0*2^0$, soit 6 en base 10.

Les chiffres utilisés pour représenter les nombres sont déterminés par la base.

Tableau 9.3 : Chiffres utilisés dans chacune des bases

Base	Chiffres
2 (binaire)	0, 1
8 (octale)	0, 1, 2, 3, 4, 5, 6, 7
10 (décimale)	0, 1, 2, 3, 4, 5, 6, 7, 8, 9
16 (hexadécimale)	0, 1, 2, 3, 4, 5, 6, 7, 8, 9, A, B, C, D, E, F

9.3. Connaître les principales fonctions

Nous allons à présent passer en revue quelques fonctions qui nous paraissent particulièrement intéressantes et utiles.

La fonction SI

S'il existait un palmarès des fonctions les plus utilisées, nul doute que la fonction SI y figurerait en bonne place. La fonction SI n'est pas à proprement parler une fonction de calcul : il s'agit d'une fonction logique qui permet de faire un choix entre deux hypothèses, en fonction d'une expression logique (ou booléenne). Une expression logique peut prendre seulement deux valeurs : VRAI ou FAUX.

Les formules utilisant la fonction SI sont appelées formules conditionnelles. Elles permettent de rendre "intelligentes" vos feuilles de calcul. Cette "intelligence" est relative ; il s'agit plutôt de rendre vos feuilles de calcul réactives à certaines valeurs. Par exemple, vous pourrez afficher un message si un montant de facture est supérieur à un plafond, vous pourrez éviter l'apparition de message d'erreur en effectuant un calcul seulement si les paramètres sont corrects... Les possibilités sont quasi illimitées.

Vous pourrez aller encore plus loin en utilisant les opérateurs ET et OU pour élaborer des critères plus complexes et plus fins.

Découvrir la fonction

Une formule utilisant la fonction SI (ou formule conditionnelle) se présente de la façon suivante :
=SI(Test; Expression si Test=VRAI ;Expression si Test=FAUX)

- Test est une expression logique. Une expression logique comprend au moins un opérateur logique et deux opérandes.

Tableau 9.4 : Les opérateurs logiques

Opérateur logique	Signification
=	Égal à
>	Supérieur à
>=	Supérieur ou égal à
<	Inférieur à
<=	Inférieur ou égal à
<>	Différent de

- Expression si Test=VRAI est une formule qui peut contenir des fonctions (y compris une autre fonction SI), des calculs, une chaîne de caractères, etc. Cette formule sera utilisée dans la cellule contenant la fonction SI si *Test* est égal à VRAI.
- Expression si Test=FAUX est une formule qui peut contenir des fonctions (y compris une autre fonction SI), des calculs, une chaîne de caractères, etc. Cette formule sera utilisée dans la cellule contenant la fonction SI si *Test* est égal à FAUX.

Élaborer des formules simples

Afin d'illustrer l'utilisation de la fonction SI, nous allons à présent examiner quelques cas simples d'utilisation. Il s'agit de situations classiques auxquelles vous serez probablement confrontées lors de l'élaboration de vos feuilles de calcul.

Afficher un message fixe si une condition est remplie

Supposons que vous utilisiez une feuille de calcul dans laquelle sont stockées des données relatives aux ventes mensuelles de produits. Dans la colonne B se trouvent les ventes de l'année 2002 et dans la colonne C, les ventes de l'année 2003. Dans la colonne D, il s'agit d'afficher le message En progression si les ventes de 2003 sont supérieures à celles de 2002.

La formule à saisir en D4 est la suivante :

=SI(C4>B4;"En progression";"")

Il suffit ensuite de l'étendre à l'aide de la poignée de recopie, jusqu'à la fin du tableau.

	A	B	C	D
1			Ventes annuelles	
2				
3	Produit	Année 2005	Année 2006	Commentaire
4	Produit 1	65000	52000	
5	Produit 2	60000	80000	En progression
6	Produit 3	90000	57000	

Figure 9.13 : Affichage d'un message en fonction d'une condition

Impact de l'absence d'un argument

Il est possible d'omettre les deux derniers arguments de la fonction SI. Dans ce cas, la valeur prise par la condition est affichée. Dans l'exemple précédent, si nous avions écrit =SI(C4>B4;"En progression"), le texte En progression aurait été affiché dans les cellules pour lesquelles la valeur de la colonne C est supérieure à la colonne B. En revanche, la valeur FAUX aurait été affichée dans les cellules pour lesquelles la valeur de la colonne C est inférieure à la colonne B.

Afficher un message variable si une condition est remplie

Il est possible d'améliorer l'exemple précédent en faisant en sorte que le message affiché indique la valeur de la progression du chiffre d'affaires.

Chapitre 9 — Utiliser les fonctions

Pour cela, juxtaposez une chaîne de caractères et une formule de calcul à l'aide de l'opérateur de concaténation (&).

La formule à saisir en *D4* est la suivante :

`=SI(C4>B4;"En progression de "&(C4-B4)&" ";"")`

Il suffit ensuite de l'étendre à l'aide de la poignée de recopie, jusqu'à la fin du tableau.

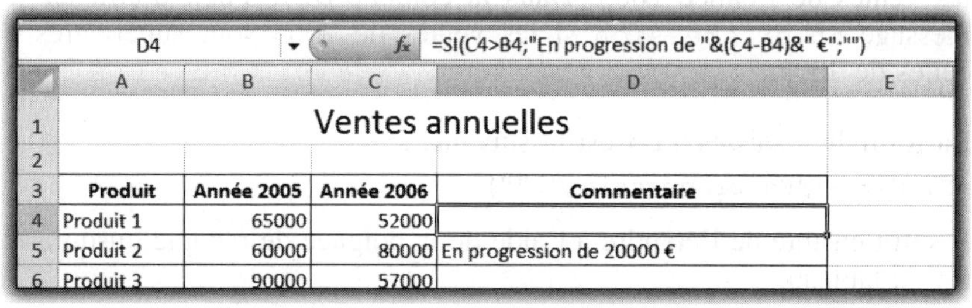

Figure 9.14 : *Affichage d'un message variable en fonction d'une condition*

Intégrer le résultat d'une formule conditionnelle dans une expression

Il est possible d'intégrer le résultat d'une fonction à une autre expression. Si le résultat d'une entreprise se trouve en *B5* et que vous souhaitiez indiquer "en clair" (en *B7*) s'il s'agit d'une perte ou d'un bénéfice, la formule suivante vous donnera satisfaction :

`="L'entreprise a réalisé "&SI(B5>0;"un bénéfice de "&B5&" ";"une perte de "&-B5&" ")`

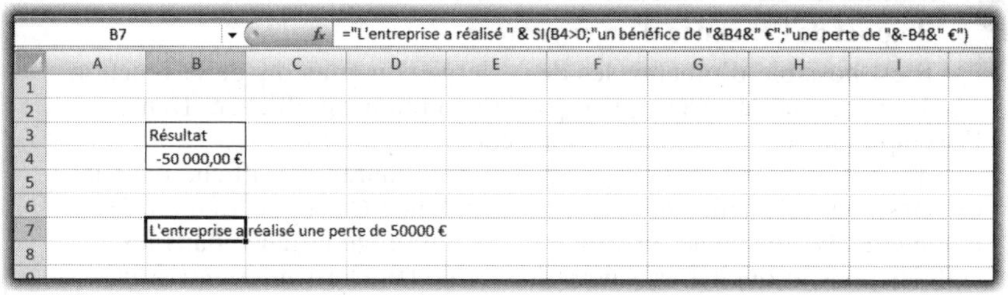

Figure 9.15 : *Juxtaposition d'une chaîne de caractères et du résultat d'une fonction SI*

Réaliser un test sur une chaîne de caractères

Il est possible, comme nous l'avons vu, d'effectuer un test sur des valeurs numériques. Il est également envisageable d'élaborer une formule conditionnelle fondée sur un test mettant en jeu des chaînes de caractères.

Pour illustrer cette possibilité, nous utiliserons une feuille de calcul listant des factures. Dans la colonne *A* se trouve le nom du fournisseur ; dans la colonne *B*, le numéro de la facture ; dans la colonne *C*, la date d'échéance ; dans la colonne *D*, le montant. La formule conditionnelle suivante va nous permettre de mettre en évidence les factures d'un fournisseur particulier.

La formule à saisir en *E4* est la suivante :

`=SI(A4="durand";"A surveiller";"OK")`

Il suffit ensuite de l'étendre à l'aide de la poignée de recopie, jusqu'à la fin du tableau.

Dans les formules, les chaînes de caractères doivent être saisies entre guillemets.

> **ASTUCE** — **Distinction majuscules/minuscules**
> La condition précédente ne fait pas la distinction entre les minuscules et les majuscules. En effet, les expressions `DURAND` et `Durand` donnent un résultat `VRAI`. Si vous souhaitez réaliser un test tenant compte des majuscules et des minuscules, utilisez la fonction `EXACT`. Ainsi la formule `=SI(EXACT(A4;"durand");"A surveiller";"OK")` ne renverra `A surveiller` que si *A4* contient effectivement `durand` et non `Durand` ou `DURAND`.

Il est possible d'utiliser les opérateurs > et < avec des chaînes de caractères ; par exemple, `"ABC"<"ABD"` donnera le résultat `VRAI`. En effet, c'est l'ordre alphabétique qui est utilisé pour comparer entre elles des chaînes de caractères. Dans ce cas, il n'y a pas de distinction entre les majuscules et les minuscules.

Réaliser un test sur une date

Les dates servent fréquemment de critères de test. En effet, il n'est pas rare d'avoir à contrôler le dépassement d'un délai, la survenue d'une date précise, etc. Pour cela, il est possible d'utiliser une formule conditionnelle fondée sur un test mettant en jeu des dates. Par exemple, si dans notre liste de factures, nous souhaitons mettre en évidence celles qui arrivent à échéance avant le 30/11/2005, il faudra effectuer un test sur la date d'échéance afin de déterminer si elle est supérieure ou inférieure au 30/11/2005.

La formule à saisir en *E4* est la suivante :

```
=SI(C4<DATE(2005;11;30);"A surveiller";"OK")
```

Il suffit ensuite de l'étendre à l'aide de la poignée de recopie, jusqu'à la fin du tableau.

	A	B	C	D	E
1			Suivi des factures		
2					
3	Fournisseur	N° Facture	Échéance	Montant	Commentaire
4	DUPOND	F123	14/12/2005	300,00 €	OK
5	Durand	F124	05/11/2005	236,00 €	A surveiller
6	DUPOND	F125	07/11/2005	123,89 €	A surveiller
7	DUPOND	F126	29/11/2005	325,00 €	A surveiller
8	DUPOND	F127	08/11/2005	226,00 €	A surveiller

Figure 9.16 : *Critère fondé sur une date*

Vous noterez l'emploi de la fonction DATE(année;mois;jour) pour indiquer une date précise. En effet, si vous écriviez C4<30/11/2005, Excel considérerait l'expression 30/11/2005 comme 30 divisé par 11, divisé par 2005 soit environ 0,0013602.

Inclure une formule dans la condition

Afin d'étendre les possibilités des formules conditionnelles, il est possible d'inclure des formules et des fonctions dans les critères de test. Supposons que vous souhaitiez mettre en exergue, parmi une liste de produits, ceux dont le chiffre d'affaires est supérieur à la moyenne. Il faut inclure dans le test la moyenne des chiffres d'affaires, ce qui est possible à l'aide de la fonction MOYENNE.

Si les valeurs à tester se trouvent dans la plage *B4:B15*, la formule à saisir en *C4* est la suivante :

```
=SI(B4>MOYENNE($B$4:$B$15);"Supérieur à la moyenne";"")
```

Il suffit ensuite de l'étendre à l'aide de la poignée de recopie, jusqu'à la fin du tableau.

Vous noterez au passage l'utilisation de références absolues pour l'argument de la fonction MOYENNE. En effet, il est nécessaire de faire toujours référence à la même plage, quelle que soit la ligne du tableau.

Imbriquer plusieurs fonctions SI

Jusqu'à présent, les formules conditionnelles que nous avons utilisées étaient des formules à "un niveau", c'est-à-dire que le résultat était fonction d'un seul test, aussi compliqué soit-il. Pourtant, il est n'est pas rare d'être confronté à des problématiques qui nécessitent l'élaboration de véritables arbres de décisions, du type :

```
Si condition1 alors
    Si condition2 alors
        Si condition3 alors
            Action1
        Sinon
            Action2
    Sinon
        Si condition4 alors
            Action3
        Sinon
            Action4
Sinon
    Si condition5 alors
        Si condition6 alors
            Action5
        Sinon
            Action6
    Sinon
        Si condition7 alors
            Action7
        Sinon
            Action8
```

Il s'agit en fait d'imbriquer des fonctions SI, de façon à mettre en place chacun des "embranchements" de l'arbre de décision. Les arguments de la première fonction SI sont eux-mêmes des fonctions SI, dont les arguments sont à leur tour des fonctions SI. Nous avons ici affaire à une imbrication à trois niveaux, qui se matérialise de la façon suivante avec la syntaxe Excel :

```
=SI(condition1;SI(condition2;SI(condition3;Action1;Action2);
 SI(condtion4;Action3;Action4));SI(condition5;SI
 (condition6; Action5;Action6);SI(condtion7;Action7;
 Action8)))
```

Il est possible d'imbriquer jusqu'à 64 niveaux de test SI. Autant dire que les formules deviennent rapidement illisibles. Pour les versions précédentes d'Excel, le nombre d'imbrications possibles était limité à 7.

> **Rendre les formules plus lisibles**
> ASTUCE
> Pour rendre vos formules complexes plus lisibles, il est possible d'y insérer des sauts de lignes, lors de la saisie, à l'aide de la combinaison de touches [Alt]+[Entrée]. La formule précédente pourrait ainsi devenir :
> ```
> =SI(condition1;
> SI(condition2;
> SI(condition3;Action1;Action2);SI(condtion4;Action3;
>  Action4));
>   SI(condition5;
> SI(condition6;Action5;Action6);SI(condtion7;Action7;
>  Action8)))
> ```

Limiter la taille des formules

Dans certains cas, les alternatives proposées dans un test SI diffèrent très légèrement (la valeur d'un coefficient par exemple). Afin d'éviter d'alourdir la saisie des formules et de contribuer à leur meilleure lisibilité, il est préférable de n'inclure dans le test que la partie conditionnelle de la formule.

Prenons un exemple. Supposons qu'une formule de calcul soit conditionnée par le contenu de la cellule *A23*. Si le contenu de *A23* est inférieur ou égal à 100, la formule est B23*(C23-D23)*0,5. Sinon, la formule est B23*(C23-D23)*0.75.

Une première approche (qui donne un résultat correct) serait :
`=SI(A23<=100 ;B23*(C23-D23)*0.5 ;B23*(C23-D23)*0.75)`

Voici une autre possibilité, plus concise :
`=B23*(C23-D23)*SI(A23<=100 ;0.5 ;0.75)`

Utiliser les opérateurs ET et OU

Il n'est pas rare de devoir combiner plusieurs tests logiques pour modéliser une situation "réelle". Par exemple, supposons que, dans un fichier client, vous souhaitiez réserver un traitement particulier aux hommes de plus de 45 ans dont le salaire est supérieur à 2 000 €. Il faudra bâtir une formule conditionnelle fondée sur l'expression suivante :

Connaître les principales fonctions — Chapitre 9

```
Sexe="H" ET Age>45 ET Salaire>2000
```

De même, si vous souhaitez mettre en exergue les femmes dont le métier est soit Vendeuse, soit Comptable, il faudra bâtir une formule conditionnelle fondée sur l'expression suivante :

```
Sexe="F" ET (Profession="Ouvrier" OU Profession
="Comptable")
```

Il s'agit en fait de combiner les différentes expressions logiques unitaires (du type A=B, A<B, A>B...), à l'aide de deux opérateurs logiques : ET et OU.

L'opérateur ET

L'opérateur ET renvoie FAUX si l'un des arguments est faux.

Tableau 9.5 : Valeurs renvoyées par l'opérateur ET

A	B	A ET B
FAUX	FAUX	FAUX
FAUX	VRAI	FAUX
VRAI	FAUX	FAUX
VRAI	VRAI	VRAI

L'un des arguments peut être lui-même une formule faisant intervenir des opérateurs logiques ET et OU.

Dans Excel, la fonction ET permet de mettre en œuvre l'opérateur logique ET.

ET

Renvoie VRAI si tous les arguments sont VRAI ; renvoie FAUX si au moins l'un des arguments est FAUX.

Syntaxe :	ET(valeur_logique1;valeur_logique2;...)
valeur_logique1, valeur_logique2, ...	1 à 30 conditions que vous souhaitez tester et qui peuvent être soit VRAI, soit FAUX.

La fonction ET obéit aux règles globales des fonctions Excel, à savoir l'utilisation d'arguments entre parenthèses, séparés par des points-virgules.

Ainsi, le premier exemple Sexe="H" ET Age>45 ET Salaire>2000 s'écrira en fait :
ET(Sexe="H";Age>45;Salaire>2000)

L'opérateur OU

L'opérateur OU renvoie VRAI si l'un des arguments est vrai.

Tableau 9.6 : Valeurs renvoyées par l'opérateur OU

A	B	A OU B
FAUX	FAUX	FAUX
FAUX	VRAI	VRAI
VRAI	FAUX	VRAI
VRAI	VRAI	VRAI

L'un des arguments peut être lui-même une formule faisant intervenir des opérateurs logiques ET et OU.

Dans Excel, la fonction OU permet de mettre en œuvre l'opérateur logique OU.

OU

Renvoie la valeur VRAI si un argument est VRAI et FAUX si tous les arguments sont FAUX.

Syntaxe :   OU(valeur_logique1;valeur_logique2,...)

valeur_logique1,
valeur_logique2, ...   1 à 30 conditions que vous souhaitez tester et qui peuvent être soit VRAI, soit FAUX.

La fonction OU obéit aux règles globales des fonctions Excel, à savoir l'utilisation d'arguments entre parenthèses, séparés par des points-virgules.

Connaître les principales fonctions — Chapitre 9

Ainsi, le deuxième exemple `Sexe="F" ET (Profession="Ouvrier" OU Profession="Comptable")` s'écrira en fait :
`ET(Sexe="F";OU(Profession="Ouvrier"; Profession="Comptable"))`.

Vous noterez au passage l'imbrication des fonctions ET et OU.

L'opérateur NON

L'opérateur NON renvoie la valeur inverse de son argument. En effet, dans certains cas, il est plus facile de définir une condition "positive" et de prendre son inverse que de définir d'emblée la condition "négative".

Tableau 9.7 : Valeurs renvoyées par l'opérateur OU

A	NON A
FAUX	VRAI
VRAI	FAUX

L'un des arguments peut être lui-même une formule faisant intervenir des opérateurs logiques ET et OU.

Dans Excel, la fonction NON permet de mettre en œuvre l'opérateur logique NON.

NON

Inverse la valeur logique de l'argument.

Syntaxe : NON(valeur_logique)

valeur_logique — Valeur ou expression qui peut prendre la valeur VRAI ou FAUX.

Les fonctions de recherche et matrices

DECALER

Renvoie une référence à une plage décalée d'un nombre déterminé de lignes et de colonnes par rapport à une cellule ou une plage de cellules. La référence renvoyée peut être une cellule unique ou une plage de cellules. Vous pouvez spécifier le nombre de lignes et de colonnes à renvoyer.

Chapitre 9 — Utiliser les fonctions

Syntaxe : DECALER(réf;lignes;colonnes;hauteur;largeur)

réf — Référence par rapport à laquelle le décalage doit être opéré. L'argument réf doit être une référence à une cellule ou à une plage de cellules adjacentes ; sinon, la fonction **DECALER** renvoie la valeur d'erreur #VALEUR!.

lignes — Nombre de lignes vers le haut ou vers le bas dont la cellule supérieure gauche de la référence renvoyée doit être décalée. Si l'argument lignes est égal à 5, la cellule supérieure gauche de la référence est décalée de cinq lignes en dessous de la référence. L'argument lignes peut être positif (c'est-à-dire en dessous de la référence de départ) ou négatif (c'est-à-dire au-dessus de la référence de départ).

colonnes — Nombre de colonnes vers la droite ou vers la gauche dont la cellule supérieure gauche de la référence renvoyée doit être décalée. Si l'argument colonnes est égal à 5, la cellule supérieure gauche de la référence est décalée de cinq colonnes vers la droite par rapport à la référence. L'argument colonnes peut être positif (c'est-à-dire à droite de la référence de départ) ou négatif (c'est-à-dire à gauche de la référence de départ).

hauteur — Hauteur, exprimée en nombre de lignes, que la référence renvoyée doit avoir. L'argument hauteur doit être un nombre positif. Cet argument est facultatif ; s'il est omis, la valeur par défaut est celle de l'argument réf.

largeur — Largeur, exprimée en nombre de colonnes, que la référence renvoyée doit avoir. L'argument largeur doit être un nombre positif. Cet argument est facultatif ; s'il est omis, la valeur par défaut est celle de l'argument réf.

	A	B	C	D	E	F	G	H
39								
40	=DECALER(F40;0;2)			3		1	2	3
41	=DECALER(G41;1;1)			9		4	5	6
42	{=DECALER(F40:H43;1;1;2;2)}		5	6		7	8	9
43			8	9		10	11	12
44								

Figure 9.17 : La fonction DECALER

EQUIV

Renvoie la position relative d'un élément d'une matrice qui équivaut à une valeur spécifiée dans un ordre donné.

Syntaxe : EQUIV(valeur_cherchée;matrice_recherche;type)

valeur_cherchée — Valeur dont vous souhaitez l'équivalent dans l'argument matrice_recherche.

matrice_recherche — Plage de cellules adjacentes contenant les valeurs d'équivalence possibles. L'argument matrice_recherche peut être une matrice ou une référence matricielle.

type — Nombre -1, 0 ou 1 qui indique comment Excel doit procéder pour comparer l'argument valeur_cherchée aux valeurs de l'argument matrice_recherche.

- Si la valeur de l'argument type est 1, la fonction EQUIV trouve la valeur la plus élevée qui est inférieure ou égale à celle de l'argument valeur_cherchée. Les valeurs de l'argument matrice_recherche doivent être placées en ordre croissant. Si l'argument est omis, 1 est la valeur par défaut.

- Si la valeur de l'argument type est 0, la fonction EQUIV trouve la première valeur exactement équivalente à celle de l'argument valeur_cherchée. Les valeurs de l'argument matrice_recherche peuvent être placées dans un ordre quelconque.

- Si la valeur de l'argument type est -1, la fonction EQUIV trouve la plus petite valeur qui est supérieure ou égale à celle de l'argument valeur_cherchée. Les valeurs de l'argument matrice_recherche doivent être placées en ordre décroissant.

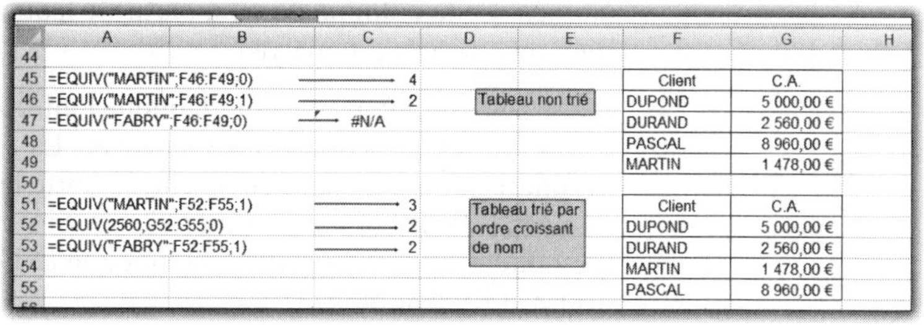

Figure 9.18 : La fonction EQUIV

Chapitre 9   Utiliser les fonctions

INDEX

Renvoie une valeur ou une référence à une valeur provenant d'un tableau ou d'une plage de valeurs. La fonction **INDEX** existe sous deux formes, matricielle et référentielle. La forme matricielle renvoie une valeur ou une matrice de valeurs, tandis que la forme référentielle renvoie une référence.

Syntaxe 1:   INDEX(tableau;no_lig;no_col)

tableau   Plage de cellules ou constante de matrice.

no_lig   Ligne de la matrice dont une valeur doit être renvoyée. Si l'argument no_lig est omis, l'argument no_col est obligatoire.

no_col   Colonne de la matrice dont une valeur doit être renvoyée. Si l'argument no_col est omis, l'argument no_lig est obligatoire.

	A	B	C	D	E	F	G	H
56								
57		=INDEX(E57:G60;2;3)		6	1	2	3	
58		=INDEX(F58:G60;1;2)		6	4	5	6	
59					7	8	9	
60				2	10	11	12	
61		{=INDEX(E57:G60;;2)}		5				
62				8				
63				11				

Figure 9.19 : *La fonction INDEX Syntaxe 1*

Syntaxe 2:   INDEX(réf;no_lig;no_col;no_zone)

réf   Référence à une ou plusieurs plages de cellules.

no_lig   Numéro de la ligne de réf à partir de laquelle une référence doit être renvoyée.

no_col   Numéro de la colonne de réf à partir de laquelle une référence doit être renvoyée.

no_zone   Plage de l'argument réf pour laquelle l'intersection de no_col et no_lig doit être renvoyée. La première zone sélectionnée ou entrée porte le numéro 1, la deuxième le numéro 2, etc. Si l'argument no_zone est omis, la fonction INDEX utilise la zone numéro 1.

Connaître les principales fonctions — Chapitre 9

	A	B	C	D	E	F	G
64							
65	=INDEX((E65:F66;F67:G68);1;2;2)		9		1	2	3
66	=INDEX((E65:F66;F67:G68);1;2;1)		2		4	5	6
67	=SOMME(INDEX(E65:G68;;2))		26		7	8	9
68	=SOMME(F65:INDEX(E65:G68;4;2))		26		10	11	12

Figure 9.20 : *La fonction INDEX Syntaxe 2*

RECHERCHEV

Recherche une valeur dans la colonne de gauche d'une table ou d'une matrice de valeurs, puis renvoie une valeur, dans la même ligne, d'une colonne que vous spécifiez dans la table ou la matrice.

Syntaxe : RECHERCHEV(valeur_cherchée,table_matrice,no_index _col,valeur_proche)

valeur_cherchée Valeur à rechercher dans la colonne de gauche de la table. Il peut s'agir d'une valeur, d'une référence ou d'une chaîne de texte.

table_matrice Table de données dans laquelle est exécutée la recherche de la valeur.

no_index_col Numéro de la colonne de `table_matrice` à partir de laquelle la valeur correspondante est renvoyée. Une valeur de `no_index_col` égale à 1 renvoie la valeur de la première colonne de l'argument `table_matrice`, une valeur de `no_index_col` égale à 2 renvoie la valeur de la seconde colonne de l'argument `table_matrice`, etc. Si la valeur de `no_index_col` est inférieure à 1, **RECHERCHEV** renvoie la valeur d'erreur `#VALEUR!` ; si la valeur de `no_index_col` est supérieure au nombre de lignes de `table_matrice`, **RECHERCHEV** renvoie la valeur d'erreur `#REF!`.

valeur_proche Valeur logique qui spécifie si vous voulez que **RECHERCHEV** trouve une correspondance exacte ou approximative. Si cet argument est `VRAI` ou s'il est omis, une donnée proche est renvoyée. En d'autres termes, si aucune valeur exacte n'est trouvée, la valeur immédiatement inférieure à `valeur_cherchée` est renvoyée. Si cet argument est `FAUX`, **RECHERCHEV** recherche une correspondance exacte. S'il n'en trouve pas, la valeur d'erreur #N/A est renvoyée.

	A	B	C	D	E	F
140						
141		**Nom**	**Prénom**	**N° tel.**		
142		FABRY	Olivier	0565777776		
143		FONTANIE	Patricia	0565777724		
144		LAFON	Jean-Marc	0565777723		
145		MARTY	François	0565777721		
146						
147						
148		Nom cherché				
149		LAFON				
150						
151		Prénom				
152		Jean-Marc	←	=RECHERCHEV(B149;B142:D145;2)		
153						
154		N°tel.				
155		0565777723	←	=RECHERCHEV(B149;B142:D145;3)		
156						

Figure 9.21 : La fonction RECHERCHEV

Les fonctions de texte

CHERCHE

Renvoie le numéro du caractère au niveau duquel un caractère spécifique ou une chaîne de caractères est initialement reconnue à partir du no_départ.

Syntaxe :   CHERCHE(texte_cherché;texte;no_départ)

texte_cherché   Texte que vous voulez trouver. Vous pouvez utiliser les caractères génériques, le point d'interrogation (?) et l'astérisque (*) dans l'argument texte_cherché. Un point d'interrogation correspond à un caractère unique quelconque et l'astérisque à une séquence de caractères quelconque. Si vous voulez trouver réellement un point d'interrogation ou un astérisque, saisissez un tilde (~) devant ce caractère.

Connaître les principales fonctions — Chapitre 9

texte   Texte comprenant la chaîne de caractères que vous voulez trouver.

no_départ   Numéro du caractère dans l'argument texte à partir duquel la recherche doit débuter. Cet argument est facultatif.

	A	B	C	D	E
13					
14	Microsoft Excel	11		=CHERCHE("Excel";A14)	
15	Microsoft Excel	11		=CHERCHE("EXCEL";A15)	
16	Micro Application	7		=CHERCHE("?pp";A16)	
17	Micro Application	#VALEUR!		=CHERCHE("?pp";A17;9)	
18					

Figure 9.22 : *La fonction CHERCHE*

> **REMARQUE** — **Distinction majuscules/minuscules**
> La fonction CHERCHE ne fait pas de distinction entre les majuscules et les minuscules lors de la recherche de texte.

CNUM

Convertit en nombre une chaîne de caractères représentant un nombre.

Syntaxe :   CNUM(texte)

texte   Texte placé entre guillemets ou référence à une cellule contenant le texte que vous voulez convertir.

	A	B	C	D	E
19					
20		12		=CNUM("12")	
21	TEXTE	#VALEUR!		=CNUM(A21)	
22	28/03/2002	37343		=CNUM(A22)	
23	1 000,00 €	1000		=CNUM(A23)	
24					

Figure 9.23 : *La fonction CNUM*

CTXT

Arrondit un nombre au nombre de décimales spécifié, lui applique le format décimal, à l'aide d'une virgule et d'espaces, et renvoie le résultat sous forme de texte.

Syntaxe :   CTXT(nombre;décimales;no_séparateur)

nombre   Nombre que vous voulez arrondir et convertir en texte.

décimales   Nombre de chiffres après la virgule.

no_séparateur   Valeur logique qui, lorsqu'elle est VRAI, permet d'éviter que des espaces soient insérés dans le texte renvoyé par **CTXT**.

	A	B	C	D	E
43					
44	15324,52689	15324,53		=CTXT(A44;2;VRAI)	
45	15324,52689	15 324,53		=CTXT(A45;2;FAUX)	
46	12 345,12 €	12 345,1		=CTXT(A46;1;FAUX)	
47	-1123,4545	-1 123,45		=CTXT(A47)	
48					

Figure 9.24 : La fonction CTXT

DROITE

Renvoie le(s) dernier(s) caractère(s) d'une chaîne de texte, en fonction du nombre de caractères spécifiés.

Syntaxe :   DROITE(texte;no_car)

texte   Chaîne de texte contenant les caractères à extraire.

no_car   Nombre de caractères à extraire à l'aide de la fonction **DROITE**.

	A	B	C	D	E	F
49						
50		Code article	Type article			
51		4578-PF	PF		=DROITE(B51;2)	
52		1247-SF	SF		=DROITE(B52;2)	
53		1789-MP	MP		=DROITE(B53;2)	
54		1459-PF	PF		=DROITE(B54;2)	
55						

Figure 9.25 : La fonction DROITE

EXACT

Compare deux chaînes de caractères et renvoie la valeur VRAI si elles sont identiques ou la valeur FAUX dans le cas contraire. **EXACT** respecte la casse (minuscules/majuscules) mais ne tient pas compte des différences de mise en forme.

Syntaxe :   EXACT(texte1;texte2)

texte1   Première chaîne de texte.

texte2   Seconde chaîne de texte.

	A	B	C	D	E	F
64						
65	Réponse saisie	Réponse attendue				
66	Pomme	Pomme	VRAI		=EXACT(A66;B66)	
67	abricot	Abricot	FAUX		=EXACT(A67;B67)	
68	pOIRE	Poire	FAUX		=EXACT(A68;B68)	
69	FRAISE	Fraise	FAUX		=EXACT(A69;B69)	
70						

Figure 9.26 : La fonction EXACT

GAUCHE

Renvoie le(s) premier(s) caractère(s) d'une chaîne de texte en fonction du nombre de caractères que vous spécifiez.

Syntaxe :   GAUCHE(texte;no_car)

texte   Chaîne de texte contenant les caractères à extraire.

no_car   Nombre de caractères que **GAUCHE** doit extraire.

	A	B	C	D	E	F
76						
77	Nom complet	Prénom				
78	Jean Dupond	Jean		=GAUCHE(A78;CHERCHE(" ";A78))		
79	Aline Martin	Aline		=GAUCHE(A79;CHERCHE(" ";A79))		
80	Jean-Paul Rouve	Jean-Paul		=GAUCHE(A80;CHERCHE(" ";A80))		
81	Jeanne Durand	Jeanne		=GAUCHE(A81;CHERCHE(" ";A81))		
82						

Figure 9.27 : La fonction GAUCHE

MAJUSCULE

Convertit un texte en majuscules.

Syntaxe : MAJUSCULE(texte)

texte   Texte que vous voulez convertir en caractères majuscules. L'argument texte peut être une référence ou une chaîne de caractères.

	A	B	C	D
83				
84	**Nom complet**	**Prénom**	**NOM**	
85	Jean Dupond	Jean	DUPOND	=MAJUSCULE(DROITE(A85;NBCAR(A85)-CHERCHE(" ";A85)))
86	Aline Martin	Aline	MARTIN	=MAJUSCULE(DROITE(A86;NBCAR(A86)-CHERCHE(" ";A86)))
87	Jean-Paul Rouve	Jean-Paul	ROUVE	=MAJUSCULE(DROITE(A87;NBCAR(A87)-CHERCHE(" ";A87)))
88	Jeanne Durand	Jeanne	DURAND	=MAJUSCULE(DROITE(A88;NBCAR(A88)-CHERCHE(" ";A88)))

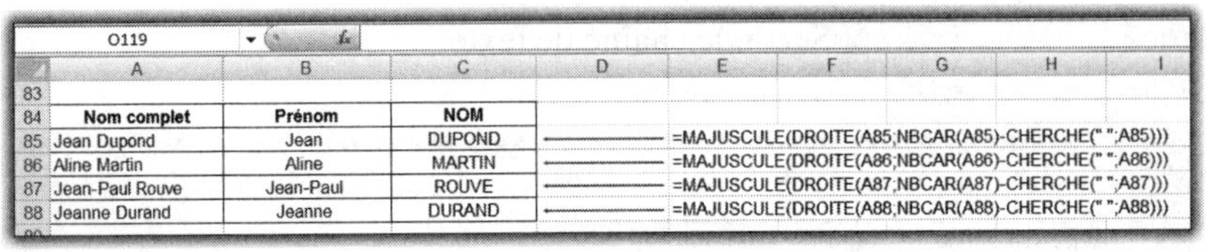

Figure 9.28 : La fonction MAJUSCULE

MINUSCULE

Convertit un texte en minuscules.

Syntaxe : MINUSCULE(texte)

texte   Texte que vous voulez convertir en caractères minuscules. L'argument texte peut être une référence ou une chaîne de caractères.

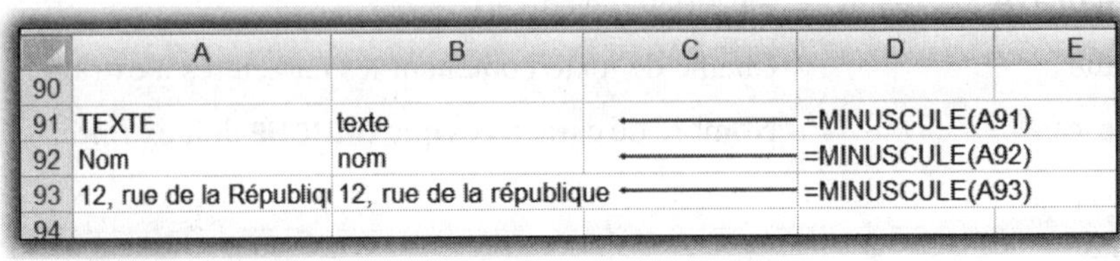

	A	B	C	D
90				
91	TEXTE	texte		=MINUSCULE(A91)
92	Nom	nom		=MINUSCULE(A92)
93	12, rue de la République	12, rue de la république		=MINUSCULE(A93)
94				

Figure 9.29 : La fonction MINUSCULE

NBCAR

Renvoie le nombre de caractères contenus dans une chaîne de texte. Les espaces sont comptés comme des caractères.

Syntaxe : NBCAR(texte)

texte   Texte dont vous souhaitez connaître la longueur.

Connaître les principales fonctions — Chapitre 9

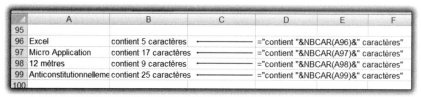

Figure 9.30 : La fonction NBCAR

REMPLACER

Remplace une chaîne de caractères par une autre, en fonction du nombre de caractères spécifiés.

Syntaxe : REMPLACER(ancien_texte;no_départ;no_car;nouveau_texte)

ancien_texte   Texte dont vous voulez remplacer un nombre donné de caractères.

no_départ   Place du premier caractère de la chaîne `ancien_texte` où le remplacement par `nouveau_texte` doit commencer.

no_car   Nombre de caractères d'`ancien_texte` que `nouveau_texte` doit remplacer à l'aide de **REMPLACER**.

nouveau_texte   Texte qui doit remplacer les caractères d'`ancien_texte`.

Figure 9.31 : La fonction REMPLACER

REPT

Répète un texte un certain nombre de fois.

Syntaxe : REPT(texte;no_fois)

texte — Texte à répéter.

no_fois — Nombre positif indiquant le nombre de fois que le texte doit être répété.

	A	B	C	D	E	F	G	H	I	J
116										
117	**Intitulé**	**Valeurs**	**Des histogrammes comme au bon vieux temps !!**							
118	Produit A	1400	**************					=REPT($C$126;ENT(B118/$C$125))		
119	Produit B	2500	*************************					=REPT($C$126;ENT(B119/$C$125))		
120	Produit C	1200	************					=REPT($C$126;ENT(B120/$C$125))		
121	Produit D	900	*********					=REPT($C$126;ENT(B121/$C$125))		
122	Produit E	1900	*******************					=REPT($C$126;ENT(B122/$C$125))		
123										

Figure 9.32 : *La fonction REPT*

STXT

Renvoie un nombre donné de caractères extraits d'une chaîne de texte à partir de la position que vous avez spécifiée, en fonction du nombre de caractères indiqués.

Syntaxe : STXT(texte;no_départ;no_car)

texte — Chaîne de texte contenant les caractères à extraire.

no_départ — Position dans le texte du premier caractère à extraire. Le premier caractère de texte a un `no_départ` égal à 1, et ainsi de suite.

no_car — Indique le nombre de caractères à extraire du texte.

	A	B	C	D	E	F
128						
129	**Désignation**	**Epaisseur**	**Longueur**	**Largeur**		
130	1,5x20x5000	1,5	5000	20		=STXT(A130;5;2)
131	2,0x30x4000	2,0	4000	30		=STXT(A131;5;2)
132	1,8x45x3000	1,8	3000	45		=STXT(A132;5;2)

Figure 9.33 : *La fonction STXT*

SUBSTITUE

Remplace l'argument `ancien_texte` par `nouveau_texte` dans une chaîne de caractères.

Connaître les principales fonctions — Chapitre 9

Syntaxe :	SUBSTITUE(texte;ancien_texte;nouveau_texte;no_position)
texte	Texte ou référence à une cellule contenant le texte dont vous voulez remplacer certains caractères.
ancien_texte	Texte à remplacer.
nouveau_texte	Texte qui doit remplacer `ancien_texte`.
no_position	Spécifie l'occurrence de `ancien_texte` que vous souhaitez remplacer par `nouveau_texte`. Si vous spécifiez `no_position`, seule l'occurrence correspondante de `ancien_texte` est remplacée. Sinon, toutes les occurrences de `ancien_texte` dans texte sont remplacées par `nouveau_texte`.

	A	B	C	D	E	F	G	H
138								
139		Notre article YZ125 est très performant.De plus, le prix de notre article YZ125 est très modique....						
140								
141		Ancien article:	YZ125					
142		Nouvel article:	YZ250					
143								
144		Notre article YZ250 est très performant.De plus, le prix de notre article YZ250 est très modique....						
145								
146								
147		=SUBSTITUE(B139;C141;C142)						
148								

Figure 9.34 : La fonction SUBSTITUE

SUPPRESPACE

Supprime tous les espaces de texte à l'exception des espaces simples entre les mots.

Syntaxe :	SUPPRESPACE(texte)
texte	Texte dont vous voulez supprimer les espaces.

	A	B	C	D	E
149					
150	**Texte saisi**	**Texte "nettoyé"**			
151	Michel Martin	Michel Martin			=SUPPRESPACE(A151)
152	Aline Durand	Aline Durand			=SUPPRESPACE(A152)
153	Jean- Paul Rouve	Jean- Paul Rouve			=SUPPRESPACE(A153)
154	Maurice Barthélém	Maurice Barthélémy			=SUPPRESPACE(A154)

Figure 9.35 : La fonction SUPPRESPACE

TEXTE

Convertit une valeur en texte selon un format de nombre spécifique.

Syntaxe :	TEXTE(valeur;format_texte)
valeur	Valeur numérique, formule dont le résultat est une valeur numérique ou une référence à une cellule contenant une valeur numérique.
format_texte	Format de nombre sous forme de texte défini dans la zone *Catégorie* située sous l'onglet **Nombre** de la boîte de dialogue **Format de cellule**.

	A	B	C	D	E	F
162						
163		21/09/06		=TEXTE(AUJOURDHUI();"jj/mm/aa")		
164		jeudi 21/09/2006		=TEXTE(AUJOURDHUI();"jjjj jj/mm/aaaa")		
165	1598745,459	1 598 745,46		=TEXTE(A165;"# ##0,00")		
166	123	123,00 €		=TEXTE(A166;"# ##0,00\ €")		
167						

Figure 9.36 : *La fonction TEXTE*

TROUVE

Recherche une chaîne de caractères (texte_cherché) au sein d'une autre chaîne de caractères (texte) et renvoie le numéro de départ de l'argument **texte_cherché**, à partir du premier caractère du texte.

Syntaxe :	TROUVE(texte_cherché;texte;no_départ)
texte_cherché	Texte que vous voulez trouver.
texte	Texte qui contient celui que vous recherchez.
no_départ	Caractère à partir duquel commencer la recherche. Le premier caractère de l'argument texte est le caractère numéro 1. Si l'argument no_départ est omis, la valeur par défaut est 1.

	A	B	C	D	E
168					
169	Microsoft Excel	11		=TROUVE("Excel";A169)	
170	Microsoft Excel	#VALEUR!		=TROUVE("EXCEL";A170)	
171	Micro Application	7		=TROUVE("App";A171)	
172	Micro Application	#VALEUR!		=TROUVE("app";A172)	
173					

Figure 9.37 : *La fonction TROUVE*

Connaître les principales fonctions — Chapitre 9

> **Distinction majuscules/minuscules**
> La fonction TROUVE établit une distinction entre les majuscules et les minuscules lors de la recherche de texte.

Les fonctions de date et heure

ANNEE

Renvoie l'année correspondant à une date. L'année est renvoyée sous la forme d'un nombre entier dans la plage 1900-9999.

Syntaxe : ANNEE(numéro_de_série)

numéro_de_série   Numéro de série de la date dont vous voulez trouver l'année.

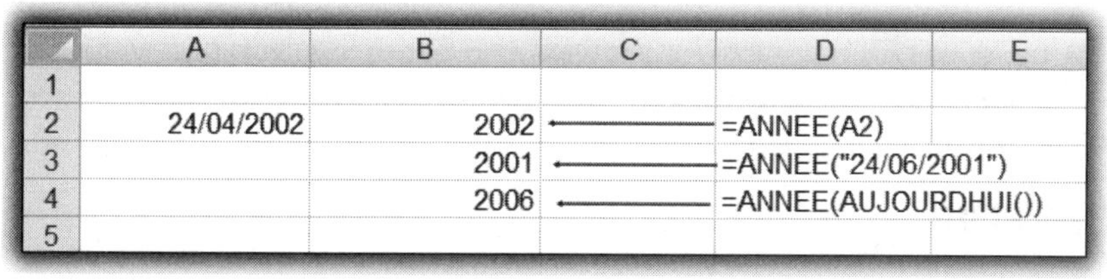

	A	B	C	D	E
1					
2	24/04/2002	2002	←	=ANNEE(A2)	
3		2001	←	=ANNEE("24/06/2001")	
4		2006	←	=ANNEE(AUJOURDHUI())	
5					

Figure 9.38 : La fonction ANNEE

AUJOURDHUI

Renvoie le numéro de série de la date en cours.

Syntaxe : AUJOURDHUI( )

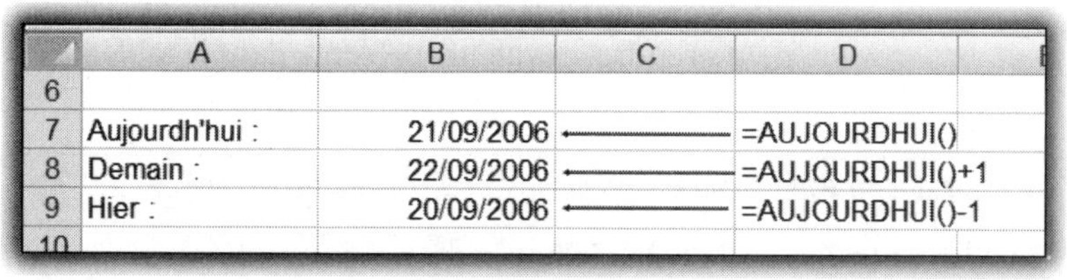

	A	B	C	D
6				
7	Aujourdh'hui :	21/09/2006	←	=AUJOURDHUI()
8	Demain :	22/09/2006	←	=AUJOURDHUI()+1
9	Hier :	20/09/2006	←	=AUJOURDHUI()-1
10				

Figure 9.39 : La fonction AUJOURDHUI

DATE

Renvoie le numéro de série séquentiel qui représente une date particulière.

Syntaxe :   DATE(année,mois,jour)

année   Argument pouvant compter entre un et quatre chiffres. Excel interprète l'argument année en fonction du système de dates que vous utilisez.

mois   Nombre représentant le mois de l'année.

jour   Nombre représentant le jour du mois.

	A	B	C	D	E	F
12						
13	Commande:		Année:	2006		
14			Mois:	9		
15			Jour:	12		
16						
17	Délai de livraison:			15		
18						
19	Date de livraison :			27/09/2006	←	=DATE(C14;C15;C16)+C18
20						

Figure 9.40 : *La fonction DATE*

DATEDIF

Calcule la différence entre deux dates en années, mois et jours.

Syntaxe :   DATEDIF(date_début;date_fin;unité)

date_début   Date de début.

date_fin   Date de fin.

unité   Indique en quelle unité doit être calculée la différence entre les deux dates. L'argument unité peut prendre les valeurs présente dans le tableau suivant.

Tableau 9.8 : *Valeurs possibles pour l'argument unité*

Valeur de l'argument	Signification
y	Différence en années
m	Différence en mois

Connaître les principales fonctions — Chapitre 9

Tableau 9.8 : *Valeurs possibles pour l'argument unité*

Valeur de l'argument	Signification
d	Différence en jours
ym	Différence en mois, une fois les années soustraites
yd	Différence en jours, une fois les années soustraites
md	Différence en jours, une fois les années et les mois soustraits

	A	B	C	D	E	F	G
144							
145	Date d'entrée :	23/05/1995					
146	Date du jour :	21/09/2006					
147							
148	Ancienneté :	11	ans	3	mois	28	jours
149							
150							
151		=DATEDIF(B145;B146;"y")				=DATEDIF(B145;B146;"md")	
152							
153				=DATEDIF(B145;B146;"ym")			
154							
155							

Figure 9.41 : La fonction DATEDIF

> **REMARQUE — Particularité de cette fonction**
> Cette fonction n'apparaît pas dans la liste des fonctions de la boîte de dialogue **Insérer une fonction**.

FIN.MOIS

Renvoie le numéro de série du dernier jour du mois précédant ou suivant `date_départ` du nombre de mois indiqué.

Syntaxe :	FIN.MOIS(date_départ;mois)
date_départ	Date de début.
mois	Nombre de mois avant ou après `date_départ`. Une valeur de mois positive donne une date future. Une valeur négative donne une date passée.

	A	B	C	D	E	F	G
28							
29			Date facture:	25/02/2006			
30							
31			Règlement 30 jours nets:	27/03/2006		=+D29+30	
32			Règlement 30 jours fin de mois :	31/03/2006		=FIN.MOIS(D29+30;0)	
33			Règlement 30 jours fin de mois le 10 :	10/04/2006		=FIN.MOIS(D29+30;0)+10	

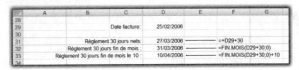

Figure 9.42 : *La fonction FIN.MOIS*

HEURE

Renvoie l'heure correspondant à la valeur de l'heure. L'heure est un nombre entier compris entre 0 (12:00 AM) et 23 (11:00 PM).

Syntaxe : HEURE(numéro_de_série)

numéro_de_série Code de temps contenant l'heure que vous voulez trouver. Les codes de temps peuvent être saisis sous la forme de chaînes de caractères entre guillemets (par exemple, "6:45 PM"), de caractères décimaux (par exemple, 0,78125, qui représente 6:45 PM) ou de résultats d'autres formules ou fonctions, TEMPSVAL("6:45 PM")).

	A	B	C	D	E
44					
45		16		=HEURE(MAINTENANT())	
46					
47	27/04/2006 09:45	9		=HEURE(A47)	

Figure 9.43 : *La fonction HEURE*

JOUR

Renvoie le jour du mois correspondant à l'argument `numéro_de_série`. Ce jour est représenté sous la forme d'un nombre entier compris entre 1 et 31.

Syntaxe : JOUR(numéro_de_série)

numéro_de_série Code de date du jour que vous voulez rechercher.

	A	B	C	D	E
49					
50		21		=JOUR(MAINTENANT())	
51					
52	27/04/2006 09:45	27		=JOUR(A52)	
53					

Figure 9.44 : *La fonction JOUR*

JOURSEM

Renvoie le jour de la semaine correspondant à une date. Par défaut, le jour est donné sous forme d'un nombre entier compris entre 0 et 7.

Syntaxe :	JOURSEM(numéro_de_série;type_retour)
numéro_de_série	Numéro séquentiel représentant la date du jour que vous cherchez.
type_retour	Chiffre qui détermine le type d'information que la fonction renvoie.

Tableau 9.9 : Liste des valeurs possibles pour type_retour

Valeur de type_retour	Chiffre renvoyé
1 ou omis	Chiffre compris entre 1 (dimanche) et 7 (samedi)
2	Chiffre compris entre 1 (lundi) et 7 (dimanche)
3	Chiffre compris entre 0 (lundi) et 6 (dimanche)

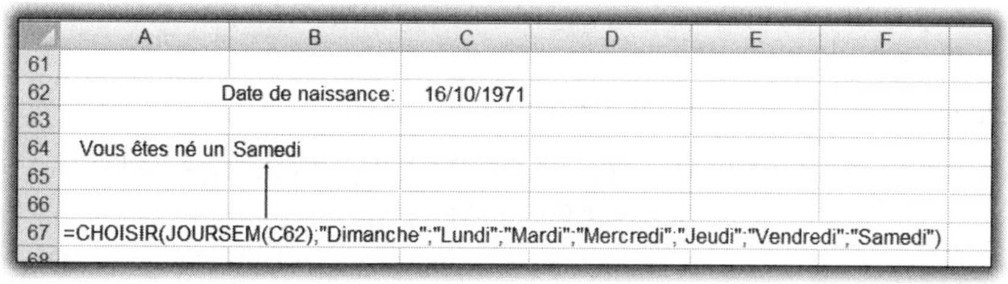

	A	B	C	D	E	F
61						
62		Date de naissance:	16/10/1971			
63						
64	Vous êtes né un	Samedi				
65						
66						
67	=CHOISIR(JOURSEM(C62);"Dimanche";"Lundi";"Mardi";"Mercredi";"Jeudi";"Vendredi";"Samedi")					

Figure 9.45 : La fonction JOURSEM

MAINTENANT

Donne le numéro de série de la date et de l'heure en cours.

Syntaxe : MAINTENANT()

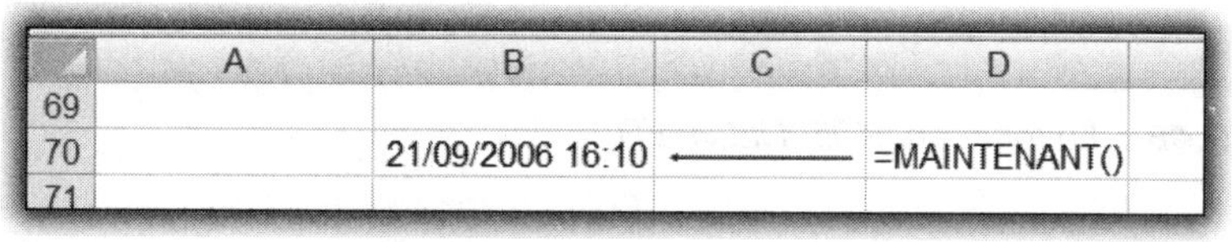

	A	B	C	D
69				
70		21/09/2006 16:10	←	=MAINTENANT()
71				

Figure 9.46 : La fonction MAINTENANT

MOIS

Renvoie le mois d'une date représentée par un argument `numéro_de_série`. Le mois est donné sous la forme d'un nombre entier compris entre 1 (janvier) et 12 (décembre).

Syntaxe :   MOIS(numéro_de_série)

numéro_de_série   Code de date du mois que vous voulez trouver.

	A	B	C	D	E
77					
78			9	=MOIS(MAINTENANT())	
79					
80	27/04/2006 09:45		4	=MOIS(A80)	
81					

Figure 9.47 : La fonction MOIS

MOIS.DECALER

Renvoie le numéro de série qui représente la date correspondant à une date spécifiée (l'argument `date_départ`), corrigée en plus ou en moins du nombre de mois indiqué.

Syntaxe :   MOIS.DECALER(date_départ;mois)

date_départ   Date qui définit la date à partir de laquelle le décalage doit s'appliquer.

mois   Nombre de mois avant ou après `date_départ`. Une valeur de mois positive donne une date future, tandis qu'une valeur négative donne une date passée.

	A	B	C	D	E	F	G
82							
83		Date du jour :	21/09/2006				
84		Un mois plus tard :	21/10/2006		=MOIS.DECALER(C83;1)		
85		Deux mois plus tard :	21/11/2006		=MOIS.DECALER(C83;2)		
86		Un mois plus tôt :	21/08/2006		=MOIS.DECALER(C83;-1)		
87							

Figure 9.48 : La fonction MOIS.DECALER

NB.JOURS.OUVRES

Renvoie le nombre de jours ouvrés entiers compris entre date_début et date_fin. Les jours ouvrés excluent les fins de semaine et toutes les dates identifiées comme des jours fériés.

Syntaxe :	NB.JOURS.OUVRES(date_début;date_fin;jours_fériés)
date_début	Date de début.
date_fin	Date de fin.
jours_fériés	Une plage facultative d'une ou de plusieurs dates à exclure du calendrier des jours de travail, comme les jours fériés ou d'autres jours contractuellement chômés.

	A	B	C	D	E
88					
89			Date début:	01/05/2006	
90			Date fin :	31/05/2006	
91					
92		Nombre de jours ouvrés dans la période :		20	
93					
94	Jours fériés				
95	01/01/2006		=NB.JOURS.OUVRES(D89;D90;A95:A105)		
96	01/04/2006				
97	01/05/2006				
98	08/05/2006				
99	09/05/2006				
100	20/05/2006				
101	14/07/2006				
102	15/08/2006				
103	01/11/2006				
104	11/11/2006				
105	25/12/2006				

Figure 9.49 : La fonction NB.JOURS.OUVRES

NO.SEMAINE

Renvoie le numéro d'ordre de la semaine dans l'année.

Syntaxe :	NO.SEMAINE(numéro_de_série;méthode)
numéro_de_série	Date de la semaine.

méthode Détermine quel jour est considéré comme le début de la semaine. La valeur par défaut est 1.

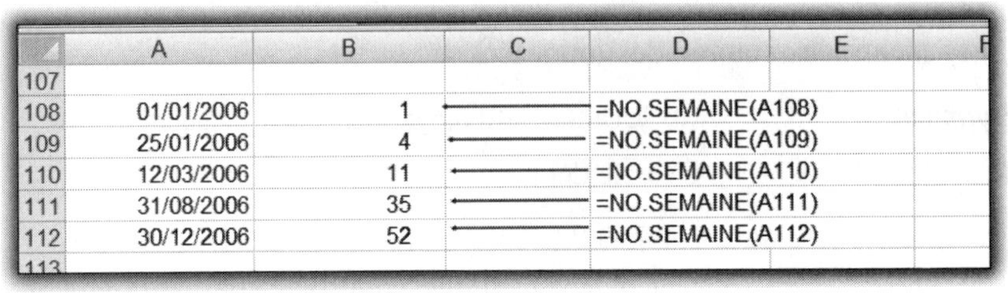

	A	B	C	D	E
107					
108	01/01/2006	1		=NO.SEMAINE(A108)	
109	25/01/2006	4		=NO.SEMAINE(A109)	
110	12/03/2006	11		=NO.SEMAINE(A110)	
111	31/08/2006	35		=NO.SEMAINE(A111)	
112	30/12/2006	52		=NO.SEMAINE(A112)	

Figure 9.50 : *La fonction NO.SEMAINE*

Les fonctions d'information

ESTLOGIQUE

Renvoie la valeur VRAI si l'argument fait référence à une valeur logique.

Syntaxe :   ESTLOGIQUE(valeur)

valeur   Valeur que vous voulez tester.

ESTNONTEXTE

Renvoie la valeur VRAI si l'argument fait référence à tout élément qui n'est pas du texte. (Cette fonction renvoie la valeur VRAI si l'argument valeur fait référence à une cellule vide.)

Syntaxe :   ESTNONTEXTE(valeur)

valeur   Valeur que vous voulez tester.

ESTNUM

Renvoie la valeur VRAI si l'argument fait référence à un nombre.

Syntaxe :   ESTNUM(valeur)

valeur   Valeur que vous voulez tester.

ESTREF

Renvoie la valeur VRAI si l'argument renvoie à une référence de cellule ou de plage de cellules.

Syntaxe : ESTREF(valeur)

valeur   Valeur que vous voulez tester.

Si vous utilisez, en tant qu'argument pour une fonction (par exemple la fonction MOYENNE), une plage de cellules du type DECALER (A1:B350;C1;D1), selon la valeur des arguments de décalage, il se peut que la plage résultante "sorte" de la feuille de calcul (colonne supérieure à IV ou ligne supérieure à 65 536, colonne inférieure à A ou ligne inférieure à 1), c'est-à-dire ne soit pas une référence valide. Dans ce cas, la fonction qui l'utilise en tant qu'argument renverra la valeur d'erreur #REF!. Pour éviter cela, utilisez la formule suivante :
=SI(ESTREF(DECALER(A1:B350;C1;D1));MOYENNE(DECALER(A1:B350; ⌦ C1;D1));"")

ESTTEXTE

Renvoie la valeur VRAI si l'argument fait référence à du texte.

Syntaxe : ESTTEXTE(valeur)

valeur   Valeur que vous voulez tester.

ESTVIDE

Renvoie la valeur VRAI si l'argument fait référence à une cellule vide.

Syntaxe : ESTVIDE(valeur)

valeur   Valeur que vous voulez tester.

ESTERR

Renvoie la valeur VRAI si l'argument fait référence à une des valeurs d'erreur, à l'exception de #N/A.

Syntaxe : ESTERR(valeur)

valeur   Valeur que vous voulez tester.

Chapitre 9 — Utiliser les fonctions

ESTERREUR

Renvoie la valeur VRAI si l'argument fait référence à une des valeurs d'erreur (#N/A, #VALEUR!, #REF!, #DIV/0!, #NOMBRE!, #NOM? ou #NUL!).

Syntaxe : ESTEREURR(valeur)

valeur   Valeur que vous voulez tester.

ESTNA

Renvoie la valeur VRAI si l'argument fait référence à la valeur d'erreur #N/A (valeur non disponible).

Syntaxe : ESTNA(valeur)

valeur   Valeur que vous voulez tester.

Les fonctions mathématiques

ARRONDI

Arrondit un nombre au nombre de chiffres indiqué.

Syntaxe : ARRONDI(nombre;no_chiffres)

nombre   Nombre à arrondir.

no_chiffres   Nombre de chiffres auquel vous voulez arrondir nombre.

	A	B	C	D
89				
90	Francs	Euros		
91	94,82	14,46		=ARRONDI(A91/6,55957;2)
92				
93	Autes exemples			
94	182,205	200		=ARRONDI(A94;-2)
95	182,205	180		=ARRONDI(A95;-1)
96	182,205	182		=ARRONDI(A96;0)
97	182,205	182,2		=ARRONDI(A97;1)
98	182,205	182,21		=ARRONDI(A98;2)
99				

Figure 9.51 : La fonction ARRONDI

ARRONDI.AU.MULTIPLE

Donne l'arrondi d'un nombre au multiple spécifié.

Syntaxe : ARRONDI.AU.MULTIPLE(nombre;multiple)

nombre Nombre à arrondir.

multiple Multiple auquel vous souhaitez arrondir nombre.

ARRONDI.AU.MULTIPLE arrondit en s'éloignant de zéro, si le reste de la division de nombre par multiple est supérieur ou égal à la moitié de la valeur de multiple.

	A	B	C	D	E	F	G	H
101	Besoin brut	Taille de lot	Quantité arrondie					
102	130	25	125		=ARRONDI.AU.MULTIPLE(A102;B102)			
103	98	10	100		=ARRONDI.AU.MULTIPLE(A103;B103)			
104	22	5	20		=ARRONDI.AU.MULTIPLE(A104;B104)			
105	216	14	210		=ARRONDI.AU.MULTIPLE(A105;B105)			
106								
107			Quantité à commander					
108			150		=SI(C102<A102;C102+B102;C102)			
109			100		=SI(C103<A103;C103+B103;C103)			
110			25		=SI(C104<A104;C104+B104;C104)			
111			224		=SI(C105<A105;C105+B105;C105)			

Figure 9.52 : La fonction ARRONDI.AU.MULTIPLE

ARRONDI.INF

Arrondit un nombre en tendant vers zéro.

Syntaxe : ARRONDI.INF(nombre;no_chiffres)

nombre Nombre réel quelconque à arrondir en tendant vers zéro.

no_chiffres Nombre de chiffres à prendre en compte pour arrondir l'argument nombre.

	A	B	C	D	E
113					
114	182,29	100		=ARRONDI.INF(A114;-2)	
115	182,29	180		=ARRONDI.INF(A115;-1)	
116	182,29	182		=ARRONDI.INF(A116;0)	
117	182,29	182,2		=ARRONDI.INF(A117;1)	

Figure 9.53 : La fonction ARRONDI.INF

ARRONDI.SUP

Arrondit un nombre en s'éloignant de zéro.

Syntaxe :   ARRONDI.SUP(nombre;no_chiffres)

nombre   Nombre réel quelconque à arrondir en s'éloignant de zéro.

no_chiffres   Nombre de chiffres à prendre en compte pour arrondir l'argument nombre.

	A	B	C	D	E
119					
120	182,29	200			=ARRONDI.SUP(A120;-2)
121	182,29	190			=ARRONDI.SUP(A121;-1)
122	182,29	183			=ARRONDI.SUP(A122;0)
123	182,29	182,3			=ARRONDI.SUP(A123;1)
124					

Figure 9.54 : La fonction ARRONDI.SUP

REMARQUE **Méthode d'arrondi**

Si l'argument no_chiffres est supérieur à 0 (zéro), le nombre est arrondi à la valeur immédiatement supérieure (ou inférieure pour les nombres négatifs) et comporte le nombre de décimales spécifiées.

Si l'argument no_chiffres est égal à 0 ou omis, le nombre est arrondi au nombre entier immédiatement supérieur.

Si l'argument no_chiffres est inférieur à 0, le nombre est arrondi à la valeur immédiatement supérieure (ou inférieure si négative) par incrémentations de 10, 100, etc., en fonction de la valeur de no_chiffres.

DETERMAT

Donne le déterminant d'une matrice.

Syntaxe :   DETERMAT(matrice)

matrice   Matrice numérique comprenant un nombre égal de lignes et de colonnes.

Connaître les principales fonctions — Chapitre 9

	A	B	C	D	E
306					
307		12	1	15	45
308		8	23	47	32
309		10	8	5	22
310		78	15	41	66
311					
312					
313		874602 ←	=DETERMAT(B307:E310)		
314					

Figure 9.55 : La fonction DETERMAT

ENT

Arrondit un nombre à l'entier immédiatement inférieur.

Syntaxe :   ENT(nombre)

nombre   Nombre réel que vous souhaitez arrondir au nombre entier immédiatement inférieur.

	A	B	C	D	E	F	G
316	Surface couverte par un pot de peinture :			5	m²		
317							
318	Surface à peindre :			48	m²		
319							
320	Nombre "théorique" de pots :			9,6	←	=+D318/D316	
321							
322	Nombre de pots à acheter :			10	←	=ENT(D320)+1	

Figure 9.56 : La fonction ENT

INVERSEMAT

Renvoie la matrice inverse de la matrice spécifiée.

Syntaxe :   INVERSEMAT(matrice)

matrice   Matrice numérique comprenant un nombre égal de lignes et de colonnes.

	A	B	C	D	E	F	G	H
377								
378		1	-1	1				
379		1	1	1				
380		1	2	3				
381								
382								
383		0,25	1,25	-0,5				
384		-0,5	0,5	0	←	{=INVERSEMAT(B378:D380)}		
385		0,25	-0,75	0,5				
386								
387								

Figure 9.57 : La fonction INVERSEMAT

MOD

Renvoie le reste de la division de l'argument nombre par l'argument diviseur. Le résultat est du même signe que le diviseur.

Syntaxe : MOD(nombre;diviseur)

nombre   Nombre à diviser pour obtenir le reste.

diviseur Nombre par lequel vous souhaitez diviser le nombre.

	A	B	C	D	E	F
423						
424		Nombre de jours:	100			
425						
426		Nombre de semaines :	14	semaines et	2	jours
427						
428						
429			=ENT(C424/7)		=MOD(C424;7)	

Figure 9.58 : La fonction MOD

PLAFOND

Renvoie l'argument nombre après l'avoir arrondi au multiple de l'argument précision en s'éloignant de zéro.

Syntaxe : PLAFOND(nombre;précision)

nombre   Valeur à arrondir.

précision Multiple auquel vous souhaitez arrondir.

	A	B	C	D	E	F
467						
468	Besoin brut	Taille de lot	Quantité arrondie			
469	130	25	150		=PLAFOND(A469;B469)	
470	98	10	100		=PLAFOND(A470;B470)	
471	22	5	25		=PLAFOND(A471;B471)	
472	216	14	224		=PLAFOND(A472;B472)	

Figure 9.59 : La fonction PLAFOND

PLANCHER

Arrondit l'argument nombre au multiple de l'argument précision immédiatement inférieur (tendant vers zéro).

Syntaxe : PLANCHER(nombre;précision)

nombre   Valeur à arrondir.

précision   Multiple auquel vous souhaitez arrondir.

	A	B	C	D	E	F	G	H
474								
475		Francs	Euro	Prix "plafond"	Prix "plancher"			
476		100,00 F	15,24 €	15,25 €	15,20 €		=PLANCHER(C476;0,05)	
477		150,00 F	22,87 €	22,90 €	22,85 €		=PLANCHER(C477;0,05)	
478		200,00 F	30,49 €	30,50 €	30,45 €		=PLANCHER(C478;0,05)	
479		300,00 F	45,73 €	45,75 €	45,70 €		=PLANCHER(C479;0,05)	
480		500,00 F	76,22 €	76,25 €	76,20 €		=PLANCHER(C480;0,05)	
481								

Figure 9.60 : La fonction PLANCHER

PRODUITMAT

Calcule le produit de deux matrices. Le résultat est une matrice comprenant le même nombre de lignes que matrice1 et le même nombre de colonnes que matrice2.

Syntaxe : PRODUITMAT(matrice1;matrice2)

matrice1,matrice2   Matrices dont vous souhaitez obtenir le produit.

	A	B	C	D	E	F	G	H	I	J
492										
493	1	2	3		3	1		10	14	
494	4	5	6	X	2	2	=	28	32	
495	7	8	9		1	3		46	50	
496	10	11	12					64	68	
497										
498										
499								{=PRODUITMAT(A493:C496;E493:F495)}		

Figure 9.61 : La fonction PRODUITMAT

SOMME

Additionne tous les nombres contenus dans une plage de cellules.

Syntaxe : SOMME(nombre1;nombre2;...)

nombre1,nombre2... 1 à 30 arguments dont vous voulez calculer la valeur totale ou somme.

Chapitre 9 — Utiliser les fonctions

	A	B	C	D	E	F
595						
596		Secteur	CA			
597		Ouest	15 425,00 €			
598		Est	5 423,00 €			
599		Nord	8 975,00 €			
600		Sud	4 568,00 €			
601		Total	34 391,00 €	←———	=SOMME(C597:C600)	

Figure 9.62 : La fonction SOMME

SOMME.SI

Additionne des cellules spécifiées si elles répondent à un critère donné.

Syntaxe : SOMME.SI(plage;critère;somme_plage)

plage — Plage de cellules sur lesquelles le critère s'applique.

critère — Critère, sous forme de nombre, d'expression ou de texte, définissant les cellules à additionner.

somme_plage — Cellules à additionner.

	A	B	C	D	E	F	G	H
624								
625		Commercial	Secteur	CA				
626		DUPOND	Ouest	15 425,00 €				
627		DURAND	Est	5 423,00 €				
628		MARTIN	Est	8 975,00 €				
629		PASCAL	Ouest	4 568,00 €				
630								
631		Secteur :	Ouest					
632		CA :	19 993,00 €	←———	=SOMME.SI(C626:C629;"="&C631;D626:D629)			

Figure 9.63 : La fonction SOMME.SI

SOMMEPROD

Multiplie les valeurs correspondantes des matrices spécifiées et calcule la somme de ces produits.

Syntaxe : SOMMEPROD(matrice1;matrice2;matrice3;...)

matrice1,matrice2,... — 2 à 30 matrices dont vous voulez multiplier les valeurs pour ensuite additionner leur produit.

Connaître les principales fonctions — Chapitre 9

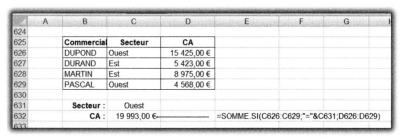

Figure 9.64 : *La fonction SOMMEPROD*

TRONQUE

Tronque un nombre en supprimant la partie décimale de ce nombre, de sorte que la valeur renvoyée par défaut soit un nombre entier.

Syntaxe : TRONQUE(nombre;no_chiffres)

nombre   Nombre à tronquer.

no_chiffres   Nombre de décimales apparaissant à droite de la virgule après que le chiffre a été tronqué. La valeur par défaut de `no_chiffres` est 0 (zéro).

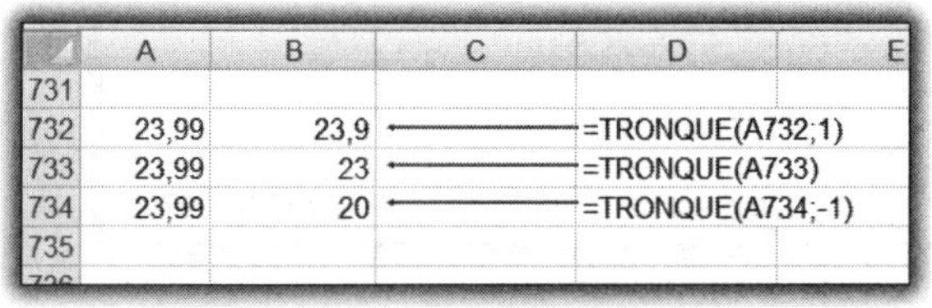

Figure 9.65 : *La fonction TRONQUE*

Les fonctions statistiques

GRANDE.VALEUR

Renvoie la k-ième plus grande valeur d'une série de données.

Syntaxe : GRANDE.VALEUR(matrice;k)

matrice   Matrice ou plage de données dans laquelle vous recherchez la k-ième plus grande valeur.

k   Rang de la donnée à renvoyer, déterminé à partir de la valeur la plus grande.

Chapitre 9 — Utiliser les fonctions

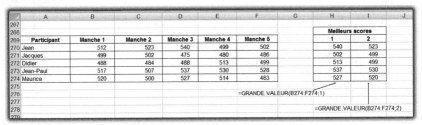

Figure 9.66 : *La fonction GRANDE.VALEUR*

MAX

Renvoie le plus grand nombre de la série de valeurs.

Syntaxe : MAX(nombre1;nombre2;...)

nombre1 ;nombre2... 1 à 30 nombres parmi lesquels vous souhaitez trouver la valeur la plus grande.

	A	B	C	D
574				
575	**Commercial**	**CA**		
576	Jean	15 000 €		
577	Jacques	25 000 €		
578	Paul	17 000 €		
579	Pierre	19 000 €		
580				
581	**Meilleur chiffre**	**25 000 €**		=MAX(B576:B579)

Figure 9.67 : *La fonction MAX*

MEDIANE

Renvoie la valeur médiane des nombres. La médiane est la valeur située au centre d'un ensemble de nombres. En d'autres termes, les nombres appartenant à la première moitié de l'ensemble ont une valeur inférieure à la médiane, tandis que ceux appartenant à l'autre moitié ont une valeur supérieure à la médiane.

Syntaxe : MEDIANE(nombre1;nombre2;...)

nombre1 ;nombre2... 1 à 30 nombres dont vous souhaitez obtenir la médiane.

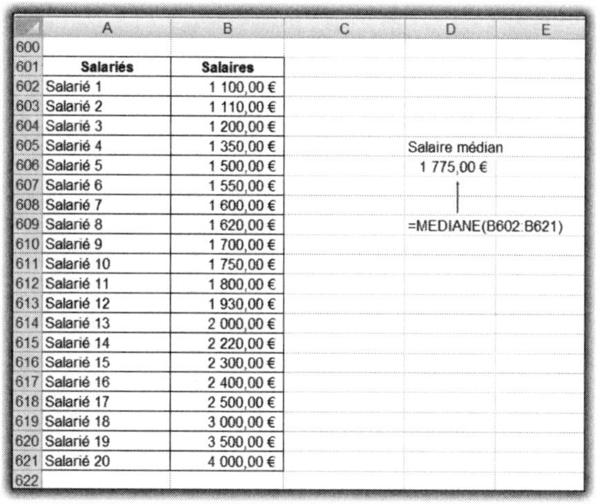

Connaître les principales fonctions — Chapitre 9

Figure 9.68 :
La fonction MEDIANE

MIN

Renvoie le plus petit nombre de la série de valeurs.

Syntaxe : MIN(nombre1;nombre2;...)

nombre1 ;nombre2... 1 à 30 nombres parmi lesquels vous souhaitez trouver la valeur minimale.

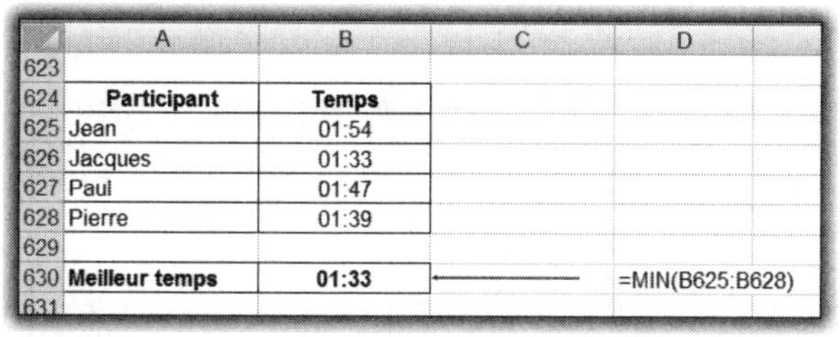

Figure 9.69 : *La fonction MIN*

MODE

Renvoie la valeur la plus fréquente ou la plus répétitive dans une matrice ou une plage de données.

Syntaxe : MODE(nombre1;nombre2;...)

nombre1 ;nombre2... 1 à 30 arguments dont vous souhaitez déterminer le mode. Vous pouvez également utiliser une matrice unique ou une référence à une matrice, au lieu d'arguments séparés par des points-virgules.

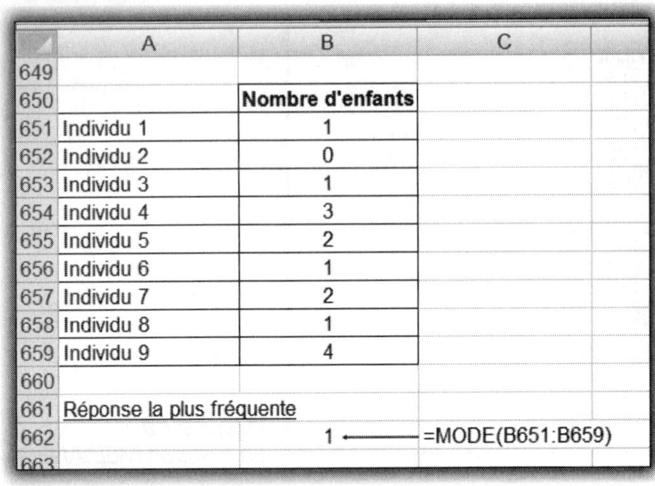

Chapitre 9 — Utiliser les fonctions

	A	B	C
649			
650		**Nombre d'enfants**	
651	Individu 1	1	
652	Individu 2	0	
653	Individu 3	1	
654	Individu 4	3	
655	Individu 5	2	
656	Individu 6	1	
657	Individu 7	2	
658	Individu 8	1	
659	Individu 9	4	
660			
661	Réponse la plus fréquente		
662		1 ←	=MODE(B651:B659)

Figure 9.70 : La fonction MODE

MOYENNE

Renvoie la moyenne (arithmétique) des arguments.

Syntaxe :   MOYENNE(nombre1;nombre2;...)

nombre1 ;nombre2...   1 à 30 arguments numériques dont vous voulez obtenir la moyenne.

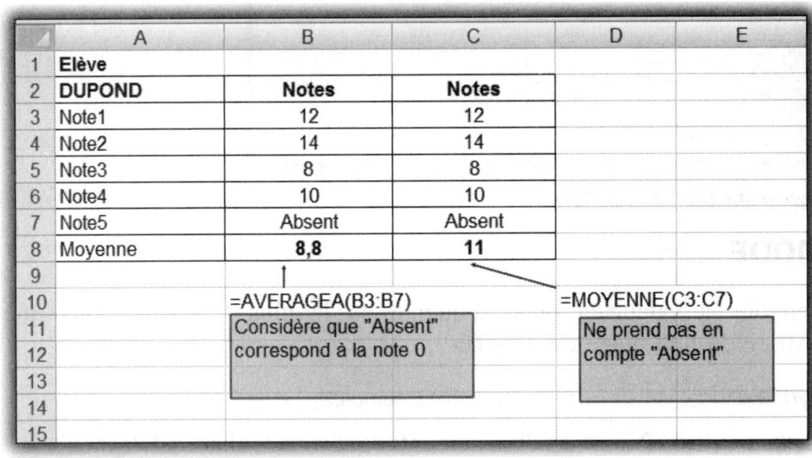

	A	B	C	D	E
1	Elève				
2	DUPOND	**Notes**	**Notes**		
3	Note1	12	12		
4	Note2	14	14		
5	Note3	8	8		
6	Note4	10	10		
7	Note5	Absent	Absent		
8	Moyenne	**8,8**	**11**		
9		↑			
10		=AVERAGEA(B3:B7)		=MOYENNE(C3:C7)	
11		Considère que "Absent"		Ne prend pas en	
12		correspond à la note 0		compte "Absent"	
13					
14					
15					

Figure 9.71 : La fonction MOYENNE

Connaître les principales fonctions — Chapitre 9

MOYENNE.GEOMETRIQUE

Renvoie la moyenne géométrique d'une matrice ou d'une plage de données positives.

Syntaxe : MOYENNE.GEOMETRIQUE(nombre1;nombre2;...)

nombre1 ;nombre2... 1 à 30 arguments dont vous souhaitez calculer la moyenne. Vous pouvez aussi utiliser une matrice ou une référence à une matrice plutôt que des arguments séparés par des points-virgules.

	A	B	C	D	E	F
664						
665		2002	2003	2004	2005	
666	Chiffre d'affaires	97 000 €	127 000 €	150 000 €	167 000 €	
667	Evolution		30,93%	18,11%	11,33%	
668						
669	Taux de croissance annuel moyen					
670		19,85%	=MOYENNE.GEOMETRIQUE(1+C667;1+D667;1+E667)-1			

Figure 9.72 : La fonction MOYENNE.GEOMETRIQUE

MOYENNE.HARMONIQUE

Renvoie la moyenne harmonique d'une série de données. La moyenne harmonique est l'inverse de la moyenne arithmétique des inverses des observations.

Syntaxe : MOYENNE.HARMONIQUE(nombre1;nombre2;...)

nombre1 ;nombre2... 1 à 30 arguments dont vous souhaitez calculer la moyenne. Vous pouvez aussi utiliser une matrice ou une référence à une matrice plutôt que des arguments séparés par des points-virgules.

	A	B	C
672			
673	Vitesse à l'aller :	60	km/h
674	Vitesse au retour :	90	km/h
675			
676	Vitesse moyenne :	72	km/h
677			
678		=MOYENNE.HARMONIQUE(B673;B674)	

Figure 9.73 : La fonction MOYENNE.HARMONIQUE

Chapitre 9 — Utiliser les fonctions

MOYENNE.REDUITE

Renvoie la moyenne de l'intérieur d'une série de données. La fonction **MOYENNE.REDUITE** calcule la moyenne d'une série de données après avoir éliminé un pourcentage d'observations aux extrémités inférieure et supérieure de la distribution. Vous pouvez utiliser cette fonction lorsque vous voulez exclure de votre analyse les observations extrêmes.

Syntaxe :   MOYENNE.REDUITE(matrice;pourcentage)

matrice   Matrice ou plage de valeurs à réduire et sur laquelle calculer la moyenne.

pourcentage   Nombre fractionnaire d'observations à exclure du calcul.

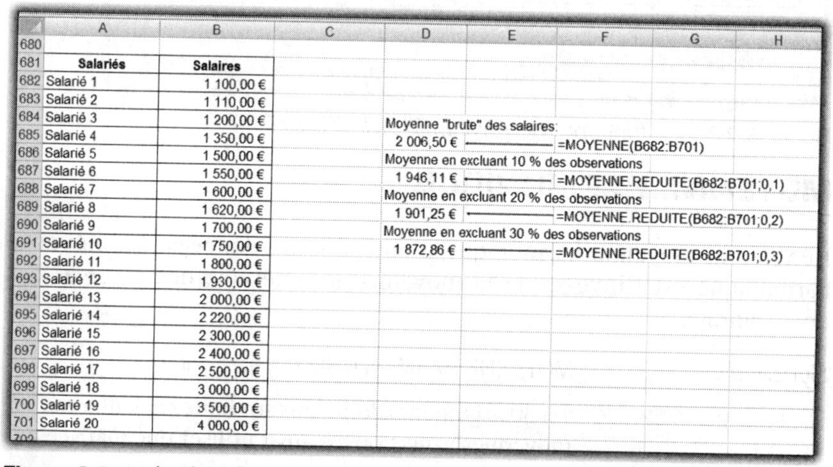

Figure 9.74 : La fonction MOYENNE.REDUITE

NB

Détermine le nombre de cellules contenant des nombres et les nombres compris dans la liste des arguments.

Syntaxe :   NB(valeur1;valeur2;...)

valeur1 ;valeur2...   1 à 30 arguments qui peuvent contenir ou faire référence à différents types de données, mais seuls les nombres sont comptés.

Connaître les principales fonctions   Chapitre 9

	A	B	C	D	E	F
703						
704	Temps passés	Lundi	Mardi	Mercredi	Jeudi	Vendredi
705	Salarié 1	8	8	0	8	6
706	Salarié 2	4	4	4	4	
707	Salarié 3	7	7	7	7	7
708	Salarié 4	5	7		7	
709	Salarié 5	7	7	7	7	7
710						
711	Il reste	3	valeurs à saisir			
712						
713		=25-NB(B705:F709)				

Figure 9.75 : La fonction NB

NB.SI

Compte le nombre de cellules à l'intérieur d'une plage qui répondent à un critère donné.

Syntaxe :   NB.SI(plage;critère)

plage   Plage de cellules dans laquelle vous voulez compter les cellules.

critère   Critère, exprimé sous forme de nombre, d'expression ou de texte, qui détermine les cellules à compter.

	A	B	C	D	E	F	G	H
435								
436		Etablissement	Taux de marge / CA					
437		Lille	15%					
438		Metz	7%					
439		Toulouse	10%					
440		Tours	9%					
441		Vesoul	5%					
442		Marseille	12%					
443								
444		Objectif	9,50%					
445								
446		Nombre de magasins ayant atteint l'objectif :		3			=NB.SI(C437:C442;">"&C444)	

Figure 9.76 : La fonction NB.SI

NBVAL

Compte le nombre de cellules qui ne sont pas vides et les valeurs comprises dans la liste des arguments.

Syntaxe :   NBVAL(valeur1;valeur2;...)

Chapitre 9 — Utiliser les fonctions

valeur1 ;valeur2... 1 à 30 arguments correspondant aux valeurs à compter.

	A	B	C	D	E	F
715						
716	Temps passés	Lundi	Mardi	Mercredi	Jeudi	Vendredi
717	Salarié 1	8	8	absent	8	6
718	Salarié 2	4	4	4	4	
719	Salarié 3	absent	7	7	7	7
720	Salarié 4	5	7		7	
721	Salarié 5	7	7	7	7	7
722						
723	Il reste	3	valeurs à saisir			
724						
725		=25-NBVAL(B717:F721)				

Figure 9.77 : La fonction NBVAL

NB.VIDE

Compte le nombre de cellules vides à l'intérieur d'une plage de cellules spécifiée.

Syntaxe :   NB.VIDE(plage)

plage   Plage dans laquelle vous voulez compter les cellules vides.

	A	B	C	D	E	F	G	H
88								
89		Elève	Note					
90		Dupond	12		Il vous reste 3 notes à saisir			
91		Durand						
92		Martin	11					
93		Pinel			="Il vous reste " & NB.VIDE(C90:C95)&" notes à saisir"			
94		Marty	14					
95		Albert						
96								

Figure 9.78 : La fonction NB.VIDE

PETITE.VALEUR

Renvoie la k-ième plus petite valeur d'une série de données.

Syntaxe :   PETITE.VALEUR(matrice;k)

matrice   Matrice ou plage de données numériques dans laquelle vous recherchez la k-ième plus petite valeur.

Connaître les principales fonctions — Chapitre 9

k   Rang de la donnée à renvoyer, déterminé à partir de la valeur la plus petite.

	A	B	C	D	E	F	G	H	I
780									
781								Meilleurs temps	
782	Participant	Tour 1	Tour 2	Tour 3	Tour 4	Tour 5		1	2
783	Jean	01:57:00	01:38:00	01:31:00	01:44:00	01:34:00		01:31:00	01:34:00
784	Jacques	01:50:00	01:50:00	01:30:00	01:32:00	01:47:00		01:30:00	01:32:00
785	Didier	01:52:00	01:52:00	01:37:00	01:48:00	01:43:00		01:37:00	01:43:00
786	Jean-Paul	01:38:00	01:41:00	01:36:00	01:39:00	01:56:00		01:36:00	01:38:00
787	Maurice	01:41:00	01:33:00	01:59:00	01:54:00	01:40:00		01:33:00	01:40:00
788									
789						=PETITE.VALEUR(B787:F787;1)			
790									
791						=PETITE.VALEUR(B787:F787;2)			
792									

Figure 9.79 : La fonction PETITE.VALEUR

RANG

Renvoie le rang d'un nombre dans une liste d'arguments.

Syntaxe :   RANG(nombre;référence;ordre)

nombre   Nombre dont vous voulez connaître le rang.

référence   Matrice ou référence à une liste de nombres. Les valeurs non numériques dans référence sont ignorées.

ordre   Numéro qui spécifie comment déterminer le rang de l'argument nombre. (0 ou omis : ordre croissant ; 1 : ordre décroissant.)

	A	B	C	D	E	F
840						
841	Commercial	CA	Position			
842	Jean	15 000 €	4		=RANG(B842;$B$842:$B$845)	
843	Jacques	25 000 €	1		=RANG(B843;$B$842:$B$845)	
844	Paul	17 000 €	3		=RANG(B844;$B$842:$B$845)	
845	Pierre	19 000 €	2		=RANG(B845;$B$842:$B$845)	
846						

Figure 9.80 : La fonction RANG

RANG.POURCENTAGE

Renvoie le rang d'une valeur d'une série de données sous forme de pourcentage.

Syntaxe :   RANG.POURCENTAGE(matrice;x;précision)

matrice	Matrice ou plage de données de valeurs numériques définissant l'étendue relative.
x	Valeur dont vous voulez connaître le rang.
précision	Valeur facultative indiquant le nombre de décimales du pourcentage renvoyé.

	A	B	C	D	E	F	G	H
847								
848	Salariés	Salaires						
849	Salarié 1	1 100,00 €						
850	Salarié 2	1 110,00 €		Pourcentage de valeurs inférieures à 1200 €				
851	Salarié 3	1 200,00 €		10,50%		=RANG.POURCENTAGE(B849:B868;1200)		
852	Salarié 4	1 350,00 €		Pourcentage de valeurs inférieures à 1500 €				
853	Salarié 5	1 500,00 €		21,00%		=RANG.POURCENTAGE(B849:B868;1500)		
854	Salarié 6	1 550,00 €		Pourcentage de valeurs inférieures à 1800 €				
855	Salarié 7	1 600,00 €		52,60%		=RANG.POURCENTAGE(B849:B868;1800)		
856	Salarié 8	1 620,00 €		Pourcentage de valeurs inférieures à 2100 €				
857	Salarié 9	1 700,00 €		65,50%		=RANG.POURCENTAGE(B849:B868;2100)		
858	Salarié 10	1 750,00 €		Pourcentage de valeurs inférieures à 2500 €				
859	Salarié 11	1 800,00 €		84,20%		=RANG.POURCENTAGE(B849:B868;2500)		
860	Salarié 12	1 930,00 €		Pourcentage de valeurs inférieures à 3500 €				
861	Salarié 13	2 000,00 €		94,70%		=RANG.POURCENTAGE(B849:B868;3500)		
862	Salarié 14	2 220,00 €						
863	Salarié 15	2 300,00 €						
864	Salarié 16	2 400,00 €						
865	Salarié 17	2 500,00 €						
866	Salarié 18	3 000,00 €						
867	Salarié 19	3 500,00 €						
868	Salarié 20	4 000,00 €						
869								

Figure 9.81 : *La fonction RANG.POURCENTAGE*

Les fonctions financières

AMORDEGRC

Renvoie l'amortissement correspondant à chaque période comptable. Si un bien est acquis en cours de période comptable, la règle du prorata temporis s'applique au calcul de l'amortissement. Cette fonction est analogue à la fonction **AMORLINC**, à ceci près qu'un coefficient d'amortissement est pris en compte dans le calcul en fonction de la durée de vie du bien.

Tableau 9.10 : *Valeurs du coefficient d'amortissement*

Durée de vie du bien (1/taux)	Coefficient d'amortissement
Entre 3 et 4 ans	1,5

Connaître les principales fonctions — Chapitre 9

Tableau 9.10 : *Valeurs du coefficient d'amortissement*

Durée de vie du bien (1/taux)	Coefficient d'amortissement
Entre 5 et 6 ans	2
Plus de 6 ans	2,5

Syntaxe : AMORDEGRC(coût;achat;première_pér;valeur_rés;période; taux;base)

coût — Coût d'acquisition du bien.

achat — Date d'acquisition du bien.

première_pér — Date de la fin de la première période.

valeur_rés — Valeur du bien au terme de la durée d'amortissement, ou valeur résiduelle.

période — Période de l'amortissement.

taux — Taux d'amortissement.

base — Base annuelle à utiliser.

	A	B	C	D
1				
2		Coût d'achat :	100 000 €	
3		Date d'achat :	10/06/2006	
4		Fin de première période :	31/12/2006	
5		Valeur résiduelle :	- €	
6		Taux :	20%	
7				
8		Période 1	22 356 €	=AMORDEGRC($C$2;$C$3;$C$4;$C$5;0;$C$6;1)
9		Période 2	31 058 €	=AMORDEGRC($C$2;$C$3;$C$4;$C$5;1;$C$6;1)
10		Période 3	18 635 €	=AMORDEGRC($C$2;$C$3;$C$4;$C$5;2;$C$6;1)
11		Période 4	13 976 €	=AMORDEGRC($C$2;$C$3;$C$4;$C$5;3;$C$6;1)
12		Période 5	13 976 €	=AMORDEGRC($C$2;$C$3;$C$4;$C$5;4;$C$6;1)

Figure 9.82 : *La fonction AMORDEGRC*

AMORLIN

Calcule l'amortissement linéaire d'un bien pour une période donnée.

Syntaxe : AMORLIN(coût;valeur_rés;durée)

coût — Coût initial du bien.

	valeur_rés	Valeur du bien au terme de l'amortissement (aussi appelée valeur résiduelle du bien).
	durée	Nombre de périodes pendant lesquelles le bien est amorti (aussi appelée durée de vie utile du bien).

	A	B	C	D	E
14					
15		Coût d'achat :	100 000 €		
16		Valeur résiduelle :	20 000,0 €		
17		Durée :	5,00		
18					
19			Valeur début	Amortissement	Valeur fin
20		Période 1	100 000 €	16 000 €	84 000 €
21		Période 2	84 000 €	16 000 €	68 000 €
22		Période 3	68 000 €	16 000 €	52 000 €
23		Période 4	52 000 €	16 000 €	36 000 €
24		Période 5	36 000 €	16 000 €	20 000 €
25					

Figure 9.83 : *La fonction AMORLIN*

AMORLINC

Renvoie l'amortissement linéaire complet d'un bien à la fin d'une période fiscale donnée. Si une immobilisation est acquise en cours de période comptable, la règle du prorata temporis s'applique au calcul de l'amortissement.

Syntaxe :	AMORLINC(coût;achat;première_pér;valeur_rés;période; taux;base)
coût	Coût d'acquisition du bien.
achat	Date d'acquisition du bien.
première_pér	Date de la fin de la première période.
valeur_rés	Valeur du bien au terme de la durée d'amortissement ou valeur résiduelle.
période	Période de l'amortissement.
taux	Taux d'amortissement.
base	Base annuelle à utiliser.

Connaître les principales fonctions — Chapitre 9

	A	B	C	D	E	F	G
26							
27		Coût d'achat :	100 000 €				
28		Date d'achat :	10/06/2006				
29		Fin de première période :	31/12/2006				
30		Valeur résiduelle :	- €				
31		Taux :	25%				
32							
33		Période 1	13 973 €	=AMORLINC($C$27;$C$28;$C$29;$C$30;0;$C$31;1)			
34		Période 2	25 000 €	=AMORLINC($C$27;$C$28;$C$29;$C$30;1;$C$31;1)			
35		Période 3	25 000 €	=AMORLINC($C$27;$C$28;$C$29;$C$30;2;$C$31;1)			
36		Période 4	25 000 €	=AMORLINC($C$27;$C$28;$C$29;$C$30;3;$C$31;1)			
37		Période 5	11 027 €	=AMORLINC($C$27;$C$28;$C$29;$C$30;4;$C$31;1)			

Figure 9.84 : La fonction AMORLINC

CUMUL.INTER

Cette fonction renvoie l'intérêt cumulé payé sur un emprunt entre l'argument période_début et l'argument période_fin.

Syntaxe : CUMUL.INTER(taux;npm;va;période_début;période_fin;type)

taux — Taux d'intérêt.

npm — Nombre total de périodes de remboursement.

va — Valeur actuelle.

période_début — Première période incluse dans le calcul. Les périodes de remboursement sont numérotées à partir de 1.

période_fin — Dernière période incluse dans le calcul.

type — Échéance des remboursements (0 : en fin de période ; 1 : en début de période).

	A	B	C	D	E	F	G
39							
40		Taux annuel :	5,50%				
41		Nombre de mois :	60				
42		Montant de l'emprunt :	20 000 €				
43		Mois début :	12				
44		Mois fin :	24				
45							
46		Intérêts à rembourser en année 2 :					
47			885,93 €	=-CUMUL.INTER(C40/12;C41;C42;C43;C44;0)			

Figure 9.85 : La fonction CUMUL.INTER

CUMUL.PRINCPER

Cette fonction renvoie le montant cumulé des remboursements du capital d'un emprunt effectués entre l'argument période_début et l'argument période_fin.

Syntaxe : CUMUL.PRINCPER(taux;npm;va;période_début;période_fin;type)

taux Taux d'intérêt.

npm Nombre total de périodes de remboursement.

va Valeur actuelle.

période_début Première période incluse dans le calcul. Les périodes de remboursement sont numérotées à partir de 1.

période_fin Dernière période incluse dans le calcul.

type Échéance des remboursements (0 : en fin de période ; 1 : en début de période).

	A	B	C	D	E	F	G	H
39								
40		Taux annuel :	5,50%					
41		Nombre de mois :	60					
42		Montant de l'emprunt :	20 000 €					
43		Mois début :	12					
44		Mois fin :	24					
45								
46		Capital à rembourser en année 2 :						
47			4 080,37 €		=-CUMUL.PRINCPER(C40/12;C41;C42;C43;C44;0)			

Figure 9.86 : La fonction CUMUL.PRINCPER

INTPER

Renvoie, pour une période donnée, le montant des intérêts dus pour un emprunt remboursé par des versements périodiques constants, avec un taux d'intérêt constant.

Syntaxe : INTPER(taux;pér;npm;va;vc;type)

taux Taux d'intérêt par périodes.

pér Période pour laquelle vous souhaitez calculer les intérêts. La valeur spécifiée doit être comprise entre 1 et npm.

Connaître les principales fonctions — Chapitre 9

npm	Nombre total de périodes de remboursement au cours de l'opération.
va	Valeur actuelle, c'est-à-dire la valeur, à la date d'aujourd'hui, d'une série de versements futurs.
vc	Valeur capitalisée, c'est-à-dire le montant que vous souhaitez obtenir après le dernier paiement. Si vc est omis, la valeur par défaut est 0 (par exemple, la valeur capitalisée d'un emprunt est égale à 0).
type	Échéance des remboursements (0 : en fin de période ; 1 : en début de période).

	A	B	C	D	E	F
139						
140		Taux annuel :	5,50%			
141		Durée en année :	5			
142		Montant de l'emprunt :	20 000 €			
143						
144						
145		Période 1	1 100,00 €	=-INTPER($C$140;1;$C$141;$C$142)		
146		Période 2	902,91 €	=-INTPER($C$140;2;$C$141;$C$142)		
147		Période 3	694,97 €	=-INTPER($C$140;3;$C$141;$C$142)		
148		Période 4	475,60 €	=-INTPER($C$140;4;$C$141;$C$142)		
149		Période 5	244,17 €	=-INTPER($C$140;5;$C$141;$C$142)		
150						

Figure 9.87 : *La fonction INTPER*

PRINCPER

Calcule, pour une période donnée, la part de remboursement du principal d'un investissement sur la base de remboursements périodiques et d'un taux d'intérêt constants.

Syntaxe :	PRINCPER(taux;pér;npm;va;vc;type)
taux	Taux d'intérêt par périodes.
pér	La période doit être comprise entre 1 et npm.
npm	Nombre total de périodes de remboursement pour l'investissement.
va	Valeur actuelle, c'est-à-dire la valeur, à la date d'aujourd'hui, d'une série de versements futurs.

vc	Valeur capitalisée, c'est-à-dire le montant que vous souhaitez obtenir après le dernier paiement. Si vc est omis, la valeur par défaut est 0 (par exemple, la valeur capitalisée d'un emprunt est égale à 0).
type	Échéance des remboursements (0 : en fin de période ; 1 : en début de période).

	A	B	C	D	E	F
205						
206		Taux annuel :	6,75%			
207		Montant de l'emprunt :	70 000 €			
208		Durée de l'emprunt :	5			
209						
210						
211		Année 1	12 233,23 €	=PRINCPER($C$206;1;$C$208;-$C$207)		
212		Année 2	13 058,97 €	=PRINCPER($C$206;2;$C$208;-$C$207)		
213		Année 3	13 940,45 €	=PRINCPER($C$206;3;$C$208;-$C$207)		
214		Année 4	14 881,43 €	=PRINCPER($C$206;4;$C$208;-$C$207)		
215		Année 5	15 885,93 €	=PRINCPER($C$206;5;$C$208;-$C$207)		
216		Total	70 000,00 €			
217						

Figure 9.88 : La fonction PRINCPER

TAUX

Calcule le taux d'intérêt par périodes d'un investissement donné. La fonction **TAUX** est calculée par itération et peut n'avoir aucune solution ou en offrir plusieurs. La fonction renvoie la valeur d'erreur #NOMBRE! si, après vingt itérations, les résultats ne convergent pas à 0,0000001 près.

Syntaxe :	TAUX(npm;vpm;va;vc;type;estimation)
npm	Nombre total de périodes de remboursement pour l'investissement.
vpm	Montant du remboursement pour chaque période qui reste constant pendant toute la durée de l'opération. En règle générale, vpm comprend le principal et les intérêts mais exclut toute autre charge ou impôt. Si l'argument vpm est omis, vous devez inclure l'argument vc.
va	Valeur actuelle, c'est-à-dire la valeur, à la date d'aujourd'hui, d'une série de versements futurs.
vc	Valeur capitalisée, c'est-à-dire le montant que vous souhaitez obtenir après le dernier paiement. Si vc

Connaître les principales fonctions — Chapitre 9

	est omis, la valeur par défaut est 0 (par exemple, la valeur capitalisée d'un emprunt est égale à 0).
type	Échéance des remboursements (0 : en fin de période ; 1 : en début de période).
estimation	Estimation quant à la valeur du taux.

	A	B	C	D	E	F
384						
385		Montant de l'emprunt :		70 000 €		
386		Capacité mensuelle de remboursement :		1 378 €		
387		Durée de l'emprunt (en mois) :		60,00		
388						
389		Taux annuel de l'emprunt =		6,75%	←	=TAUX(D387;-D386;D385)*12
390						

Figure 9.89 : La fonction TAUX

TRI

Calcule le taux de rentabilité interne d'un investissement, sans tenir compte des coûts de financement et des plus-values de réinvestissement. Les mouvements de trésorerie sont représentés par les nombres inclus dans valeurs. Contrairement aux annuités, ces cash-flows ne sont pas nécessairement constants. Les mouvements de trésorerie doivent cependant avoir lieu à intervalles réguliers, par exemple une fois par mois ou par an.

Syntaxe :	TRI(valeurs;estimation)
valeurs	Matrice ou référence à des cellules qui contient des nombres dont vous voulez calculer le taux de rentabilité interne.
estimation	Taux que vous estimez être le plus proche du résultat de TRI.

	A	B	C	D
425				
426		Coût inital du projet :	- 50 000 €	
427		Revenu net Période 1 :	10 000 €	
428		Revenu net Période 2 :	15 000 €	
429		Revenu net Période 3 :	13 000 €	
430		Revenu net Période 4 :	20 000 €	
431		Revenu net Période 5 :	17 000 €	
432				
433		Taux de rendement interne :	13,82% ←	=TRI(C426:C431)

Figure 9.90 : La fonction TRI

TRI.PAIEMENTS

Calcule le taux de rentabilité interne d'un ensemble de paiements.

Syntaxe :   TRI.PAIEMENTS(valeurs;dates;estimation)

valeurs   Série de flux nets de trésorerie correspondant à l'échéancier de paiement déterminé par l'argument date.

dates   Échéancier de paiement correspondant aux flux nets de trésorerie. La première date de paiement indique le point de départ de l'échéancier. Toutes les autres doivent lui être postérieures mais leur ordre d'intervention est indifférent.

estimation   Taux que vous estimez être le plus proche du résultat de **TRI.PAIEMENTS**.

	A	B	C	D	E	F
434						
435			Montant	Dates		
436	Coût inital du projet :		- 50 000 €	01/01/2007		
437	Revenu net Période 1 :		10 000 €	15/06/2007		
438	Revenu net Période 2 :		15 000 €	31/12/2007		
439	Revenu net Période 3 :		13 000 €	30/09/2008		
440	Revenu net Période 4 :		20 000 €	31/10/2009		
441	Revenu net Période 5 :		17 000 €	31/12/2010		
442						
443	Taux de rendement interne :		21,60%	=TRI.PAIEMENTS(C436:C441;D436:D441)		
444						

Figure 9.91 : La fonction TRI.PAIEMENTS

VA

Calcule la valeur actuelle d'un investissement. La valeur actuelle correspond à la somme que représente aujourd'hui un ensemble de remboursements futurs.

Syntaxe :   VA(taux;npm;vpm;vc;type)

taux   Taux d'intérêt par périodes.

npm   Nombre total de périodes de remboursement pour l'investissement.

Connaître les principales fonctions — Chapitre 9

vpm	Montant du remboursement pour chaque période qui reste constant pendant toute la durée de l'opération.
vc	Valeur capitalisée, c'est-à-dire le montant que vous souhaitez obtenir après le dernier paiement. Si vc est omis, la valeur par défaut est 0 (par exemple, la valeur capitalisée d'un emprunt est égale à 0).
type	Échéance des remboursements (0 : en fin de période ; 1 : en début de période).

	A	B	C	D	E	F
461						
462		Taux annuel :	6,75%	par an		
463	Montant du remboursement :		1 000 €	par an		
464		Durée de l'emprunt :	5	ans		
465						
466		Valeur actuelle :	- 4 127,79 €		=VA(C462;C464;C463)	
467						

Figure 9.92 : La fonction VA

VAN

Calcule la valeur actuelle nette d'un investissement en utilisant un taux d'escompte ainsi qu'une série de décaissements (valeurs négatives) et d'encaissements (valeurs positives) futurs.

Syntaxe :	VAN(taux;valeur1;valeur2;...)
taux	Taux d'actualisation pour une période.
valeur1 ;valeur2...	1 à 29 arguments représentant les encaissements et les décaissements.

	A	B	C	D	E	F
484						
485	Coût inital du projet :		- 50 000 €			
486	Revenu net Période 1 :		10 000 €			
487	Revenu net Période 2 :		15 000 €			
488	Revenu net Période 3 :		13 000 €			
489	Revenu net Période 4 :		20 000 €			
490	Revenu net Période 5 :		17 000 €			
491						
492	Taux d'actualisation :		12,00%			
493	VAN =		2 228,79 €		=VAN(C492;C485:C490)	

Figure 9.93 : La fonction VAN

VAN.PAIEMENTS

Donne la valeur actuelle nette d'un ensemble de paiements.

Syntaxe :	VAN.PAIEMENTS(taux;valeurs;dates)
taux	Taux d'actualisation applicable aux flux nets de trésorerie.
valeurs	Série de flux nets de trésorerie correspondant à l'échéancier de paiement déterminé par l'argument date.
dates	L'échéancier de paiement correspondant aux flux nets de trésorerie. La première date de paiement indique le point de départ de l'échéancier. Toutes les autres dates doivent lui être postérieures, mais leur ordre d'intervention est indifférent.

	A	B	C	D
495				
496			Montant	Dates
497		Coût inital du projet :	- 50 000 €	01/01/2007
498		Revenu net Période 1 :	10 000 €	15/06/2007
499		Revenu net Période 2 :	15 000 €	31/12/2007
500		Revenu net Période 3 :	13 000 €	30/09/2008
501		Revenu net Période 4 :	20 000 €	31/10/2009
502		Revenu net Période 5 :	17 000 €	31/12/2010
503				
504		Taux d'actualisation :	12,00%	
505		VAN =	8 873,04 €	
506				
507				
508		=VAN.PAIEMENTS(C504;C497:C502;D497:D502)		
509				

Figure 9.94 : La fonction VAN.PAIEMENTS

VPM

Calcule le remboursement d'un emprunt sur la base de remboursements et d'un taux d'intérêt constant.

Syntaxe :	VPM(taux;npm;va;vc;type)
taux	Taux d'intérêt de l'emprunt.
npm	Nombre de remboursements pour l'emprunt.

Cas pratique : Calculer les mensualités d'un emprunt — Chapitre 9

va	Valeur actuelle ou valeur que représente à la date d'aujourd'hui une série de remboursements futurs ; il s'agit du principal de l'emprunt.
vc	Valeur capitalisée, c'est-à-dire le montant que vous souhaitez obtenir après le dernier paiement. Si vc est omis, la valeur par défaut est 0 (zéro), c'est-à-dire que la valeur capitalisée d'un emprunt est égale à 0.
type	Échéance des remboursements (0 : en fin de période ; 1 : en début de période).

	A	B	C	D	E	F
543						
544		Taux annuel :	5,50%			
545		Durée en année :	5			
546		Montant de l'emprunt :	20 000 €			
547						
548		Montant de l'annuité :	4 683,53 €		=-VPM(C544;C545;C546)	
549						
550				Annuité	Principal	Intérêts
551			Période 1	4 683,53 €	3 583,53 €	1 100,00 €
552			Période 2	4 683,53 €	3 780,62 €	902,91 €
553			Période 3	4 683,53 €	3 988,56 €	694,97 €
554			Période 4	4 683,53 €	4 207,93 €	475,60 €
555			Période 5	4 683,53 €	4 439,36 €	244,17 €
556						

Figure 9.95 : *La fonction VPM*

9.4. Cas pratique : Calculer les mensualités d'un emprunt

Principe

Le calcul des remboursements périodiques d'un emprunt est le calcul financier le plus classique et le plus courant. Il existe deux méthodes de calcul : le remboursement constant et l'amortissement constant.

Les remboursements d'un emprunt peuvent avoir des périodicités diverses : mensuelle, trimestrielle, semestrielle voire annuelle. Chacun des remboursements contient une part de capital (la somme initialement

Chapitre 9 — Utiliser les fonctions

empruntée) et une part d'intérêt (la rémunération du prêteur, proportionnelle au capital restant dû avant le remboursement). C'est le taux qui détermine le montant des intérêts. Plus il est élevé, plus les intérêts sont élevés. Quelle que soit la périodicité des remboursements, le taux annoncé par le prêteur est souvent un taux annuel. Pour calculer les intérêts liés à chaque période de remboursement, il faut diviser le taux annuel par le nombre de périodes de remboursement dans l'année (par douze pour un remboursement mensuel).

La méthode de calcul par remboursement constant est la plus courante, notamment dans les prêts à la consommation pour les particuliers. Les remboursements périodiques sont tous égaux. Au fil du temps, la part des intérêts diminue au détriment de la part de capital. En revanche, la méthode de calcul par amortissement constant est fondée sur une fraction de capital remboursée identique dans chaque remboursement, les intérêts étant alors proportionnels au capital restant dû. Cette méthode est la plus aisée à mettre en œuvre. Heureusement, Excel facilite les calculs liés à la méthode par remboursement constant à l'aide des fonctions INTPER et PRINCPER, notamment.

Cette petite application vous permettra de comparer les deux méthodes.

Mise en œuvre

Création du classeur

1 Cliquez sur le bouton **Microsoft Office** et sélectionnez la commande **Nouveau**.

2 Cliquez sur le bouton **Créer** dans la boîte de dialogue **Nouveau classeur**.

Vous aurez besoin de trois feuilles, une pour la méthode par remboursement constant, une pour la méthode par amortissement constant et une pour la définition des périodicités possibles.

1 Renommez la feuille **Feuil1** en **Remboursement**.
2 Renommez la feuille **Feuil2** en **Amortissement**.
3 Renommez la feuille **Feuil3** en **Périodes**.

Cas pratique : Calculer les mensualités d'un emprunt Chapitre 9

La feuille Périodes

Cette feuille est une feuille "utilitaire", elle servira à définir les différentes périodicités possibles, ainsi que le nombre de périodes par an, pour le calcul des taux de période :

1 En *A1*, saisissez Périodicité.

2 En *B1*, saisissez Période.

3 En *C1*, saisissez Nb/an.

4 En *A2*, saisissez annuelle.

5 En *B2*, saisissez année.

6 En *C2*, saisissez 1.

7 En *A3*, saisissez mensuelle.

8 En *B3*, saisissez mois.

9 En *C3*, saisissez 1.

10 En *A4*, saisissez semestrielle.

11 En *B4*, saisissez semestre.

12 En *C4*, saisissez 2.

13 En *A5*, saisissez trimestrielle.

14 En *B5*, saisissez trimestre.

15 En *C5*, saisissez 4.

16 Sélectionnez *A1:C5*.

17 Appliquez une bordure de type quadrillage.

18 Sélectionnez toutes les cellules et choisissez une couleur de fond.

	A	B	C
1	**Périodicité**	**Période**	**Nb / an**
2	annuelle	année	1
3	mensuelle	mois	12
4	semestrielle	semestre	2
5	trimestrielle	trimestre	3
6			
7			

Figure 9.96 :
La feuille Périodes

La feuille Remboursement

La feuille **Remboursement** va nous permettre d'effectuer les calculs nécessaires à la méthode par remboursement constant :

1 En *A1*, saisissez `Calcul du montant des remboursements`.

2 En *A2*, saisissez `Remboursement constant`.

3 Sélectionnez *A1:E1* et cliquez sur **Fusionner et centrer** (onglet **Accueil**, groupe *Alignement*).

4 Sélectionnez *A2:E2* et cliquez sur **Fusionner et centrer** (onglet **Accueil**, groupe *Alignement*).

5 En *C4*, saisissez `Taux annuel :`.

6 En *C5*, saisissez `Montant :`.

7 En *C6*, saisissez `Périodicité des remboursements :`.

8 En *C7*, saisissez `Nombre de remboursements :`.

9 En *C9*, saisissez `Montant du remboursement :`.

10 En *C10*, saisissez `Coût de l'emprunt :`.

11 Sélectionnez *C4:C10*.

12 Cliquez sur **Aligné à droite** (onglet **Accueil**, groupe *Alignement*).

13 En *A12*, saisissez `Remboursement`.

14 En *C12*, saisissez `Capital`.

15 En *D12*, saisissez `Intérêt`.

16 En *E12*, saisissez `Total`.

17 En *B13*, saisissez `1`.

18 Étendez le contenu, à l'aide de la poignée de recopie, jusqu'en *B72*.

19 Cliquez sur le bouton **Options de recopie incrémentée** et choisissez la commande **Incrémenter une série**.

20 Sélectionnez *A1:E2*.

21 Appliquez une bordure de type quadrillage.

22 Appliquez un contour épais.

23 Sélectionnez *D9:D10*.

24 Appliquez une bordure de type quadrillage.

25 Sélectionnez *A12:E72*.

26 Appliquez une bordure de type quadrillage.

Cas pratique : Calculer les mensualités d'un emprunt — Chapitre 9

27 Sélectionnez *C13:E72*.

28 Appliquez le format *Monétaire*.

29 Sélectionnez toutes les cellules et choisissez une couleur de fond.

30 Sélectionnez *D4:D7* et choisissez le blanc comme couleur de remplissage.

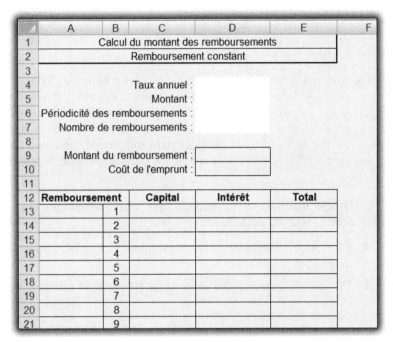

Figure 9.97 : La feuille Remboursement

Nous avons opté pour un maximum de soixante périodes, soit par exemple un emprunt d'une durée de cinq ans remboursé sous forme de mensualités.

Vous pouvez à présent saisir les paramètres d'un emprunt.

Tableau 9.11 : Jeu d'essai	
Paramètre	Valeur
Taux annuel	6,95 %
Montant	30 000
Périodicité des remboursements	Mensuelle

LE GUIDE COMPLET 373

Chapitre 9 — Utiliser les fonctions

Tableau 9.11 : Jeu d'essai	
Paramètre	Valeur
Nombre de remboursements	24

Le calcul du montant du remboursement périodique est obtenu à l'aide de la fonction VPM.

- En *D9*, saisissez `=-VPM($D$4/RECHERCHEV($D$6;Périodes!$A$2:$C$5;3);D7;D5)`.

Nous pouvons faire deux remarques sur cette formule. Tout d'abord, nous faisons précéder VPM du signe - (moins). En effet, le résultat de la fonction est négatif car il s'agit d'un décaissement, mais dans ce cas, c'est la valeur absolue qui nous intéresse. Ensuite, le taux annuel (*D4*) est divisé par le nombre de périodes dans une année (obtenu à l'aide de la fonction RECHERCHEV) pour obtenir le taux de période nécessaire à la fonction.

Complétons maintenant le tableau des remboursements en faisant apparaître le type de période :

1 En *A13*, saisissez `=RECHERCHEV($D$6;Périodes!$A$2:$C$5;2)`.

2 Étendez le contenu, à l'aide de la poignée de recopie, jusqu'en *A72*.

Il faut maintenant calculer la part de capital et d'intérêt dans chaque remboursement, ainsi que le montant total de chaque remboursement :

3 En *C13*, saisissez

`=SI(B13<=$D$7;-PRINCPER($D$4/RECHERCHEV($D$6;Périodes!$A$2:$C$5;3);B13;$D$7;$D$5);0)`

4 En *D13*, saisissez

`=SI(B13<=$D$7;-INTPER($D$4/RECHERCHEV($D$6;Périodes!A$2:$C$5;3);B13;$D$7;$D$5);0)`

5 En *E13*, saisissez `=+D13+C13`.

6 Sélectionnez *C13:E13*.

7 Étendez le contenu, à l'aide de la poignée de recopie, jusqu'à la ligne *72*.

Cas pratique : Calculer les mensualités d'un emprunt — Chapitre 9

Avant d'effectuer les calculs, il convient de tester si la période en cours (colonne *B*) est inférieure ou égale au nombre total de périodes (*D7*).

Pour compléter la feuille **Remboursement**, il nous reste à calculer le coût de l'emprunt, c'est-à-dire la différence entre le total des remboursements et le montant de l'emprunt.

8 En *D10*, saisissez =+D7*D9−D5.

	A	B	C	D	E	F
1			Calcul du montant des remboursements			
2			Remboursement constant			
3						
4			Taux annuel :	6,95%		
5			Montant :	30 000,00 €		
6	Périodicité des remboursements :			mensuelle		
7			Nombre de remboursements :	24		
8						
9			Montant du remboursement :	1 342,50 €		
10			Coût de l'emprunt :	2 219,94 €		
11						
12	Remboursement		Capital	Intérêt	Total	
13	mois	1	1 168,75 €	173,75 €	1 342,50 €	
14	mois	2	1 175,52 €	166,98 €	1 342,50 €	
15	mois	3	1 182,32 €	160,17 €	1 342,50 €	
16	mois	4	1 189,17 €	153,33 €	1 342,50 €	
17	mois	5	1 196,06 €	146,44 €	1 342,50 €	
18	mois	6	1 202,99 €	139,51 €	1 342,50 €	
19	mois	7	1 209,95 €	132,54 €	1 342,50 €	
20	mois	8	1 216,96 €	125,54 €	1 342,50 €	
21	mois	9	1 224,01 €	118,49 €	1 342,50 €	
22	mois	10	1 231,10 €	111,40 €	1 342,50 €	

Figure 9.98 : *La feuille Remboursement*

La feuille Amortissement

La feuille **Amortissement** va nous permettre d'effectuer les calculs nécessaires à la méthode par amortissement constant :

1 En *A1*, saisissez Calcul du montant des remboursements.

2 En *A2*, saisissez amortissement constant.

3 Sélectionnez *A1:E1* et cliquez sur **Fusionner et centrer** (onglet **Accueil**, groupe *Alignement*).

4 Sélectionnez *A2:E2* et cliquez sur **Fusionner et centrer** (onglet **Accueil**, groupe *Alignement*).

Chapitre 9 — Utiliser les fonctions

5 En *C4*, saisissez Taux annuel :.

6 En *C5*, saisissez Montant :.

7 En *C6*, saisissez Périodicité des remboursements :.

8 En *C7*, saisissez Nombre de remboursements :.

9 En *C9*, saisissez Coût de l'emprunt :.

10 Sélectionnez *C4:C9*.

11 Cliquez sur **Aligné à droite** (onglet **Accueil**, groupe *Alignement*).

12 En *A11*, saisissez Remboursement.

13 En *C11*, saisissez Capital.

14 En *D11*, saisissez Intérêt.

15 En *E11*, saisissez Total.

16 En *F11*, saisissez Capital restant dû.

17 En *B12*, saisissez 1.

18 Étendez le contenu, à l'aide de la poignée de recopie, jusqu'en *B71*.

19 Cliquez sur le bouton **Options de recopie incrémentée** et choisissez la commande **Incrémenter une série**.

20 Sélectionnez *A1:E2*.

21 Appliquez une bordure de type quadrillage.

22 Appliquez un contour épais.

23 Sélectionnez *D9*.

24 Appliquez une bordure de type quadrillage.

25 Sélectionnez *A11:E71*.

26 Appliquez une bordure de type quadrillage.

27 Sélectionnez *C12:F72*.

28 Appliquez le format *Monétaire*.

29 Sélectionnez toutes les cellules et choisissez une couleur de fond.

30 Sélectionnez *D4:D7* et choisissez le blanc comme couleur de remplissage (voir Figure 9.99).

Ici aussi, nous avons opté, comme précédemment, pour un maximum de soixante périodes, soit par exemple un emprunt d'une durée de cinq ans remboursé sous forme de mensualités.

Cas pratique : Calculer les mensualités d'un emprunt — Chapitre 9

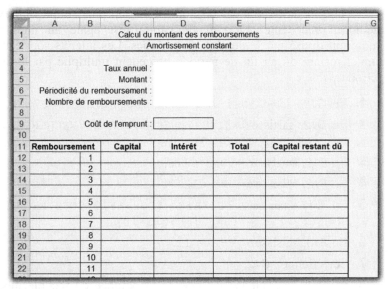

Figure 9.99 : *La feuille Amortissement*

Vous pouvez à présent saisir les paramètres d'un emprunt.

Tableau 9.12 : Jeu d'essai	
Paramètre	**Valeur**
Taux annuel	6,95 %
Montant	30 000
Périodicité des remboursements	Mensuelle
Nombre de remboursements	24

Nous allons maintenant compléter le tableau des remboursements en faisant apparaître le type de période :

1 En *A12*, saisissez `=RECHERCHEV($D$6;Périodes!$A$2:$C$5;2)`.

2 Étendez le contenu, à l'aide de la poignée de recopie, jusqu'en *A71*.

LE GUIDE COMPLET 377

Chapitre 9 — Utiliser les fonctions

Avec cette méthode, les calculs sont beaucoup plus simples qu'avec la méthode précédente. La part de capital est égale au montant de l'emprunt divisé par le nombre de périodes. Les intérêts sont égaux au capital restant dû en fin de période précédent multiplié par le taux de période.

1 En *C12*, saisissez `=SI(B12<=$D$7;+$D$5/$D$7;0)`.

2 En *D12*, saisissez `=SI(B12<=$D$7;+D5*D4/RECHERCHEV(D6; Périodes!A2:C5;3);0)`.

3 En *E12*, saisissez `=+D12+C12`.

4 En *F12*, saisissez `=+D5-C12`.

5 En *D13*, saisissez `=SI(B13<=$D$7;+F12*$D$4/RECHERCHEV ($D$6;Périodes!$A$2:$C$5;3);0)`.

6 En *F13*, saisissez `=+F12-C13`.

7 Sélectionnez *C12*.

8 Étendez le contenu, à l'aide de la poignée de recopie, jusqu'en *C71*.

9 Sélectionnez *D13*.

10 Étendez le contenu, à l'aide de la poignée de recopie, jusqu'en *D71*.

11 Sélectionnez *E12*.

12 Étendez le contenu, à l'aide de la poignée de recopie, jusqu'en *E71*.

13 Sélectionnez *F13*.

14 Étendez le contenu, à l'aide de la poignée de recopie, jusqu'en *F71*.

Pour compléter la feuille **Amortissement**, il nous reste à calculer le coût de l'emprunt, c'est-à-dire la différence entre le total des remboursements et le montant de l'emprunt.

15 En *D9*, saisissez `=SOMME(E12:E71)-D5` (voir Figure 9.100).

Cas pratique : Calculer les mensualités d'un emprunt — Chapitre 9

	A	B	C	D	E	F
1			Calcul du montant des remboursements			
2			Amortissement constant			
3						
4			Taux annuel :	6,95%		
5			Montant :	30 000,00 €		
6			Périodicité du remboursement :	mensuelle		
7			Nombre de remboursements :	24		
8						
9			Coût de l'emprunt :	2 171,88 €		
10						
11	Remboursement		Capital	Intérêt	Total	Capital restant dû
12	mois	1	1 250,00 €	173,75 €	1 423,75 €	28 750,00 €
13	mois	2	1 250,00 €	166,51 €	1 416,51 €	27 500,00 €
14	mois	3	1 250,00 €	159,27 €	1 409,27 €	26 250,00 €
15	mois	4	1 250,00 €	152,03 €	1 402,03 €	25 000,00 €
16	mois	5	1 250,00 €	144,79 €	1 394,79 €	23 750,00 €
17	mois	6	1 250,00 €	137,55 €	1 387,55 €	22 500,00 €
18	mois	7	1 250,00 €	130,31 €	1 380,31 €	21 250,00 €
19	mois	8	1 250,00 €	123,07 €	1 373,07 €	20 000,00 €
20	mois	9	1 250,00 €	115,83 €	1 365,83 €	18 750,00 €
21	mois	10	1 250,00 €	108,59 €	1 358,59 €	17 500,00 €

Figure 9.100 : La feuille Amortissement

# Chapitre 10

Découvrir les formules matricielles

Saisir une formule matricielle à une dimension	383
Saisir une formule matricielle à deux dimensions	384
Saisir une formule matricielle à valeur unique	385
Connaître les particularités des formules matricielles	386
Modifier une formule matricielle	387
Utiliser des constantes matricielles	388
Cas pratique : Résoudre un système d'équations linéaires	389

Chapitre 10 Découvrir les formules matricielles

Les formules que nous avons utilisées jusqu'à présent nous permettaient de calculer le contenu d'une cellule à l'aide d'une ou plusieurs autres valeurs contenues dans des cellules, ou à l'aide de constantes.

Bien souvent, ces calculs sont répétitifs, nous avons donc besoin de recopier des formules sur des lignes ou des colonnes. Cette solution convient mais peut présenter des inconvénients lorsqu'il s'agit d'effectuer des modifications. En effet, il ne faut pas oublier d'assurer la cohérence des formules en recopiant les modifications partout où cela est nécessaire. Voilà pourquoi Il serait intéressant de traiter ces calculs de façon plus synthétique et plus concise. C'est ici que les formules matricielles interviennent.

Les formules matricielles mettent en œuvre des arguments qui sont des plages de cellules, appelées aussi plages matricielles.

	A	B	C
1			TARIF
2			
3			
4			
5	Référence	Libellé	P.U. H.T.
6	ABC1	Bloc note	0,93 €
7	ABC2	Enveloppes (500)	11,07 €
8	ABC3	Stylo	0,66 €
9	ABC4	Gomme	0,76 €
10	ABC5	Marqueur	1,65 €
11	ABC6	Agrafeuse	9,95 €
12	ABC7	Classeur	2,57 €
13	ABC8	Surligneur	0,66 €
14			

Figure 10.1 : La plage matricielle C6:C13

La plage *C6:C13* est une plage matricielle à une dimension. En effet, elle comprend 8 lignes mais ne compte qu'une colonne. Elle n'a donc qu'une dimension (sa hauteur en nombre de lignes).

	A	B	C	D	E	F
1			TARIF			
2						
3					Taux TVA	19,60%
4						
5	Référence	Libellé	P.U. H.T.	Remise	P.U. net H.T.	P.U. T.T.C.
6	ABC1	Bloc note	0,93 €	15%	0,79 €	0,95 €
7	ABC2	Enveloppes (500)	11,07 €	12%	9,74 €	11,65 €
8	ABC3	Stylo	0,66 €	25%	0,50 €	0,59 €
9	ABC4	Gomme	0,76 €	12%	0,67 €	0,80 €
10	ABC5	Marqueur	1,65 €	14%	1,42 €	1,70 €
11	ABC6	Agrafeuse	9,95 €	20%	7,96 €	9,52 €
12	ABC7	Classeur	2,57 €	33%	1,72 €	2,06 €
13	ABC8	Surligneur	0,66 €	25%	0,50 €	0,59 €
14						

Figure 10.2 : La plage matricielle C6:F13

La plage *C6 :F13*, quant à elle, est une plage matricielle à deux dimensions. En effet, elle comprend 8 lignes et 4 colonnes. Elle a donc bien deux dimensions (sa hauteur en nombre de lignes et sa "largeur" en nombre de colonnes).

10.1. Saisir une formule matricielle à une dimension

Supposons que vous disposiez d'une feuille de calcul contenant des tarifs de produits (plage *C6:C13*) et des taux de remise associés à chaque produit (plage *D6:D13*). Nous allons calculer le prix unitaire net HT de chacun des produits.

1 Sélectionnez *E6 :E13*.

2 Cliquez dans la barre de formule.

3 Saisissez =C6:C13*(1-D6:D13).

4 Validez par [Ctrl]+[Maj]+[Entrée].

Référence	Libellé	P.U. H.T.	Remise	P.U. net H.T.	P.U. T.T.C.
ABC1	Bloc note	0,93 €	15%	0,79 €	
ABC2	Enveloppes (500)	11,07 €	12%	9,74 €	
ABC3	Stylo	0,66 €	25%	0,50 €	
ABC4	Gomme	0,76 €	12%	0,67 €	
ABC5	Marqueur	1,65 €	14%	1,42 €	
ABC6	Agrafeuse	9,95 €	20%	7,96 €	
ABC7	Classeur	2,57 €	33%	1,72 €	
ABC8	Surligneur	0,66 €	25%	0,50 €	

Figure 10.3 : Une formule matricielle à une dimension

La validation via la combinaison de touches [Ctrl]+[Maj]+[Entrée] indique à Excel qu'il s'agit d'une formule matricielle. La formule que vous avez saisie apparaît entre accolades dans la barre de formule. C'est le signe distinctif des formules matricielles.

Vous pouvez apprécier la concision de cette formule, qui évite de créer une formule en *E6*, puis de la recopier jusqu'en *F13*. Les arguments de la formule matricielle sont des plages matricielles (*C6 :C13* et *D6 :D13*). En fait, Excel interprète cette formule de la façon suivante : pour chaque cellule de la plage *E6 :E13*, la valeur de la cellule située sur la même

Chapitre 10 — Découvrir les formules matricielles

ligne et dans la colonne *C* est multipliée par 1 moins la valeur de la cellule située sur la même ligne et dans la colonne *D*.

Calculons à présent les prix TTC :

1 Sélectionnez *F6 :F13*.
2 Cliquez dans la barre de formule.
3 Saisissez =E6:E13*(1+$F$3).
4 Validez par Ctrl+Maj+Entrée.

	A	B	C	D	E	F
1			TARIF			
2						
3					Taux TVA	19,60%
4						
5	Référence	Libellé	P.U. H.T.	Remise	P.U. net H.T.	P.U. T.T.C.
6	ABC1	Bloc note	0,93 €	15%	0,79 €	0,95 €
7	ABC2	Enveloppes (500)	11,07 €	12%	9,74 €	11,65 €
8	ABC3	Stylo	0,66 €	25%	0,50 €	0,59 €
9	ABC4	Gomme	0,76 €	12%	0,67 €	0,80 €
10	ABC5	Marqueur	1,65 €	14%	1,42 €	1,70 €
11	ABC6	Agrafeuse	9,95 €	20%	7,96 €	9,52 €
12	ABC7	Classeur	2,57 €	33%	1,72 €	2,06 €
13	ABC8	Surligneur	0,66 €	25%	0,50 €	0,59 €

Figure 10.4 : Une formule matricielle à une dimension

Cette formule matricielle utilise, entre autres, une cellule unique : la cellule *F3*. La valeur de la cellule est donc employée pour le calcul des valeurs de chacune des cellules de la plage calculée (*F6 :F13*).

Les matrices qui contiennent les résultats précédents sont dites à une dimension, car elles ne contiennent qu'une seule colonne (une matrice qui ne contiendrait qu'une seule ligne serait également qualifiée de matrice à une dimension).

10.2. Saisir une formule matricielle à deux dimensions

Supposons à présent que vous disposiez d'une feuille de calcul dont l'objectif est de calculer les capacités de production journalières de plusieurs lignes de production. Les capacités journalières des machines se trouvent dans la plage *B7:B12* et les durées du travail quotidien en *C4:I4*. Pour chaque jour et chaque machine, il faut multiplier la capacité horaire par la durée du travail.

Saisir une formule matricielle à valeur unique — Chapitre 10

Nous allons à présent procéder au calcul :

1 Sélectionnez *C7 :I12*.
2 Cliquez dans la barre de formule.
3 Saisissez =B7:B12*C4:I4.
4 Validez par (Ctrl)+(Maj)+(Entrée).

	A	B	C	D	E	F	G	H	I	J
1			Capacités de production - Atelier XXXX							
2										
3			Lundi	Mardi	Mercredi	Jeudi	Vendredi	Samedi	Dimanche	
4		Durée du travail	8	10	10	10	8	6	0	
5										
6	Machine	Capacité	Lundi	Mardi	Mercredi	Jeudi	Vendredi	Samedi	Dimanche	Total / Machine
7	Machine 1	100	800	1 000	1 000	1 000	800	600	-	6 200
8	Machine 2	150	1 200	1 500	1 500	1 500	1 200	900	-	7 800
9	Machine 3	75	600	750	750	750	600	450	-	3 900
10	Machine 4	98	784	980	980	980	784	588	-	5 096
11	Machine 5	102	816	1 020	1 020	1 020	816	612	-	5 304
12	Machine 6	123	984	1 230	1 230	1 230	984	738	-	6 396
13	Total / Jour	108	5 184	6 480	6 480	6 480	5 184	3 888	-	33 696
14										

Figure 10.5 : *Une formule matricielle à deux dimensions*

À l'aide d'une seule formule, nous réalisons les calculs qui pourraient être effectués avec quarante-deux formules "individuelles".

Quels sont les calculs réalisés dans les cellules de plage *C7 :I12* ? En *C7*, le calcul effectué est B7*C4. En *D10*, le calcul réalisé est B10*D4, etc.

10.3. Saisir une formule matricielle à valeur unique

Les deux types de formules que nous avons traitées jusqu'à présent fournissaient des résultats sous forme de matrices (à une ou deux dimensions). Il est possible de créer des formules matricielles qui produisent une valeur unique, à partir d'arguments matriciels.

Pour illustrer cette possibilité, nous calculerons les capacités totales de production journalières à l'aide de telles formules :

1 En *C13*, saisissez =SOMME($B$7:$B$12*C4).
2 Validez par (Ctrl)+(Maj)+(Entrée).
3 Étendez le contenu, à l'aide de la poignée de recopie, jusqu'en *I13*.

L'extension et donc la copie de formules matricielles donnent des résultats satisfaisants. Le choix des références absolues, relatives ou mixtes est aussi crucial que dans le cas des formules "classiques".

Chapitre 10 Découvrir les formules matricielles

Si vous validez la formule précédente avec [Entrée] à la place de la combinaison [Ctrl]+[Maj]+[Entrée], vous obtenez le message d'erreur #VALEUR!.

10.4. Connaître les particularités des formules matricielles

Les formules matricielles présentent des particularités :

- Pour modifier une formule matricielle, il faut sélectionner la totalité de la plage matricielle sur laquelle elle s'applique.
- Vous ne pouvez insérer, déplacer ou supprimer une ligne, une colonne ou même une cellule d'une plage contenant une formule matricielle.
- Vous ne pouvez pas non plus déplacer une partie de matrice.

Dans tous ces cas, vous obtenez un message d'erreur.

Figure 10.6 :
Message d'erreur suite à la tentative de modification d'une partie de matrice

En revanche, vous pouvez mettre en forme de façon indépendante chacune des cellules constitutives d'une plage matricielle. Vous pouvez également copier, puis coller, une ou plusieurs cellules d'une plage matricielle.

Si votre sélection est de taille supérieure à celle des arguments, certaines cellules de la plage contiendront la valeur d'erreur #N/A.

	A	B	C	D	E	F	G	H	I
1			Capacités de production - Atelier XXXX						
2									
3			Lundi	Mardi	Mercredi	Jeudi	Vendredi	Samedi	Dimanche
4		Durée du travail	8	10	10	10	8	6	0
5									
6	Machine	Capacité	Lundi	Mardi	Mercredi	Jeudi	Vendredi	Samedi	Dimanche
7	Machine 1	100	800	1 000	1 000	1 000	800	#N/A	#N/A
8	Machine 2	150	1 200	1 500	1 500	1 500	1 200	#N/A	#N/A
9	Machine 3	75	600	750	750	750	600	#N/A	#N/A
10	Machine 4	98	784	980	980	980	784	#N/A	#N/A
11	Machine 5	102	#N/A	#N/A	#N/A	#N/A	#N/A	#N/A	#N/A
12	Machine 6	123	#N/A	#N/A	#N/A	#N/A	#N/A	#N/A	#N/A

Figure 10.7 : Exemple où la taille des arguments est différente de la taille de la matrice

Modifier une formule matricielle — Chapitre 10

> **Formules matricielles et temps de calcul**
>
> Contrairement à ce que l'on pourrait penser, utiliser des formules matricielles dans une feuille de calcul ne permet pas d'obtenir des gains en matière de vitesse de calcul. Au contraire, les temps de calcul ont tendance à s'allonger. Cela provient de la logique interne de fonctionnement des formules matricielles : les résultats intermédiaires des calculs sont stockés dans des tableaux avant d'être affichés dans les cellules. Cela entraîne donc des opérations de copie supplémentaires, qui pénalisent la rapidité de calcul. En contrepartie, les formules matricielles sont moins gourmandes en capacité mémoire, car elles sont plus concises que les formules "classiques".
>
> En résumé, les formules matricielles sont plus élégantes, plus concises mais plus lentes que les formules "classiques".

10.5. Modifier une formule matricielle

Pour modifier une formule matricielle, il faut d'abord sélectionner l'intégralité de la plage de cellules sur laquelle elle s'applique.

Pour cela, il existe deux possibilités :

- Sélectionnez une cellule de la plage et appuyez sur Ctrl+/.
- Sélectionnez une cellule de la plage et cliquez sur le bouton **Rechercher et sélectionner** du groupe *Édition* de l'onglet **Accueil**. Choisissez **Sélectionner les cellules**, sélectionnez *Matrice en cours* puis cliquez sur OK.

Figure 10.8 :
La boîte de dialogue
Sélectionner les cellules

Chapitre 10 Découvrir les formules matricielles

Une fois la plage sélectionnée, cliquez dans la barre de formule puis effectuez les modifications souhaitées. Une fois les modifications réalisées, validez par [Ctrl]+[Maj]+[Entrée].

Pour effacer une formule matricielle, utilisez la touche [Suppr] une fois la plage sélectionnée.

10.6. Utiliser des constantes matricielles

Nous nous somme principalement intéressé à la création de formules matricielles mais il est également possible de saisir des constantes matricielles.

Les principes de saisie sont les suivants :

1 Sélectionnez la plage dans laquelle vous souhaitez saisir votre constante matricielle.

2 Cliquez dans la barre de formule.

3 Saisissez ={.

4 Saisissez les valeurs de votre constante. Les lignes sont séparées par des points-virgules, les valeurs des colonnes par des points.

5 Saisissez l'accolade fermante (}).

6 Validez par [Ctrl]+[Maj]+[Entrée].

	A	B	C	D
1	1	3	5	
2	7	9	11	
3				

A1 f_x {={1.3.5;7.9.11}}

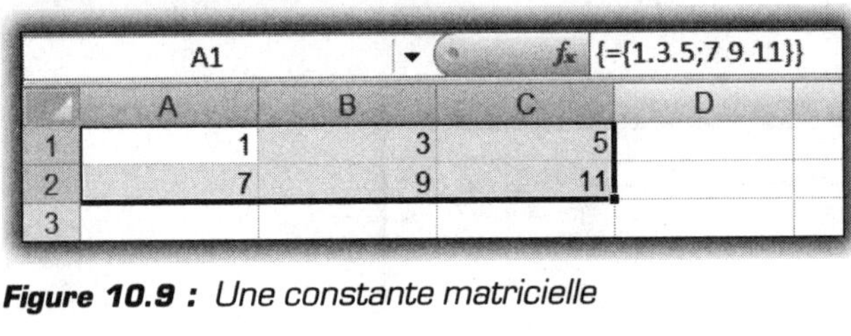

Figure 10.9 : Une constante matricielle

10.7. Cas pratique : Résoudre un système d'équations linéaires

Vous allez maintenant mettre en œuvre les formules (ainsi qu'un certain nombre de fonctions), en créant un classeur dont le but est la résolution de systèmes d'équations linéaires.

Pour plus de détails sur les fonctions mises en œuvre dans ce cas pratique, reportez-vous au chapitre 9 **Utiliser les fonctions**.

Un système d'équations linéaires est un ensemble de plusieurs équations linéaires. Une équation linéaire est une expression du type : 3*x + 2*y + 5*z = 32. Les chiffres sont appelés coefficients et x, y et z inconnues. Voici maintenant un exemple de système d'équations linéaires :

x + y + z = 6

3*x + 2*y + 5*z = 22

2*x + y + 3*z = 13

Résoudre ce système d'équations linéaires consisterait à trouver les valeurs de x, y et z qui satisferaient aux trois équations.

Le principe est posé mais comment procéder en pratique ? La première méthode consiste à réécrire les équations en exprimant x à l'aide de y et z dans la première équation (x = 6 - y - z). Une fois cette expression obtenue, il faut remplacer x par cette expression dans les deux autres équations. Ensuite, on exprime y en fonction de z dans la deuxième équation (qui ne fait plus apparaître que y et z). Enfin, remplacez y par sa valeur en fonction de z dans la troisième équation. On obtient alors la valeur de z. À l'aide de la deuxième équation et de la valeur de z, on en déduit celle de y, puis à l'aide des valeurs de y et z et de la première équation, on détermine la valeur de x.

Cette méthode (dite du pivot de Gauss) peut rapidement s'avérer lourde à manier si vous avez à résoudre un système de cinq équations à cinq inconnues. D'autres méthodes, reposant sur des approches matricielles, permettent un calcul beaucoup plus rapide, d'autant plus rapide s'il est mis en œuvre dans Excel. Le but de cet ouvrage n'est pas de vous détailler les théories mathématiques qui sous-tendent ces méthodes ; nous allons simplement en rappeler le principe.

Précisons qu'un système d'équations linéaires peut s'écrire sous forme d'égalité matricielle : A*X = B, où A est la matrice des coefficients, X la matrice des inconnues et B la matrice des seconds membres. Si nous reprenons l'exemple précédent, voici les matrices mises en jeu :

A : matrice des coefficients		
1	1	1
3	2	5
2	1	3

X : matrice des inconnues
x
y
z

B : matrice des seconds membres
6
22
13

Ici, la résolution donne x=1, y=2 et z=3.

Inversion de la matrice des coefficients

La méthode de résolution que nous allons utiliser consiste à calculer la matrice inverse de la matrice des coefficients (notée A^{-1}). Nous ne détaillerons pas le principe de calcul de cette matrice ; sachez seulement que la fonction INVERSEMAT réalisera ce travail pour vous.

Rappelons que l'inversion d'une matrice est possible uniquement si son déterminant n'est pas nul.

Une fois la matrice inverse calculée, pour résoudre le système, calculez $A^{-1}*B$. Le résultat nous donnera les valeurs de x, y et z sous forme matricielle. En effet, $X = A^{-1}*B$.

Cas pratique : Résoudre un système d'équations linéaires — Chapitre 10

A^{-1} : matrice inverse		
1	-2	3
1	1	-2
-1	1	-1

$A^{-1} * B$
1
2
3

Retour au cas pratique

Vous allez bientôt pouvoir passer à la réalisation du cas pratique. Nous nous limiterons à la résolution de systèmes d'un maximum de cinq équations à cinq inconnues.

Les équations linéaires permettent de modéliser un certain nombre de situations. Voici un exemple. Supposons que vous soyez le responsable d'une société de services informatiques. Un client vous appelle et vous demande le détail des jours passés par votre équipe sur son projet. L'équipe se compose d'un chef de projet et de deux développeurs.

Vous disposez des éléments suivants :

- une facture de 15 000 € TTC pour un volume global de 25 jours ;
- une note de frais de l'équipe de 425 €.

Il est tard et personne ne peut vous donner les informations dont vous avez besoin. Il va falloir vous contenter des informations que vous connaissez :

Tableau 10.1 : Les tarifs journaliers	
Salarié	Tarif facturé
Chef de projet	900 € TTC par jour
Développeur 1	600 € TTC par jour
Développeur 2	450 € TTC par jour

Chapitre 10 — Découvrir les formules matricielles

Tableau 10.2 : Les remboursements de frais journaliers

Salarié	Tarif facturé
Chef de projet	25 € par jour
Développeur 1	15 € par jour
Développeur 2	15 € par jour

À partir de ces informations disparates, comment retrouver le nombre de jours passés par chacun des trois collaborateurs sur le projet du client ? Grâce à une petite mise en équation et à la résolution du système correspondant. Les inconnues sont :

- x = nombre de jours du chef de projet ;
- y = nombre de jours du développeur 1 ;
- z = nombre de jours du développeur 2.

La mise en équation va consister à reformuler mathématiquement les données du problème. Vous savez qu'il y a eu un total de 25 jours passés sur le projet, soit x+y+z=25. Le montant de la facture est égal à 900*x+600*y+450*z = 15 000 et enfin, les remboursements de frais sont calculés à partir du nombre de jours passés soit 25*x + 15*y + 15*z = 425.

Vous avez autant d'équations que d'inconnues ; il est possible d'envisager la résolution du système :

x + y + z = 25

900*x + 600*y + 450*z = 15000

25*x + 15*y + 15*z = 425

Cet exemple vous permettra de tester le classeur que vous allez concevoir. Mais la prochaine fois, il faudra penser à détailler les factures.

Mise en œuvre

Création du classeur

Sélectionnez la commande **Nouveau** du menu **Fichier**.

Cas pratique : Résoudre un système d'équations linéaires Chapitre 10

Vous aurez besoin de deux feuilles, une pour la saisie des données et une pour le calcul par la méthode de la matrice inverse :

1 Renommez la feuille **Feuil1** en **Saisie des données**.
2 Renommez la feuille **Feuil2** en **Matrice inverse**.

La feuille Saisie des données

Cette feuille de calcul a pour vocation de permettre la saisie des données du problème, à savoir :

- le nombre d'inconnues (et d'équations) ;
- la matrice des coefficients ;
- la matrice des seconds membres.

Les premières opérations à réaliser sont les suivantes :

1 En *A1*, saisissez Résolution d'un système d'équations linéaires.

2 En *A3*, saisissez Nombre d'inconnues.

3 En *D3*, saisissez (maximum 5).

4 En *A5*, saisissez Matrice des coefficients.

5 En *G5*, saisissez Matrice des seconds membres.

6 En *A14*, saisissez Déterminant de la matrice des coefficients.

7 Sélectionnez la plage *A7:E11*.

8 Appliquez une bordure de type quadrillage.

9 Sélectionnez la plage *G7:G11*.

10 Appliquez une bordure de type quadrillage.

11 Sélectionnez la plage *E14*.

12 Appliquez une bordure de type quadrillage.

13 Sélectionnez toutes les cellules et choisissez une couleur de fond.

14 Sélectionnez la plage *A7:E11* et choisissez le blanc comme couleur de fond.

15 Répétez l'opération pour *C3* et *G7:G11*.

Chapitre 10 — Découvrir les formules matricielles

Le cadre de la saisie des données est à présent défini. Il faut maintenant le compléter par quelques formules et le contrôle de la saisie.

La première formule est celle qui permet de calculer le déterminant de la matrice des coefficients, pour cela :

- En *E14*, saisissez

    ```
    =SI(ESTERREUR(DETERMAT(DECALER(A7:E11;0;0;C3;C3)));
    "NS";DETERMAT(DECALER(A7:E11;0;0;C3;C3)))
    ```

La fonction `DETERMAT(DECALER(A7:E11;0;0;C3;C3))` permet de calculer le déterminant de la matrice des coefficients en fonction du nombre d'équations. En effet, cette application doit permettre de traiter des systèmes d'équations avec un nombre d'équations variant de deux à cinq. C'est pourquoi nous avons prévu une matrice de saisie de cinq lignes et cinq colonnes. Mais si nous traitons (comme c'est le cas dans l'exemple retenu) un système de trois équations, nous n'utiliserons que les trois premières lignes et les trois premières colonnes. C'est la raison pour laquelle nous employons la fonction `DECALER`, en effet les deux derniers paramètres permettent "d'extraire" de la plage de départ une plage dont le nombre de lignes et de colonnes est déterminé par ces deux derniers paramètres. La valeur de ces paramètres est donnée par le nombre d'inconnues (*C3*).

La fonction `ESTERREUR` permet d'éviter l'affichage de messages d'erreurs, si par exemple tous les coefficients ne sont pas saisis. En cas d'erreur, la valeur NS (*Non Significatif*) est affichée.

Si le déterminant est égal à 0, il n'y a pas de solutions au système d'équations. Nous ne détaillerons pas la justification mathématique de cette affirmation.

- En *B15*, saisissez `=SI(E14=0;"Pas de solution ! !!!";"")`.

Il faut prévenir l'utilisateur au cas où il n'aurait pas saisi tous les coefficients. Pour cela, comptez le nombre de cellules vides dans la matrice des coefficients "utiles" :

- En *A12*, saisissez :

    ```
    =SI(NB.VIDE(DECALER(A7:E11;0;0;C3;C3))>0;"Il
    reste "&NB.VIDE(DECALER(A7:E11;0;0;C3;C3)) & "
    coefficients à saisir";"")
    ```

Cas pratique : Résoudre un système d'équations linéaires — Chapitre 10

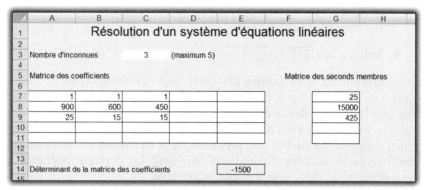

Figure 10.10 : La feuille Saisie des données

La feuille Matrice inverse

La feuille de calcul **Matrice inverse** est destinée à la résolution du système d'équations par la méthode de la matrice inverse.

Pour la définir, les opérations à réaliser sont les suivantes :

1 En *A2*, saisissez Matrice inverse.

2 En *F2*, saisissez Matrice des seconds membres.

3 En *I2*, saisissez Résultat.

4 Sélectionnez la plage *A4:E8*.

5 Appliquez une bordure de type quadrillage.

6 Sélectionnez la plage *G4:G8*.

7 Appliquez une bordure de type quadrillage.

8 Sélectionnez la plage *I4:I8*.

9 Appliquez une bordure de type quadrillage.

10 Sélectionnez toutes les cellules et choisissez une couleur de fond.

Il s'agit maintenant de mettre en place les formules de calcul nécessaires à la résolution :

1 Sélectionnez la plage *A4:E8*.

2 Cliquez dans la barre de formule.

3 Saisissez :

```
=SI(ET(ESTNUM('Saisie des données'!E14);'Saisie des
données'!E14<>0);INVERSEMAT(DECALER('Saisie des
```

LE GUIDE COMPLET | 395

Chapitre 10 — Découvrir les formules matricielles

données'!A7:E11;0;0;'Saisie des données'!C3;'Saisie desdonnées'!C3));"NS")

4 Validez par Ctrl+Maj+Entrée.

Si le déterminant de la matrice des coefficients est numérique (ESTNUM), c'est-à-dire s'il n'est pas égal à NS et s'il n'est pas nul (ce qui voudrait dire que la matrice des coefficients ne peut être inversée), le calcul de la matrice inverse est effectué (INVERSEMAT). La fonction DECALER est utilisée dans le même but que précédemment (restreindre la matrice des coefficients au nombre d'équations utilisées). La dernière opération a pour objectif de créer une formule matricielle.

Tous ceux qui ont peiné en inversant une matrice "à la main" apprécieront la fonction INVERSEMAT.

Vous voyez apparaître la valeur d'erreur #N/A dans les lignes et les colonnes inutilisées. Nous nous préoccuperons plus tard de faire disparaître cet affichage inélégant.

Il faut maintenant afficher la matrice des seconds membres :

1 Sélectionnez la plage *G4:G8*.

2 Cliquez dans la barre de formule.

3 Saisissez :

=DECALER('Saisie des données'!G7:G11;0;0;'Saisie des données'!C3;'Saisie des données'!C3)

4 Validez par Ctrl+Maj+Entrée.

Reste à calculer les valeurs des inconnues :

1 Sélectionnez la plage *I4:I8*.

2 Cliquez dans la barre de formule.

3 Saisissez :

=SI(ET(ESTNUM('Saisie des données'!E14);'Saisie des données'!E14<>0);PRODUITMAT(DECALER(A4:E8;0;0;'Saisie des données'!C3;'Saisie des données'!C3);DECALER(G4:G8;0;0;'Saisie des données'!C3));"NS")

4 Validez par Ctrl+Maj+Entrée.

Si le déterminant de la matrice des coefficients est numérique (ESTNUM), c'est-à-dire s'il n'est pas égal à NS et s'il n'est pas nul (ce qui voudrait

Cas pratique : Résoudre un système d'équations linéaires — Chapitre 10

dire que la matrice des coefficients ne peut être inversée), le calcul du produit de la matrice inverse avec la matrice des coefficients est effectué (PRODUITMAT). La fonction DECALER est utilisée dans le même but que précédemment (restreindre la matrice des coefficients au nombre d'équations utilisées). La dernière opération a pour objectif de créer une formule matricielle.

Le résultat s'affiche immédiatement. La réponse à notre question initiale est :

- 5 jours du chef de projet ;
- 10 jours du développeur 1 ;
- 10 jours du développeur 2.

Il vous reste à masquer les disgracieuses valeurs #N/A qui parsèment votre feuille de calcul :

1 Sélectionnez *A4* et cliquez sur le bouton **Mise en forme conditionnelle** du groupe *Style* de l'onglet **Accueil**. Sélectionnez **Nouvelle règle**.

2 Dans la boîte de dialogue **Nouvelle règle de mise en forme**, choisissez *Utiliser une formule pour déterminer pour quelles cellules le format sera appliqué*.

3 Saisissez =ESTNA(A4).

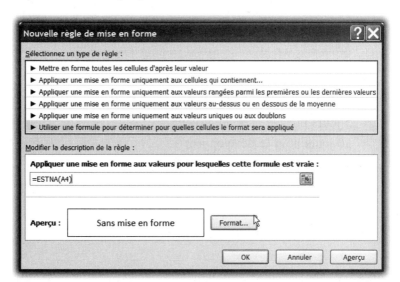

Figure 10.11 *: Mise en forme conditionnelle*

Chapitre 10 — Découvrir les formules matricielles

 Pour plus de détails sur la mise en forme conditionnelle, référez-vous au chapitre 11 **Bâtir des feuilles de calcul plus élaborées***.*

4 Cliquez sur le bouton **Format** et choisissez une couleur de police identique à la couleur du fond.

5 Validez par OK.

6 Fermez la boîte de dialogue initiale en cliquant sur OK.

7 Cliquez sur **Reproduire la mise en forme** (onglet **Accueil**, groupe *Presse-papiers*).

8 Sélectionnez la plage *A4:E8*.

9 Cliquez sur **Reproduire la mise en forme** (onglet **Accueil**, groupe *Presse-papiers*).

10 Sélectionnez la plage *G4:G8*.

11 Cliquez sur **Reproduire la mise en forme** (onglet **Accueil**, groupe *Presse-papiers*).

12 Sélectionnez la plage *I4:I8*.

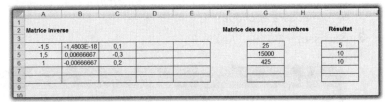

***Figure 10.12** : La feuille Matrice inverse*

La réponse à notre problème est donc la suivante :

- 5 jours pour le chef de projet ;
- 10 jours pour le développeur 1 ;
- 10 jours pour le développeur 2.

Chapitre 11

Bâtir des feuilles de calcul plus élaborées

Créer des séries de données	400
Effectuer des calculs avec les dates et les heures	413
Commenter les cellules	422
Spécifier une validation du contenu des cellules	424
Créer et appliquer des styles	429
Créer des mises en forme conditionnelles	431
Cas pratique : Réaliser le suivi des temps d'une compétition	449

Bâtir des feuilles de calcul plus élaborées

Dans ce chapitre, nous allons passer en revue des fonctions qui vous permettront d'améliorer votre efficacité lors de la conception de feuilles de calcul.

Tout d'abord, la création de séries de données vous fera gagner du temps lors de la saisie. Puis nous approfondirons la représentation des dates dans Excel, ainsi que les possibilités qui en découlent.

Nous aborderons ensuite des fonctions qui vous permettront d'améliorer l'ergonomie et la convivialité de vos feuilles de calcul : les commentaires et les validations du contenu. Un commentaire permet d'associer à des cellules des informations complémentaires qui s'afficheront lors du passage du pointeur de la souris. Les validations permettent de contrôler la saisie des informations dans les cellules.

Pour conclure, les mises en forme conditionnelles vous permettront de définir des mises en forme qui "réagissent" au contenu des cellules auxquelles elles s'appliquent.

11.1. Créer des séries de données

Lors de vos séances de travail sur Excel, vous aurez à saisir des séries de données. Il s'agit d'un ensemble de données dont chaque valeur est déduite de la précédente par une opération, l'application d'une règle logique ou conventionnelle. Voici quelques exemples :

- les nombres entiers de 1 à 15 ;
- les nombres pairs de 4 à 12 ;
- les jours de la semaine ;
- les mois de l'année ;
- les heures de la journée.

Vous pouvez saisir chaque donnée mais cela s'avère rapidement fastidieux.

Abordons maintenant successivement la création automatique de séries de données de différents types.

Créer des séries numériques

Excel est avant tout un outil de calcul. Nous allons donc débuter ce tour d'horizon par les séries numériques.

Créer des séries de données — Chapitre 11

Créons d'abord la série des nombres entiers de 1 à 15.

1 Sélectionnez une feuille de calcul vierge. En *A1*, saisissez 1.

2 Sélectionnez à nouveau *A1*. Approchez le pointeur de la souris de la poignée de recopie de la cellule. La poignée de recopie est le petit carré noir situé dans l'angle inférieur droit.

Le pointeur de la souris change d'apparence et se transforme en une fine croix noire.

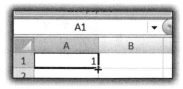

Figure 11.1 :
Le pointeur change d'apparence

3 Cliquez sur la poignée de recopie et déplacez le pointeur jusqu'en *A15*. La plage *A1:A15* est entourée d'un large contour gris et une infobulle indique le futur contenu de la dernière plage de cellules.

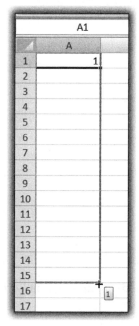

Figure 11.2 :
Utilisation de la poignée de recopie

4 Relâchez le bouton de la souris. Chacune des cellules de la plage *A1:A15* contient 1. Aurions-nous échoué ? Heureusement, le bouton d'options de recopie incrémenté a fait son apparition à côté de la plage *A1:A15*. Cliquez sur ce bouton d'options. Un menu apparaît.

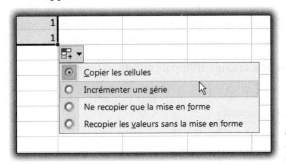

Figure 11.3 :
Le menu de la balise active

5 Sélectionnez **Incrémenter une série**.

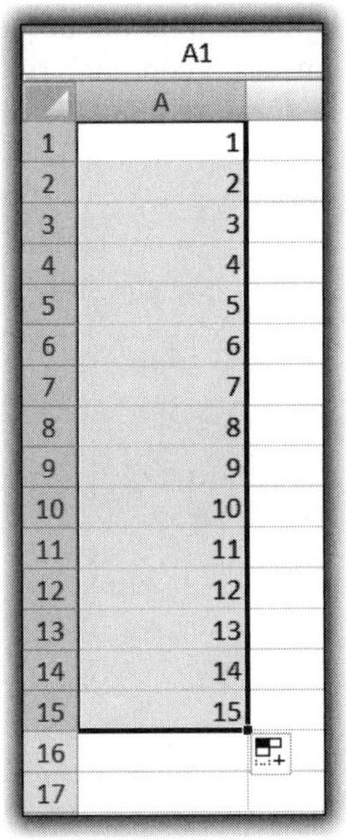

Figure 11.4 :
Voilà le résultat

Nous allons expérimenter une autre méthode pour créer la série des nombres pairs.

1 En *B1*, saisissez 2.

2 En *B2*, saisissez 4.

Créer des séries de données — Chapitre 11

3 Sélectionnez *B1 :B2*. Comme précédemment, étendez le contenu de la sélection, à l'aide de la poignée de recopie, jusqu'en *B15*. (Cliquez sur la poignée de recopie et, tout en maintenant le bouton de la souris appuyé, déplacez-vous jusqu'à la cellule *B15*.)

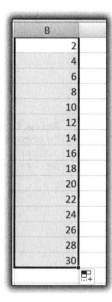

Figure 11.5 :
Les nombres pairs de 2 à 30

Le bouton d'options apparaît à côté de la plage *B1:B15* mais cette fois-ci, nous n'en aurons pas besoin. Automatiquement, Excel a créé une série dont les valeurs consécutives — c'est-à-dire l'écart entre les deux premières valeurs saisies — diffèrent de 2. De la même façon, nous aurions pu créer la série des entiers de 1 à 15 en saisissant 1 et 2 en *A1* et *A2*, puis en étendant le contenu de la plage *A1:A2*.

Ces séries de données, dont les valeurs successives sont obtenues en ajoutant un nombre fixe, sont appelées séries linéaires. La différence entre deux valeurs successives est appelée le pas de la série. Il existe d'autres types de séries de données : les séries géométriques. Dans ce cas, les valeurs successives sont obtenues en multipliant la valeur précédente par le pas de la série.

Créons à présent une telle série :

1 En *C1*, saisissez 2.

2 Sélectionnez *C1:C15*.

3 Dans l'onglet **Accueil**, cliquez sur le bouton **Remplissage** du groupe *Édition* puis sélectionnez **Série**.

Figure 11.6 :
La boîte de dialogue Série de données

4 Sélectionnez *Colonnes*.
5 Sélectionnez *Géométrique*.
6 Dans *Valeur du pas*, saisissez 2.
7 Validez par OK.

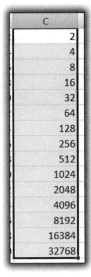

Figure 11.7 :
Une série géométrique

Nous allons mettre en œuvre une autre approche pour créer une nouvelle série géométrique.

1 En *D1*, saisissez 2. Sélectionnez *D1*.
2 Dans l'onglet **Accueil**, cliquez sur le bouton **Remplissage** du groupe *Édition* puis sélectionnez **Série**.
3 Sélectionnez *Colonnes*.
4 Sélectionnez *Géométrique*.
5 Dans *Valeur du pas*, saisissez 2.
6 Dans *Dernière valeur*, saisissez 2048.
7 Validez par OK.

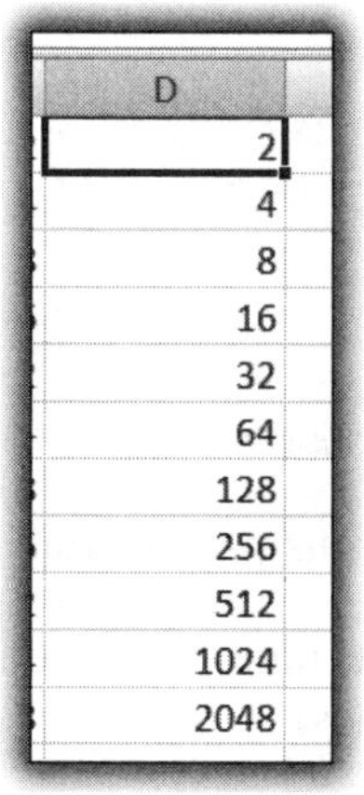

D
2
4
8
16
32
64
128
256
512
1024
2048

Figure 11.8 :
Une autre série géométrique

Le résultat est identique à celui obtenu avec la méthode précédente mais l'approche est différente. Cette fois, nous n'avons pas sélectionné une plage de cellules à remplir, mais avons demandé de créer des données jusqu'à une valeur spécifiée dans *Dernière valeur*. Il est possible de préciser le sens de création de la série : en ligne ou en colonne. Ces options sont également valables pour les séries linéaires et chronologiques (que nous allons aborder). L'option *Tendance*, quant à elle, donne le même résultat que la poignée de recopie.

Créer des séries chronologiques

Une série chronologique est une série dont les valeurs sont des dates.

Nous allons d'abord créer une série de dates consécutives :

1 Sélectionnez une feuille de calcul vierge. En *A1*, saisissez 24/04/2006.

Chapitre 11 — Bâtir des feuilles de calcul plus élaborées

2 Étendez le contenu de la cellule, à l'aide de la poignée de recopie, jusqu'en *A15*.

Figure 11.9 :
Une série de dates consécutives

Le bouton d'options apparaît mais nous n'en aurons pas besoin.

Nous allons à présent créer une série composée uniquement de jours ouvrés (c'est-à-dire, sans les samedis et dimanches) :

1 En *B1*, saisissez 24/04/2006.

2 Étendez le contenu de la cellule, à l'aide de la poignée de recopie, jusqu'en *B15*.

3 Cliquez sur le bouton d'options. Excel a pris en compte que nous travaillons sur des dates. Il propose un menu différent.

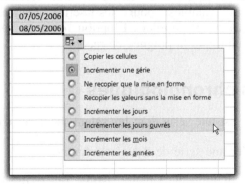

Figure 11.10 :
Le menu du bouton d'options

4 Sélectionnez **Incrémenter les jours ouvrés**.

Figure 11.11 :
Une série de jours ouvrés

Nous allons créer une série de dates séparées par un mois. Nous pourrions procéder de la même façon que précédemment, en utilisant le menu de la balise active, mais nous emploierons plutôt la boîte de dialogue **Série de données**.

1 En *C1*, saisissez 24/04/2006.

2 Sélectionnez *C1:C15*.

3 Dans l'onglet **Accueil**, cliquez sur le bouton **Remplissage** du groupe *Édition* puis sélectionnez **Série**.

4 Sélectionnez *Colonnes*.

5 Sélectionnez *Chronologique*.

6 Dans *Valeur du pas*, saisissez 1.

7 Sélectionnez *Mois*.

Figure 11.12 :
Les paramètres de la série

Chapitre 11 — Bâtir des feuilles de calcul plus élaborées

8 Validez par OK.

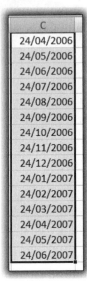

Figure 11.13 :
Une série de dates espacées d'un mois

> **REMARQUE** — **Comparaison avec le menu du bouton d'options**
> L'avantage de la boîte de dialogue **Série de données** sur le menu de la balise active réside dans la possibilité de spécifier une valeur de pas différente de 1. Nous aurions pu, en saisissant 2 comme valeur de pas, créer des dates séparées de deux mois. Cela aurait été impossible avec le menu du bouton d'options. En revanche, ce dernier est d'un accès plus rapide.

Pour en terminer avec les séries chronologiques, nous allons créer une série "dates anniversaires" du 24/04/2006 au 24/04/2010. Pour cela :

1 En *D1*, saisissez 24/04/2006. Sélectionnez *D1*.

2 Dans l'onglet **Accueil**, cliquez sur le bouton **Remplissage** du groupe *Édition* puis sélectionnez **Série**.

3 Sélectionnez *Colonnes*.

4 Sélectionnez *Chronologique*.

5 Sélectionnez *Années*.

6 Dans *Valeur du pas*, saisissez 1.

7 Dans *Dernière valeur*, saisissez 24/04/2010.

Créer des séries de données — Chapitre 11

8 Validez par OK.

Figure 11.14 :
Une série de dates espacées d'une année

Créer des séries alphanumériques

Lorsque vous saisissez une valeur alphanumérique se terminant par un nombre, vous pouvez créer une série à partir de cette entrée à l'aide de la poignée de recopie. Le nombre sera incrémenté d'une unité à chaque valeur.

1 Sélectionnez une feuille de calcul vierge. En *A1*, saisissez `Produit1`.

2 Étendez le contenu de la cellule, à l'aide de la poignée de recopie, jusqu'en *A15*.

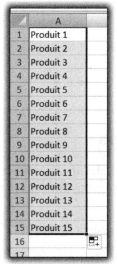

Figure 11.15 :
Une série alphanumérique

Cette possibilité ne donne de bons résultats qu'avec des nombres entiers, comme le prouve l'exemple suivant :

Chapitre 11 — Bâtir des feuilles de calcul plus élaborées

1 En *B1*, saisissez Diamètre 1,5.

2 Étendez le contenu de la cellule, à l'aide de la poignée de recopie, jusqu'en *B15*.

Figure 11.16 :
Une série alphanumérique non conforme

Vous vous attendiez peut-être à obtenir Diamètre 2,5, Diamètre 3,5, etc. En fait, Excel prend en compte uniquement le nombre entier situé le plus à droite.

> **REMARQUE — Pour copier la valeur**
> Si vous ne voulez pas qu'Excel incrémente le nombre final, sélectionnez **Copier les cellules** dans le menu du bouton d'options.

Créer des listes personnalisées

Les listes personnalisées sont des séries de données qui n'obéissent pas à des règles mathématiques mais à des règles logiques ou conventionnelles.

La série des mois de l'année en constitue un premier exemple :

1 Sélectionnez une feuille de calcul vierge. En *A1*, saisissez Janvier.

2 Étendez le contenu de la cellule, à l'aide de la poignée de recopie, jusqu'en *A12*.

Créer des séries de données — Chapitre 11

Figure 11.17 :
La série des mois de l'année

Pour créer vos propres listes personnalisées, cliquez sur le bouton **Microsoft Office** puis sur **Options Excel**. Dans la boîte de dialogue **Options Excel**, sélectionnez la catégorie **Personnaliser** puis cliquez sur le bouton **Modifier les listes personnalisées...**.

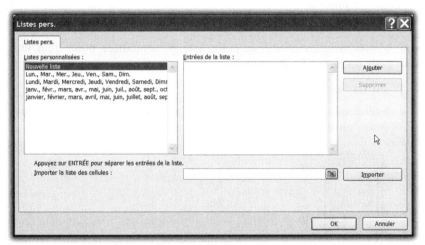

Figure 11.18 : La boîte de dialogue Listes pers

1 Dans la zone *Listes personnalisées*, sélectionnez *Nouvelle liste*.

2 Saisissez les éléments de liste personnalisée dans la zone *Entrées de la liste* en les séparant en appuyant sur [Entrée].

LE GUIDE COMPLET | 411

Chapitre 11 — Bâtir des feuilles de calcul plus élaborées

3 Saisissez successivement Paris, Lyon, Marseille, Toulouse, Montpellier, Lille.

Figure 11.19 : Les éléments de la liste personnalisée

4 Cliquez sur **Ajouter**.

5 Validez par OK.

> **REMARQUE — Importer des listes personnalisées**
> Il est possible de sélectionner une plage de cellules contenant les entrées de la liste personnalisée. Pour cela, cliquez dans la zone située à côté du bouton **Importer** puis sélectionnez la plage correspondante en cliquant sur **Importer**.

Nous allons maintenant utiliser cette liste personnalisée pour créer une série dans notre feuille de calcul.

1 En *B1*, saisissez Paris.

2 Étendez le contenu de la cellule, à l'aide de la poignée de recopie, jusqu'en *B12*.

Figure 11.20 :
Un exemple de série personnalisée

11.2. Effectuer des calculs avec les dates et les heures

Dans bon nombre de situations, il s'avère nécessaire de travailler avec des dates : calculs de délais, vérification d'échéances, etc. Il est également fréquent d'avoir à manipuler des heures, pour des calculs de durées par exemple. Pour toutes ces applications (et bien d'autres), Excel vous aidera grâce, d'une part, à une "modélisation" des dates et des heures qui vous permettra de réaliser simplement des calculs et, d'autre part, à de nombreuses fonctions de calcul.

Découvrir la notion de numéro de série

Excel enregistre les dates sous la forme de nombres séquentiels appelés numéros de série. Par défaut, le 1er janvier 1900 correspond au numéro de série 1, et le 1er janvier 2008, par exemple, au numéro de série 39 448 car 39 448 jours se sont écoulés depuis le 1er janvier 1900. Excel enregistre les heures sous la forme de fractions décimales car l'heure est considérée comme une partie de la journée. C'est pourquoi 0,5 correspond à l'heure de midi et 0,75 à 18 heures.

Les dates et les heures étant des valeurs, elles peuvent être ajoutées, soustraites et incluses dans d'autres calculs. Pour afficher une date sous la forme d'un numéro de série et une heure sous la forme d'une fraction décimale, appliquez le format *Standard* à la cellule contenant la date ou l'heure.

Distinguer les systèmes de date

Excel prend en charge deux systèmes de date : le calendrier depuis 1900 et le calendrier depuis 1904. Le calendrier par défaut d'Excel pour Windows est le calendrier depuis 1900. Le calendrier par défaut d'Excel pour Macintosh est le calendrier depuis 1904. Vous pouvez changer le système de date. Pour cela :

1 Cliquez sur le bouton **Microsoft Office** puis sur **Options Excel**.

2 Dans la boîte de dialogue **Options Excel**, sélectionnez la catégorie **Options avancées** puis activez ou désactivez la case à cocher *Utiliser le calendrier depuis 1904* dans la rubrique *Lors du calcul de ce classeur*.

Chapitre 11 — Bâtir des feuilles de calcul plus élaborées

Le système de date est automatiquement modifié lorsque vous ouvrez un document à partir d'une autre plate-forme. Par exemple, si vous travaillez sous Excel pour Windows et que vous ouvriez un document créé sous Excel pour Macintosh, la case à cocher *Utiliser le calendrier depuis 1904* est automatiquement activée.

Le tableau suivant affiche la première et la dernière date de chaque calendrier et le numéro de série associé à chaque date.

Tableau 11.1 : Les systèmes de dates

Base annuelle	Première date	Dernière date
1900	1er janvier 1900 (numéro de série 1)	31 décembre 9999 (numéro de série 2958465)
1904	2 janvier 1904 (numéro de série 1)	31 décembre 9999 (numéro de série 2957003)

Saisir des dates et des heures

Lorsque vous saisissez une date dans un format reconnu par Excel, ce dernier met automatiquement la date saisie dans le format de date par défaut. Ainsi, si vous saisissez 23/07/06, Excel affichera 23/07/2006. Il s'agit uniquement d'un format qui n'affecte pas la valeur sous-jacente. En d'autres termes, Excel reconnaît l'entrée "23/07/06" comme une date valide. Il la convertit en numéro de série et formate le résultat sous la forme jj/mm/aaaa. Le contenu de la cellule est bien une valeur numérique (numéro de série), associée à un format de date.

Pour saisir une date dans Excel, il suffit de séparer les jours, mois et années par des /, des –. Si vous saisissez le mois en lettres, vous pouvez séparer le jour, le mois et l'année par des espaces. Voici quelques exemples de saisies correctes :

- 23/07/06 sera affiché 23/07/2006.
- 23-07-06 sera affiché 23/07/2006.
- 23 juillet 2006 sera affiché 23-juil-2006.
- 23/07 sera affiché 23-juil.

Effectuer des calculs avec les dates et les heures — Chapitre 11

Dans une saisie de date, si le jour n'est pas indiqué, la date correspond au premier jour du mois (ainsi 7/2006 correspond au 01/07/2006).

Pour la saisie des heures, seul le caractère : est autorisé afin de séparer les heures et les minutes. Voici quelques exemples de saisies correctes :

- 23:6 sera affiché 23:06.
- 23: sera affiché 23:00.
- 45:12 sera affiché 45:12:00.

Paramétrer l'interprétation du siècle

Pour veiller à ce que les valeurs d'année soient interprétées comme vous le souhaitez, tapez les quatre chiffres de l'année (2006 plutôt que 01). Dans ce cas, Excel n'interprétera pas le siècle à votre place. Sinon, les règles suivantes sont appliquées.

Si vous utilisez Windows XP, l'option *Options régionales et linguistiques* du Panneau de configuration de Windows permet d'accéder (en cliquant sur le bouton **Personnaliser**) à la boîte de dialogue **Personnaliser les options régionales**, qui contrôle la façon dont Excel interprète les années à deux chiffres.

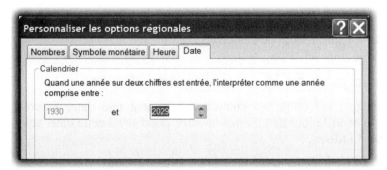

Figure 11.21 : Interprétation du siècle

Par défaut, quand vous entrez une valeur d'année à deux chiffres, Excel interprète l'année de la façon suivante :

- De 00 à 29, Excel interprète les valeurs de l'année à deux chiffres 00 à 29 comme étant les années 2000 à 2029. Par exemple, si vous tapez la date 28/5/19, Excel suppose que la date est le 28 mai 2019.

Chapitre 11 Bâtir des feuilles de calcul plus élaborées

- De 30 à 99, Excel interprète les valeurs de l'année à deux chiffres 30 à 99 comme étant les années 1930 à 1999. Par exemple, si vous tapez la date 28/5/98, Excel suppose que la date est le 28 mai 1998.

Effectuer des calculs sur les dates

Nous allons maintenant présenter quelques formules classiques relatives aux calculs avec les dates. Il s'agit principalement de formules destinées à déterminer des dates particulières telles que le premier jour ou le dernier jour d'un mois.

Afficher la date du jour dans un texte

Pour inclure la date jour, en toutes lettres, dans un texte, il faut utiliser la fonction de conversion TEXTE, avec un format adapté :

```
="Aujourd'hui, nous sommes le "&TEXTE(AUJOURDHUI();"jjjj jj mmmm aaaa")
```

Écrire le mois en lettres

Si la cellule *A1* contient le numéro d'un mois (donc un nombre de 1 à 12) et que vous souhaitiez obtenir le nom du mois, voici la formule à utiliser :

```
=TEXTE("1/"&A1;"mmmm")
```

Le résultat est une chaîne de caractères.

Écrire le jour de la semaine en lettres

Supposons que la cellule *A1* contienne à présent une date. Si vous souhaitez obtenir le jour de la semaine correspondante à cette date, voici la formule à utiliser :

```
=TEXTE(A1;"jjjj")
```

Si vous souhaitez obtenir le jour de la semaine correspondant à la date du jour, utilisez la formule suivante :

```
=TEXTE(AUJOURDHUI();"jjjj")
```

Déterminer le numéro du trimestre

Pour déterminer dans quel trimestre de l'année se situe une date saisie en *A1*, voici la formule à utiliser :

Effectuer des calculs avec les dates et les heures

```
=PLAFOND(MOIS(A1)/3;1)
```

MOIS(A1) permet d'obtenir le numéro du mois de la date. Pour obtenir le numéro du trimestre, divisez ce mois par 3 et arrondissez à l'entier supérieur (fonction PLAFOND).

Déterminer le dernier jour du mois

Pour obtenir la date du dernier jour du mois actuel, la formule suivante peut être utilisée :

```
=FIN.MOIS(AUJOURDHUI();0)
```

Autre solution :

```
=DATE(ANNEE(AUJOURDHUI());MOIS(AUJOURDHUI())+1;1)-1
```

La fonction DATE, grâce aux arguments fournis, renvoie la date du premier jour du mois suivant. Enlevez un jour pour obtenir la date du dernier jour du mois.

Déterminer le premier jour du mois

Pour obtenir la date du premier jour du mois actuel, la formule suivante peut être utilisée :

```
=FIN.MOIS(AUJOURDHUI();-1)+1
```

La fonction FIN.MOIS permet d'obtenir la date correspondant au dernier jour du mois précédent (deuxième argument égal à –1). Ensuite, ajoutez 1 pour obtenir le premier jour du mois.

Autre solution :

```
=DATE(ANNEE(AUJOURDHUI());MOIS(AUJOURDHUI());1)
```

Calculer le nombre de jours du mois

Pour obtenir facilement le nombre de jours d'un mois correspondant à une date saisie en *A1*, voici la formule à employer :

```
=JOUR(DATE(ANNEE(A1);MOIS(A1)+1;1)-1)
```

Le principe est simple : il s'agit dans un premier temps de déterminer le dernier jour du mois, puis à l'aide de la fonction JOUR, de renvoyer le numéro du jour correspondant. Le nombre de jours d'un mois est bien entendu égal au numéro de son dernier jour (par exemple 31 pour décembre).

Repérer une date anniversaire

Si vous utilisez Excel pour gérer votre carnet d'adresses, vous pourrez enrichir ce dernier en intégrant une fonction "Anniversaire", qui affichera un message en face du nom de votre ami lorsque surviendra son anniversaire. Pour cela, supposons que sa date de naissance se trouve en *D10* :

```
=SI(ET(MOIS(AUJOURDHUI())=MOIS(D10);JOUR(AUJOURDHUI())
=JOUR(D10));"Bon anniversaire";"")
```

Il suffit en fait de tester que le jour et le mois sont identiques.

Vous pouvez améliorer cette formule afin d'être prévenu pendant une période de 20 jours autour de la date anniversaire :

```
=SI(ABS(AUJOURDHUI()-DATE(ANNEE(AUJOURDHUI());MOIS(D10);
JOUR(D10)))<=10;"Période d'anniversaire";"")
```

Il faut tester que la valeur absolue de la différence entre la date du jour et la date correspondant à l'anniversaire pour l'année en cours (soit `DATE(ANNEE(AUJOURDHUI());MOIS(D10);JOUR(D10))`) est inférieure ou égale à 10.

Tester si une année est bissextile

Il suffit de tester si le mois de février compte 29 jours ou non. Si l'année est saisie en *A1*, voici la formule à utiliser :

```
=SI(MOIS(DATE(A1;2;29))=2;"Année bissextile";"")
```

Nous profitons en fait de la "souplesse" d'Excel. En effet, si le 29 février de l'année choisie existe, `DATE(A1;2;29)` renverra bien 29/02/aaaa. En revanche, si cette date n'existe pas, `DATE(A1;2;29)` renverra 01/03/aaaa. Il suffit alors de tester le mois de cette date et de vérifier qu'il est bien égal à 2.

Effectuer des calculs sur les heures

Nous allons à présent détailler deux thèmes classiques relatifs aux calculs sur les heures.

Transformer des heures décimales en heures et minutes

Il est fréquent d'avoir à convertir des heures décimales en heures et minutes. Ainsi 10,5 heures doivent devenir 10:30. Nous allons exploiter

Effectuer des calculs avec les dates et les heures — Chapitre 11

la représentation des dates et heures dans Excel. En effet, dans Excel, 0,5 correspond à 12 heures (voir la notion de numéro de série). Donc, il suffit de diviser les heures décimales par 24 et d'appliquer un format de type hh:mm.

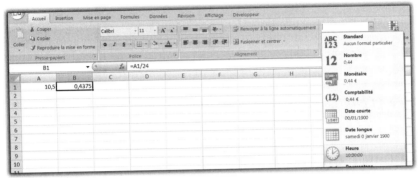

Figure 11.22 : Conversion en heures et minutes

Transformer des minutes en heures et minutes

De la même manière, il est possible d'avoir à convertir des minutes en heures et minutes. Ainsi 100 minutes correspondent à 1h40. En suivant le même raisonnement, nous arrivons à la conclusion qu'il faut diviser les minutes par 1 440 (24 x 60) et appliquer un format de type hh:mm.

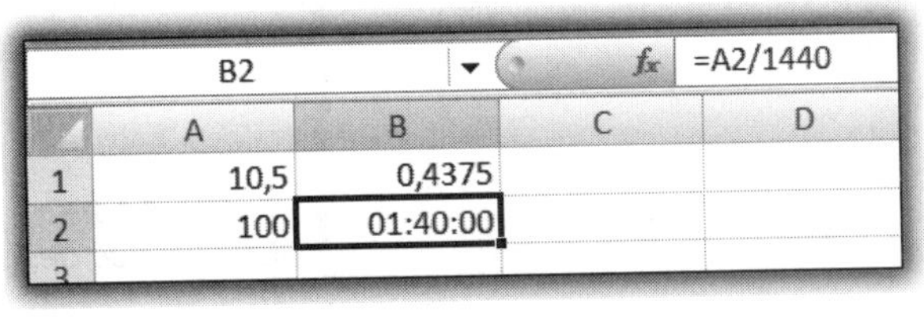

Figure 11.23 : Résultat après application du format hh:mm

Calculer avec des taux horaires

Pour établir un devis ou calculer un salaire par exemple, il est nécessaire de multiplier des heures par un taux horaire. Si les heures sont saisies de façon décimale (par exemple 8,25 heures), cela ne pose aucun problème. En revanche, si les heures sont saisies sous la forme heures/minutes (par

Chapitre 11 — Bâtir des feuilles de calcul plus élaborées

exemple 08:15), il faut appliquer un traitement particulier. Il suffit alors de multiplier la valeur en heures/minutes par 24.

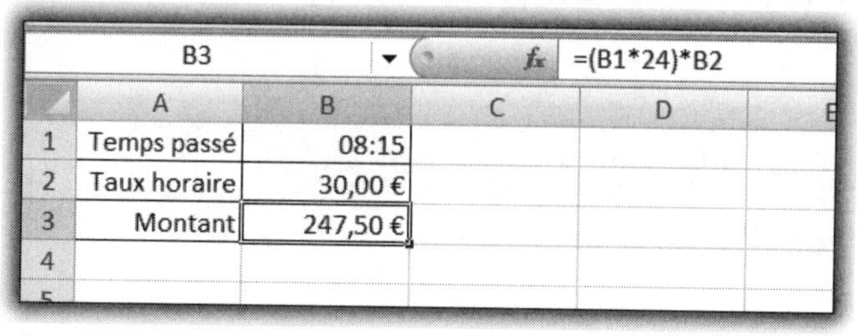

	A	B
1	Temps passé	08:15
2	Taux horaire	30,00 €
3	Montant	247,50 €

B3 — f_x =(B1*24)*B2

Figure 11.24 : Calcul avec des taux horaires

Calculer en temps écoulé

Il est très aisé de réaliser des calculs sur les durées. Si vous saisissez 08:45 dans une cellule et 01:30 dans un autre, la somme des deux cellules renverra 10:15, ce qui est correct.

Réalisez maintenant le test suivant :

- Saisissez 22:45 en *A1*.
- Saisissez 13:34 en *A2*.
- Saisissez =A1+A2 en *A3*.

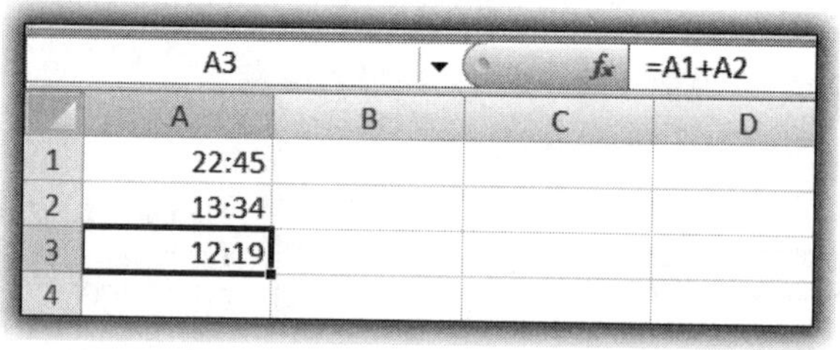

	A	B	C	D
1	22:45			
2	13:34			
3	12:19			

A3 — f_x =A1+A2

Figure 11.25 : Calcul avec des heures

Le résultat peut paraître un peu déconcertant. En fait, tout est dû au format. Par défaut, Excel applique un format date-heure. En fait, le résultat correspond à 12:19 le lendemain de la première date-heure. En *A1*, nous nous trouvons le jour J à 22:45 et ajoutons 13:34. Pour calculer en temps écoulé, il faut changer de format :

1 Sélectionnez *A3*, cliquez du bouton droit et choisissez **Format de cellule**.

Effectuer des calculs avec les dates et les heures — Chapitre 11

2 Cliquez sur l'onglet **Nombre** et sélectionnez la catégorie *Personnalisée*.

3 Dans la zone *Type*, saisissez [hh]:mm.

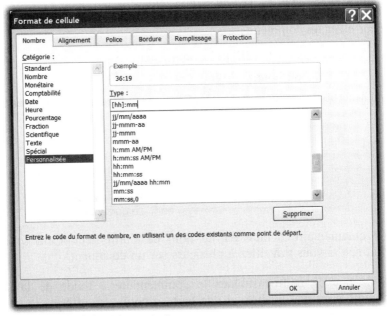

Figure 11.26 : Définition du format

4 Validez par OK.

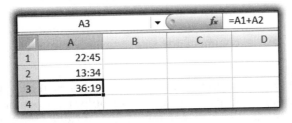

Figure 11.27 : L'impact du format sur le résultat

Le format de type "temps écoulé" fait bien le cumul des heures sans tenir compte du passage des 24 heures.

Pour plus de détails sur les formats personnalisés, reportez-vous au chapitre 4 Mettre en forme les cellules et leur contenu.

11.3. Commenter les cellules

Un commentaire est un petit message attaché à la cellule qui apparaît lorsque le pointeur de la souris passe sur cette dernière.

Pour créer un commentaire :

1 Sélectionnez la cellule à commenter.
2 Cliquez du bouton droit.
3 Dans le menu contextuel, sélectionnez **Insérer un commentaire**.

Figure 11.28 :
Le commentaire

Le commentaire débute par le nom de l'utilisateur. Cela se révèle pratique si vous travaillez à plusieurs sur un document.

Vous pouvez redimensionner le commentaire à l'aide de la souris, comme pour une fenêtre ou une barre d'outils. En effet, si la taille du cadre n'est pas suffisante, le texte n'apparaîtra pas entièrement lors de la consultation.

Vous pouvez déplacer le commentaire à l'aide d'un cliquer-déplacer. Ce nouvel emplacement sera pris en compte uniquement lors de l'affichage permanent du commentaire. Lors de l'affichage normal (quand la souris passe sur la cellule), le commentaire sera affiché à proximité de la cellule, à son emplacement initial.

4 Saisissez le texte du commentaire. Utilisez la touche [Entrée] pour forcer le passage à la ligne. Vous pouvez utiliser les boutons du groupe *Police* de l'onglet **Accueil** (**Gras**, **Italique**, etc.) pour améliorer la présentation de votre commentaire.

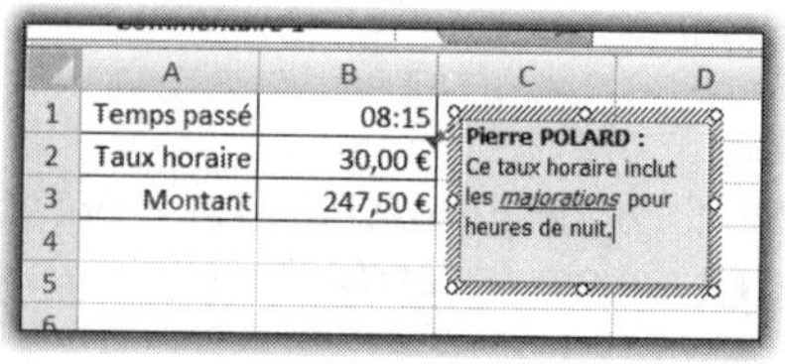

Figure 11.29 :
Saisie du texte du commentaire

5 Une fois le texte saisi, cliquez hors du commentaire pour masquer ce dernier.

Le commentaire disparaît, seul subsiste un petit triangle rouge dans l'angle supérieur gauche de la cellule. Il indique que la cellule contient un commentaire.

Lorsque le pointeur de la souris passe sur la cellule, le commentaire est affiché.

Pour afficher en permanence le commentaire :

1 Cliquez du bouton droit sur la cellule.

2 Dans le menu contextuel, sélectionnez **Afficher/Masquer les commentaires**.

Pour masquer un commentaire affiché :

1 Cliquez du bouton droit sur la cellule.

2 Dans le menu contextuel, sélectionnez **Masquer le commentaire**.

Pour supprimer le commentaire :

1 Cliquez du bouton droit sur la cellule.

2 Dans le menu contextuel, sélectionnez **Effacer le commentaire**.

Modifier un commentaire

Pour modifier rapidement le texte d'un commentaire :

1 Cliquez du bouton droit sur la cellule.

2 Dans le menu contextuel, sélectionnez **Modifier le commentaire**.

3 Effectuez les modifications puis cliquez hors du commentaire.

Pour modifier en détail l'apparence du commentaire :

1 Cliquez du bouton droit sur la cellule.

2 Dans le menu contextuel, sélectionnez **Modifier le commentaire**.

3 Cliquez du bouton droit sur le contour grisé du commentaire et sélectionnez **Format de commentaire** dans le menu contextuel.

4 Utilisez les onglets de la boîte de dialogue **Format de commentaire** pour modifier la taille, l'orientation et l'alignement du texte, la couleur de remplissage, etc.

5 Validez par OK.

Chapitre 11 — Bâtir des feuilles de calcul plus élaborées

Utiliser l'onglet Révision

Le groupe *Commentaires* de l'onglet **Révision** offre les boutons suivants :

- **Nouveau commentaire** ajoute un commentaire à la cellule sélectionnée.
- **Modifier le commentaire** remplace le bouton précédent si la cellule sélectionnée contient déjà un commentaire.
- **Supprimer** permet de supprimer le commentaire associé à la cellule sélectionnée.
- **Précédent** recherche et affiche le commentaire précédent (situé dans les lignes au-dessus de la cellule sélectionnée) dans la feuille de calcul.
- **Suivant** recherche et affiche le commentaire suivant dans la feuille de calcul.
- **Afficher/masquer le commentaire** est un bouton bascule permettant d'afficher en permanence le commentaire associé à la cellule sélectionnée.
- **Afficher tous les commentaires** est un bouton bascule permettant d'afficher en permanence l'ensemble des commentaires de la feuille.

11.4. Spécifier une validation du contenu des cellules

Lorsque vous concevez une feuille de calcul, il n'est pas rare que d'autres utilisateurs doivent saisir des informations. Malgré leur bonne volonté, des erreurs de frappe surviendront inévitablement. Pour éviter cela, il existe un moyen d'aider l'utilisateur : la validation du contenu des cellules. La validation du contenu des cellules vous permet de définir ce qui est autorisé et ce qui ne l'est pas dans une cellule.

Connaître le principe de la validation du contenu

Pour mettre en place une validation du contenu des cellules :

1 Sélectionnez la cellule ou la plage de cellules concernées.

Spécifier une validation du contenu des cellules — Chapitre 11

2 Dans l'onglet **Données**, cliquez sur le bouton **Validation des données** du groupe *Outils de données*.

3 Dans l'onglet **Options** de la boîte de dialogue **Validation des données**, sélectionnez le type de validation à appliquer, à l'aide de la liste déroulante *Autoriser*.

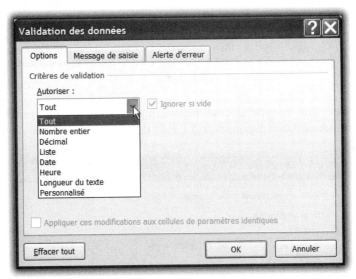

Figure 11.30 : Choix du type de validation

Tableau 11.2 : Les types de validation

Intitulé	Commentaires
Tout	Aucune restriction sur le contenu. C'est le paramétrage appliqué par défaut.
Nombre entier	Seuls les nombres entiers sont autorisés.
Décimal	Les nombres entiers et décimaux sont autorisés.
Liste	Les valeurs autorisées sont définies par une liste exhaustive. Il est possible de spécifier des valeurs séparées par des points-virgules dans la zone *Source*, où d'indiquer dans cette zone la référence à une plage de cellules contenant les valeurs autorisées. La deuxième méthode est évidemment beaucoup plus souple.
Date	Seules les dates sont autorisées.

Chapitre 11 — Bâtir des feuilles de calcul plus élaborées

Tableau 11.2 : Les types de validation

Intitulé	Commentaires
Heure	Seules les heures sont autorisées.
Longueur de texte	Seules les données dont le nombre de caractères satisfait au critère choisi sont autorisées.
Personnalisé	Permet de définir une validation à l'aide d'une formule de calcul. Cette formule doit renvoyer une valeur VRAI ou FAUX. Si la valeur est VRAI, le contenu est considéré comme valide.

4 Une fois le type de validation choisi, définissez les critères de validation correspondants à l'aide de la liste déroulante *Données*.

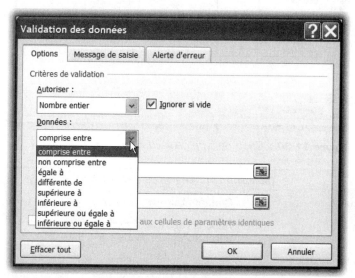

Figure 11.31 : Choix des critères

Utiliser la plage de cellules d'une autre feuille

Si vous choisissez *Liste* dans la zone *Autoriser*, il n'est pas possible, dans la zone *Source,* de sélectionner une plage de cellules située sur une autre feuille de calcul. Cela peut s'avérer gênant. Pour remédier à ce problème, nommez préalablement la plage de cellules (*Source_validation* par exemple) et saisissez =Source_validation dans la zone *Source*.

Spécifier une validation du contenu des cellules — Chapitre 11

5 La case à cocher *Ignorer si vide* permet d'indiquer que si vous ne saisissez rien dans une cellule, Excel ne considérera pas qu'il s'agit d'une erreur.

6 Cliquez sur l'onglet **Message de saisie**. Vous pouvez saisir un message qui apparaîtra lorsque la cellule sera sélectionnée.

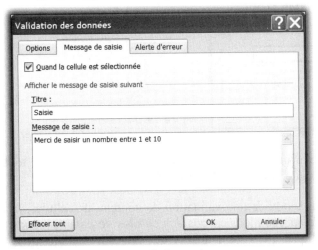

Figure 11.32 : Message d'information

7 Cliquez sur l'onglet **Alerte d'erreur**. Vous pouvez saisir un message qui apparaîtra lorsque la saisie ne sera pas conforme à la validation.

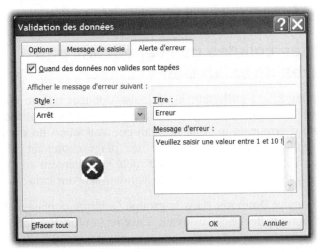

Figure 11.33 : Alerte d'erreur

8 Dans la zone *Style*, vous pouvez choisir entre *Arrêt*, *Avertissement* et *Informations*. Si vous choisissez *Arrêt*, l'utilisateur n'aura d'autre choix que de se conformer à la validation. Si vous sélectionnez l'une des autres possibilités, il pourra passer outre (plus ou moins rapidement).

9 Validez par OK.

Figure 11.34 :
L'affichage du message de saisie

Pour supprimer une validation, cliquez sur le bouton **Effacer tout** de la boîte de dialogue **Validation des données**.

Lorsque vous modifiez une validation de contenu de cellules, la case à cocher *Appliquer ces modifications aux cellules de paramètres identiques* permet d'indiquer que vous souhaitez que toutes les cellules de la feuille de calcul utilisant les mêmes paramètres de validation que la cellule en cours héritent des modifications que vous êtes en train d'effectuer. Ainsi, si vous souhaitez modifier la validation d'un ensemble de cellules très éloignées les unes des autres (mais utilisant strictement les mêmes paramètres), il suffit de modifier la validation de l'une d'entre elles et d'activer cette case à cocher avant de valider les modifications.

Repérer les cellules ne respectant pas les critères de validation

Si vous avez autorisé l'utilisateur à saisir des données qui ne satisfont pas les critères de validation (style *Avertissement* ou *Informations* dans l'onglet **Alerte d'erreur** de la boîte de dialogue **Validation de données**) ou si vous appliquez une validation sur une plage contenant déjà des données, il sera sans doute intéressant de mettre rapidement en exergue les données qui dérogent aux critères de validation. Pour cela :

1 Dans l'onglet **Données**, dans le groupe *Outils de données*, cliquez sur le bouton fléché se trouvant sous le bouton **Validation des données**.

2 Choisissez **Entourer les données non valides**.

Créer et appliquer des styles Chapitre 11

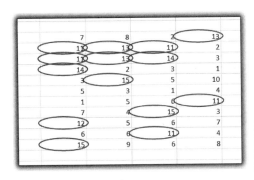

Figure 11.35 :
Les données ne
respectant pas les
critères de validation

Pour effacer la mise en évidence des données :

1 Dans l'onglet **Données**, dans le groupe *Outils de données*, cliquez sur le bouton fléché se trouvant sous le bouton **Validation des données**.

2 Choisissez **Effacer les cercles de validation non valides**.

11.5. Créer et appliquer des styles

Un style est un ensemble d'éléments de mise en forme (police, alignement, etc.) identifiés à l'aide d'un nom et pouvant être réutilisés rapidement.

Utiliser les styles prédéfinis

Excel 2007 dispose d'une palette relativement conséquente de styles prédéfinis. Pour y accéder :

1 Dans l'onglet **Accueil**, cliquez sur le bouton **Styles de cellules** du groupe *Style*.

Figure 11.36 :
La galerie des styles

LE GUIDE COMPLET 429

Bâtir des feuilles de calcul plus élaborées

2 Déplacez le pointeur de la souris sur l'un des styles. Vous obtiendrez un aperçu instantané du résultat directement sur les cellules sélectionnées.

3 Cliquez sur le style à appliquer.

Utiliser des styles personnalisés

Créer un style

1 Dans l'onglet **Accueil**, cliquez sur le bouton **Styles de cellules** du groupe *Style*.

2 Sélectionnez **Nouveau style de cellule...**.

3 Dans la zone *Nom du style*, saisissez le nom du nouveau style.

4 Cliquez sur **Format**. Vous accédez à la boîte de dialogue **Format de cellule** grâce à laquelle vous pouvez spécifier tous les paramètres nécessaires.

Figure 11.37 :
Définition du style Titre

5 Validez par OK.

Appliquer un style

1 Sélectionnez la cellule ou la plage de cellules désirée.

2 Dans l'onglet **Accueil**, cliquez sur le bouton **Styles de cellules** du groupe *Style*.

3 Les styles personnalisés apparaissent en haut de la galerie sous la catégorie **Personnalisé**.

Figure 11.38 : *Le style Titre dans la galerie*

4 Cliquez sur le style voulu.

Modifier ou supprimer un style

1 Dans l'onglet **Accueil**, cliquez sur le bouton **Styles de cellules** du groupe *Style*.

2 Cliquez du bouton droit sur le style à modifier ou supprimer et sélectionnez la commande correspondante dans le menu contextuel.

11.6. Créer des mises en forme conditionnelles

Excel vous propose de nombreux outils pour mettre en forme vos feuilles de calcul : polices de caractères, couleur, bordure des cellules, etc. Pourtant, les mises en forme que vous pouvez définir avec ces outils sont "statiques" et s'appliquent indépendamment du contenu des cellules. Dans certaines situations, il peut être souhaitable de mettre en exergue telles ou telles cellules, en raison de valeurs particulières qu'elles contiennent (valeurs faibles ou fortes par exemple).

Les mises en forme conditionnelles sont utilisées dans ces cas-là. Comme leur nom l'indique, elles dépendent de conditions sur le contenu de la cellule ou sur le résultat de formules.

La version 2007 d'Excel donne une nouvelle dimension à cette fonctionnalité. En effet, elle est plus conviviale et offre davantage de possibilités d'effets graphiques pour mettre en évidence les données importantes ou encore les tendances de vos tableaux.

Utiliser les mises en forme conditionnelles prédéfinies

Dans un premier temps, nous allons décrire les mises en forme conditionnelles prédéfinies.

Règles de mise en surbrillance des cellules

Cette première catégorie de mises en forme conditionnelles permet de mettre en évidence des cellules en comparant leur contenu à des valeurs particulières.

Pour les mettre en œuvre :

1 Sélectionnez la plage à laquelle la mise en forme doit s'appliquer.

2 Dans l'onglet **Accueil**, cliquez sur le bouton **Mise en forme conditionnelle** du groupe *Style*.

3 Sélectionnez **Règles de mises en surbrillance des cellules** ; vous pouvez alors choisir entre plusieurs possibilités :

— **Supérieur à** permet de mettre en évidence les valeurs numériques supérieures à un seuil.

— **Inférieur à** permet de mettre en évidence les valeurs numériques inférieures à un seuil.

— **Entre** permet de mettre en évidence les valeurs numériques comprises entre deux bornes.

— **Égal à** permet de mettre en évidence les valeurs numériques égales à une valeur particulière.

— **Texte qui contient** permet de mettre en évidence les textes contenant une chaîne de caractères spécifiée.

Créer des mises en forme conditionnelles — Chapitre 11

- **Une date se produisant** permet de mettre en évidence les dates situées dans une période définie.
- **Valeurs en doubles** permet de mettre en évidence les valeurs présentes plusieurs fois.
- **Autres règles** permet de définir des règles personnalisées.

4 Sélectionnez le type de règle qui vous convient le mieux. Dans notre exemple, **Entre**.

5 Une boîte de dialogue permet de choisir les valeurs "seuils". Des valeurs sont proposées pour les différents seuils. Elles sont calculées de façon à ce que la règle s'applique à la moitié des cellules de la plage. Si ces valeurs ne vous conviennent pas, saisissez vos propres valeurs. Il est possible de sélectionner une cellule au lieu de saisir une valeur. La valeur utilisée sera alors le contenu de cette cellule. Vous pouvez également saisir une formule (en la faisant précéder du signe =).

6 Sélectionnez le type de mise en forme dans la liste de choix. Si aucune des mises en forme proposées ne vous convient, sélectionnez *Format personnalisé*. Vous accéderez ainsi à la boîte de dialogue **Format de cellule**.

Figure 11.39 : Définition de la règle de mise en forme

À chaque changement dans les paramètres de la règle de mise en forme conditionnelle, vous pouvez visualiser le résultat directement sur la feuille de calcul.

7 Une fois les paramètres définis, cliquez sur OK.

	Secteur 1	Janvier	Février	Mars	Avril	Mai	Juin	Juillet	Août	Septembre	Octobre	Novembre	Décembre
8	Produit 1	991	1337	559	886	1468	733	689	22	1050	1244	983	1433
9	Produit 2	130	708	437	113	707	491	54	902	1444	975	38	1362
10	Produit 3	298	738	616	599	536	1143	881	480	1194	963	176	784
11	Produit 4	1392	370	495	1202	1084	493	89	679	860	63	350	538
12	Produit 5	1351	274	46	262	790	1279	358	1478	821	29	1074	3
13	Produit 6	1009	1242	1425	533	1135	576	1395	908	501	112	941	332
14	Produit 7	517	426	995	1089	592	298	101	1250	851	1350	359	956
15	Produit 8	879	1038	1345	1409	880	533	650	514	421	1201	1110	424
16	Produit 9	323	205	94	1421	1497	1490	1109	1461	403	1263	1248	159
17	Produit 10	513	410	432	671	998	1073	1259	235	1411	960	492	962
18	TOTAL	7403	6749	6444	8185	9687	7440	6585	7929	8956	8160	6771	6953

Figure 11.40 : Résultat de l'opération

Vous pouvez appliquer plusieurs règles de mise en forme conditionnelle sur une même plage de cellules. Par défaut, elles s'appliqueront dans l'ordre de leur mise en place. Nous verrons plus loin comment gérer l'ordre d'application des différentes règles.

Règles des valeurs plus/moins élevées

Cette catégorie de mises en forme conditionnelles permet de mettre en évidence des cellules en les situant par rapport à l'ensemble des valeurs de la plage. Ainsi, il est possible de mettre en évidence les cinq plus fortes valeurs, les 10 % de valeurs les plus faibles, ainsi que les valeurs supérieures ou inférieures à la moyenne.

Pour les mettre en œuvre :

1 Sélectionnez la plage à laquelle la mise en forme doit s'appliquer.

2 Dans l'onglet **Accueil**, cliquez sur le bouton **Mise en forme conditionnelle** du groupe *Style*.

3 Sélectionnez **Règles des valeurs plus/moins élevées**. Vous pouvez alors choisir entre plusieurs possibilités :

— **10 valeurs les plus élevées.**
— **10 % des valeurs les plus élevées.**
— **10 valeurs les moins élevées.**
— **10 % des valeurs les moins élevées.**
— **Valeurs supérieures à la moyenne.**
— **Valeurs inférieures à la moyenne.**
— **Autres règles** permet de définir des règles personnalisées.

4 Sélectionnez le type de règle qui vous convient le mieux. Dans notre exemple, nous choisirons **N % des valeurs les plus élevées**.

5 Une boîte de dialogue permet de spécifier le pourcentage de la population à mettre en évidence.

6 Sélectionnez le type de mise en forme dans la liste de choix. Si aucune des mises en forme proposées ne vous convient, sélectionnez *Format personnalisé*. Vous accéderez à la boîte de dialogue **Format de cellule**.

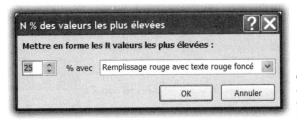

Figure 11.41 : *Définition de la règle de mise en forme*

À chaque changement dans les paramètres de la règle de mise en forme conditionnelle, vous pouvez visualiser le résultat directement sur la feuille de calcul.

7 Une fois les paramètres définis, cliquez sur OK.

7	Secteur 1	Janvier	Février	Mars	Avril	Mai	Juin	Juillet	Août	Septembre	Octobre	Novembre	Décembre
8	Produit 1	991	1337	559	886	1468	733	689	22	1050	1244	983	1433
9	Produit 2	130	709	437	113	707	491	54	902	1444	975	38	1362
10	Produit 3	298	738	616	599	536	1143	881	480	1194	963	176	784
11	Produit 4	1392	370	495	1202	1084	493	89	679	860	63	350	538
12	Produit 5	1351	274	46	262	790	1279	358	1478	821	29	1074	3
13	Produit 6	1009	1242	1425	533	1135	176	1395	908	501	112	941	332
14	Produit 7	517	426	995	1089	592	298	101	1250	851	1350	359	956
15	Produit 8	879	1038	1345	1409	880	264	650	514	421	1201	1110	424
16	Produit 9	323	205	94	1421	1497	1490	1109	1461	403	1263	1248	159
17	Produit 10	513	410	432	671	998	1073	1259	235	1411	960	492	962
18	TOTAL	7403	6749	6444	8185	9687	7440	6585	7929	8956	8160	6771	6953

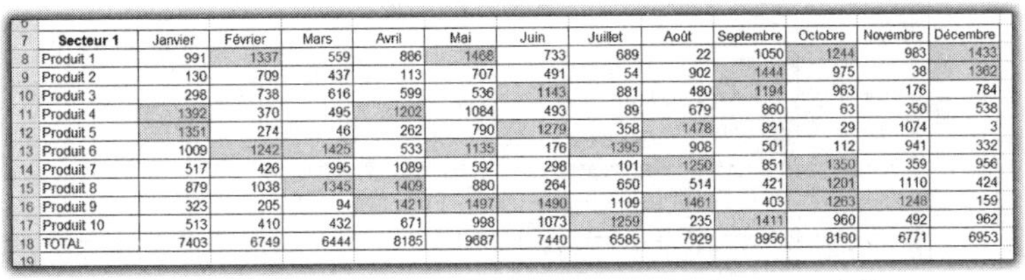

Figure 11.42 : *Résultat de l'opération*

Barres de données

Cette catégorie de mises en forme conditionnelles permet d'afficher dans chaque cellule de la plage une barre de couleur proportionnelle à la valeur de la cellule.

Pour mettre en œuvre ces barres de données :

1 Sélectionnez la plage à laquelle doit s'appliquer la mise en forme.

2 Dans l'onglet **Accueil**, cliquez sur le bouton **Mise en forme conditionnelle** du groupe *Style*.

3 Sélectionnez **Barres de données**. Vous pouvez alors choisir entre six couleurs différentes pour les barres de données. Sélectionnez **Autres règles** pour définir votre propre style de barres de données (voir Figure 11.43).

Il suffit de déplacer le pointeur de la souris sur une des mises en forme pour visualiser instantanément le changement sur le document.

Chapitre 11 — Bâtir des feuilles de calcul plus élaborées

Figure 11.43 : Choix de la mise en forme

4 Cliquez sur la mise en forme qui vous convient pour l'appliquer.

Nuances de couleurs

Cette catégorie de mises en forme conditionnelles permet de visualiser la distribution des valeurs à l'aide de dégradés de couleurs. Cela s'apparente à certaines cartes météorologiques où les zones à fortes températures sont affichées en rouges, celles à faibles températures en bleu et les zones intermédiaires en dégradé de couleurs selon la valeur de la température.

Pour mettre en œuvre les nuances de couleurs :

1 Sélectionnez la plage à laquelle la mise en forme doit s'appliquer.

2 Dans l'onglet **Accueil**, cliquez sur le bouton **Mise en forme conditionnelle** du groupe *Style*.

Créer des mises en forme conditionnelles — Chapitre 11

3 Sélectionnez **Nuances de couleurs**. Vous pouvez alors choisir entre plusieurs jeux de couleurs (quatre jeux de trois couleurs et quatre jeux de deux couleurs). Sélectionnez **Autres règles** pour définir votre propre nuance de couleur.

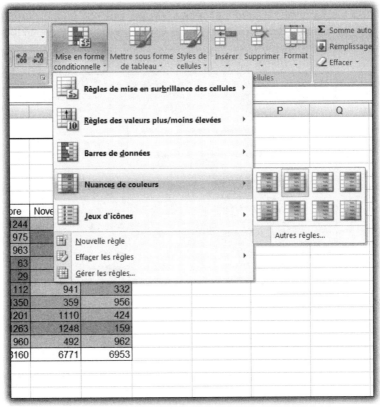

Figure 11.44 : Choix de la mise en forme

Il suffit de déplacer le pointeur de la souris sur une des mises en forme pour visualiser instantanément le changement sur le document.

4 Cliquez sur la mise en forme qui vous convient pour l'appliquer.

Jeux d'icônes

Cette dernière catégorie de mises en forme conditionnelles permet d'afficher dans chaque cellule de la plage une icône indiquant comment se situe la valeur de la cellule par rapport aux valeurs de la plage.

LE GUIDE COMPLET 437

Chapitre 11 — Bâtir des feuilles de calcul plus élaborées

Pour mettre en œuvre les jeux d'icônes :

1 Sélectionnez la plage à laquelle la mise en forme doit s'appliquer.
2 Dans l'onglet **Accueil**, cliquez sur le bouton **Mise en forme conditionnelle** du groupe *Style*.
3 Sélectionnez **Jeux d'icônes**. Vous pouvez alors choisir entre plusieurs jeux d'icônes (de trois à cinq icônes). Sélectionnez **Autres règles** pour définir votre jeu d'icônes.

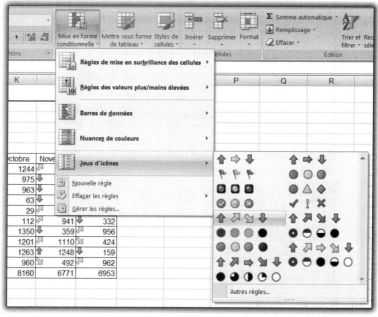

Figure 11.45 : Choix de la mise en forme

Il suffit de déplacer le pointeur de la souris sur une des mises en forme pour visualiser instantanément le changement sur le document.

4 Cliquez sur la mise en forme qui vous convient pour l'appliquer.

Créer des règles de mise en forme conditionnelles personnalisées

Si, malgré la diversité des choix proposés, vous ne trouvez pas de mise en forme conditionnelle prédéfinie satisfaisante, vous avez la possibilité de créer vos propres règles. Pour cela :

Créer des mises en forme conditionnelles — Chapitre 11

1 Sélectionnez la plage à laquelle la mise en forme doit s'appliquer.

2 Dans l'onglet **Accueil**, cliquez sur le bouton **Mise en forme conditionnelle** du groupe *Style*.

3 Sélectionnez **Nouvelle règle**.

4 Dans la boîte de dialogue **Nouvelle règle de mise en forme**, vous avez la possibilité de choisir parmi plusieurs thèmes :

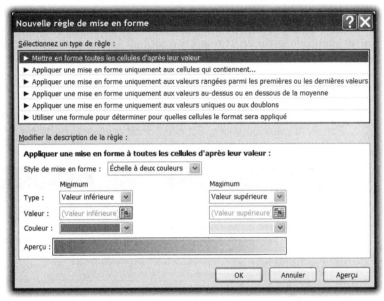

Figure 11.46 : La boîte de dialogue Nouvelle règle de mise en forme

— **Mettre en forme toutes les cellules d'après leur valeur** ;

— **Appliquer une mise en forme uniquement aux cellules qui contiennent...** ;

— **Appliquer une mise en forme uniquement aux valeurs rangées parmi les premières ou les dernières valeurs** ;

— **Appliquer une mise en forme uniquement aux valeurs au-dessus ou en dessous de la moyenne** ;

— **Appliquer une mise en forme uniquement aux valeurs uniques ou aux doublons** ;

— **Utiliser une formule pour déterminer pour quelles cellules le format sera appliqué**.

5 Cliquez sur un thème, définissez votre règle et validez par OK.

Nous allons à présent décrire en détail les différentes possibilités.

Mettre en forme toutes les cellules d'après leur valeur

Il s'agit ici de règles qui vont attribuer à chacune des cellules de la plage sélectionnée une mise en forme qui dépendra de la valeur de cellule. Contrairement aux autres types de mises en forme conditionnelles, quelle que soit la valeur de la cellule, une mise en forme sera appliquée. En revanche, la mise en forme changera en fonction de la valeur de la cellule.

Pour définir une règle de mise en forme :

1 Sélectionnez le style de mise en forme dans la liste déroulante : *Échelle à deux couleurs*, *Échelle à trois couleurs*, *Barre de données*, *Jeux d'icônes*.

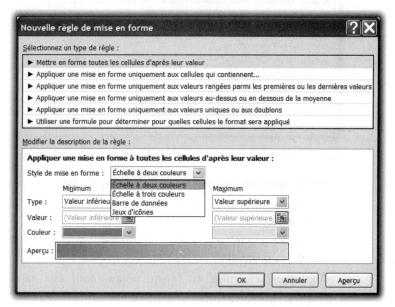

***Figure 11.47** : Définition d'une règle de mise en forme*

2 Définissez les paramètres :

— Pour les échelles de couleurs, il convient de spécifier les couleurs à appliquer aux valeurs extrêmes (et à la valeur intermédiaire dans le cas de trois couleurs).

– Pour les barres de données, il faut spécifier à quelle valeur correspond la barre la plus longue et la plus courte, ainsi que la couleur de la barre. Il est possible de cocher la case *Afficher la barre uniquement* pour faire en sorte que seule la barre soit affichée dans la cellule (le contenu est alors masqué).

– Pour les jeux d'icônes, il s'agit de sélectionner le jeu d'icônes à appliquer (3, 4 ou 5 icônes). Ensuite, il faut définir les tranches de valeurs qui correspondent à chaque icône. Il est possible de cocher la case *Afficher l'icône uniquement* pour faire en sorte que seule l'icône soit affichée dans la cellule (le contenu est alors masqué).

Appliquer une mise en forme uniquement aux cellules qui contiennent...

Il s'agit ici de règles permettant d'appliquer une mise en forme uniquement aux cellules qui respectent certains critères sur leur contenu.

Pour définir une règle de mise en forme :

1 Sélectionnez le type d'information sur lequel le critère doit porter :

Figure 11.48 : *Définition d'une règle de mise en forme*

- *Valeur de la cellule* permet de spécifier des critères sur les valeurs numériques contenues dans les cellules. Sélectionnez, dans la liste déroulante, l'opérateur à appliquer (*inférieur*, *supérieur*, etc.). Saisissez les valeurs des bornes. Il est possible de sélectionner une cellule au lieu de saisir une valeur. La valeur utilisée pour le test sera alors le contenu de cette cellule.
- *Texte spécifique* permet de spécifier des critères sur les chaînes de caractères contenues dans les cellules. Sélectionnez, dans la liste déroulante, l'opérateur à appliquer (*contenant*, *commençant par*, etc.).
- *Dates se produisant* permet de spécifier des critères sur les dates contenues dans les cellules. Sélectionnez, dans la liste déroulante, le critère à appliquer.
- *Cellules vides* permet d'appliquer la mise en forme uniquement aux cellules vides.
- *Aucune cellule vide* permet d'appliquer la mise en forme uniquement aux cellules non vides.
- *Erreurs* permet d'appliquer la mise en forme uniquement aux cellules contenant une valeur d'erreur.
- *Aucune erreur* permet d'appliquer la mise en forme uniquement aux cellules contenant un résultat valide.

2 Cliquez sur le bouton **Format** afin de définir le format à appliquer si la règle est satisfaite.

3 Cliquez sur le bouton **Aperçu** si vous souhaitez visualiser le résultat sur la feuille de calcul.

4 Cliquez sur OK pour valider.

Appliquer une mise en forme uniquement aux valeurs rangées parmi les premières ou les dernières valeurs

Il s'agit ici de règles permettant d'appliquer une mise en forme uniquement aux cellules qui contiennent des valeurs extrêmes (valeurs plus fortes ou plus fiables).

Pour définir une règle de mise en forme :

1 Sélectionnez *premier* ou *dernier* selon que la mise en forme doit s'appliquer aux plus fortes ou aux plus faibles valeurs.

Créer des mises en forme conditionnelles — Chapitre 11

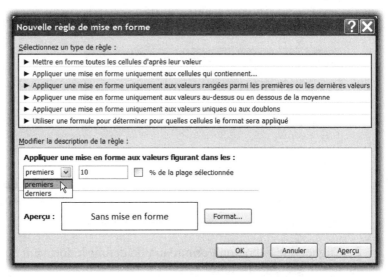

Figure 11.49 : Définition d'une règle de mise en forme

2 Saisissez le nombre de valeurs à mettre en évidence. Par exemple, pour mettre en exergue la valeur maximale d'une plage, choisissez *premiers* puis saisissez la valeur *1*.

3 Cochez la case *% de la plage sélectionnée* si vous souhaitez mettre en évidence, par exemple, 20 % de vos données et non 20 valeurs.

4 Cliquez sur le bouton **Format** afin de définir le format à appliquer si la règle est satisfaite.

5 Cliquez sur le bouton **Aperçu** si vous souhaitez visualiser le résultat sur la feuille de calcul.

6 Cliquez sur OK pour valider.

Appliquer une mise en forme uniquement aux valeurs au-dessus ou en dessous de la moyenne

Il s'agit ici de règles permettant d'appliquer une mise en forme aux cellules en fonction de leur situation par rapport à la moyenne.

Pour définir une règle de mise en forme :

1 Sélectionnez le critère à appliquer (*au-dessus*, *en dessous*, etc.). Il est possible d'appliquer des critères faisant intervenir l'écart type, grandeur statistique mesurant la dispersion des valeurs par rapport à la moyenne.

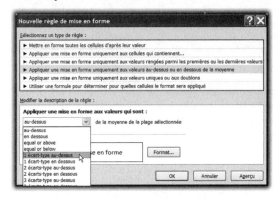

Figure 11.50 :
Définition d'une règle de mise en forme

2 Cliquez sur le bouton **Format** afin de définir le format à appliquer si la règle est satisfaite.

3 Cliquez sur le bouton **Aperçu** si vous souhaitez visualiser le résultat sur la feuille de calcul.

4 Cliquez sur OK pour valider.

Appliquer une mise en forme uniquement aux valeurs uniques ou aux doublons

Il s'agit ici de règles permettant d'appliquer une mise en forme aux cellules contenant des doublons ou, au contraire, des valeurs uniques.

Pour définir une règle de mise en forme :

1 Sélectionnez le critère à appliquer : *en double* ou *uniques*.

Figure 11.51 :
Définition d'une règle de mise en forme

2 Cliquez sur le bouton **Format** afin de définir le format à appliquer si la règle est satisfaite.

3 Cliquez sur le bouton **Aperçu** si vous souhaitez visualiser le résultat sur la feuille de calcul.

4 Cliquez sur OK pour valider.

Utiliser une formule pour déterminer pour quelles cellules le format sera appliqué

Il s'agit ici de règles permettant d'appliquer une mise en forme aux cellules en fonction du résultat d'une formule. Si le résultat de la formule est la valeur logique VRAI, la mise en forme sera appliquée. En revanche, si le résultat de la formule est la valeur logique FAUX, la mise en forme ne sera pas appliquée.

Pour définir une règle de mise en forme :

1 Saisissez la formule dans la zone. Il est possible de sélectionner une cellule au lieu de saisir une formule. La cellule sélectionnée doit contenir une formule renvoyant VRAI ou FAUX.

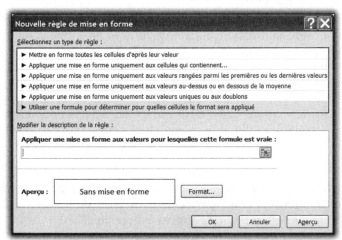

Figure 11.52 : Définition d'une règle de mise en forme

2 Cliquez sur le bouton **Format** afin de définir le format à appliquer si la règle est satisfaite.

3 Cliquez sur le bouton **Aperçu** si vous souhaitez visualiser le résultat sur la feuille de calcul.

4 Cliquez sur OK pour valider.

Chapitre 11 — Bâtir des feuilles de calcul plus élaborées

Voici deux exemples classiques de mises en forme conditionnelles utilisant des formules :

Mettre en évidence les nombres pairs

Si vous souhaitez mettre en évidence les nombres pairs dans une plage de cellules, vous devrez faire appel à une mise en forme conditionnelle fondée sur une formule. Pour cela, sélectionnez la plage à laquelle cette mise en forme doit être appliquée (par exemple *B2:D10*), puis saisissez la formule suivante (en supposant que *B2* est la cellule active) :

=MOD(B2;2)=0

La fonction MOD renvoie le reste de la division de *B2* par 2, donc si *B2* est pair le reste sera de 0.

Vous noterez l'utilisation d'une référence relative à la cellule *B2*. En effet, la formule s'applique à la cellule active (ici à *B2*). L'utilisation de référence relative permet à la formule de "s'adapter" aux autres cellules de la sélection.

Griser une ligne sur deux

Afin d'améliorer la lisibilité des grands tableaux, il peut s'avérer utile de griser une ligne sur deux. L'intérêt de la mise en forme conditionnelle par rapport à la mise en forme "classique" réside dans la possibilité de trier les lignes sans remettre en cause l'alternance de lignes grisées et non grisées.

Pour mettre en œuvre cette mise en forme, sélectionnez d'abord les cellules auxquelles elle doit s'appliquer, puis saisissez la formule suivante :

=MOD(LIGNE();2)=0

La fonction LIGNE renvoie le numéro de la ligne de la cellule. La fonction MOD renvoie donc le reste de la division du numéro de la ligne par 2. Si le numéro est pair, le format est appliqué.

Gérer les règles de mise en forme conditionnelle

Lorsque vous combinez plusieurs règles sur une même cellule, le format appliqué correspond par défaut à celui de la dernière règle dont les critères sont satisfaits. De plus, les différentes règles s'appliquent selon

Créer des mises en forme conditionnelles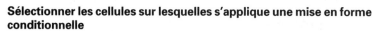

l'ordre dans lequel elles ont été créées. Si les règles sont incompatibles, cela ne pose pas de problème : par exemple, si vous souhaitez afficher en rouge les valeurs inférieures à 100 et en vert les valeurs supérieures à 500, il n'y aura pas de conflit entre les règles car une valeur ne peut être à la fois inférieure à 100 et supérieure à 500. En revanche, si vous souhaitez afficher en bleu les valeurs comprises entre 200 et 400 et en vert les valeurs supérieures à 300, que se passera-t-il pour la valeur 350 ? Tout dépendra de l'ordre dans lequel vous aurez défini les conditions. C'est la dernière règle satisfaite qui imposera sa mise en forme.

Si vous souhaitez modifier les priorités des différentes règles ou les paramètres des règles :

1 Sélectionnez une cellule sur laquelle s'applique une mise en forme conditionnelle.

> **ASTUCE** **Sélectionner les cellules sur lesquelles s'applique une mise en forme conditionnelle**
> Dans l'onglet **Accueil**, cliquez sur le bouton **Rechercher et sélectionner** du groupe *Édition*. Sélectionnez **Mise en forme conditionnelle**.

2 Dans l'onglet **Accueil**, cliquez sur le bouton **Mise en forme conditionnelle** du groupe *Style*.

3 Sélectionnez **Gérer les règles**.

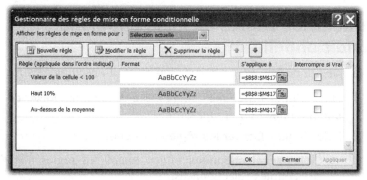

Figure 11.53 : Le gestionnaire des règles de mise en forme conditionnelle

— Le **Gestionnaire des règles de mise en forme conditionnelle** permet d'afficher les règles de mise en forme pour la sélection actuelle, pour l'ensemble de la feuille actuelle ou pour l'une des feuilles du classeur.

LE GUIDE COMPLET 447

Chapitre 11 — Bâtir des feuilles de calcul plus élaborées

- Le bouton **Nouvelle règle** permet de créer une nouvelle règle en affichant la boîte de dialogue **Nouvelle règle**. Une fois la règle créée, il faut sélectionner la zone à laquelle elle s'applique.
- Le bouton **Modifier la règle** permet de modifier la règle sélectionnée. Un double-clic sur la règle sélectionnée permet également de la modifier.
- Le bouton **Supprimer la règle** permet de supprimer la règle sélectionnée.
- Les boutons **Monter** et **Descendre** permettent de gérer la priorité des règles, en déplaçant la règle sélectionnée. Les règles situées en haut de la liste sont prioritaires par rapport à celles situées en bas. En d'autres termes, s'il y a un conflit entre deux règles, celle située le plus haut dans la liste imposera la mise en forme qui lui est associée.

Figure 11.54 :
Les boutons Monter et Descendre

Vous pouvez éventuellement arrêter l'évaluation à une règle spécifique. Pour cela, activez la case à cocher *Interrompre si Vrai*.

4 Validez par OK.

Effacer les règles de mise en forme conditionnelle

Vous avez la possibilité d'effacer rapidement l'ensemble des règles :

1 Dans l'onglet **Accueil**, cliquez sur le bouton **Mise en forme conditionnelle** du groupe *Style*.

2 Sélectionnez **Effacer les règles** puis choisissez :

- **Cellules sélectionnées** efface toutes les règles s'appliquant aux cellules sélectionnées.
- **Feuille entière** efface toutes les règles s'appliquant aux cellules de la feuille active.
- **Ce tableau** efface toutes les règles s'appliquant au tableau actif.
- **Ce tableau croisé dynamique** efface toutes les règles s'appliquant au tableau croisé dynamique actif.

11.7. Cas pratique : Réaliser le suivi des temps d'une compétition

Principe

L'objectif de ce cas pratique est de réaliser un document de suivi des temps des participants à une compétition sportive qui se déroule en plusieurs étapes (course cycliste, course d'enduro en moto, etc.).

Dans un premier temps, il s'agira d'enregistrer la liste des participants. Ensuite, il faudra enregistrer les temps des participants pour les différentes étapes. Enfin, il s'agira de déterminer le classement de chacun des participants.

Mise en œuvre

Création du classeur

1 Cliquez sur le bouton **Microsoft Office** et sélectionnez la commande **Nouveau**.

2 Cliquez sur le bouton **Créer** dans la boîte de dialogue **Nouveau classeur**.

Vous aurez besoin de trois feuilles ; une pour la liste des participants, une pour les temps des étapes et une pour la détermination du classement :

1 Renommez la feuille **Feuil1** en **Participants**.

2 Renommez la feuille **Feuil2** en **Etapes**.

3 Renommez la feuille **Feuil3** en **Résultats**.

La feuille Participants

Cette feuille servira à enregistrer les noms et prénoms des différents participants, ainsi que des informations les concernant.

1 En *A1*, saisissez `Liste des participants`.

2 Sélectionnez *A1:E1* et cliquez sur **Fusionner et centrer** (onglet **Accueil**, groupe *Alignement*).

3 Ajustez la taille de la police à 16 et mettez le texte en gras.

Chapitre 11 — Bâtir des feuilles de calcul plus élaborées

4 Appliquez un contour épais.

5 En *A3*, saisissez Dossard.

6 En *B3*, saisissez Nom.

7 En *C3*, saisissez Prénom.

8 En *D3*, saisissez Ville/Club.

9 En *E3*, saisissez Dossard/Nom.

10 Sélectionnez *A3 :E3*. Centrez le texte et mettez-le en gras.

11 Sélectionnez *A3 :E13*.

12 Appliquez une bordure de type quadrillage.

13 En *E4*, saisissez =SI(A4<>"";A4&"/"&B4;"").

14 Étendez la formule, à l'aide de la poignée de recopie, jusqu'en *E13*.

La dernière colonne affiche le numéro de dossard suivi du nom du participant (à condition que le numéro de dossard ne soit pas vide). Elle servira à mettre en place une liste de choix pour la saisie des temps.

Pour finaliser notre feuille, il suffit de nommer la plage de cellules *E4 :E13*. Pour cela, sélectionnez cette plage et saisissez *Liste_participants* dans la zone *Nom*, puis validez par (Entrée).

Pour plus de détails sur les noms de plages de cellules, reportez-vous au chapitre 8 **Élaborer des formules de calcul.**

Il nous reste à saisir les informations relatives aux participants.

	A	B	C	D	E
1		Liste des participants			
2					
3	Dossard	Nom	Prénom	Ville / Club	Dossard / Nom
4	10	MARTIN	Paul		10/MARTIN
5	15	DUPOND	Jean		15/DUPOND
6	20	DURAND	Claude		20/DURAND
7	25	ANDRE	Jacques		25/ANDRE
8	30	ARNAUD	Alain		30/ARNAUD
9	35	SIMON	Philippe		35/SIMON
10					
11					
12					
13					
14					

Figure 11.55 : La liste des participants

La feuille Etapes

Cette feuille va nous servir à enregistrer les temps de chacun des participants aux différentes étapes.

1 En *A1*, saisissez Etapes.

2 En *A3*, saisissez Etape 1.

3 Sélectionnez *A3:B3* et cliquez sur **Fusionner et centrer** (onglet **Accueil**, groupe *Alignement*).

4 Mettez le texte en gras.

5 En *A4*, saisissez Nom.

6 En *B4*, saisissez Temps.

7 Sélectionnez *A4 :B4*. Centrez le texte et mettez-le en gras.

8 Sélectionnez *A3 :B14*.

9 Appliquez une bordure de type quadrillage.

10 Sélectionnez *A5 :A14*.

11 Dans l'onglet **Données**, cliquez sur le bouton **Validation de données** du groupe *Outils de données*.

12 Dans l'onglet **Options** de la boîte de dialogue **Validation des données**, sélectionnez *Liste* dans la rubrique *Autoriser*.

13 Saisissez =Liste_participants dans la zone *Source*.

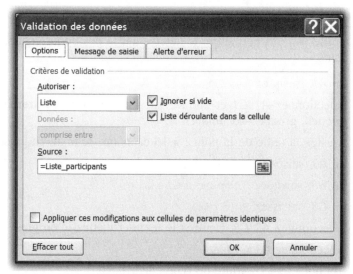

Figure 11.56 : *Mise en place de la validation*

Chapitre 11 — Bâtir des feuilles de calcul plus élaborées

14 Sélectionnez *B5:B14* et appliquez un format de type heures/minutes.

15 Sélectionnez *A3:B14* et étendez le contenu, à l'aide de la poignée de recopie, jusqu'à la colonne *J*. Cela permet de créer rapidement les masques de saisie pour les étapes 2 à 5.

16 Sélectionnez *A1:J1* et cliquez sur **Fusionner et centrer** (onglet **Accueil**, groupe *Alignement*).

17 Ajustez la taille de la police à 16 et mettez le texte en gras.

18 Appliquez un contour épais.

Vous pouvez, à présent, saisir les temps des participants.

	A	B	C	D	E	F	G	H	I	J
1					Etapes					
2										
3		Etape 1		Etape 2		Etape 3		Etape 4		Etape 5
4	Nom	Temps	Nom	Temps	Nom	Temps	Nom	Temps	Nom	Temps
5	30/ARNAUD	4:12	10/MARTIN	3:54	10/MARTIN	6:04	25/ANDRE	5:03	30/ARNAUD	4:45
6	10/MARTIN	4:33	25/ANDRE	4:02	15/DUPOND	6:12	30/ARNAUD	5:05	10/MARTIN	4:56
7	25/ANDRE	4:42	30/ARNAUD	4:05	30/ARNAUD	6:25	15/DUPOND	5:12	25/ANDRE	4:59
8	35/SIMON	4:45	15/DUPOND	4:12	20/DURAND	6:27	20/DURAND	5:20	20/DURAND	5:12
9	15/DUPOND	4:56	20/DURAND	4:23	25/ANDRE	6:34	35/SIMON	5:25	35/SIMON	5:25
10	20/DURAND	5:01	35/SIMON	4:43	35/SIMON	6:45	10/MARTIN	5:45	15/DUPOND	5:37
11										
12										
13										
14										

Figure 11.57 : *Les temps des participants*

La feuille Résultats

Cette feuille va nous permettre de déterminer la position de chacun des participants.

1 En *A1*, saisissez `Résultats`.

2 Sélectionnez *A1:C1* et cliquez sur **Fusionner et centrer** (onglet **Accueil**, groupe *Alignement*).

3 Ajustez la taille de la police à 16 et mettez le texte en gras.

4 En *A3*, saisissez `Nom`.

5 En *B3*, saisissez `Temps cumulé`.

6 En *C3*, saisissez `Position`.

7 Sélectionnez *A3:C3*. Centrez le texte et mettez-le en gras.

8 Sélectionnez *A3:C14*.

9 Appliquez une bordure de type quadrillage.

Cas pratique : Réaliser le suivi des temps d'une compétition — Chapitre 11

Il s'agit à présent de recopier la liste des participants dans la colonne *Nom*. Ce collage sera effectué avec liaison à partir de la feuille **Participants**, afin d'éviter de saisir une nouvelle fois des informations en cas de modifications des noms ou d'ajout d'un participant.

1 Sélectionnez la feuille **Participants**.

2 Sélectionnez *E4 :E13* et appuyez sur Ctrl+C.

3 Sélectionnez la feuille **Résultats**.

4 Sélectionnez *A4* et cliquez du bouton droit. Dans le menu contextuel, sélectionnez **Collage spécial…**. Dans la boîte de dialogue **Collage spécial**, cliquez sur **Coller avec liaison**.

Nous allons à présent faire le cumul des temps des participants sur l'ensemble des étapes. Pour cela, nous utiliserons la fonction SOMME.SI, qui permet d'effectuer des totaux en fonction d'un critère. Pour chaque nom dans la colonne *Nom* de la feuille **Résultats**, il s'agit d'obtenir son temps à chacune des étapes, puis d'ajouter ces temps. Il ne faut pas oublier d'attribuer un format "temps écoulé" à la colonne *Temps cumulé* afin d'afficher correctement les temps supérieurs à 24 heures.

1 En *B4*, saisissez =SI(A4<>"";SOMME.SI(Etapes!$A$5:$A$14;Résultats!A4;Etapes!$B$5:$B$14)+SOMME.SI(Etapes!$C$5:$C$14;Résultats!A4;Etapes!$D$5:$D$14)+SOMME.SI(Etapes!$E$5:$E$14;Résultats!A4;Etapes!$F$5:$F$14)+SOMME.SI(Etapes!$G$5:$G$14;Résultats!A4;Etapes!$H$5:$H$14)+SOMME.SI(Etapes!$I$5:$I$14;Résultats!A4;Etapes!$J$5:$J$14);"").

2 Étendez la formule, à l'aide de la poignée de recopie, jusqu'en *B13*.

3 Sélectionnez *B4 :B13*, cliquez du bouton droit et choisissez **Format de cellule**.

4 Cliquez sur l'onglet **Nombre** et sélectionnez la catégorie *Personnalisée*.

5 Dans la zone *Type*, saisissez [hh]:mm.

Pour terminer, il s'agit de déterminer la position de chacun des participants. Pour cela, nous mettrons à profit la fonction RANG, qui permet de déterminer la position d'un nombre dans un ensemble de valeurs. Cette fonction ne répondra pas tout à fait à notre problème, puisqu'elle attribuera la position 1 à la plus forte valeur, ce qui n'est pas satisfaisant. Pour remédier à cela, il faut compter le nombre de

Chapitre 11 — Bâtir des feuilles de calcul plus élaborées

participants (à l'aide de la fonction NB.SI) et soustraire de ce nombre la position fournie par la fonction RANG, diminuée de 1. Si, par exemple, il y a 6 participants, la position 6 sera attribuée au premier par la fonction RANG. Pour obtenir le classement "réel" (1), il faut soustraire (6-1=5) au nombre de participants (6).

1 En *C4*, saisissez =SI(A4<>"";(10-NB.SI($A$4:$A$13;""))-(RANG(B4;$B$4:$B$13)-1);"").

2 Étendez la formule, à l'aide de la poignée de recopie, jusqu'en *C13*.

Pour finaliser cette feuille de calcul, nous allons mettre en place une mise en forme conditionnelle qui mettra le vainqueur en exergue.

1 Sélectionnez *A4 :A13*.

2 Dans l'onglet **Accueil**, cliquez sur le bouton **Mise en forme conditionnelle** du groupe *Style*.

3 Sélectionnez **Nouvelle règle**.

4 Dans la boîte de dialogue **Nouvelle règle de mise en forme**, sélectionnez **Utiliser une formule pour déterminer pour quelles cellules le format sera appliqué**.

5 Saisissez =C4=1.

6 Cliquez sur **Format** pour définir le format à appliquer si la condition est vérifiée. Choisissez une couleur de fond jaune pale (onglet **Motifs**).

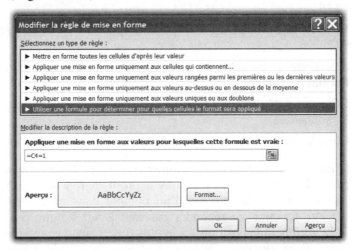

Figure 11.58 : La règle de mise en forme conditionnelle

Cas pratique : Réaliser le suivi des temps d'une compétition — Chapitre 11

7 Validez par OK.

	A	B	C
1		**Résultats**	
2			
3	Nom	Temps cumulé	Position
4	10/MARTIN	25:12	2
5	15/DUPOND	26:09	4
6	20/DURAND	26:23	5
7	25/ANDRE	25:20	3
8	30/ARNAUD	24:32	1
9	35/SIMON	27:03	6
10			
11			
12			
13			
14			

Figure 11.59 : La détermination du classement

Chapitre 12

Créer et mettre en forme des graphiques

Créer un graphique 458
Modifier les données sources d'un graphique 460
Affiner la présentation d'un graphique 465
Aller plus loin avec les graphiques 473
Cas pratique : Visualiser des cours boursiers 480

Chapitre 12 — Créer et mettre en forme des graphiques

Les graphiques constituent des outils très efficaces pour interpréter des données chiffrées. En effet, ils permettent de mettre rapidement en évidence les proportions ou les tendances qu'il serait beaucoup plus délicat de détecter avec les seuls tableaux de chiffres. Excel propose un grand nombre de types de graphiques. Vous aurez la possibilité d'affiner leur présentation en modifiant l'échelle des axes, la couleur des données, etc.

Nous aborderons également dans ce chapitre les courbes de tendance, qui mettent en évidence les tendances et permettent d'effectuer des extrapolations à partir de données.

12.1. Créer un graphique

Pour créer un graphique :

1 Sélectionnez la plage de cellules contenant les données à représenter, ainsi que les étiquettes des différents axes. Vous pouvez utiliser la touche [Ctrl] pendant la sélection pour sélectionner des cellules non contiguës.

Figure 12.1 : Sélection des données à représenter

2 Dans l'onglet **Insertion**, cliquez sur le bouton du groupe *Graphiques* correspondant à la catégorie de graphique à insérer :

Figure 12.2 : Choix de la catégorie de graphique

- **Colonne.** Graphiques de type histogramme, représentant les données par un rectangle proportionnel à la valeur à représenter. Ils peuvent être en 2D, en 3D, de forme conique ou pyramidale.
- **Ligne.** Représentations en courbes (2D ou 3D).
- **Secteurs.** Célèbres "camemberts".

Créer un graphique — Chapitre 12

- **Barres.** Ce type de représentation s'apparente à des histogrammes que l'on aurait fait pivoter de 90° vers la droite.
- **Aires.** Représentation sous forme de surfaces (2D ou 3D).
- **Nuage de points.** Représentations nécessitant deux séries de valeurs : les abscisses et les ordonnées. Chaque couple abscisse/ordonnée définit un point sur le graphique.
- **Autres graphiques.** Graphiques moins courants tels que les graphiques boursiers, les surfaces, les anneaux, les bulles et les radars.

> **REMARQUE** — **Affichage de tous les types de graphiques**
> Si vous souhaitez afficher tous les types de graphiques en même temps, cliquez sur le lanceur de boîte de dialogue du groupe *Graphiques* de l'onglet **Insertion**.

3 Après avoir cliqué sur le bouton correspondant, sélectionnez le type de graphique à créer.

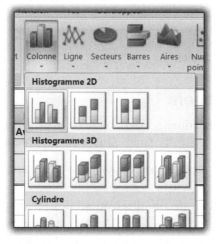

Figure 12.3 :
Choix du type de graphique

4 Le graphique est automatiquement créé dans la feuille en cours (voir Figure 12.4).

Un graphique n'est pas "monolithique", il est constitué de plusieurs éléments juxtaposés et modifiables indépendamment les uns des autres : les séries de données, les axes, la légende, le titre, etc.

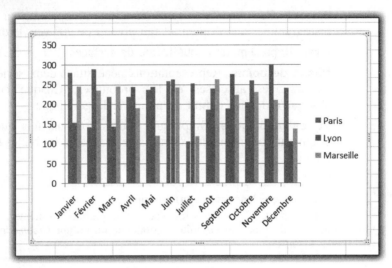

Figure 12.4 : Le graphique a été créé

Excel affiche le nom d'un élément de graphique dans une infobulle lorsque vous placez le pointeur sur l'élément.

Pour sélectionner un élément de graphique à l'aide de la souris, cliquez sur l'élément de graphique souhaité.

Les onglets contextuels

Lorsqu'un graphique est sélectionné, des onglets supplémentaires apparaissent : il s'agit des onglets contextuels **Outils de graphique** :

- **Création**. Modification des données sources et de l'apparence générale du graphique.
- **Disposition**. Modification de la disposition des éléments du graphique.
- **Mise en forme**. Modification de la mise en forme des éléments du graphique.

12.2. Modifier les données sources d'un graphique

Au-delà de la mise en forme, ce qui importe avant tout dans un graphique sont les données représentées ou données sources. Nous allons à présent nous intéresser aux moyens de modifier et de gérer ces données sources.

Modifier rapidement le périmètre des données représentées

Lorsque vous créez un graphique fondé sur une plage de cellules contiguës, il est possible de modifier très facilement et très rapidement les données sources :

1 Sélectionnez le graphique à modifier.

2 La plage de cellules contenant les données sources est entourée en bleu sur la feuille de calcul. Lorsque vous approchez le pointeur de la souris de cet encadrement bleu, celui-ci devient plus épais.

H	I	J	K	L	M
Juillet	Août	Septembre	Octobre	Novembre	Décembre
107	186	190	205	163	242
254	241	277	261	300	107
120	264	225	232	211	138

***Figure 12.5** : Encadrement des données représentées*

3 Positionnez le pointeur de la souris sur l'un des angles de la sélection ; le pointeur change alors d'apparence. Vous pouvez redimensionner le contour. Seules les données encadrées seront représentées.

Vous pouvez utiliser cette technique pour étendre ou au contraire réduire le "périmètre" des données représentées.

Intervertir lignes et colonnes

Toujours lorsque le graphique est fondé sur une plage de cellules contiguës, vous avez la possibilité d'intervertir les lignes et les colonnes. Pour cela :

1 Sélectionnez le graphique à modifier.

2 Dans l'onglet contextuel **Création**, cliquez sur le bouton **Intervertir les lignes/colonnes** du groupe *Données*.

Chapitre 12 — Créer et mettre en forme des graphiques

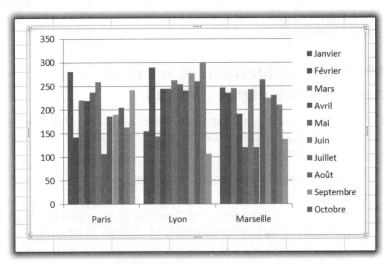

Figure 12.6 : Le graphique initial inversé

Cliquez à nouveau sur le même bouton pour rétablir l'ordre initial.

Ajouter une série de données

Un graphique peut être amené à évoluer : nouveau magasin dont il faut représenter les ventes, ajout d'une courbe d'objectifs, etc. Nous avons vu précédemment que lorsque les données étaient situées dans une plage de cellules contiguës, il suffisait d'étendre le périmètre des données pour modifier le graphique. Cela ne fonctionne pas dans toutes les situations. En effet, il se peut que les nouvelles données se trouvent quelques lignes plus bas ou sur une autre feuille.

Voici une première méthode pour ajouter une série de données :

1 Sélectionnez le graphique auquel il faut ajouter une série de données.

2 Dans l'onglet contextuel **Création**, cliquez sur le bouton **Sélectionner des données** du groupe *Données* (ou cliquez du bouton droit sur le graphique et sélectionnez la commande **Sélectionner des données** du menu contextuel).

3 Dans la boîte de dialogue **Sélectionner la source de données**, cliquez sur le bouton **Ajouter**.

Modifier les données sources d'un graphique — Chapitre 12

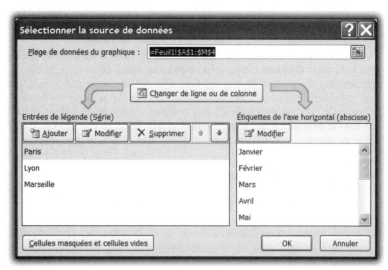

Figure 12.7 : La boîte de dialogue Modifier la source de données

4 Dans la boîte de dialogue **Modifier la série**, saisissez le nom de la nouvelle série ou sélectionnez la cellule qui contient le nom. Il est préférable d'utiliser une cellule pour définir le nom de la série. En cas de changement dans la cellule, le graphique sera automatiquement mis à jour. Sélectionnez la plage de cellules contenant les données.

Figure 12.8 : Définition de la nouvelle série de données

5 Validez par OK.

6 Utilisez les boutons **Déplacer vers le haut** ou **Déplacer vers la bas** pour modifier l'ordre d'affichage des séries.

Figure 12.9 : Des boutons pour modifier l'ordre des séries

7 Validez par OK.

Chapitre 12 — Créer et mettre en forme des graphiques

> **Gestion des cellules vides et des cellules masquées**
>
> Dans la boîte de dialogue **Sélectionner la source de données**, cliquez sur le bouton **Cellules masquées et cellules vides** pour accéder aux paramètres de gestion de ces cellules. Par défaut, les cellules vides ne sont pas représentées. Le graphique affiche un vide. Vous pouvez choisir d'assimiler les cellules vides à des cellules contenant la valeur zéro. Dans ce cas, le graphique ne sera pas discontinu. Dans le cas des courbes, vous pouvez demander à Excel qu'il interpole les valeurs manquantes.
>
> En ce qui concerne les cellules masquées, vous pouvez choisir de les représenter en cochant la case *Afficher les données des lignes et colonnes masquées*.

Il est également possible d'utiliser la technique du copier/coller pour ajouter rapidement une série de données :

1 Sélectionnez les cellules contenant les données de la série à ajouter.

2 Copiez la plage de cellules ([Ctrl]+[C] par exemple).

3 Sélectionnez le graphique auquel il faut ajouter une série de données.

4 Collez les données ([Ctrl]+[V] par exemple).

Supprimer une série de données

Si une série de données s'avère superflue, il convient de la supprimer. Pour cela :

1 Sélectionnez le graphique.

2 Dans l'onglet contextuel **Création**, cliquez sur le bouton **Sélectionner des données** du groupe *Données*.

3 Dans la boîte de dialogue **Sélectionner la source de données**, sélectionnez la série à supprimer.

4 Cliquez sur le bouton **Supprimer**.

5 Validez par OK.

Voici une autre méthode de suppression utilisant le clavier :

1 Sélectionnez le graphique.

2 Sélectionnez sur le graphique la série à supprimer en cliquant sur l'un de ses éléments (point pour les courbes, bâtonnet pour les histogrammes, etc.).

3 Appuyez sur la touche [Suppr].

12.3. Affiner la présentation d'un graphique

Une fois le graphique créé, vous pouvez affiner sa présentation afin qu'elle réponde au mieux à vos besoins.

Modifier l'apparence générale d'un graphique

Changer de type de graphique

C'est le changement le plus radical. Il s'agit, par exemple, de passer d'une représentation en histogrammes à une représentation en courbes. Bien entendu, il faut que les données du graphique soient compatibles avec le nouveau type de représentation choisi. Procédez ainsi :

1 Sélectionnez le graphique à modifier.

2 Dans l'onglet contextuel **Création**, cliquez sur le bouton **Modifier le type de graphique** du groupe *Type* (ou cliquez du bouton droit sur le graphique et sélectionnez la commande **Modifier le type de graphique** du menu contextuel).

3 Dans la boîte de dialogue **Modifier le type de graphique**, sélectionnez le nouveau type de représentation.

4 Validez par OK.

Modifier rapidement la disposition des éléments

Une fois choisi le type de représentation, il convient de se préoccuper de l'agencement des différents éléments du graphique : le titre, les titres des axes, la légende, etc. Pour cela :

1 Sélectionnez le graphique à modifier.

2 Dans l'onglet contextuel **Création**, choisissez l'une des présentations disponibles dans le groupe *Dispositions du graphique*. Cliquez sur les boutons fléchés situés à droite pour faire défiler les propositions. Les choix varient en fonction du type de représentation (courbes, histogrammes, secteurs, etc.).

Figure 12.10 : Choix de la disposition des éléments pour un histogramme

3 Cliquez sur la disposition qui vous convient.

Modifier dans le détail la disposition des éléments

Pour modifier plus finement la disposition des éléments du graphique, utilisez les boutons des groupes *Étiquettes*, *Axes* et *Arrière-plan* de l'onglet contextuel **Disposition**.

Figure 12.11 : Des outils pour modifier la disposition des éléments

Les boutons du groupe Titres

- **Titre du graphique** permet d'afficher le titre du graphique avec deux possibilités : au-dessus du graphique ou partiellement superposé au graphique.
- **Titres des axes** permet d'afficher le titre de l'axe horizontal et de l'axe vertical.

Affiner la présentation d'un graphique — Chapitre 12

- **Légende** permet d'afficher la légende à plusieurs emplacements (à droite, à gauche, au-dessus ou en dessous du graphique).
- **Étiquettes de données** permet d'afficher les étiquettes de données à plusieurs emplacements.
- **Table de données** permet d'afficher la table de données (tableaux des données sources) sur le graphique à plusieurs emplacements.

Tous ces boutons proposent un dernier choix intitulé **Autres options de...** qui permet d'afficher une boîte de dialogue donnant accès à un plus grand nombre de paramètres.

Les boutons du groupe Axes

- **Axes** permet d'afficher l'axe horizontal et l'axe vertical.
- **Quadrillage** permet d'afficher le quadrillage principal et secondaire de chacun des axes.

Ces deux boutons proposent un dernier choix intitulé **Autres options de...** qui permet d'afficher une boîte de dialogue donnant accès à un plus grand nombre de paramètres.

Les boutons du groupe Arrière-plan

- **Zone de traçage** permet de matérialiser la zone de traçage.
- **Paroi de graphique**, pour les graphiques en 3D, permet de matérialiser la paroi verticale du graphique.
- **Plancher de graphique**, pour les graphiques en 3D, permet de matérialiser la paroi verticale du graphique.
- **Vue 3D**, pour les graphiques en 3D, affiche une boîte de dialogue permettant de modifier les paramètres de vue en 3D.

Les trois premiers boutons proposent un dernier choix intitulé **Autres options de...** qui permet d'afficher une boîte de dialogue donnant accès à un plus grand nombre de paramètres.

Modifier le style

Vous avez la possibilité de modifier rapidement le style du graphique. Il s'agit en fait de changer le jeu de couleurs, le remplissage de la zone de traçage, etc. Procédez ainsi :

Chapitre 12 — Créer et mettre en forme des graphiques

1 Sélectionnez le graphique à modifier.

2 Dans l'onglet contextuel **Création**, choisissez l'une des présentations disponibles dans le groupe *Styles du graphique*. Cliquez sur les boutons fléchés situés à droite pour faire défiler les différentes propositions. Les choix proposés varient en fonction du type de représentation (courbes, histogrammes, secteur, etc.).

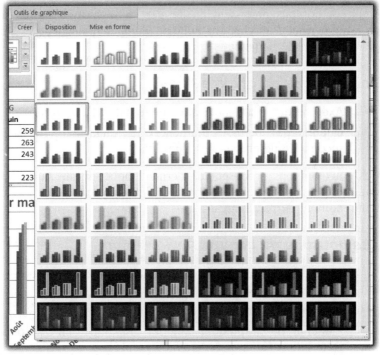

Figure 12.12 : Choix du style du graphique

3 Cliquez sur le style qui vous convient.

Modifier l'emplacement du graphique

Lors de la création, le graphique est créé en tant qu'objet sur la feuille active. Toutefois, il est possible de modifier l'emplacement du graphique.

1 Sélectionnez le graphique à modifier.

2 Dans l'onglet contextuel **Création**, cliquez sur le bouton **Déplacer le graphique** du groupe *Emplacement*.

3 Dans la boîte de dialogue **Déplacer le graphique**, sélectionnez *Nouvelle feuille* pour placer le graphique dans une nouvelle feuille de graphique. Sélectionnez *Objet dans*, puis une feuille de calcul du classeur pour le placer en tant qu'objet dans une feuille de calcul.

4 Validez par OK.

Modifier en détail l'apparence des axes

Les axes ont une importance fondamentale pour la lisibilité d'un graphique. En effet, ils permettent d'indiquer la nature des données représentées, ainsi que les ordres de grandeur des valeurs. Pour modifier l'apparence d'un axe, cliquez du bouton droit dessus puis sélectionnez **Mise en forme de l'axe** dans le menu contextuel.

La boîte dialogue **Format de l'axe** est organisée en huit catégories :

- **Options d'axes**. En sélectionnant *Fixe*, vous pouvez spécifier les valeurs minimales et maximales pour l'axe sélectionné, ainsi que l'espacement entre les graduations principales et secondaires, qui conditionneront la finesse des quadrillages associés. Si vous sélectionnez *Auto* pour chaque valeur, Excel se chargera de calculer les différentes valeurs. Avec la liste de choix *Unités d'affichage*, vous pouvez rendre plus lisibles les grands nombres en les affichant en milliers, millions, etc. Si vous activez la case à cocher *Échelle logarithmique*, Excel tracera le graphique avec une échelle logarithmique, ce qui permet de prendre en compte des données avec une très forte amplitude. La case à cocher *Valeurs en ordre inverse* permet de tracer le graphique "à l'envers", en positionnant la plus grande valeur en bas. Vous pouvez également spécifier les paramètres des graduations de l'axe, ainsi que la position des étiquettes de graduation. Enfin, vous pouvez spécifier à quel endroit l'axe horizontal doit couper l'axe vertical.

- **Nombre**. Indiquez sous cet onglet le format d'affichage des étiquettes de graduation. Si vous cochez la case *Lier à la source*, le format des données du graphique (dans la feuille de calcul) sera appliqué aux étiquettes de graduation.

- **Remplissage** permet de spécifier les paramètres de remplissage de l'axe.

- **Couleur du trait** permet de modifier le tracé de l'axe (type de trait, couleur).

- **Style de trait** permet de spécifier les caractéristiques principales du trait de l'axe (épaisseur, type de pointillés, etc.).
- **Ombre** permet de spécifier les paramètres d'ombrage de l'axe.
- **Format 3D** permet d'attribuer des effets 3D à l'axe (forme, matière, éclairage).
- **Alignement** permet de spécifier l'orientation du texte des étiquettes de graduation.

Modifier l'apparence des éléments d'un graphique

Vous pouvez modifier les couleurs, appliquer une texture ou un motif, modifier l'épaisseur de trait ou le style de bordure pour les indicateurs de données, la zone de graphique, la zone de traçage, le quadrillage, les axes et les marques de graduation dans les graphiques 2D et 3D, les courbes de tendance et les barres d'erreur dans les graphiques 2D, et les panneaux et planchers dans les graphiques 3D. La procédure est la suivante :

1 Sélectionnez l'élément graphique à modifier. Cliquez du bouton droit dessus et sélectionnez la commande **Format de...** dans le menu contextuel.

2 Dans la boîte de dialogue **Format de...**, spécifiez les paramètres souhaités dans les différentes catégories.

> **REMARQUE** — **Mise en forme appliquée à un axe**
> Toute mise en forme appliquée à un axe est également appliquée à ses marques de graduation. La mise en forme du quadrillage est indépendante de celle des axes.

Modifier l'apparence d'une donnée d'un graphique

Il est possible de mettre en évidence une donnée particulière sur un graphique (un bâtonnet dans un histogramme, un segment sur une courbe, etc.), en lui appliquant une mise en forme qui la distingue des autres. Pour cela :

Affiner la présentation d'un graphique — Chapitre 12

1 Sélectionnez la série de données à laquelle elle appartient en cliquant sur une donnée de la série.

2 Cliquez sur la donnée "remarquable".

La sélection est alors restreinte à cette seule donnée, et non plus à la série.

Pour modifier son apparence, cliquez du bouton droit sur la sélection et choisissez **Mettre en forme le point de données** dans le menu contextuel. Il s'agit de **Mettre en forme le point de données** et non de **Mettre en forme une série de données** puisque seule la donnée est sélectionnée.

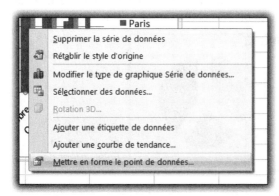

Figure 12.13 :
Modification de l'apparence d'une donnée

Dans la boîte de dialogue **Mettre en forme le point de données**, choisissez la mise en forme qui vous convient puis validez par OK.

Lisser les angles des graphiques en courbes

Cette procédure, destinée à lisser des angles d'un graphique en courbes, n'a aucune incidence sur les données. Procédez ainsi :

1 Cliquez du bouton droit sur la série de données correspondant à la courbe que vous voulez lisser.

2 Dans le menu contextuel, sélectionnez **Mettre en forme une série de données** puis sélectionnez la catégorie *Style de trait* dans la boîte de dialogue **Mise en forme des séries de données**.

3 Activez la case à cocher *Lissage*.

Excentrer des secteurs dans les graphiques en secteurs ou en anneaux

Pour excentrer tous les secteurs dans un graphique en secteurs :

1 Cliquez du bouton droit sur le graphique en secteurs et sélectionnez **Mettre en forme une série de données**.

2 Dans la boîte de dialogue **Mise en forme des séries de données**, sélectionnez la catégorie **Options des séries**.

3 Déplacez le curseur de la rubrique *Explosion* ou saisissez une valeur dans la zone. Un aperçu instantané vous permet de visualiser les changements directement sur le graphique.

Figure 12.14 :
Éclatement des secteurs

4 Cliquez sur **Fermer**.

Pour excentrer un seul secteur, cliquez sur le graphique puis sur le secteur à déplacer, et faites-le glisser vers l'extérieur.

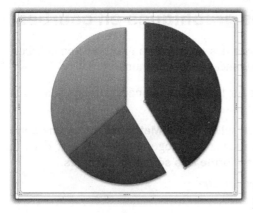

Figure 12.15 :
Mise en évidence d'un secteur

Procédez de la même manière pour excentrer des secteurs de l'anneau extérieur d'un graphique en anneaux.

Modifier l'affichage d'un graphique 3D

Les graphiques en trois dimensions (3D) sont souvent impressionnants et parfois peu lisibles. Pour remédier à cela, il suffit bien souvent de les orienter convenablement.

Pour accéder aux fonctions qui permettent d'orienter un graphique 3D, cliquez sur le bouton **Rotation 3D** du groupe *Arrière-plan* de l'onglet contextuel **Disposition** (ou cliquez du bouton droit et sélectionnez la commande **Rotation 3D** du menu contextuel). Vous pouvez alors modifier l'orientation du graphique selon différents axes, modifier la perspective, etc.

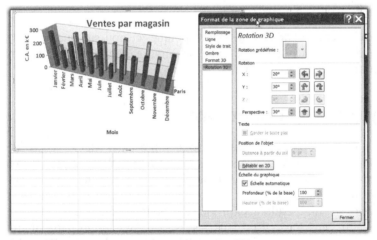

Figure 12.16 : *Les paramètres de la vue 3D*

Un aperçu instantané vous permet de visualiser les changements directement sur le graphique.

12.4. Aller plus loin avec les graphiques

Vous allez à présent découvrir des fonctionnalités qui vous permettront de valoriser vos données.

Utiliser simultanément deux types de graphiques

Lorsque plusieurs séries de données sont tracées sur un même graphique, il est possible de leur attribuer des modes de représentation différents. Par exemple, vous pouvez faire cohabiter sur un même graphique des courbes et des histogrammes. Bien entendu, il faut que les types soient compatibles : il est impossible de faire cohabiter une courbe avec un graphique en anneaux.

Supposons que vous disposiez d'un graphique représentant deux séries de données sous forme d'histogramme et que vous souhaitiez représenter l'une des deux sous forme de courbe. Pour cela, cliquez du bouton droit sur la série concernée et choisissez **Modifier le type de graphique Série de données** dans le menu contextuel. Dans la boîte de dialogue **Modifier le type de graphique**, choisissez le type de graphique à appliquer à la série sélectionnée.

Si vous aviez cliqué sur la zone de graphique, et non sur une série de données, le changement de représentation aurait été appliqué à toutes les séries de données du graphique.

Ajouter un axe secondaire

Sur un même graphique, vous pouvez représenter deux séries de données dont les ordres de grandeur sont différents. L'exemple le plus courant est sans doute la cohabitation entre une donnée en valeur absolue et une donnée exprimée en pourcentage (un chiffre d'affaires et une marge ou un résultat exprimé en pourcentage de ce chiffre d'affaires). Si vous tracez ces deux séries sans précaution particulière, celle des pourcentages sera vraisemblablement confondue avec l'axe des abscisses et n'apportera pas d'information pertinente.

Afin de remédier à ce problème, il faut activer un deuxième axe des ordonnées dont l'échelle sera plus adaptée à l'ordre de grandeur de la série de données. Pour cela, cliquez du bouton droit sur la série à affecter au deuxième axe et sélectionnez la commande **Mettre en forme une série de données** du menu contextuel.

Dans la boîte de dialogue **Mise en forme des séries de données**, sélectionnez la catégorie **Options des séries** et choisissez *Axe secondaire*.

Aller plus loin avec les graphiques — Chapitre 12

Figure 12.17 : Ajout d'un axe secondaire

L'axe secondaire, gradué de façon adaptée à la série choisie, apparaît à droite du graphique. Il est possible de le paramétrer de la même manière que l'axe principal.

Afin de faciliter la sélection de la série, il est préférable de créer un graphique en courbes. En effet, dans un histogramme, la série des valeurs "faibles" n'apparaîtra pas et il sera plus difficile d'y accéder pour l'affecter au deuxième axe.

Ajouter des courbes de tendance

Lorsqu'un graphique représente des données "brutes", il est parfois délicat de distinguer la tendance. Afin d'éliminer le "bruit de fond", il est souvent intéressant de tracer des courbes de tendance. Elles sont issues

Chapitre 12 — Créer et mettre en forme des graphiques

de calculs statistiques qui, sans être forcément très complexes, peuvent s'avérer pesants à effectuer. Pour vous éviter ces soucis, Excel vous propose de tracer automatiquement des courbes de tendance pour vos séries de données.

Pour ajouter rapidement une courbe de tendance à une série de données :

1 Sélectionnez la série de données.

2 Dans l'onglet contextuel **Disposition**, cliquez sur le bouton **Courbe de tendance** du groupe *Analyse*.

3 Sélectionnez le type de courbe le plus approprié. Si les choix proposés ne vous conviennent pas, sélectionnez **Autres options de la courbe de tendance...**. Dans la boîte de dialogue **Format de courbe de tendance**, la catégorie **Options de courbe de tendance** vous permet de choisir le type de courbe à appliquer :

- *Exponentielle* est adaptée aux évolutions dont la croissance s'accélère avec le temps.

- *Linéaire* est l'option la plus simple, puisqu'il s'agit d'une droite (dite "droite d'ajustement ou de régression linéaire"). Elle est adaptée aux évolutions régulières.

- *Logarithmique* est adaptée aux évolutions dont la croissance se réduit avec le temps.

- *Polynomiale* est une équation du type $a_n X^n + a_{n-1} X^{n-1} + \ldots + a_0$, où n est l'ordre du polynôme.

- *Puissance* est adaptée aux évolutions dont la croissance s'accélère avec le temps.

- *Moyenne mobile*. Excel détermine chaque point de la courbe en calculant la moyenne de plusieurs valeurs brutes successives (dont le nombre est à préciser dans *Période*). Cela permet de lisser les variations.

4 Spécifiez un nombre de périodes dans les zones *Transférer* et *Reculer*. Cela permet de prolonger la tendance dans le futur (*Transférer*) ou dans le passé (*Reculer*). La prolongation dans le futur permet d'établir des objectifs fondés sur la tendance actuelle.

5 En cochant les cases correspondantes, il est possible d'afficher l'équation sur le graphique ou le coefficient de détermination. Ce coefficient reflète la validité de la courbe de tendance. Plus il est proche de 1, plus la courbe reflète correctement les données brutes.

6 À l'aide des autres catégories de paramètres (**Ligne**, **Style de trait** et **Ombre**), vous pouvez modifier le style de tracé de la courbe de tendance, au même titre que les autres séries de données du graphique.

7 Cliquez sur **Fermer**.

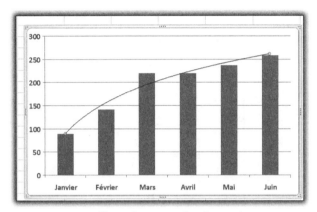

Figure 12.18 : *Ajout d'une courbe de tendance*

Il est possible de tracer plusieurs courbes de tendance pour une même série de données.

Une fois la courbe de tendance tracée, elle fait partie du graphique au même titre que les séries de données. Il est possible de modifier ses paramètres. Pour cela, cliquez du bouton droit puis choisissez **Format de la courbe de tendance** pour afficher à nouveau la boîte de dialogue **Format de courbe de tendance**.

Pour supprimer une courbe de tendance, sélectionnez-la et appuyez sur la touche (Suppr).

Faciliter la lecture des données d'un graphique en ajoutant des barres ou des lignes

Il est possible d'ajouter des lignes de série pour relier les séries de données des graphiques 2D en barres ou en histogrammes empilés. Les lignes de projection sont disponibles dans les graphiques 2D et 3D en aires ou en courbes. Les lignes haut/bas et les barres hausse/baisse sont disponibles dans les graphiques 2D en courbes. Les graphiques boursiers contiennent déjà des lignes haut/bas et des barres hausse/baisse.

Pour ajouter des lignes de projection :

1 Sélectionnez une série de données.

2 Dans l'onglet contextuel **Disposition**, cliquez sur le bouton **Lignes** du groupe *Analyse*.

3 Sélectionnez l'option correspondant au type de ligne souhaité.

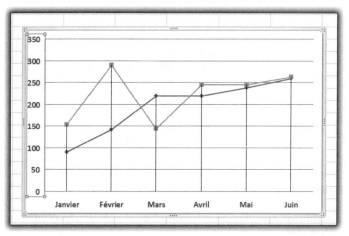

Figure 12.19 : *Lignes de projection*

Pour ajouter des barres :

1 Sélectionnez une série de données.

2 Dans l'onglet contextuel **Disposition**, cliquez sur le bouton **Barres haut/bas** du groupe *Analyse*.

3 Sélectionnez l'option correspondant au type de barre souhaité.

Ajouter des barres d'erreur

Les barres d'erreur représentent sous forme graphique la marge d'erreur potentielle concernant chaque indicateur de données dans une série. Par exemple, il est possible d'afficher les résultats d'une expérience scientifique avec une marge d'erreur positive et négative de 5 %.

Vous pouvez ajouter des barres d'erreur à des graphiques en aires, en barres, en histogrammes, en courbes, en nuages de points (XY) et en bulles 2D. En ce qui concerne les graphiques en nuages de points (XY) et en bulles, il est possible d'afficher les barres d'erreur pour les valeurs X, les valeurs Y, ou les deux à la fois.

1 Sélectionnez une série de données.

2 Dans l'onglet contextuel **Disposition**, cliquez sur le bouton **Barres haut/bas** du groupe *Analyse*.

3 Sélectionnez le type de barres d'erreur à afficher. Si les choix proposés ne vous conviennent pas, sélectionnez **Autres options de barres haut/bas...**. Définissez ensuite les caractéristiques des barres d'erreurs à afficher.

Copier un graphique comme une image

Lorsque vous copiez puis collez un graphique, vous collez toute la définition du graphique (et notamment la référence aux séries de données), et pas seulement sa représentation. Dans certains cas (réalisation d'un rapport, d'un document de présentation, etc.), il peut être souhaitable de transformer le graphique en image afin qu'il soit "figé".

Pour cela :

1 Sélectionnez le graphique. Cliquez sur le bouton fléché situé sous le bouton **Coller** de l'onglet **Accueil** et sélectionnez **Copier comme image**. La boîte de dialogue **Copier une image** apparaît.

Figure 12.20 :
Copier comme une image

2 Spécifiez les paramètres en fonction de l'usage souhaité de l'image (impression ou visualisation à l'écran) puis validez par OK.

3 Positionnez-vous sur l'emplacement de destination et cliquez sur le bouton fléché situé sous le bouton **Coller** de l'onglet **Accueil** et sélectionnez **Coller comme image**. Une copie "statique" du graphique est collée.

12.5. Cas pratique : Visualiser des cours boursiers

Ce cas pratique va vous permettre de créer un graphique de suivi de cours boursiers. Aujourd'hui, iI est facile et rapide d'obtenir l'historique des cotations d'une valeur sur Internet. Excel, quant à lui, propose un type de graphique dénommé *Boursier* qui prend en compte les particularités des données boursières. En effet, un graphique boursier doit représenter les cours d'ouverture, de clôture ainsi que les valeurs minimale et maximale sur la période.

Il est donc facile de réaliser un graphique de suivi de cours boursiers. Mais comment le mettre à jour ? En d'autres termes, comment prendre en compte quotidiennement les nouvelles données ? Pour cela, vous pouvez soit intégrer suffisamment de cellules vides dans vos données sources, soit modifier ces dernières à chaque ajout d'une valeur. Dans le premier cas, le graphique sera en partie vide. Quant à la seconde méthode, elle est un peu fastidieuse. Une alternative consiste à définir des plages nommées "variables" pour représenter les données sources.

Dans cet exemple, les données s'organisent de la façon suivante :

- colonne *A* : date ;
- colonne *B* : cours d'ouverture ;
- colonne *C* : plus haut ;
- colonne *D* : plus bas ;
- colonne *E* : cours de clôture (voir Figure 12.21).

Vous allez créer le nom *Ouverture* grâce au **Gestionnaire de noms** (onglet **Formules**, groupe *Cellules nommées*).

Cas pratique : Visualiser des cours boursiers — Chapitre 12

Pour plus de renseignements sur les noms de plage de cellules, reportez-vous au chapitre 8 Élaborer des formules de calcul.

	A	B	C	D	E
1	01/08/2006	79,9	79,95	78,5	79
2	02/08/2006	79,2	81,35	79,2	80,95
3	03/08/2006	81,05	81,35	79,55	79,9
4	04/08/2006	80,4	80,5	78,4	79,6
5	07/08/2006	78,95	79	78,1	78,3
6	08/08/2006	78,45	79,5	78,25	79,25
7	09/08/2006	79,5	81,05	79	80,35
8	10/08/2006	79,75	80,2	79,05	79,85
9	11/08/2006	80,25	81,7	79,65	81,3
10	14/08/2006	81,7	82,9	81,6	82,75
11	15/08/2006	82,3	84,55	82,3	83,4
12	16/08/2006	83,75	84	83,1	83,2
13	17/08/2006	83,25	83,55	82,75	83,3
14	18/08/2006	83,3	84	83,1	83,6
15					

Figure 12.21 : Les données à représenter

Dans la zone *Fait référence à*, saisissez `=DECALER($B$1;0;0;NBVAL($B:$B);1)` puis validez.

Le nom *Ouverture* est à présent créé. Pour l'instant, il fait référence à la plage *B1:B16*, car seulement six valeurs ont été saisies. La fonction DECALER permet ici de créer une plage débutant en *B1* et comprenant autant de lignes qu'il y a de valeurs saisies dans la colonne *B* (`NBVAL($B:$B)`). Les deux derniers arguments de la fonction DECALER permettent en effet de spécifier la taille de la plage de cellules résultante en fixant le nombre de lignes et de colonnes.

Ensuite, répétez l'opération en créant les noms suivants :

- *Dates* doit faire référence à `=DECALER($A$1;0;0;NBVAL($A:$A);1)`.
- *PlusHaut* doit faire référence à `=DECALER($C$1;0;0;NBVAL($C:$C);1)`.
- *PlusBas* doit faire référence à `=DECALER($D$1;0;0;NBVAL($D:$D);1)`.
- *Cloture* doit faire référence à `=DECALER($E$1;0;0;NBVAL($E:$E);1)`.

Chapitre 12 — Créer et mettre en forme des graphiques

À présent, vous devez créer le graphique :

1 Sélectionnez la plage de cellules contenant les données initiales.
2 Dans l'onglet **Insertion**, cliquez sur le bouton **Autres graphiques** du groupe *Graphiques*, puis sélectionnez un graphique boursier.
3 Sélectionnez le graphique nouvellement créé.
4 Dans l'onglet contextuel **Création**, cliquez sur le bouton **Changer de source de données** du groupe *Données*.
5 Dans la boîte de dialogue **Modifier la source de données**, sélectionnez la série *Série1*, puis cliquez sur le bouton **Modifier**.
6 Dans la zone *Valeurs*, faites référence au nom *Ouverture*. Pour cela, saisissez =Graph_Boursier.xlsx!Ouverture, où *Graph_Boursier.xlsx* est le nom du classeur actif.
7 Répétez l'opération en créant successivement les séries 2, 3 et 4, qui doivent faire référence respectivement à *PlusHaut*, *PlusBas* et *Cloture*.
8 Cliquez sur le bouton **Modifier** pour modifier les étiquettes de l'axe horizontal. Saisissez = Graph_Boursier.xlsx!Dates.
9 Validez par OK.

Grâce à cette méthode, les nouvelles valeurs saisies dans les différentes colonnes viendront instantanément mettre à jour le graphique.

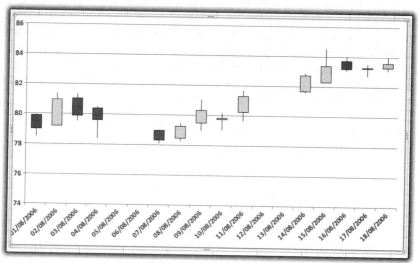

Figure 12.22 : Le graphique terminé

Chapitre 13

Insérer des dessins et des objets graphiques

Sélectionner des objets	484
Utiliser les formes automatiques	488
Ajouter du texte	495
Travailler avec WordArt	499
Insérer des diagrammes	501
Insérer des images	503
Manipuler les objets graphiques	508
Cas pratique : Réaliser un arbre généalogique	513

Chapitre 13 — Insérer des dessins et des objets graphiques

Dans ce chapitre, nous allons aborder la création d'objets graphiques tels que des lignes, des rectangles, etc. Ces objets ne sont pas propres à Excel et vous pourrez d'ailleurs les retrouver dans tous les autres outils de la suite Microsoft Office (Word, PowerPoint, etc.). Dans Excel, ils sont "posés" sur les cellules et rendent vos feuilles plus visuelles et plus attrayantes en vous donnant la possibilité de réaliser des schémas, des diagrammes, etc.

Nous aborderons également les objets WordArt, qui permettent de mettre en valeur des textes, ainsi que l'insertion et la manipulation d'images et de cliparts.

Nous traiterons aussi de l'insertion de diagrammes. Ces derniers permettent de visualiser des processus, des organigrammes de façon claire et attrayante.

Un cas pratique conclura ce chapitre. Vous y mettrez en pratique les différents outils et techniques afin de réaliser un arbre généalogique.

13.1. Sélectionner des objets

Les poignées de dimensionnement indiquent que l'objet ou le groupe d'objets a été sélectionné.

Sélectionner un objet

Pour sélectionner un objet, il suffit de cliquer dessus. Lors du survol d'un objet, le pointeur de la souris change d'apparence : il se transforme en flèche.

Pour sélectionner un objet appartenant à un groupe :

1 Sélectionnez le groupe.
2 Sélectionnez l'objet souhaité.

Sélectionner plusieurs objets

Pour sélectionner un objet à la fois parmi plusieurs objets, maintenez la touche [Maj] enfoncée en cliquant sur chaque objet.

Sélectionner des objets — Chapitre 13

Pour sélectionner plusieurs objets proches les uns des autres :

1 Dans l'onglet **Édition**, cliquez sur le bouton **Rechercher et sélectionner** du groupe *Édition*, puis choisissez **Sélectionner les objets**.

2 Cliquez, et tout en maintenant le bouton de la souris appuyé, faites glisser un cadre translucide sur les objets.

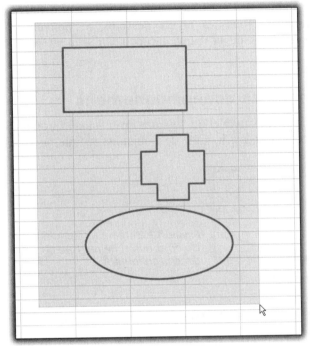

Figure 13.1 : *Sélection de plusieurs objets*

Pour revenir à la sélection de cellules :

1 Dans l'onglet **Édition**, cliquez sur le bouton **Rechercher et sélectionner** du groupe *Édition*.

2 Choisissez à nouveau **Sélectionner les objets**.

Pour sélectionner plusieurs objets faisant partie d'un groupe :

1 Sélectionnez le groupe.

2 Maintenez la touche [Maj] enfoncée tout en cliquant sur les objets souhaités.

Cliquez à l'extérieur des objets pour les désélectionner.

Pour les désélectionner un par un, maintenez la touche [Maj] enfoncée et cliquez sur chaque objet.

Manipuler des objets dessinés

Des symboles indiquent l'état d'un objet dessiné et la manière dont il peut être manipulé. Tous les objets dessinés ne pouvant pas être manipulés ou modifiés de la même façon, ils n'utilisent pas tous des symboles.

Les poignées de dimensionnement

Elles apparaissent sur un objet dessiné dès qu'il est sélectionné. Si vous faites glisser ces poignées, la taille de l'objet est réduite ou augmentée.

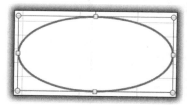

Figure 13.2 :
Un objet avec une poignée de dimensionnement

La poignée de rotation

Une poignée de rotation de couleur verte apparaît lorsque vous sélectionnez un objet. Vous pouvez alors faire pivoter ce dernier en faisant glisser la poignée.

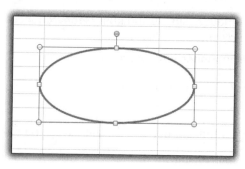

Figure 13.3 :
Un objet avec une poignée de rotation

Les poignées d'ajustement

Une poignée d'ajustement de couleur jaune apparaissant sur les formes automatiques permet d'ajuster leur apparence.

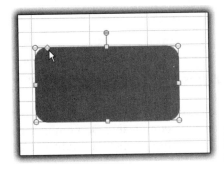

Figure 13.4 :
Des objets avec des poignées d'ajustement

Les sommets

Des ronds noirs apparaissent aux extrémités et intersections des lignes ou courbes dans des objets dessinés de type courbes et formes libres, lorsque vous cliquez du bouton droit sur une forme et que vous sélectionnez **Modifier les points** dans le menu contextuel. Vous pouvez déplacer ces sommets pour modifier la forme de l'objet.

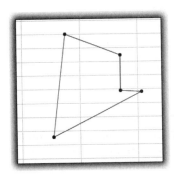

Figure 13.5 :
Un objet avec des sommets

La bordure en pointillés

Lorsqu'une zone de texte est entourée d'une bordure en pointillés, vous pouvez la mettre en forme, modifier son contenu, etc. Pour faire apparaître la bordure en pointillés, cliquez sur la zone de texte.

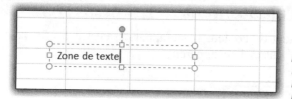

Figure 13.6 :
Une zone de texte avec une bordure en pointillés

13.2. Utiliser les formes automatiques

Vous pouvez redimensionner, faire pivoter, retourner, colorier et combiner des formes pour en créer de plus complexes. De nombreuses formes possèdent une poignée d'ajustement qui permet de modifier leur caractéristique principale.

Découvrir les formes automatiques

Pour créer des formes, vous disposez du bouton **Formes** du groupe *Illustrations* de l'onglet **Insertion**.

Figure 13.7 :
Le bouton Formes

Cliquez sur ce bouton pour afficher l'intégralité des formes disponibles (voir Figure 13.8).

Les boutons sont organisés en plusieurs catégories. Elles incluent des formes de base telles que les rectangles et les cercles, mais aussi nombre de lignes et de connecteurs, des flèches pleines, des symboles d'organigramme, des étoiles, des bannières et des légendes.

- **Formes récemment utilisées** ;
- **Lignes** ;
- **Formes de base** ;
- **Flèches pleines** ;
- **Formes d'équation** ;

Utiliser les formes automatiques — Chapitre 13

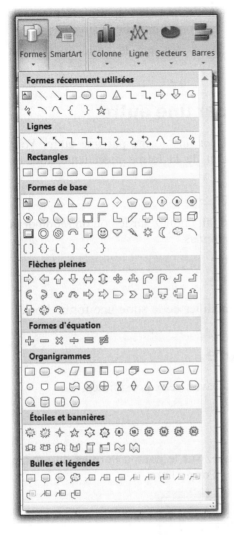

Figure 13.8 :
Toutes les formes

- **Organigramme ;**
- **Étoiles et bannières ;**
- **Bulles et légendes.**

Pour créer une forme automatique :

1 Cliquez sur la forme souhaitée.

2 Cliquez à l'endroit où vous voulez insérer la forme automatique.

LE GUIDE COMPLET 489

3 Tout en maintenant le bouton de la souris appuyé, déplacez le pointeur de façon à donner à la forme la taille désirée.

4 Relâchez le bouton de la souris lorsque la taille vous paraît correcte.

Remplacer une forme par une autre

Vous avez la possibilité de remplacer une forme par une autre. Vous conservez ainsi l'emplacement exact de la forme précédente, tout en changeant son apparence.

1 Sélectionnez la forme à modifier.

2 Dans l'onglet contextuel **Format**, cliquez sur le bouton **Modifier la forme** du groupe *Insérer des formes*.

3 Sélectionnez **Modifier la forme**.

4 Cliquez sur la forme souhaitée.

Il est en revanche impossible de modifier de la sorte une forme libre.

Dessiner une forme libre

Pour dessiner une forme libre, vous avez deux possibilités.

Forme libre

1 Dans l'onglet **Insertion**, cliquez sur le bouton **Formes** du groupe *Illustrations*, puis sélectionnez **Forme libre**.

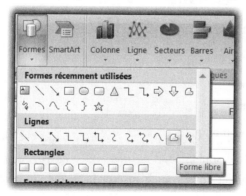

Figure 13.9 :
Créer une Forme libre

2 Faites glisser la souris pour dessiner des formes à main levée ou cliquez et déplacez la souris pour dessiner des lignes droites.

Pour terminer une forme et la laisser ouverte, double-cliquez à tout moment.

Pour fermer une forme, cliquez près de son point de départ.

Dessin à main levée

1 Dans l'onglet **Insertion**, cliquez sur le bouton **Formes** du groupe *Illustrations*, puis sélectionnez **Dessin à main levée**.

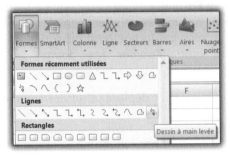

Figure 13.10 :
Créer un dessin à main levée

2 Tout en maintenant le bouton de la souris appuyé, déplacez le pointeur pour dessiner une forme qui donne l'impression d'avoir été tracée avec un crayon.

Dessiner une courbe

1 Dans l'onglet **Insertion**, cliquez sur le bouton **Formes** du groupe *Illustrations*, puis sélectionnez **Courbe**.

Figure 13.11 :
Créer une courbe

2 Cliquez à l'endroit où vous souhaitez commencer la courbe, puis déplacez la souris et cliquez aux endroits où vous souhaitez placer des points d'ancrage.

3 Pour terminer la courbe, double-cliquez à n'importe quel moment.

Pour fermer la courbe et créer une forme, cliquez près de son point de départ.

Modifier une forme libre ou une courbe

1 Sélectionnez la forme libre ou la courbe à modifier.

2 Dans l'onglet contextuel **Format**, cliquez sur le bouton **Modifier la forme** du groupe *Insérer des formes* et sélectionnez la commande **Modifier les points** (ou cliquez du bouton droit sur la courbe et sélectionnez la commande **Modifier les points** du menu contextuel).

Pour modifier la forme libre, cliquez et déplacez l'un des sommets qui forment son contour.

Pour ajouter un sommet à la forme libre, cliquez à l'endroit où vous voulez l'ajouter puis déplacez la souris.

Pour supprimer un sommet, appuyez sur [Ctrl] et cliquez sur le sommet à supprimer.

> **Affiner la forme de la courbe**
> Pour un meilleur contrôle sur la forme d'une courbe, après avoir cliqué sur **Modifier les points**, cliquez du bouton droit sur un sommet. Utilisez le menu contextuel pour ajouter d'autres types de sommets afin d'affiner la forme de la courbe.

Dessiner une ligne

1 Dans l'onglet **Insertion**, cliquez sur le bouton **Formes** du groupe *Illustrations*, puis sélectionnez le type de ligne qui vous convient parmi les choix proposés.

Figure 13.12 : Les options de ligne

2 Cliquez à l'endroit où vous voulez débuter la ligne.

3 Tout en maintenant le bouton de la souris appuyé, déplacez le pointeur de façon à donner à la ligne la taille désirée.

4 Relâchez le bouton de la souris lorsque la taille vous paraît correcte.

Pour contraindre la ligne à prendre une inclinaison par rapport à l'horizontale qui soit un multiple de 15 degrés, maintenez la touche [Maj] enfoncée lorsque vous déplacez la souris.

Pour allonger la ligne dans des directions opposées depuis le premier sommet, maintenez la touche [Ctrl] enfoncée lorsque vous déplacez la souris.

Dessiner un connecteur

Dès que vous déplacez un objet relié à un autre à l'aide d'une ligne (organigramme, diagramme de processus, etc.), vous devez modifier le tracé de la ligne afin qu'elle relie à nouveau les deux objets. Pour éviter cela, utilisez un connecteur.

1 Dans l'onglet **Insertion**, cliquez sur le bouton **Formes** du groupe *Illustrations*, puis sélectionnez le type de connecteur qui vous convient.

Figure 13.13 :
Les différents types de connecteurs

2 Pointez sur l'endroit où vous voulez attacher le connecteur.

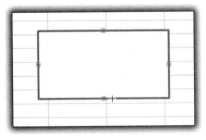

Figure 13.14 :
Les points de connexion apparaissent sous forme de carrés rouges lorsque vous passez le pointeur sur une forme.

3 Cliquez sur le premier point de connexion souhaité. Pointez sur un autre objet puis cliquez sur le deuxième point de connexion.

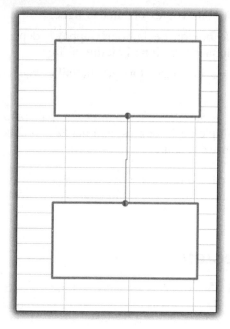

Figure 13.15 :
Les connecteurs verrouillés ou attachés apparaissent sous forme de cercles rouges

Ajouter ou supprimer des pointes de flèche

Au lieu de coller ou de supprimer des pointes de flèche sur des lignes, modifiez le style de ligne afin de refléter la mise en forme souhaitée. Pour cela, sélectionnez la ligne à modifier.

Vous pouvez seulement ajouter une pointe de flèche à une ligne ou à un filet de liaison.

Pour ajouter une ou deux pointes de flèche :

1 Sélectionnez la ligne à modifier.

2 Dans l'onglet contextuel **Format**, cliquez sur le bouton **Contour de forme** du groupe *Styles de forme*, puis sélectionnez **Flèches** (voir Figure 13.16).

3 Cliquez sur le style souhaité.

En sélectionnant **Autres flèches**, vous accédez à la boîte de dialogue **Format de la forme**. Elle permet, entre d'autres, d'ajuster plus finement les caractéristiques de la flèche.

Ajouter du texte — Chapitre 13

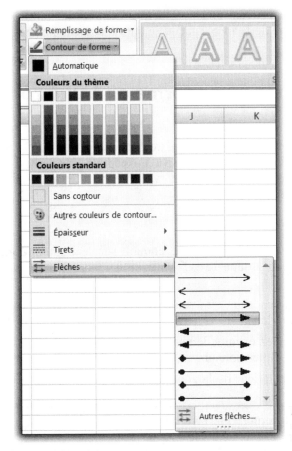

Figure 13.16 :
Les différents types de flèches

Pour supprimer toutes les pointes de flèche :

1 Dans l'onglet contextuel **Format**, cliquez sur le bouton **Contour de forme** du groupe *Styles de forme*, puis sélectionnez **Flèches**.

2 Sélectionnez **Flèche 1** (pas de pointe de flèche).

13.3. Ajouter du texte

Vous pouvez ajouter du texte aux formes. Celui-ci devient alors partie intégrante de la forme (si vous retournez ou faites pivoter la forme, le texte subit le même traitement).

Les zones de texte peuvent être considérées comme des formes. Elles sont mises en forme de la même façon (ajout de couleurs, remplissages et bordures).

Ajouter du texte à une forme ou à une zone de texte

Pour ajouter du texte à une zone de texte qui se déplace avec la forme, sélectionnez une forme automatique (à l'exception des lignes et des connecteurs) et commencez à saisir votre texte. Le nouveau texte s'insère dans la forme.

Pour ajouter un texte indépendant :

1 Dans l'onglet **Insertion**, cliquez sur le bouton **Zone de texte** du groupe *Texte*.

2 Cliquez à l'endroit où vous voulez ajouter le texte puis commencez à le saisir.

3 Redimensionnez éventuellement la zone de texte en déplaçant les poignées de dimensionnement.

4 Cliquez à l'extérieur de la zone de texte pour valider.

> **Transformer la forme d'une zone de texte**
> Pour transformer la forme d'une zone de texte en une forme automatique, sélectionnez la zone de texte, cliquez sur **Modifier la forme** dans l'onglet contextuel **Format** puis sélectionnez la forme souhaitée.

Redimensionner une forme ou une zone de texte pour l'ajuster au texte

1 Cliquez sur la bordure de la forme automatique ou de la zone de texte que vous souhaitez redimensionner.

2 Cliquez du bouton droit et sélectionnez **Format de la forme** dans le menu contextuel.

3 Cliquez sur la catégorie **Zone de texte**.

Ajouter du texte Chapitre 13

Figure 13.17 : *La boîte de dialogue Format de la forme*

4 Activez la case à cocher *Ajuster la forme au texte*.

Modifier la mise en forme d'une forme ou d'une zone de texte

1 Sélectionnez la forme ou la zone de texte dont vous souhaitez modifier la mise en forme.

2 Cliquez du bouton droit et sélectionnez **Format de la forme** dans le menu contextuel.

3 Sélectionnez les options souhaitées dans les catégories **Remplissage**, **Ligne**, **Style de trait**, **Ombre**, **Format 3D** et **Rotation 3D**.

Vous avez la possibilité d'accéder rapidement à certaines fonctionnalités grâce aux boutons du groupe *Styles de formes* de l'onglet contextuel **Format**.

Pour cela, sélectionnez une forme ou une zone de texte et utilisez l'un des boutons de la galerie de thèmes de remplissages prédéfinis :

Chapitre 13 — Insérer des dessins et des objets graphiques

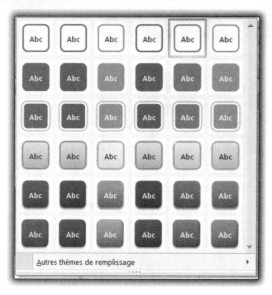

Figure 13.18 :
Sélection d'une forme dans la galerie de thèmes de remplissage

- **Remplissage de forme** ;

- **Contour de forme** ;

- **Effets sur la forme**.

> **ASTUCE — Redéfinir les options de mise en forme standard**
>
> Pour que les nouvelles formes automatiques reprennent les options de mise en forme d'une forme déjà créée, cliquez du bouton droit sur la forme voulue et utilisez la commande **Définir comme forme par défaut** du menu contextuel.

Modifier la police dans une forme ou une zone de texte

1 Dans la forme automatique ou la zone de texte, sélectionnez le texte affecté de la police que vous souhaitez modifier.

2 Utilisez la mini barre d'outils qui fait son apparition au-dessus du texte ou les boutons des groupes *Police* et *Alignement* de l'onglet **Accueil**.

Figure 13.19 :
La mini barre
d'outils

13.4. Travailler avec WordArt

WordArt est un outil de création de zones de texte présentant des effets particuliers de mise en forme. Procédez ainsi :

1 Dans l'onglet **Insertion**, cliquez sur le bouton **WordArt** du groupe *Texte*.

2 Cliquez sur l'effet WordArt souhaité puis sur OK.

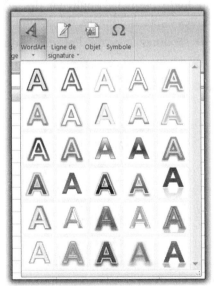

Figure 13.20 :
La galerie WordArt

3 Saisissez le texte souhaité.

Figure 13.21 : Modifier le texte WordArt

4 Utilisez les boutons du groupe *Styles WordArt* de l'onglet contextuel **Format** pour modifier l'objet WordArt ainsi créé.

5 Utilisez la galerie de styles prédéfinis pour modifier l'apparence générale de l'objet.

Figure 13.22 :
La galerie des styles prédéfinis

- **Remplissage du texte** permet de choisir la couleur du texte, d'appliquer des dégradés, des textures, etc.
- **Contour du texte** permet de modifier le contour des lettres.
- **Effets du texte** permet d'appliquer des effets de réflexion, des effets de lumière, de rotation 3D, etc.
- **Transformer** permet de modifier le profil d'affichage du texte.

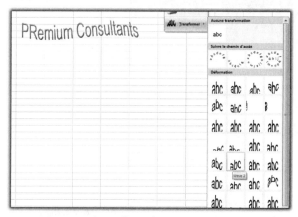

Figure 13.23 : Les effets du texte

13.5. Insérer des diagrammes

Les diagrammes permettent de visualiser des processus, des hiérarchies, etc. Ils compléteront efficacement vos présentations.

Les diagrammes

Vous pouvez ajouter une variété de diagrammes à l'aide de l'outil de création de diagrammes SmartArt de l'onglet **Insertion**. Les types de diagrammes sont les suivants : *Liste*, *Processus*, *Cycle*, *Hiérarchie*, *Relation*, *Matrice*, *Pyramide*. Utilisez-les pour illustrer et rendre plus attrayants vos documents (les diagrammes ne s'appuient pas sur des données numériques).

Lorsque vous ajoutez ou modifiez un diagramme, celui-ci est encadré d'un espace de dessin dont le contour est une bordure non imprimable accompagnée de poignées de dimensionnement. Vous pouvez le redimensionner à l'aide des commandes de dimensionnement.

Mettez en forme l'ensemble du diagramme avec des styles prédéfinis ou des parties de celui-ci, comme vous le feriez avec des formes (ajouter des couleurs et du texte, modifier le style et l'épaisseur des lignes, ajouter des remplissages, des textures et des arrière-plans).

Ajouter un diagramme

1 Dans l'onglet **Insertion**, cliquez sur le bouton **SmartArt** du groupe *Illustrations*.

2 Cliquez sur l'un des types de diagrammes :

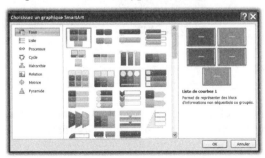

Figure 13.24 :
Choisissez le type de diagramme

Chapitre 13   **Insérer des dessins et des objets graphiques**

- **Tous** permet d'accéder à tous les types de diagrammes.
- **Liste** permet de créer et d'organiser des listes d'éléments.
- **Processus** permet de visualiser le déroulement des étapes d'un processus.
- **Cycle** permet de visualiser des processus cycliques.
- **Hiérarchie** permet de créer des organigrammes hiérarchiques.
- **Relation** permet de visualiser des relations de cause à effet.
- **Matrice** permet de créer des matrices.
- **Pyramide** permet de visualiser des hiérarchies sous forme de pyramide.

3 Cliquez sur OK.

Pour ajouter du texte à un élément dans le diagramme :

1 Sélectionnez le diagramme.

2 Saisissez le texte dans la zone réservée à l'élément dans le volet *Texte* associé au diagramme.

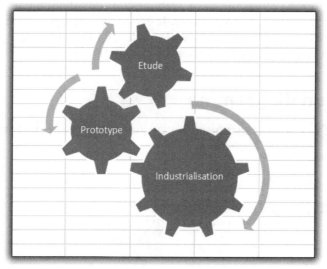

Figure 13.25 : *Le diagramme et son volet Texte*

Pour ajouter un élément, cliquez sur le bouton **Ajouter une forme** du groupe *Créer un graphique* de l'onglet contextuel **Création**.

Pour mettre en forme rapidement un diagramme, utilisez les galeries des groupes *Dispositions* et *Styles SmartArt*.

Ajouter un organigramme hiérarchique

1 Dans l'onglet **Insertion**, cliquez sur le bouton **SmartArt** du groupe *Illustrations*.

2 Cliquez sur la catégorie **Hiérarchie**.

3 Sélectionnez le type d'organigramme à insérer.

Pour ajouter du texte à une forme :

1 Sélectionnez l'organigramme.

2 Saisissez le texte dans la zone réservée à l'élément dans le volet *Texte* associé à l'organigramme.

Vous ne pouvez ajouter du texte à des lignes ou à des connecteurs dans un organigramme hiérarchique.

Pour ajouter un élément à l'organigramme :

1 Sélectionnez la forme sous ou à côté de laquelle vous voulez l'ajouter.

2 Dans l'onglet contextuel **Création**, cliquez sur le bouton **Ajouter une forme** du groupe *Créer un graphique*.

3 Cliquez sur l'une des options proposées.

4 Pour mettre en forme rapidement un organigramme, utilisez les galeries des groupes *Dispositions* et *Styles SmartArt*.

13.6. Insérer des images

Il est possible d'insérer des images sur une feuille de calcul, puis de les retravailler, même si ce n'est pas la vocation première d'Excel.

Insérer une image ClipArt

Pour rechercher l'image à insérer :

1 Dans l'onglet **Insertion**, cliquez sur le bouton **Images clipart** du groupe *Illustrations*.

2 Dans le volet Office **Insérer une image clipart**, plus précisément dans la zone *Rechercher le texte*, saisissez tout ou partie du nom de fichier du clipart souhaité.

3 Pour affiner votre recherche, effectuez l'une ou les deux actions suivantes :

– Pour limiter les résultats de la recherche à une collection spécifique de cliparts, cliquez sur la flèche dans la zone *Rechercher dans* et sélectionnez la collection dans laquelle effectuer la recherche.

– Pour limiter les résultats de la recherche à un type de fichier multimédia, cliquez sur la flèche dans la zone *Les résultats devraient être* et activez la case à cocher en regard des types de cliparts que vous voulez rechercher.

4 Cliquez sur **Rechercher**.

Pour effacer les critères de recherche et commencer une nouvelle prospection, cliquez sur **Modifier** sous la zone *Résultats*.

> **ASTUCE** — **Caractères génériques**
> Si vous ne connaissez pas le nom exact du fichier, remplacez certains caractères par des caractères génériques. L'astérisque (*) remplace zéro ou plusieurs caractères et le point d'interrogation (?) un seul.

5 Dans la zone *Résultats*, cliquez sur le clipart à insérer.

Insérer une image à partir d'un fichier

Vous pouvez insérer une image de n'importe quelle provenance (scanner, appareil photo numérique, Internet, etc.) :

1 Dans l'onglet **Insertion**, cliquez sur le bouton **Image** du groupe *Illustrations*.

2 Dans la boîte de dialogue **Insérer une image**, recherchez le fichier voulu.

3 Cliquez sur OK.

Modifier l'apparence d'une image insérée

Pour modifier l'apparence d'une image insérée :

1 Sélectionnez l'image.

Insérer des images — Chapitre 13

2 Dans l'onglet contextuel **Format**, cliquez sur l'un des boutons du groupe *Outils image* :

- **Luminosité** ;
- **Contraste** ;
- **Recolorier** qui permet d'appliquer des effets de dégradé, noir et blanc, sépia, etc.

3 Toujours dans l'onglet contextuel **Format**, utilisez la galerie du groupe *Styles d'images* pour modifier la forme de l'image.

Figure 13.26 :
Les styles d'images

Redimensionner ou rogner une image

Il existe deux façons de modifier la taille d'une image : le redimensionnement et le rognage.

Figure 13.27 :
L'image originale

Le redimensionnement modifie les dimensions d'une image en l'étirant ou en la réduisant (voir Figure 13.28).

Le rognage réduit la taille de l'image en supprimant les contours verticaux ou horizontaux. Cette technique est souvent utilisée pour masquer ou réduire une partie de l'image, pour mettre en exergue les parties intéressantes ou supprimer des portions indésirables (voir Figure 13.29).

Figure 13.28 : L'image réduite

Figure 13.29 : L'image rognée

Redimensionner une image ou une forme

Cliquez sur l'image ou la forme que vous souhaitez redimensionner.

Redimensionner à l'aide de la souris

1 Placez le pointeur sur l'une des poignées de dimensionnement de l'objet, après l'avoir sélectionné.

2 Effectuez l'une des actions suivantes :

Insérer des images Chapitre 13

– Pour augmenter ou diminuer la taille dans une ou plusieurs directions, faites glisser la souris vers le centre ou loin du centre.
– Pour conserver le centre de l'objet à la même place, maintenez la touche [Ctrl] enfoncée lorsque vous faites glisser la souris.
– Pour conserver les proportions de l'objet, maintenez la touche [Maj] enfoncée lorsque vous faites glisser la souris.
– Pour conserver les proportions et le centre à la même place, maintenez les touches [Ctrl] et [Maj] enfoncées lorsque vous faites glisser la souris.

Redimensionner en saisissant des mesures

1 Dans l'onglet contextuel **Format**, utilisez les zones *Hauteur* et *Largeur* du groupe *Taille*.

2 Saisissez des mesures pour la hauteur et la largeur de l'objet ou appuyez sur [↑] et [↓] pour régler ces paramètres.

Pour accéder à un plus grand nombre d'options, cliquez sur le lanceur de boîte de dialogue du groupe *Taille* et utilisez la boîte de dialogue **Taille et propriétés**. Vous pouvez notamment rétablir la taille d'origine en cliquant sur le bouton **Rétablir**. Utilisez la case à cocher *Proportionnelle* pour conserver les proportions initiales de l'image.

Figure 13.30 : *La boîte de dialogue Taille et propriétés*

Rogner une image

Vous pouvez rogner n'importe quelle image, à l'exception d'une image GIF animée, à l'aide de la commande **Rogner**. Pour rogner une image GIF animée, réduisez-la dans un programme d'édition d'image animée GIF puis insérez-la de nouveau dans la feuille de calcul.

1 Sélectionnez l'image à rogner.

2 Dans l'onglet contextuel **Format**, cliquez sur le bouton **Rogner** du groupe *Taille*.

3 Placez l'outil de rognage sur la poignée de rognage puis effectuez l'une des actions suivantes :

— Pour rogner un côté, faites glisser la poignée centrale de ce côté vers l'intérieur.

— Pour rogner simultanément deux côtés de façon identique, maintenez la touche [Ctrl] enfoncée tout en faisant glisser la poignée centrale des deux côtés vers l'intérieur.

— Pour rogner simultanément les quatre côtés de façon identique, maintenez la touche [Ctrl] enfoncée en faisant glisser une poignée d'angle vers l'intérieur.

4 Cliquez à nouveau sur **Rogner** pour désélectionner la commande.

Vous pouvez annuler un rognage à tout moment avant d'enregistrer l'image.

13.7. Manipuler les objets graphiques

Une fois les objets graphiques créés, il est souvent nécessaire de les organiser afin de donner la touche finale au document.

Utiliser le volet de sélection

Un nouveau dispositif a fait son apparition dans cette version d'Excel : le volet de sélection. Il affiche une liste des formes ou images insérées dans la feuille. Ce volet vous permet de sélectionner les objets, de les masquer et de les réorganiser.

Pour le faire apparaître :

Manipuler les objets graphiques — Chapitre 13

- Dans l'onglet **Mise en page**, cliquez sur le bouton **Volet de sélection** du groupe *Organiser*.
- Si un objet est sélectionné, cliquez sur le bouton **Volet de sélection** du groupe *Organiser* de l'onglet contextuel **Format**.

Figure 13.31 :
Le volet de sélection

Pour masquer un objet, cliquez sur l'icône représentant un œil se trouvant en regard de l'objet. Cliquez à nouveau sur l'icône pour afficher l'objet.

Pour masquer le volet de sélection, cliquez à nouveau sur l'un des boutons **Volet de sélection**.

Aligner des objets

Aligner des objets les uns par rapport aux autres

L'alignement d'objets peut provoquer leur empilement les uns sur les autres. Assurez-vous qu'ils sont positionnés convenablement avant d'exécuter la commande.

Chapitre 13 — Insérer des dessins et des objets graphiques

1 Sélectionnez les objets que vous souhaitez aligner. Pour sélectionner plusieurs objets, maintenez la touche [Maj] enfoncée en cliquant sur chacun d'entre eux.

2 Dans l'onglet contextuel **Format**, cliquez sur le bouton **Aligner** du groupe *Organiser*. Choisissez ensuite le type d'alignement qui vous convient.

Figure 13.32 :
Les options d'alignement

Aligner des objets sur le quadrillage des cellules

1 Dans l'onglet contextuel **Format**, cliquez sur le bouton **Aligner** du groupe *Organiser*.

2 Pour aligner automatiquement des objets sur le quadrillage des cellules lorsque vous les déplacez ou vous les dessinez, cliquez sur **Aligner sur la grille**.

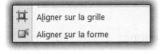

Figure 13.33 :
Alignement sur les cellules

3 Pour aligner automatiquement des objets sur les bords verticaux ou horizontaux d'autres formes lorsque vous les déplacez ou que vous les dessinez, cliquez sur **Aligner sur la forme**.

> **ASTUCE — Alignement de l'objet**
> Vous pouvez également aligner l'objet sur le quadrillage des cellules en appuyant sur la touche [Alt] lorsque vous déplacez, dessinez ou redimensionnez un objet.

Disposer les objets à égale distance les uns des autres

1 Sélectionnez au moins trois objets.

2 Dans l'onglet contextuel **Format**, cliquez sur le bouton **Aligner** du groupe *Organiser*.

3 Cliquez sur **Distribuer horizontalement** ou **Distribuer verticalement**.

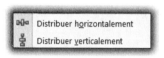

Figure 13.34 :
Espacement des objets

Faire pivoter et retourner un objet

Vous disposez de plusieurs outils pour modifier l'orientation d'un objet graphique.

Le premier d'entre eux est la poignée de rotation. Elle apparaît en vert lorsque vous sélectionnez l'objet. Cliquez dessus, et tout en maintenant le bouton de la souris appuyé, faites tourner l'objet autour de son centre.

Vous pouvez également utiliser l'onglet contextuel **Format** :

1 Sélectionnez l'objet à modifier.

2 Dans l'onglet contextuel **Format**, cliquez sur le bouton **Rotation** du groupe *Organiser*.

3 Sélectionnez l'une des commandes suivantes :

— **Faire pivoter à gauche de 90** effectue un quart de tour vers la gauche.

— **Faire pivoter à droite de 90** effectue un quart de tour vers la droite.

— **Retourner horizontalement** ; l'objet est déplacé symétriquement par rapport à son axe horizontal.

— **Retourner verticalement** ; l'objet est déplacé symétriquement par rapport à son axe vertical.

Avancer ou reculer un objet

Il est possible d'organiser les objets en "couches" ou plans afin de gérer les chevauchements et les superpositions.

Sélectionnez tout d'abord l'objet à modifier. S'il est masqué par d'autres objets, sélectionnez n'importe quel objet et appuyez sur [⇥] ou [Maj]+[⇥] jusqu'à le sélectionner.

Pour mettre un objet au premier plan, dans l'onglet contextuel **Format**, cliquez sur le bouton **Mettre au premier plan** du groupe *Organiser*.

Pour avancer un objet d'un plan :

1 Dans l'onglet contextuel **Format**, cliquez sur le bouton fléché situé à côté du bouton **Mettre au premier plan** du groupe *Organiser*.

2 Sélectionnez **Avancer**.

Pour envoyer un objet à l'arrière-plan, dans l'onglet contextuel **Format**, cliquez sur le bouton **Mettre en arrière plan** du groupe *Organiser*.

Pour faire reculer un objet d'un plan :

1 Dans l'onglet contextuel **Format**, cliquez sur le bouton fléché situé à côté du bouton **Mettre en arrière plan** du groupe *Organiser*.

2 Sélectionnez **Reculer**.

Grouper, dissocier ou regrouper des objets

Pour grouper plusieurs objets :

1 Sélectionnez les objets à grouper.

2 Dans l'onglet contextuel **Format**, cliquez sur le bouton **Grouper** du groupe *Organiser*.

3 Sélectionnez **Grouper**.

Pour dissocier des objets :

1 Sélectionnez le groupe d'objets à dissocier.

2 Dans l'onglet contextuel **Format**, cliquez sur le bouton **Grouper** du groupe *Organiser*.

Cas pratique : Réaliser un arbre généalogique — Chapitre 13

3 Sélectionnez **Dissocier**.

Pour modifier un objet individuel, continuez à sélectionner et à dissocier les objets du groupe jusqu'à ce que l'objet en question soit disponible.

Pour regrouper des objets qui ont été dissociés :

1 Sélectionnez l'un des objets précédemment groupés.

2 Dans l'onglet contextuel **Format**, cliquez sur le bouton **Regrouper** du groupe *Organiser*.

Après avoir groupé des objets, vous pouvez toujours sélectionner l'un d'entre eux en sélectionnant le groupe, puis en cliquant sur l'objet en question.

13.8. Cas pratique : Réaliser un arbre généalogique

Lorsqu'il s'agit de représenter la généalogie d'une personne, l'arbre apparaît comme la solution la plus simple et la plus visuelle.

Dans ce cas pratique, vous allez utiliser les objets graphiques pour construire un tel arbre. Dans un arbre généalogique, les individus sont représentés par des rectangles puis sont reliés entre eux. Vous allez donc, dans un premier temps, créer un individu "modèle", qui vous servira à créer tous les autres.

1 Dans l'onglet **Insertion**, cliquez sur le bouton **Formes** du groupe *Illustrations*, puis sélectionnez **Rectangle à coins arrondis**.

2 Tracez le rectangle aux dimensions voulues.

3 Une fois le rectangle tracé, sélectionnez-le et saisissez NOM Prénom.

4 Sélectionnez le texte et mettez-le en gras.

5 Appuyez sur la touche [Entrée] puis saisissez Naissance : jj/mm/aaaa.

6 Appuyez sur la touche [Entrée] puis saisissez Mariage : jj/mm/aaaa.

7 Appuyez sur la touche [Entrée] puis saisissez Décès : jj/mm/aaaa.

8 Appuyez sur la touche [Entrée] puis saisissez Profession.

Chapitre 13 — Insérer des dessins et des objets graphiques

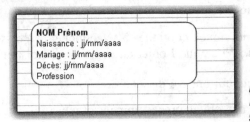

Figure 13.35 :
Le "motif" de l'arbre généalogique

Vous allez ajouter la photo de l'individu "modèle" :

1 Dans l'onglet **Insertion**, cliquez sur le bouton **Image** du groupe *Illustrations*.

2 Dans la boîte de dialogue **Insérer une image**, recherchez le fichier voulu.

3 Cliquez sur OK.

4 Redimensionnez l'image de façon qu'elle tienne dans le rectangle.

5 Sélectionnez le rectangle et l'image et groupez l'ensemble.

Figure 13.36 :
Le "motif" de l'arbre généalogique

Il vous reste à copier-coller le motif autant de fois que nécessaire, pour réaliser l'arbre généalogique, et à saisir les informations relatives aux différents individus.

Pour modifier la photo de l'individu :

1 Insérez la nouvelle photo.

2 Redimensionnez-la.

3 Placez-la sur la photo du modèle.

4 Groupez l'ensemble.

Vous pouvez à présent organiser les individus en arbre généalogique, en alignant et en répartissant les objets à l'aide des fonctions décrites dans ce chapitre.

Cas pratique : Réaliser un arbre généalogique — Chapitre 13

1 Positionnez tous les individus selon leur niveau dans l'ascendance.

2 Sélectionnez successivement l'ensemble des individus à chaque niveau, utilisez la commande **Aligner au milieu**, puis la commande **Distribuer horizontalement** du bouton **Aligner** de l'onglet contextuel **Format**.

3 Utilisez des connecteurs pour finaliser votre arbre généalogique.

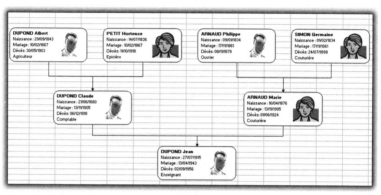

Figure 13.37 : L'arbre généalogique

Chapitre 14

Gérer et exploiter des données

Utiliser les tableaux de données	518
Trier les données	526
Utiliser les filtres	533
Utiliser les plans	547
Utiliser les sous-totaux	552
Cas pratique : Gérer une cave à vins	559

Chapitre 14 — Gérer et exploiter des données

Ce chapitre est dédié aux fonctionnalités d'Excel relatives à la gestion des bases de données, ou plutôt des tableaux de données ("tables" dans le vocabulaire des bases de données). En effet, Excel n'est pas un outil de gestion de bases de données, comme Access par exemple. Pour autant, il offre de réelles possibilités de traitement et d'analyse des données. Il trouve ses limites dans la gestion des éventuelles relations existant entre tableaux (tables) de données, ainsi que dans le nombre de lignes (ou "enregistrements" dans le vocabulaire des bases de données), soit désormais 1 048 576.

Dans ce chapitre, nous aborderons d'abord la création des tableaux de données. Pour exploiter pleinement les capacités d'Excel en matière de gestion de données, il convient de respecter des principes simples mais fondamentaux. Nous étudierons ensuite les fonctions permettant de trier, d'organiser et de hiérarchiser les données.

14.1. Utiliser les tableaux de données

Excel n'est pas un outil de gestion de bases de données mais rien ne vous empêche de saisir, dans une feuille de calcul, la liste des noms, prénoms et numéros de téléphone de vos amis. En agissant ainsi, vous réalisez un tableau de données, que vous pouvez trier et enrichir, en d'autres termes gérer. Excel vous propose pour cela des fonctionnalités ad hoc. Avant de passer ces dernières en revue, voyons comment créer un tableau.

Créer un tableau

La version précédente d'Excel (Excel 2003) apportait une fonctionnalité nouvelle : la création de listes de données. Dans cette version, cette notion demeure mais elle a été rebaptisée "tableaux de données". Avant l'introduction de ce concept, les listes, ou plutôt les tableaux, étaient des plages de cellules "comme les autres". Désormais, ils s'apparentent à de réelles tables de données telles que celles présentes dans les systèmes de gestion de bases de données. Lorsque vous définissez un tableau, vous pouvez manipuler son contenu sans tenir compte des données se trouvant à l'extérieur. Cette séparation est matérialisée par un encadré bleu autour du tableau.

Vous pouvez définir plusieurs tableaux sur une même feuille.

Utiliser les tableaux de données — Chapitre 14

Vous avez la possibilité de créer un tableau à partir d'une plage de cellules contenant déjà des données, à condition que ces données soient convenablement structurées en colonnes. Il est préférable (mais pas obligatoire) de nommer chaque colonne de la liste de façon explicite. La première ligne devrait donc contenir les titres (ou étiquettes) des colonnes.

> **REMARQUE** **Saisie des étiquettes de colonnes**
> Afin de permettre une utilisation optimale des fonctions de tri et d'analyse, il est préférable de saisir les étiquettes de colonnes sur une seule ligne. Renvoyez le texte de ces étiquettes à la ligne dans la cellule s'il doit s'étendre sur plusieurs lignes.
>
> Il est également utile de leur appliquer une mise en forme différente de celle des données (en gras, avec un fond d'une autre couleur, etc.).

Créer un tableau

Il est possible de créer un tableau vide en sélectionnant uniquement les cellules contenant les étiquettes de colonnes. C'est ce que vous allez faire :

1 Sélectionnez la plage de cellules voulue.

2 Dans l'onglet **Insertion**, cliquez sur le bouton **Tableau** du groupe *Tableaux*.

Figure 14.1 :
La boîte de dialogue Créer un tableau

Par défaut, la zone *Où se trouvent les données de votre tableau* reprend la plage sélectionnée. Vous pouvez la modifier en sélectionnant d'autres cellules.

Pour qu'Excel interprète la première ligne de la sélection, non comme une ligne de données, mais comme une ligne contenant les titres de chaque colonne, cochez la case *Mon tableau comporte des en-têtes*. Si vous désélectionnez cette case, Excel ajoute des titres par défaut (*Colonne 1*, *Colonne 2*, etc.) que vous pouvez modifier par la suite.

3 Validez par OK.

Vous avez créé votre tableau.

Figure 14.2 : Le tableau nouvellement créé

Notez les détails suivants :

- Le tableau a été mis automatiquement en forme.
- L'en-tête de chaque colonne est associé à une liste déroulante permettant de trier et de filtrer facilement ses éléments.
- Une poignée de dimensionnement est apparue en bas à droite du tableau ; elle permet de le redimensionner facilement à l'aide de la souris.

Figure 14.3 :
La poignée de dimensionnement

- Lorsqu'au moins une cellule du tableau est sélectionnée, l'onglet contextuel **Création** apparaît. Il permet de gérer les paramètres du tableau ainsi que sa mise en forme.

> **REMARQUE** **Ajout de données à un tableau par extension automatique**
> Si vous saisissez des données dans une ligne ou une colonne vide adjacente à la liste, celle-ci est automatiquement étendue pour intégrer la nouvelle ligne ou colonne.
>
> Lorsque la ligne des totaux est affichée, la liste ne s'étend pas automatiquement quand vous saisissez des données sur la ligne située juste en dessous.

Utiliser les tableaux de données — Chapitre 14

Lors de la saisie, les lignes insérées contiennent les formules et les validations identiques à celles de la première ligne, sans que vous ayez à effectuer une quelconque manipulation.

Créer et mettre en forme un tableau

Il est possible de créer un tableau en le mettant en forme. Pour cela :

1 Sélectionnez la plage de cellules à convertir en tableau.

2 Dans l'onglet **Accueil**, cliquez sur le bouton **Mettre sous forme de tableau** du groupe *Style*.

3 Sélectionnez la mise en forme qui vous convient.

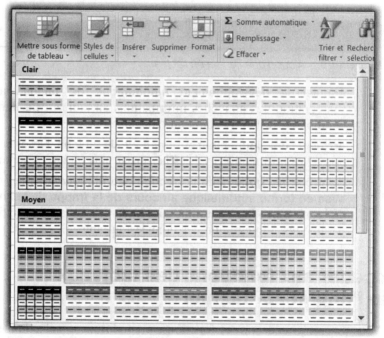

Figure 14.4 : Choix de la mise en forme

4 La boîte de dialogue **Mettre sous forme de tableau** fait son apparition. Elle est en tout point semblable à la boîte de dialogue **Créer un tableau** vue précédemment.

5 Modifiez éventuellement la sélection et validez par OK.

Le tableau est créé et mis en forme selon vos souhaits.

Ajouter des données à un tableau

Pour ajouter des données, il suffit de se positionner sur la première ligne vide située en dessous et de débuter la saisie des informations, ou sur la première colonne vide adjacente au tableau.

Dès que vous avez validé le contenu de la première cellule de la nouvelle ligne (ou colonne), le bouton d'options de correction automatique fait son apparition. Cliquez dessus pour afficher les choix qu'il propose :

Figure 14.5 : Ajout d'une ligne à un tableau

- **Annuler le développement automatique de tableau** annule l'intégration des nouvelles informations au tableau. La ligne (ou la colonne) reste en dehors du tableau.
- **Arrêter le développement automatique de tableau.** Désormais, les nouvelles informations saisies ne seront plus intégrées au tableau.
- **Contrôler les options de correction automatique** affiche l'onglet **Mise en forme automatique au cours de la frappe** de la boîte de dialogue **Correction automatique**. Vous pouvez ainsi spécifier les paramètres d'intégration des données au tableau.

Accéder aux fonctions des tableaux par l'onglet contextuel

Vous pouvez accéder à ces fonctions, à condition de sélectionner une cellule du tableau. Le tableau est alors dit "actif".

Figure 14.6 : L'onglet contextuel Création

Groupe Propriétés

- La zone *Nom du tableau* permet de modifier le nom attribué par défaut au tableau.
- Le bouton **Redimensionner le tableau** permet de spécifier une autre plage pour le tableau en cours. Il est également possible de redimensionner un tableau à l'aide de la poignée de dimensionnement située à l'angle inférieur droit.

Groupe Outils

- **Synthétiser avec un tableau croisé dynamique** permet de créer un tableau croisé dynamique fondé sur les données du tableau.

Pour plus de renseignements sur les tableaux croisés dynamiques, reportez-vous au chapitre 16 **Utiliser les tableaux croisés dynamiques.**

- **Supprimer les doublons** permet de supprimer les lignes contenant des données en double. Il est possible de spécifier la ou les colonne(s) sur laquelle la recherche des doublons doit porter.

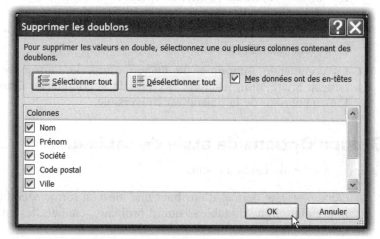

Figure 14.7 : Supprimer les doublons

> **Supprimer les doublons**
> Vous pouvez également accéder à cette fonctionnalité à l'aide du bouton **Supprimer les doublons** du groupe *Outils de données* de l'onglet **Données**.

- **Convertir en plage** permet de transformer un tableau Excel en une plage "standard". Le contour et la ligne d'insertion disparaissent. En revanche, la ligne de totaux reste mais elle est "figée" (les listes déroulantes ne sont plus accessibles).

Groupe Données de tableau externe

- Le bouton **Exporter** publie le tableau actif sur un serveur équipé de Microsoft Windows SharePoint Team Services. Pour cela, saisissez l'adresse URL du serveur. Pour que la liste soit liée à sa copie située sur le serveur SharePoint, cochez la case *Créer une connexion en lecture seule à la nouvelle liste SharePoint*.

- Le bouton **Actualiser** synchronise le tableau actif avec le tableau du site SharePoint auquel il est lié.

- Le bouton **Propriétés** permet de spécifier les propriétés de mise à jour des cellules du tableau connecté à SharePoint.

- La commande **Afficher sur le serveur** donne accès au tableau sur le serveur SharePoint.

- La commande **Supprimer la liaison** rompt la liaison avec le tableau SharePoint, instaurée à l'aide de la commande **Exporter**. La suppression de la liaison est irréversible.

Groupe Options de style de tableau

Ce groupe offre six cases à cocher :

- *Ligne d'en-tête* permet d'attribuer une mise en forme spécifique à la première ligne du tableau qui, d'ordinaire, contient les en-têtes des colonnes.

- *Ligne des totaux*. Lorsque vous sélectionnez cette option, la ligne des totaux est affichée en bas du tableau. Par défaut, cette ligne indique le terme *Total* dans la colonne située à l'extrémité gauche et la somme des valeurs dans la colonne la plus à droite. Vous pouvez toutefois modifier ce contenu. En cliquant sur une cellule de la ligne des totaux, vous affichez un bouton fléché qui donne accès à une liste des fonctions de regroupement. Lorsque vous sélectionnez une fonction de regroupement, Excel insère une formule de sous-total. En revanche, vous ne pouvez pas modifier manuellement le contenu de ces cellules.

- *À la première colonne* permet d'attribuer une mise en forme spécifique à la première colonne du tableau qui, d'ordinaire, contient les en-têtes des lignes.
- *Lignes à bandes* permet d'appliquer une mise en forme des lignes alternant les couleurs de remplissage, afin de bien délimiter les lignes.
- *Colonnes à bandes* permet d'appliquer une mise en forme des colonnes alternant les couleurs de remplissage, afin de bien délimiter les colonnes.

Groupe Styles de tableau

Il s'agit d'une galerie de styles prédéfinis de mise en forme globale des tableaux. Vous pouvez faire défiler les différents styles à l'aide des boutons situés à droite de la galerie.

Lorsque vous déplacez le pointeur de la souris sur un des styles, un aperçu instantané vous permet de visualiser directement les changements sur le tableau. Cliquez sur un style pour l'appliquer.

Vous pouvez également afficher l'intégralité des styles à l'aide du bouton situé en bas à droite de la galerie. En plus des styles prédéfinis, vous pouvez accéder aux deux commandes suivantes :

- **Nouveau style rapide de tableau** permet de créer des nouveaux styles en spécifiant les formats à appliquer aux différents éléments du tableau.
- **Effacer** permet d'effacer la mise en forme du tableau actif.

Sélectionner les lignes ou les colonnes d'un tableau

Pour sélectionner rapidement, par exemple une colonne d'un tableau, déplacez le pointeur sur l'en-tête de la colonne, comme vous le feriez pour sélectionner une colonne d'une feuille de calcul. Le pointeur se transforme en une flèche noire dirigée vers le bas. Cliquez. Le principe est le même pour les lignes.

Cela confirme qu'un tableau est une "feuille de calcul dans la feuille de calcul".

14.2. Trier les données

La saisie des informations dans un tableau de données peut être effectuée dans n'importe quel ordre. Mais il peut être nécessaire de la réorganiser pour répondre à un besoin du moment. C'est pour cela qu'Excel dispose d'une fonctionnalité de tri de données. Elle permet de classer les données en fonction d'une ou plusieurs clés (ou critères), dans le sens croissant ou décroissant.

Dans Excel 2007, la fonctionnalité de tri a été considérablement améliorée dans la mesure où il est maintenant possible de trier selon un maximum de 64 critères (3 dans les précédentes versions). Il est même possible de trier selon la couleur.

Connaître l'ordre de tri

Lors d'un tri dans l'ordre croissant, Excel utilise l'ordre suivant :

- *Nombres*. Les nombres sont triés du plus petit nombre négatif au plus grand nombre positif.
- *Expressions alphanumériques*. Lorsque vous triez du texte alphanumérique, Excel trie de gauche à droite, caractère par caractère. Ainsi, la cellule contenant le texte ABC500 sera placée après la cellule contenant l'entrée ABC5 et avant la cellule contenant l'entrée ABC51.

L'ordre respectif des caractères les plus courants est le suivant :

- 0 1 2 3 4 5 6 7 8 9 (espace) ! " # $ % & ( ) * , . / : ; ? @ [\ ] ^ _ ' { | } ~ + < = > A B C D E F G H I J K L M N O P Q R S T U V W X Y Z.
- Les apostrophes (') et les traits d'union (-) sont ignorés, avec une exception toutefois : lorsque deux chaînes de texte ne se différencient que par la présence d'un trait d'union, la chaîne qui renferme celui-ci est classée en dernier.
- Valeurs logiques : FAUX est placé avant VRAI.

Trier les données — Chapitre 14

- Valeurs d'erreurs : elles sont équivalentes.

Lors d'un tri dans l'ordre décroissant, l'ordre est inversé, sauf pour les cellules vides placées toujours en dernier.

Trier rapidement un tableau

La mise en œuvre du tri selon une seule clé est relativement simple et rapide. Si vous travaillez avec un tableau de données, utilisez les boutons fléchés situés à côté des étiquettes de colonnes. Si vous travaillez avec une plage de cellules "traditionnelle", utilisez les boutons de tri rapide de l'onglet **Accueil** ou de l'onglet **Données**.

Examinons le cas d'une liste de données :

1 Cliquez sur le bouton fléché à côté de l'en-tête de colonne constituant la clé de tri.

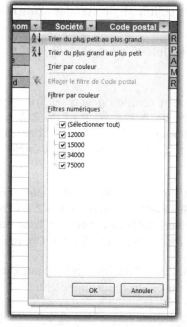

Figure 14.8 :
Les options de tri et de filtre

2 Sélectionnez la commande **Trier du plus petit au plus grand** ou **Trier du plus grand au plus petit** dans le menu qui apparaît.

LE GUIDE COMPLET 527

Chapitre 14 — Gérer et exploiter des données

> **REMARQUE — Tri et type de données**
> Si la colonne sur laquelle le tri est fondé contient des données alphanumériques, les commandes **Trier du plus petit au plus grand** ou **Trier du plus grand au plus petit** sont remplacées respectivement par **Trier de A à Z** ou **Trier de Z à A**.

	A	B	C	D	E	F	G	H
1				Mes contacts				
2								
3	Nom	Prénom	Société	Code postal	Ville	Téléphone	Portable	E-mail
4	DUPOND	Jean	ABC12	12000	RODEZ	05 99 99 99 99	06 99 99 99 99	
5	ARNAUD	Bertrand	TEK	12000	RODEZ	05 99 99 99 99	06 99 99 99 99	
6	DURAND	Philippe	PLASTI 15	15000	AURILLAC	05 99 99 99 99	06 99 99 99 99	
7	PETIT	Claude	SARL XY	34000	MONTPELLIER	04 99 99 99 99	06 99 99 99 99	
8	SIMON	Gérard	INTUITIV	75000	PARIS	01 99 99 99 99	06 99 99 99 99	
9								

Figure 14.9 : Le tableau trié par ordre croissant des codes postaux

Examinons à présent le cas d'une plage de cellules "traditionnelle" :

1 Cliquez sur n'importe quelle cellule de la colonne constituant la clé de tri.

2 Dans l'onglet **Accueil**, cliquez sur le bouton **Trier et filtrer** du groupe *Édition*.

3 Sélectionnez **Trier du plus petit au plus grand** ou **Trier du plus grand au plus petit** (ou **Trier de A à Z** ou **Trier de Z à A** si les données à trier sont alphanumériques ou encore **Trier du plus ancien au plus récent** ou **Trier du plus récent au plus ancien** si les données sont des dates).

Vous pouvez également utiliser les boutons **Trier du plus petit au plus grand** ou **Trier du plus grand au plus petit** (ou **Trier de A à Z** ou **Trier de Z à A** ou encore **Trier du plus ancien au plus récent** ou **Trier du plus récent au plus ancien**) du groupe *Trier et filtrer* de l'onglet **Données**.

Vous pouvez aussi utiliser la commande **Trier** du menu contextuel qui apparaît lorsque vous cliquez du bouton droit sur une cellule.

Excel a automatiquement sélectionné l'intégralité de la plage de cellules et appliqué la fonction de tri correspondante. Il a également identifié la première ligne de la liste comme étant la ligne des étiquettes de colonnes et ne l'a pas incluse dans le tri. Autrement, elle aurait été placée en dernier.

Trier les données

> ⚠ **ATTENTION** **Sélection de la plage de cellules avant le tri**
> Si vous travaillez avec une plage de cellules "traditionnelle" (et non un tableau) qui contient une colonne vide, il faut sélectionner la plage dans son intégralité avant d'appliquer un tri. En effet, si vous ne sélectionnez qu'une cellule, Excel va étendre la sélection jusqu'à la première ligne vide et jusqu'à la première colonne vide. Ainsi, l'intégralité de la plage de cellules ne sera pas sélectionnée, si bien que le tri ne s'appliquera qu'à une partie de la plage, provoquant la désorganisation totale des données.

> ⚠ **ATTENTION** **Impact du tri sur les formules**
> Lorsque vous effectuez un tri, il faut au préalable vous préoccuper des éventuelles formules se trouvant dans la plage de données. En effet, si des formules font référence (relative ou mixte) à des cellules ne se trouvant pas sur la même ligne (en cas de tri par ligne), le tri va les rendre erronées puisque les lignes ne seront plus positionnées de la même façon les unes par rapport aux autres.

Cette façon de procéder est certes très rapide, mais elle permet de prendre en compte une seule clé de tri. Voyons maintenant comment utiliser plusieurs clés de tri.

Trier les lignes selon les valeurs

Vous aurez, tôt ou tard, besoin de trier vos données selon plusieurs critères (ou clés). Supposons par exemple que vous souhaitiez trier la liste de vos contacts professionnels par ville et par nom :

1 Cliquez sur n'importe quelle cellule du tableau.

2 Dans l'onglet **Données**, cliquez sur le bouton **Trier** du groupe *Trier et filtrer*. Vous pouvez aussi utiliser le bouton **Trier et filtrer** du groupe *Édition* de l'onglet **Accueil**, puis sélectionner **Tri personnalisé**.

3 Sélectionnez l'option *Ville* dans la liste déroulante de la zone *Trier par* (voir Figure 14.10).

Excel a activé par défaut la case *Mes données ont des en-têtes*. Il peut s'avérer nécessaire de désélectionner cette option lorsque l'interprétation d'Excel est erronée et que la première ligne de la liste est bien une ligne de données.

Chapitre 14 — Gérer et exploiter des données

Figure 14.10 : Choix de la première clé

> **Étiquettes**
>
> Remarquez ici l'importance de définir correctement les étiquettes de colonnes. En effet, ces dernières constituent les options de la liste déroulante de la zone *Trier par*.

4 Sélectionnez *De A à Z*.

5 Cliquez sur **Ajouter un niveau** puis sélectionnez l'option *Nom* dans la liste déroulante de la zone *Puis par*.

6 Sélectionnez *De A à Z*.

Figure 14.11 : Choix de la deuxième clé

7 Validez par OK.

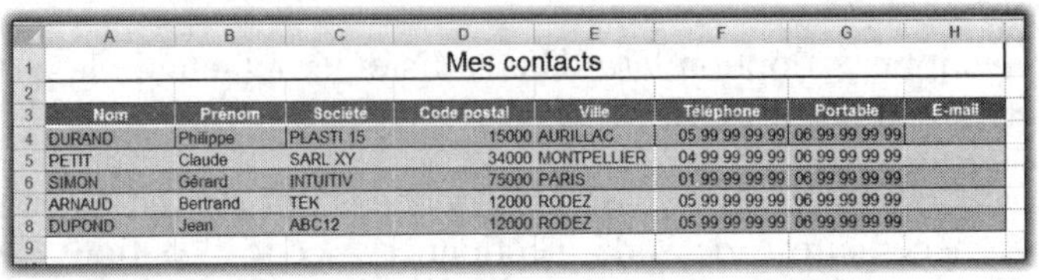

Figure 14.12 : Le tableau trié

> **REMARQUE — Détection des lignes de titres**
>
> Lorsque vous travaillez avec une plage de cellules et non un tableau, veillez à ne pas insérer de ligne vide entre la première ligne de données et la ligne contenant les étiquettes de colonnes, pour qu'Excel puisse "reconnaître" les étiquettes.
>
> Si Excel ne reconnaît pas les étiquettes de colonnes, il affiche *Colonne A*, *Colonne B*, etc. dans les listes déroulantes des zones *Trier par* et *Puis par*.

Organiser les critères de tri

Dans la boîte de dialogue **Tri**, vous pouvez réorganiser les critères de tri à l'aide des boutons suivants :

- **Copier un niveau** permet de dupliquer le critère sélectionné.
- **Supprimer un niveau** permet de supprimer le critère sélectionné.
- **Déplacer vers le haut** augmente l'importance du critère sélectionné.
- **Déplacer vers le bas** diminue l'importance du critère sélectionné.

Trier les lignes selon les couleurs ou les icônes

Cette fonctionnalité fait partie des nouveautés de la version 2007. Il est donc désormais possible de trier des tableaux non seulement en fonction des valeurs mais aussi en fonction de :

- la couleur de cellule ;
- la couleur de police ;
- l'icône associée à la cellule.

> *Pour plus de renseignements sur les icônes de cellules, reportez-vous au paragraphe relatif aux mises en forme conditionnelles du chapitre 11 Bâtir des feuilles de calcul plus élaborées.*

Chapitre 14 — Gérer et exploiter des données

Procédez ainsi :

1 Cliquez sur n'importe quelle cellule du tableau.

2 Dans l'onglet **Données**, cliquez sur le bouton **Trier** du groupe *Trier et filtrer*. Vous pouvez aussi utiliser le bouton **Trier et filtrer** du groupe *Édition* de l'onglet **Accueil**, puis sélectionner **Tri personnalisé**.

3 Sélectionnez le critère de tri dans la zone *Trier par*.

4 Sélectionnez *Couleur de cellule*, *Couleur de police* ou *Icône de cellule* dans la zone *Trier sur*.

5 Sélectionnez la couleur ou l'icône dans la zone *Ordre*.

6 Sélectionnez *En haut* ou *En bas* pour définir où doivent être positionnées les cellules correspondantes.

7 Ajoutez autant de niveaux que nécessaire pour ordonner les différentes couleurs ou icônes.

8 Validez par OK.

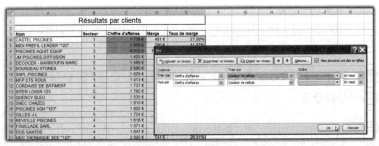

Figure 14.13 : Tri en fonction de la couleur

Accès rapide au tri par couleur ou icône

Si vous travaillez avec un tableau de données :

1 Cliquez sur le bouton fléché à côté de l'en-tête d'une des colonnes.

2 Sélectionnez la commande **Trier par couleur**, puis choisissez la couleur ou l'icône à placer en début de tableau. La commande **Tri personnalisé** permet d'accéder à la boîte de dialogue **Tri**.

Si vous travaillez avec un tableau de données ou une plage de cellules "traditionnelle" :

1 Cliquez du bouton droit sur une cellule du tableau.

2 Sélectionnez l'une des commandes suivantes dans le menu contextuel :

- Placer la couleur de cellule sélectionnée sur le dessus.
- Placer la couleur de police sélectionnée sur le dessus.
- Placer l'icône de cellule sélectionnée sur le dessus.
- **Tri personnalisé** permet d'accéder à la boîte de dialogue **Tri**.

14.3. Utiliser les filtres

Une liste de données a tendance à accumuler les lignes, au fil du temps, ce qui rend son exploitation de plus en plus délicate. Il faut pouvoir extraire des données pour répondre à des questions précises. Dans le langage des bases de données, on parle de requêtes. Une requête est une question, plus ou moins formalisée, que l'on pose à une base de données. Avec les filtres, Excel vous propose ce type de fonctionnalités adaptées aux listes de données.

Excel dispose de deux types de filtres : le filtre automatique et les filtres élaborés. Le filtre automatique est facile et rapide à mettre en œuvre. Il offre de réelles possibilités d'exploitation des données. Les filtres élaborés permettent de réaliser des opérations plus complexes mais au prix d'une mise en œuvre un peu plus délicate.

Utiliser le filtre automatique

Filtrer rapidement des données

Lorsque vous travaillez avec un tableau de données, le filtre automatique est activé… automatiquement. En revanche, si vous travaillez avec une plage de cellules "traditionnelle", vous devrez l'activer vous-même.

Pour activer le filtre automatique :

1 Cliquez sur une cellule de la plage contenant les données à filtrer.

2 Dans l'onglet **Données**, cliquez sur le bouton **Filtrer** du groupe *Trier et filtrer*. Vous pouvez aussi utiliser le bouton **Trier et filtrer** du groupe *Édition* de l'onglet **Accueil** puis sélectionner **Filtrer**.

Chapitre 14 — Gérer et exploiter des données

L'en-tête de chaque colonne est alors transformé en zone de liste déroulante, dont les options sont accessibles par un bouton représentant une flèche orientée vers le bas.

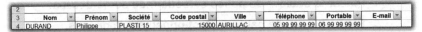

Figure 14.14 : Les en-têtes de colonnes

Si vous cliquez sur le bouton associé à une colonne, la liste de choix propose plusieurs commandes et options. Certaines sont communes à toutes les colonnes :

- **Filtrer par couleur** ;
- **Filtres textuels**, **Filtres numériques** ou **Filtres chronologiques** selon le type de données présentes dans la colonne ;
- *(Sélectionner tout)*.

> **Autres options générales**
> Les trois premiers choix concernent les commandes de tri rapide. Ces notions ont été abordées précédemment. Si la colonne contient des cellules vides, une option supplémentaire apparaît : *(Vide)*.

Les autres sont les options propres à la colonne considérée : elles représentent les différentes valeurs possibles de cette colonne (voir Figure 14.15).

Désélectionnez les cases à cocher correspondant aux valeurs du tableau que vous souhaitez masquer. Seules les lignes dont le contenu (dans la colonne en question) correspond aux cases cochées sont alors affichées.

Figure 14.16 : La liste filtrée

Notez les détails suivants :

Utiliser les filtres — Chapitre 14

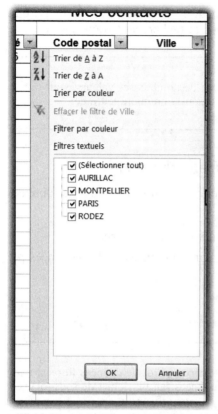

Figure 14.15 :
La liste de choix

- Un petit symbole représentant le filtre apparaît sur le bouton de la colonne servant de base au filtre. Cela indique qu'un filtre a été appliqué sur cette colonne.
- Les numéros de lignes apparaissent en bleu. Cela signifie qu'un filtre a été appliqué sur la liste.
- Les lignes contenant les autres données ont été masquées mais non supprimées.

> **REMARQUE** **Impact du filtre sur les autres listes déroulantes**
> Lorsque vous filtrez selon une colonne, les listes déroulantes des autres colonnes sont restreintes aux valeurs des lignes affichées.

Vous pouvez combiner des filtres sur plusieurs colonnes à la fois. Seules les lignes répondant à l'ensemble des critères seront affichées (les critères se combinent avec un opérateur ET logique). Cela permet d'être de plus en plus sélectif et précis dans la recherche de données.

> **Longues listes déroulantes**
> Lorsqu'une liste déroulante contient de nombreuses valeurs, vous pouvez accélérer la recherche en saisissant la première lettre de l'occurrence recherchée.

Travailler sur les données filtrées

Il est possible d'effectuer les opérations suivantes sur les données filtrées :

- trier (le tri ne s'applique qu'aux données affichées) ;
- copier puis coller (seules les lignes affichées sont concernées par ces opérations) ;
- créer un graphique ;
- créer des sous-totaux.

> **Filtrer des sous-totaux**
> Il est possible de créer des sous-totaux à partir de données filtrées. Par ailleurs, il est possible de filtrer des données faisant l'objet de sous-totaux. Les sous-totaux s'adaptent alors aux valeurs affichées.

Annuler les filtres

Pour annuler un ou plusieurs filtres, il existe trois possibilités, de la plus sélective à la plus radicale.

Pour annuler le filtre sur une seule colonne :

1 Cliquez sur le bouton de la colonne voulue.

2 Dans la liste déroulante, sélectionnez **Effacer le filtre de** ou cochez la case *(Sélectionner tout)*.

Dans ce cas, les éventuels filtres sur d'autres colonnes sont maintenus.

Pour afficher à nouveau toutes les données, cliquez sur le bouton **Effacer** du groupe *Trier et filtrer* de l'onglet **Données**. Tous les filtres sont supprimés mais les boutons associés aux en-têtes de colonnes sont toujours affichés.

Pour sortir du mode Filtre automatique, cliquez sur le bouton **Filtrer** du groupe *Trier et filtrer* de l'onglet **Données**. Les boutons associés aux en-têtes de colonnes disparaissent.

Mettre en œuvre des fonctions plus élaborées

Afficher un nombre déterminé d'éléments

Nous avons vu comment obtenir une réponse à des questions du type : quelles sont les lignes de la liste dont les colonnes contiennent telle et telle valeur ? Il peut s'avérer utile de répondre à d'autres genres de questions, par exemple :

- Quels sont les cinq clients les moins rentables ?
- Que représentent, en chiffre d'affaires, les dix premiers clients ?

Pour obtenir une réponse à la première question, voici les opérations à effectuer :

1 Cliquez sur le bouton de la colonne voulue (dans cet exemple : *Taux de marge*).

2 Dans la liste déroulante, choisissez **Filtres numériques** puis **10 premiers...**.

3 Dans la première zone, sélectionnez *Bas* (vous voulez les clients les moins rentables).

4 Sélectionnez 5 dans la deuxième zone.

5 Laissez la dernière zone inchangée (voir Figure 14.17).

6 Validez par OK.

Pour obtenir une réponse à la deuxième question, voici les opérations à effectuer :

1 Annulez le filtre précédent (bouton **Effacer** du groupe *Trier et filtrer* de l'onglet **Données**).

2 Cliquez sur le bouton de la colonne voulue (dans cet exemple : *Chiffre d'affaires*).

Chapitre 14 — Gérer et exploiter des données

Figure 14.17 : Les cinq clients les moins rentables

3 Dans la liste déroulante, choisissez **Filtres numériques** puis **10 premiers…**.

4 Dans la première zone, sélectionnez *Haut* (vous voulez les clients les plus importants).

5 Sélectionnez *10* dans la deuxième zone.

6 Choisissez *Pourcentage* dans la troisième zone.

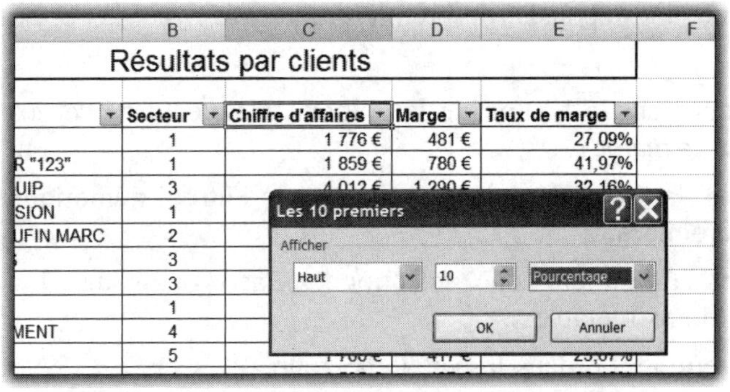

Figure 14.18 : Les 10 premiers %

7 Validez par OK.

Afficher des éléments répondant à des critères plus complexes

Il est souvent primordial d'afficher des valeurs correspondant à des paliers ou à des intervalles :

- Quels sont les clients ayant acheté pour plus de 5 000 euros ?

Utiliser les filtres — Chapitre 14

- Quels sont les clients dont la marge est comprise entre 2 000 et 3 000 euros ?

Pour obtenir une réponse à la première question, voici les opérations à effectuer :

1 Cliquez sur le bouton de la colonne voulue (dans cet exemple : *Chiffre d'affaires*).

2 Dans la liste déroulante, choisissez **Filtres numériques** puis **Supérieur ou égal à**.

3 Choisissez le critère *est supérieur ou égal à*.

4 Saisissez 5000 comme paramètre.

> **REMARQUE — Choix des paramètres**
> Si vous cliquez sur le bouton de liste déroulante de la zone de paramètre du critère, toutes les valeurs prises dans la colonne sont listées et classées par ordre croissant. Cela peut être utile pour vous guider dans la saisie si vous n'avez pas d'idée précise du seuil à choisir.

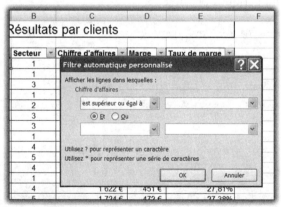

Figure 14.19 : Définition du filtre personnalisé

5 Validez par OK.

Pour obtenir une réponse à la seconde question, voici les opérations à effectuer :

1 Cliquez sur le bouton de la colonne voulue (dans cet exemple : *Marge*).

2 Dans la liste déroulante, choisissez **Filtres numériques** puis **Entre**.

Chapitre 14 — Gérer et exploiter des données

3 Saisissez 2000 comme premier paramètre puis 3000 comme second paramètre

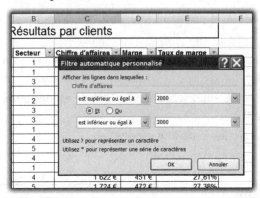

Figure 14.20 : Définition du filtre personnalisé

4 Validez par OK.

Les filtres numériques

Voici la liste des filtres numériques possibles :

Tableau 14.1 : Filtres numériques
Critère
Est égal à...
Est différent de...
Supérieur à...
Supérieur ou égal à...
Inférieur à...
Inférieur ou égal à...
Entre...
10 premiers...
Au-dessus de la moyenne
En dessous de la moyenne

Les filtres textuels

Tableau 14.2 : Filtres textuels
Critère
Est égal à...
Est différent de...

Utiliser les filtres — Chapitre 14

Tableau 14.2 : *Filtres textuels*

Critère
Commence par...
Se termine par...
Contient...
Ne contient pas...

Les critères *Commence par*, *Se termine par* et *Contient* s'appliquent à des champs de type texte. Dans ce cas, les caractères génériques (? qui remplace un caractère et * qui remplace une série de caractères) peuvent être utilisés.

Les filtres chronologiques

Tableau 14.3 : *Filtres chronologiques*

Critère
Est égal à...
Avant...
Après...
Entre...
Demain
Aujourd'hui
Hier
La semaine prochaine
Cette semaine
La semaine dernière
Le mois prochain
Ce mois
Le mois dernier
Le trimestre prochain
Ce trimestre
Le trimestre dernier
L'année prochaine
Cette année
L'année dernière
Année à ce jour (depuis le début de l'année)
Toute les dates de cette période (trimestre, mois)

LE GUIDE COMPLET

Chapitre 14 — Gérer et exploiter des données

Les filtres personnalisés

Sélectionnez la commande **Filtre personnalisé** dans la liste déroulante des filtres numériques ou textuels pour faire apparaître la boîte de dialogue **Filtre automatique personnalisé**. Cette boîte de dialogue vous permettra de définir vous-même des critères plus élaborés.

Il est possible de combiner des filtres personnalisés sur plusieurs colonnes. Seules les lignes répondant à l'ensemble des critères seront affichées (on dit que les critères se combinent avec un opérateur ET logique). Cela permet d'être de plus en plus sélectif et précis dans la recherche de données.

Filtrer selon la couleur ou l'icône

Il est désormais possible de combiner les critères de filtres "classiques" sur le contenu des cellules avec des critères sur :

- la couleur de cellule ;
- la couleur de police ;
- l'icône de cellule.

Pour cela :

1 Cliquez sur le bouton de la colonne voulue (dans cet exemple : *Chiffre d'affaires*).

2 Dans la liste déroulante, choisissez **Filtrer par couleur**.

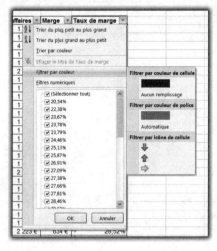

Figure 14.21 :
Définir un filtre par couleur

3 Sélectionnez le critère voulu.

Utiliser le filtre avancé

Dans la section précédente, nous avons abordé les fonctionnalités du filtre automatique. Ce dernier permet de définir des critères assez complexes, mais il reste par exemple impossible de créer la requête suivante : afficher à la fois tous les clients d'un secteur donné qui dépassent 10 000 euros et tous les clients d'un autre secteur. En effet, avec les outils dont vous disposez, vous pouvez afficher tous les clients des deux secteurs (avec un filtre sur la colonne *Secteur*), mais si vous ajoutez un filtre sur le chiffre d'affaires (supérieur à 10 000 euros), il s'appliquera aux clients des deux secteurs. Pour traiter cette requête (et bien d'autres), il est nécessaire d'avoir recours au filtre avancé.

Définir un filtre avancé

Zone de critères

La première manipulation à réaliser pour créer un filtre avancé consiste à définir une zone de critères critères. Il s'agit d'une plage de cellules dont la première ligne doit contenir les noms des champs de la liste. Les lignes suivantes contiennent les critères relatifs à chaque champ.

Hormis ces points précis, il n'existe aucune contrainte explicite quant à la structuration de la zone de critères. En revanche, la pratique conduit à formuler d'autres règles :

- La zone de critères doit se trouver de préférence sur une autre feuille que la liste à laquelle elle se rapporte. En effet, des modifications apportées à la liste ne doivent pas risquer d'endommager la zone de critères.

- Si, malgré tout, l'une et l'autre se retrouvent sur la même feuille, veillez à ce que la zone de critères soit au-dessus de la liste de données. Autrement, en s'étendant (forcément vers le bas), la liste risque de détruire la zone de critères. L'idéal est que la zone de critères ne possède pas de colonnes en commun avec la liste. Vous éviterez ainsi les problèmes en cas d'insertion de colonnes dans la liste. Pour concilier ces deux contraintes, positionnez la zone de critères en haut et à droite de la liste.

Il n'est pas nécessaire que la zone de critères contienne tous les noms des champs, si vous ne souhaitez pas définir de critères sur tel ou tel

Chapitre 14 — Gérer et exploiter des données

champ par exemple. Mais dans le doute, mieux vaut dans un premier temps reprendre tous les noms de champs.

Il reste à utiliser cette zone de critères. Les règles à appliquer sont relativement simples, encore faut-il les connaître.

- Pour afficher les lignes contenant un champ avec une valeur précise, saisissez cette valeur dans le champ considéré de la zone de critères.

Tableau 14.4 : Exemple de critère simple

Nom	Secteur	Chiffre d'affaires	Marge	Taux de marge
	1			

- Il est possible d'utiliser les symboles de comparaison classiques (>, <, >=, <=, <>).

Tableau 14.5 : Exemple de critère de comparaison

Nom	Secteur	Chiffre d'affaires	Marge	Taux de marge
		>=10000		

- Les caractères génériques (? qui remplace un caractère et * qui remplace une série de caractères) peuvent être utilisés.

Tableau 14.6 : Exemple d'emploi d'un caractère générique

Nom	Secteur	Chiffre d'affaires	Marge	Taux de marge
DUPON?				

- Pour combiner plusieurs critères avec l'opérateur ET, positionnez les critères sur la même ligne.

Tableau 14.7 : Exemple de combinaison avec ET

Nom	Secteur	Chiffre d'affaires	Marge	Taux de marge
	1			>25%

- Pour combiner plusieurs critères avec l'opérateur OU, positionnez les critères sur des lignes différentes.

Utiliser les filtres — Chapitre 14

Tableau 14.8 : *Exemple de combinaison avec OU*

Nom	Secteur	Chiffre d'affaires	Marge	Taux de marge
	1			
	5	>=10000		

- Pour positionner un critère spécifiant que le filtre doit afficher les enregistrements dont la valeur d'un champ est comprise entre deux bornes, dupliquez la colonne correspondant au champ et considérez qu'il s'agit d'une combinaison avec un opérateur ET.

Tableau 14.9 : *Exemple de critère de type intervalle*

Nom	Secteur	Chiffre d'affaires	Chiffre d'affaires	Marge	Taux de marge
		>=2000	<=3000		

- Il est possible de définir des critères calculés. Il faut alors leur attribuer un nom différent de celui des autres champs de la liste de données. De plus, ces critères calculés doivent donner des résultats booléens (VRAI ou FAUX). Enfin, la formule doit faire référence (de façon relative) à la première ligne de la liste ou à un nom de champ.

Mettre en œuvre le filtre avancé

Une fois la zone de critères définie, il convient d'utiliser le bouton **Avancé** du groupe *Trier et filtrer* de l'onglet **Données**.

Une fois la boîte de dialogue **Filtre avancé** affichée :

1 Vérifiez que la zone *Plages* fait référence à la liste de données.

2 Cliquez sur *Zone de critères* et sélectionnez la plage de cellules correspondante.

Figure 14.22 : *Définition du filtre avancé*

LE GUIDE COMPLET 545

Chapitre 14 — Gérer et exploiter des données

3 Validez par OK.

4 Pour afficher à nouveau toutes les données, cliquez sur le bouton **Effacer** du groupe *Trier et filtrer* de l'onglet **Données**.

Extraire des données

Jusqu'à présent, vous avez filtré la liste de données "sur place", c'est-à-dire que le filtre a simplement masqué les lignes qui ne correspondaient pas aux critères. Vous allez maintenant aborder une fonctionnalité du filtre avancé qui permet d'effectuer une copie des résultats dans une autre plage de cellules, se trouvant dans la même feuille ou dans une autre.

Pour cela :

1 Sélectionnez l'option *Copier vers un autre emplacement* de la boîte de dialogue **Filtre avancé**.

2 Cliquez sur *Copier dans* et sélectionnez la cellule qui constituera l'angle supérieur gauche de la plage de résultats.

Figure 14.23 :
Afficher le résultat à un autre emplacement

Vous ne pouvez annuler cette opération qu'en supprimant les lignes ainsi créées.

Il est également possible d'utiliser cette fonctionnalité pour choisir les colonnes à afficher dans le résultat du filtre avancé. Pour cela, indiquez les en-têtes de colonnes voulues dans les cellules choisies via *Copier dans*.

Extraire sans doublon

La case à cocher *Extraction sans doublon* permet de supprimer les doublons. Si deux ou plusieurs lignes filtrées sont identiques, le filtre n'affichera qu'une de ces lignes.

14.4. Utiliser les plans

Dans les listes de données que vous avez utilisées, les informations sont du même "niveau". Or, pour analyser des données, il est souvent appréciable de prendre du recul de façon à avoir une vision synthétique. Il importe de voir les détails uniquement lorsque le besoin s'en fait sentir. En d'autres termes, il est nécessaire de hiérarchiser les données.

Par exemple, pour analyser les ventes de votre entreprise, vous essaierez d'abord de détecter les tendances au niveau national, puis éventuellement au niveau du secteur, voire au niveau de chaque client. Intuitivement, vous cherchez à classer les données selon une arborescence dans laquelle vous pourrez naviguer en fonction de vos besoins.

	A	B	C
1	France		
2		Secteur 1	
3			Client 1
4			Client 2
5			Client 3
6			Client 4
7			Client 5
8		Secteur 2	
9			Client 1
10			Client 2
11			Client 3
12			Client 4
13			Client 5

Figure 14.24 :
L'arborescence d'analyse

Excel propose de créer ce type d'arborescence à l'aide des boutons du groupe *Plan* de l'onglet **Données**. Il s'agit effectivement de grouper des lignes (ou des colonnes) et de les lier à une ligne (ou à une colonne) de synthèse. Il est possible de définir ainsi jusqu'à huit niveaux de regroupement. Les données de détail peuvent être masquées ou affichées très rapidement.

Les plans permettent la création de feuilles de calcul très utiles en matière d'aide à la décision. Ainsi, vous disposez d'une vue d'ensemble et, en un ou plusieurs clics, des données détaillées nécessaires à l'analyse.

Créer un plan

Tout d'abord, il s'agit de sélectionner les lignes qui deviendront les lignes de détail pour qu'elles "s'attachent" à la ligne de synthèse dès que vous aurez cliqué sur **Grouper**.

1 Sélectionnez les premières lignes à grouper (lignes 3 à 7 dans cet exemple).

2 Dans le l'onglet **Données**, cliquez sur le bouton **Grouper** du groupe *Plan*.

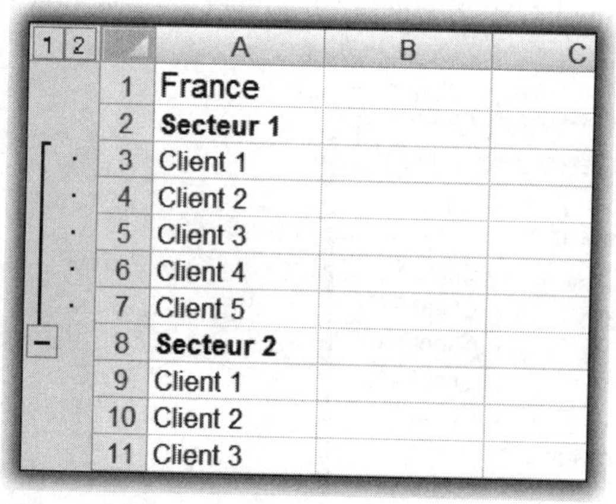

	A	B	C
1	France		
2	**Secteur 1**		
3	Client 1		
4	Client 2		
5	Client 3		
6	Client 4		
7	Client 5		
8	**Secteur 2**		
9	Client 1		
10	Client 2		
11	Client 3		

Figure 14.25 : Le début du plan

3 Répétez l'opération pour les autres groupes de lignes (voir Figure 14.26).

Pour créer un niveau supplémentaire de plan, sélectionnez des lignes qui sont déjà des lignes de synthèse.

Utiliser les plans Chapitre 14

Figure 14.26 :
Le plan finalisé

Les symboles de plan

À gauche et en haut de l'écran sont apparus des symboles de plan

Figure 14.27 :
Les symboles de plan

> **Afficher ou masquer les symboles de plan**
> Si les symboles de plan n'apparaissent pas à l'écran, cliquez sur le bouton **Microsoft Office** puis sur **Options Excel**. Sélectionnez la catégorie **Options avancées** et cochez la case *Afficher les symboles du plan si un plan est appliqué* de la rubrique *Afficher les options pour cette feuille de calcul* (décochez la case pour les masquer).

Il existe deux sortes de symboles de plan. Ceux situés en face des lignes permettent d'afficher ou de masquer les lignes en question. Si, par exemple, vous cliquez sur le symbole de plan situé à côté d'une ligne de synthèse, les lignes "de détail" sont immédiatement masquées et le bouton change d'apparence. Il représente maintenant un **+**. En cliquant dessus, vous faites réapparaître les lignes masquées.

Tableau 14.10 : Symboles de plan

Symbole de plan	Signification
⊟	Masquer les détails
⊞	Afficher les détails

Vous obtiendrez le même résultat à l'aide des boutons **Masquer les détails** et **Afficher les détails** du groupe *Plan* de l'onglet **Données**. Il suffit d'avoir au préalable sélectionné une cellule de la ligne de synthèse à laquelle la commande doit s'appliquer.

En haut et à gauche de l'écran, d'autres symboles de plan sont présents. Ce sont de petits boutons numérotés, chaque numéro correspondant à un niveau de plan. Dans notre cas, il y a trois niveaux (il peut exister au maximum huit niveaux de plan), donc trois boutons. Si vous cliquez sur le bouton **1**, seul le niveau de synthèse le plus élevé apparaît. Si vous cliquez sur le bouton **2**, ce sont les lignes "intermédiaires". Enfin, si vous cliquez sur le bouton **3**, toutes les lignes sont affichées.

Tri et plan

Gardez à l'esprit que la création d'un plan et la fonction de tri ne font pas bon ménage. En effet, les lignes sont triées mais le plan ne suit pas la réorganisation des lignes. En d'autres termes, il reste "figé" et n'a donc plus de signification.

Les autres fonctionnalités relatives aux plans

Plan en colonnes

Jusqu'à présent, nous avons raisonné sur des lignes mais il est possible de créer des plans sur les colonnes et de les combiner avec les plans en lignes.

Les opérations sont identiques qu'il s'agisse de lignes ou de colonnes.

Dissocier des lignes ou des colonnes

Pour dissocier des lignes (ou des colonnes) préalablement groupées :

1 Sélectionnez les lignes (ou les colonnes) de détail.

2 Dans le l'onglet **Données**, cliquez sur le bouton **Dissocier** du groupe *Plan*.

Plan automatique

Si vous avez synthétisé des données à l'aide de formules qui contiennent des fonctions, par exemple SOMME ou MOYENNE, Excel peut créer automatiquement un plan :

1 Sélectionnez une cellule de la liste.

2 Dans le l'onglet **Données**, cliquez sur le bouton fléché associé au bouton **Grouper** du groupe *Plan*.

3 Sélectionnez la commande **Plan automatique**.

Supprimer un plan

1 Sélectionnez une cellule de la liste dont il faut supprimer le plan.

2 Dans l'onglet **Données**, cliquez sur le bouton fléché associé au bouton **Dissocier** du groupe *Plan*.

3 Sélectionnez la commande **Effacer le plan**.

Impossible de revenir en arrière
Cette manipulation ne peut être annulée.

14.5. Utiliser les sous-totaux

Le terme "sous-totaux" est très restrictif par rapport aux potentialités de cette fonction. Il serait préférable de parler de fonctions de synthèse.

Pour illustrer les problématiques auxquelles peuvent répondre les sous-totaux, supposons que vous souhaitiez répondre aux questions suivantes à partir d'une feuille de calcul contenant le détail des chiffres d'affaires par client :

	A	B	C	D	E
1		Résultats par clients			
2					
3	Nom	Secteur	Chiffre d'affaires	Marge	Taux de marge
4	ALBUGUES BERNARD	3	3 341 €	978 €	29,26%
5	ATLANTIDE SA	4	3 143 €	703 €	22,38%
6	BOURDEAU STORES	3	2 680 €	922 €	34,39%
7	BUTCHER TE SARL	5	2 568 €	838 €	32,64%
8	CABROL BERNARD	5	3 428 €	948 €	27,66%
9	CASTEL PISCINES	1	1 776 €	481 €	27,09%
10	CHATAIN	3	2 152 €	650 €	30,20%
11	CHAUSSON MATERIAUX	5	3 567 €	1 265 €	35,47%
12	COBATRI	1	2 223 €	634 €	28,52%
13	CORDAISE DE BATIMENT	4	1 737 €	413 €	23,78%
14	DECOCER - MARROUFIN MARC	2	1 489 €	542 €	36,42%
15	DOS SANTOS	4	1 647 €	537 €	32,64%
16	FONTANIE JEAN	3	1 647 €	570 €	34,62%
17	FOUILLADE SARL	4	1 571 €	524 €	33,33%
18	GERARD J. YVES	3	1 967 €	619 €	31,47%
19	GILLES J-L	5	1 724 €	472 €	27,38%
20	GUERRERO LOISIRS	2	1 963 €	715 €	36,43%
21	INTER LOISIR 123	5	1 760 €	417 €	23,67%
22	JM PISCINES DIFFUSION	1	1 425 €	358 €	25,13%
23	LOZERIENNE DE CHAUFFAGE	1	5 408 €	1 773 €	32,78%
24	MACIA JACKY	3	1 893 €	632 €	33,37%
25	MAX MARTIN	1	3 430 €	1 166 €	34,00%
26	MFP ETS ROUX	1	1 513 €	391 €	25,87%
27	MIDI PREFIL LEADER "123"	1	1 859 €	780 €	41,97%
28	MIDI THERMIQUE SCE "123"	4	2 020 €	544 €	26,91%
29	PISCINES AQUIT EQUIP	3	4 012 €	1 290 €	32,16%

Figure 14.28 : Les données

- Quel est le nombre de clients par secteur ?
- Quel est le chiffre d'affaires moyen par client dans chaque secteur ?
- Quel est le total du chiffre d'affaires et de la marge par secteur ?

Utiliser les sous-totaux — Chapitre 14

Évidemment, ces calculs peuvent être réalisés manuellement. Mais puisque Excel vous propose de les automatiser, pourquoi vous en priver ?

Créer des sous-totaux

Voyons comment obtenir une réponse à la première question : quel est le nombre de clients par secteur ?

> **⚠ ATTENTION**
>
> **Tableaux et sous-totaux**
> Les sous-totaux sont incompatibles avec les tableaux d'Excel 2007. Avant d'effectuer les manipulations suivantes, il convient de convertir la liste en plage de cellules (bouton **Convertir en plage** du groupe *Outils* de l'onglet contextuel **Création**). Au préalable, il est préférable de masquer la ligne des totaux (case à cocher *Ligne total* du groupe *Options de style de tableau* de l'onglet contextuel **Création**).

Avant d'appliquer la commande **Sous-totaux**, il faut trier les données selon le critère auquel le sous-total doit s'appliquer. Dans cet exemple, vous devez d'abord trier les données selon la colonne *Secteur*.

1 Triez les données selon la colonne *Secteur*.

2 Cliquez sur n'importe quelle cellule de la plage.

3 Dans l'onglet **Données**, cliquez sur le bouton **Sous-total** du groupe *Plan*.

Figure 14.29 :
La boîte de dialogue Sous-total

Chapitre 14 — Gérer et exploiter des données

4 La première liste permet de choisir la colonne qui sera le critère de synthèse des données. Excel a automatiquement reconnu que la première ligne de la liste contient les noms des colonnes. Le but étant de compter le nombre de clients par secteur, choisissez le champ *Secteur*. La fonction à appliquer est NOMBRE (qui compte le nombre de lignes, donc le nombre de clients).

5 Le champ sur lequel appliquer la fonction NOMBRE est peu important, puisqu'il s'agit seulement ici de compter les lignes. Vous pouvez conserver *Taux de marge*, sélectionné par défaut. Par défaut, c'est la colonne la plus à droite qui est sélectionnée.

6 La case *Remplacer les sous-totaux existants* est cochée par défaut. Cela signifie que d'éventuels sous-totaux présents sur la liste (ce n'est pas le cas ici) seront supprimés.

— La case *Saut de page entre les groupes* permet, lorsqu'elle est cochée, d'insérer un saut de page entre les sous-totaux.

— La case à cocher *Synthèse sous les données* permet d'indiquer si les lignes de synthèse doivent être positionnées au-dessus ou en dessous des lignes de détail. Laissez-la telle quelle.

Figure 14.30 :
Les paramètres de la fonction Sous-totaux

7 Validez par OK.

Excel a inséré des lignes de synthèse et une ligne de total général, puis a créé un plan de façon automatique.

Utiliser les sous-totaux — Chapitre 14

		A	B	C	D	E
	2					
	3	Nom	Secteur	Chiffre d'affaires	Marge	Taux de marge
	4	CASTEL PISCINES	1	1 776 €	481 €	27,09%
	5	COBATRI	1	2 223 €	634 €	28,52%
	6	JM PISCINES DIFFUSION	1	1 425 €	358 €	25,13%
	7	LOZERIENNE DE CHAUFFAGE	1	5 408 €	1 773 €	32,78%
	8	MAX MARTIN	1	3 430 €	1 166 €	34,00%
	9	MFP ETS ROUX	1	1 513 €	391 €	25,87%
	10	MIDI PREFIL LEADER "123"	1	1 859 €	780 €	41,97%
	11	PMP LAIRE	1	12 337 €	3 531 €	28,62%
	12	SNEC CHAZES	1	1 810 €	443 €	24,46%
	13	SOFROITEC	1	21 849 €	4 488 €	20,54%
	14	TIGNOL BETON	1	1 787 €	594 €	33,23%
	15		Nombre 1			11
	20		Nombre 2			4
	31		Nombre 3			10
	40		Nombre 4			8
	47		Nombre 5			6
	48		Nbval			39
	49					
	50					

Figure 14.31 : *Les données synthétisées*

Dans la colonne du champ utilisé comme critère de regroupement, les lignes de synthèse contiennent l'indication de la fonction appliquée, ici NOMBRE, et la valeur du champ auquel s'applique la fonction de synthèse.

Vous avez la réponse à la première question. Passons à la suivante : quel est le chiffre d'affaires moyen par client dans chaque secteur ?

1 Triez les données selon le champ *Secteur*.

2 Cliquez sur n'importe quelle cellule de la liste.

3 Dans l'onglet **Données**, cliquez sur le bouton **Sous-total** du groupe *Plan*.

4 Dans la première zone, choisissez le champ *Secteur*.

5 Appliquez la fonction MOYENNE sur le champ *Chiffre d'affaires*. Désélectionnez *Taux de marge*, resté sélectionné depuis le dernier traitement (voir Figure 14.32).

6 Validez par OK (voir Figure 14.33).

Enfin, vous allez traiter la dernière question : quel est le total du chiffre d'affaires et de la marge par secteur ? Pour cela, additionnez les chiffres d'affaires et les marges des clients de chaque secteur.

Chapitre 14 — Gérer et exploiter des données

Figure 14.32 : Les paramètres de la fonction Sous-totaux

	A	B	C	D	E
3	Nom	Secteur	Chiffre d'affaires	Marge	Taux de marge
15		Moyenne 1	5 038 €		
20		Moyenne 2	2 824 €		
31		Moyenne 3	2 505 €		
40		Moyenne 4	1 862 €		
47		Moyenne 5	4 610 €		
48		Moyenne	3 444 €		

Figure 14.33 : Les données synthétisées

1 Triez les données selon le champ *Secteur*.

2 Cliquez sur n'importe quelle cellule de la liste.

3 Dans l'onglet **Données**, cliquez sur le bouton **Sous-total** du groupe *Plan*.

4 Dans la première zone, choisissez le champ *Secteur*. La fonction à appliquer est SOMME (puisque vous voulez additionner des chiffres d'affaires et des marges).

5 Les champs sur lesquels appliquer la fonction SOMME sont *Chiffres d'affaires* et *Marge*.

Utiliser les sous-totaux Chapitre 14

Figure 14.34 :
Les paramètres de la fonction Sous-totaux

6 Validez par OK.

Figure 14.35 : Les données synthétisées

La liste des fonctions de synthèse

Tableau 14.11 : Fonctions de synthèse

Fonction	Description
SOMME	Somme des valeurs
NOMBRE	Nombre de données
MOYENNE	Moyenne des valeurs
MAX	Plus grande valeur

LE GUIDE COMPLET 557

Tableau 14.11 : Fonctions de synthèse

Fonction	Description
MIN	Plus petite valeur
PRODUIT	Produit de toutes les valeurs
NB	Nombre de données numériques (à la différence de NOMBRE, qui compte tous les types de valeurs)
ECARTYPE	Écart type des données, considérées comme un échantillon de population
ECARTYPEP	Écart type des données
VAR	Variance des données, considérées comme un échantillon de population
VARP	Variance des données

Supprimer des sous-totaux

1 Sélectionnez une cellule de la plage qui contient les sous-totaux.

2 Dans l'onglet **Données**, cliquez sur le bouton **Sous-total** du groupe *Plan*.

3 Cliquez sur le bouton **Supprimer tout**.

Créer des sous-totaux à plusieurs niveaux

Jusqu'à présent, vous avez créé des sous-totaux selon un seul regroupement : par secteur, dans notre exemple. Dans certaines situations, il peut être intéressant, pour affiner l'analyse, d'obtenir un niveau supplémentaire de synthèse.

Pour ce faire :

1 Créez le premier niveau de sous-totaux comme précédemment.

2 Une fois qu'il est mis en place, utilisez à nouveau la commande **Sous-totaux**.

3 Une fois le paramétrage effectué, désélectionnez la case *Remplacer les sous-totaux existants* avant de valider par OK.

Trier des listes contenant des sous-totaux

Excel permet de trier des listes contenant des sous-totaux selon deux modalités. La première consiste à trier les données en masquant les lignes de détail. Les restrictions sont alors de deux ordres : il ne doit y avoir qu'un niveau de regroupement et le tri doit porter sur le champ de regroupement ou sur le champ auquel s'applique la fonction de synthèse. Si ces deux conditions sont remplies, les blocs de données sont triés selon le critère spécifié, les lignes de détail étant déplacées avec les lignes de synthèse correspondantes. En revanche, si ces deux conditions ne sont pas remplies ou si le tri est effectué alors que lignes de détail sont affichées, Excel demande de supprimer les sous-totaux avant de continuer le tri.

Figure 14.36 : *Demande de confirmation*

14.6. Cas pratique : Gérer une cave à vins

Dans ce cas pratique, ex"caspratique:listesdedonnées"vous allez utiliser les diverses fonctionnalités de gestion et d'analyse dans un but fort agréable : la gestion d'une cave à vins. En effet, dès qu'une cave prend de l'importance, il convient de la gérer au plus près en surveillant son homogénéité (proportion rouge/blanc, âge moyen, etc.).

La gestion se limitera aux données essentielles :

- couleur ;
- vignoble ;
- appellation ;
- nom ;
- année ;
- âge (calculé à partir de l'année) ;
- quantité ;
- emplacement.

Chapitre 14 — Gérer et exploiter des données

	A	B	C	D	E	F	G	H
1				Gestion d'une cave à vins				
2								
3	Couleur	Vignoble	Appellation	Nom	Année	Age	Quantité	Emplacement
4	Blanc	Champagne	Champagne	Bollinger Grande Année	1997	9,00	6	G
5	Blanc	Champagne	Champagne	Dom Pérignon	1996	10,00	6	G
6	Blanc	Champagne	Champagne	R de Ruinart	1999	7,00	6	G
7	Blanc	Vallée du Rhône	Châteauneuf du Pape	Château de Beaucastel	2001	5,00	6	E
8	Rouge	Vallée du Rhône	Châteauneuf du Pape	Château de Beaucastel	1998	8,00	6	E
9	Rouge	Languedoc-Roussillon	Corbières	La Pompadour (Castelmaure)	2000	6,00	12	F
10	Rouge	Languedoc-Roussillon	Corbières	N°3 (Castelmaure)	1998	8,00	12	F
11	Rouge	Vallée du Rhône	Côte Rôtie	Domaine Ogier	2002	4,00	12	E
12	Rouge	Languedoc-Roussillon	Côtes du Roussillon	Domaine Gauby Muntada	2001	5,00	6	F
13	Blanc	Alsace	Gewürztraminer	Sporen	2000	6,00	6	G
14	Rouge	Bordeaux	Margaux	Château Boyd Cantenac	1995	11,00	3	A
15	Rouge	Bordeaux	Margaux	Château Prieuré-Lichine	1998	8,00	6	A
16	Rouge	Bordeaux	Pauillac	Château Lafite-Rothschild	1995	11,00	6	A
17	Rouge	Bordeaux	Pauillac	Château Latour	1996	10,00	3	A
18	Rouge	Bordeaux	Pauillac	Château Mouton Rothschild	1986	20,00	3	A
19	Rouge	Bordeaux	Pauillac	Château Pontet Canet	2001	5,00	6	A
20	Blanc	Bordeaux	Pessac Léognan	Château de Fieuzal	1998	8,00	3	B
21	Blanc	Bordeaux	Pessac Léognan	Château La Louvière	1995	11,00	3	B
22	Rouge	Bordeaux	Pessac Léognan	Château Larrivet Haut-Brion	1998	8,00	6	B
23	Rouge	Bordeaux	Pessac Léognan	Château Latour Martillac	1995	11,00	6	B
24	Blanc	Bordeaux	Pessac Léognan	Château Smith Haut-Lafitte	1999	7,00	6	B
25	Rouge	Bordeaux	Pomerol	Château La Conseillante	1989	17,00	3	C
26	Rouge	Bordeaux	Pomerol	Château Petrus	1997	9,00	3	C
27	Blanc	Alsace	Riesling	Schoenenbourg	2001	5,00	6	G
28	Rouge	Bordeaux	Saint Estèphe	Château Cos d'Estournel	1998	8,00	6	B
29	Blanc	Bordeaux	Sauternes	Château d'Yquem	1999	7,00	6	D
30	Blanc	Bordeaux	Sauternes	Château Guiraud	1990	16,00	3	D

Figure 14.37 : Les données

La colonne *Age* est calculée à partir de la formule =ANNEE(AUJOURDHUI())-E4 en *F4*. La fonction ANNEE permet d'obtenir l'année de la date du jour renvoyée par la fonction AUJOURDHUI. Il suffit alors de soustraire l'année du vin pour obtenir son âge. L'avantage de cette formule est bien sûr de permettre d'avoir l'âge à jour en temps réel.

Pour plus de détails sur les calculs et sur les dates, consultez le chapitre 11 **Bâtir des feuilles de calcul plus élaborées***.*

Au fur et à mesure que vous ajoutez des lignes, Excel étend automatiquement la formule sans que vous ayez à intervenir.

Il reste maintenant à exploiter ces données.

Pour trier la cave par vignoble :

1 Cliquez sur une cellule de la colonne *Vignoble*.

2 Dans l'onglet **Données**, cliquez sur le bouton **Trier de A à Z** du groupe *Trier et filtrer*.

Pour trier la cave par vignoble, puis par couleur et enfin par âge décroissant :

1 Cliquez sur une cellule de la liste de données.

Cas pratique : Gérer une cave à vins — Chapitre 14

2 Dans l'onglet **Données**, cliquez sur le bouton **Trier** du groupe *Trier et filtrer*.

3 Dans la boîte de dialogue **Trier**, sélectionnez *Vignoble* dans la liste *Trier par*.

4 Cliquez sur **Ajouter un niveau**, puis sélectionnez *Couleur* dans la première liste *Puis par*.

5 Cliquez sur **Ajouter un niveau**, puis sélectionnez *Age* dans la seconde liste *Puis par* et activez l'option *Du plus grand au plus petit*.

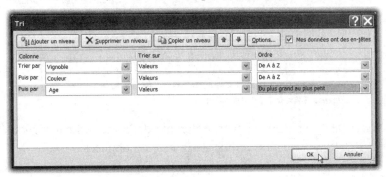

Figure 14.38 : Les paramètres de tri

6 Validez par OK.

Pour afficher tous les vins blancs d'au moins 7 ans d'âge :

1 Cliquez sur une cellule de la liste de données.

2 Dans l'onglet **Données**, cliquez sur le bouton **Filtrer** du groupe *Trier et filtrer*.

3 Cliquez sur le bouton fléché associé à la colonne *Couleur*.

4 Dans la liste déroulante, désélectionnez *Rouge*.

5 Cliquez sur le bouton fléché associé à la colonne *Age*.

6 Dans la liste déroulante, sélectionnez **Filtre numériques**, puis **Supérieur à....**

7 Dans la boîte de dialogue **Filtre automatique personnalisé**, spécifiez la valeur 7 (voir Figure 14.39).

8 Validez par OK (voir Figure 14.40).

Chapitre 14 — Gérer et exploiter des données

Figure 14.39 :
Le filtre personnalisé

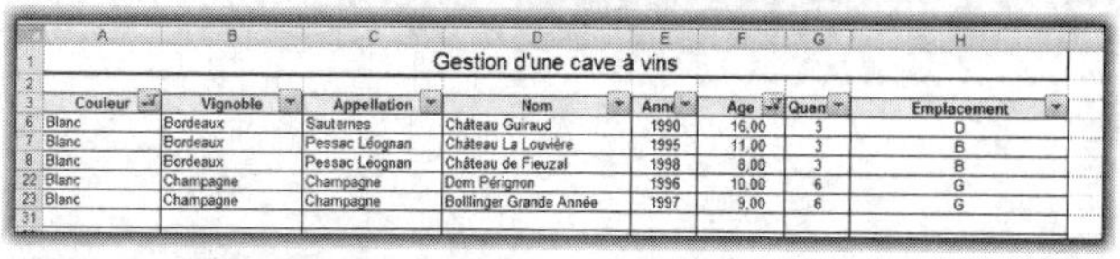

Figure 14.40 : Le résultat

Vous allez à présent calculer le nombre de bouteilles par vignoble :

1 Cliquez sur une cellule de la liste de données.

2 Annulez les filtres précédents en cliquant sur le bouton **Effacer** du groupe *Trier et filtrer* de l'onglet **Données**.

3 Triez à nouveau la liste selon la colonne *Vignoble*.

4 Dans l'onglet **Données**, cliquez sur le bouton **Sous-total** du groupe *Plan*.

5 Dans la première zone, choisissez le champ *Vignoble*.

6 Appliquez la fonction SOMME au champ *Quantité*. Désélectionnez *Emplacement*, sélectionné par défaut, car c'est la colonne la plus à droite de la sélection.

Figure 14.41 :
Les paramètres de sous-totaux

7 Validez par OK.

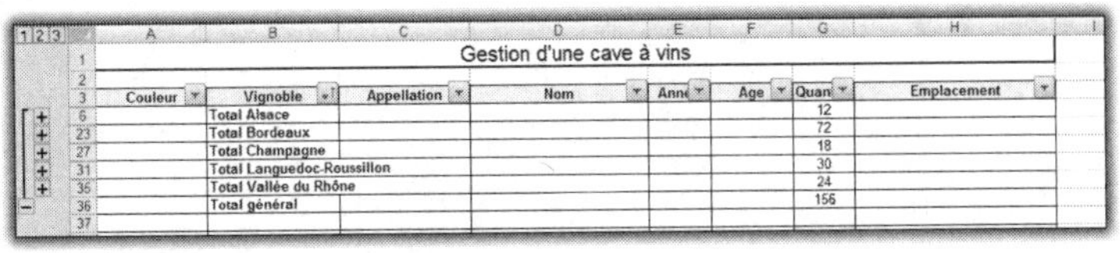

	Couleur	Vignoble	Appellation	Nom	Anné	Age	Quan	Emplacement
1	Gestion d'une cave à vins							
2								
6		Total Alsace					12	
23		Total Bordeaux					72	
27		Total Champagne					18	
31		Total Languedoc-Roussillon					30	
35		Total Vallée du Rhône					24	
36		Total général					156	
37								

Figure 14.42 : *Le résultat*

Pour terminer, vous allez calculer l'âge moyen par vignoble et par couleur :

1 Cliquez sur une cellule de la liste de données.

2 Annulez les sous-totaux précédents en cliquant sur le bouton **Sous-total** du groupe *Plan* de l'onglet **Données**. Cliquez sur le bouton **Supprimer tout** de la boîte de dialogue **Sous-total** et validez par OK.

3 Triez la liste par vignoble, puis par couleur.

4 Dans l'onglet **Données**, cliquez sur le bouton **Sous-total** du groupe *Plan*.

5 Dans la première zone, choisissez le champ *Vignoble*.

6 Appliquez la fonction `MOYENNE` au champ *Age*. Désélectionnez *Quantité*, resté sélectionné depuis le dernier traitement.

7 Validez par OK.

8 Dans l'onglet **Données**, cliquez à nouveau sur le bouton **Sous-total** du groupe *Plan*.

9 Dans la première zone, choisissez le champ *Couleur*.

10 Appliquez la fonction `MOYENNE` au champ *Age*.

11 Désélectionnez la case à cocher *Remplacer les sous-totaux existants*.

12 Validez par OK.

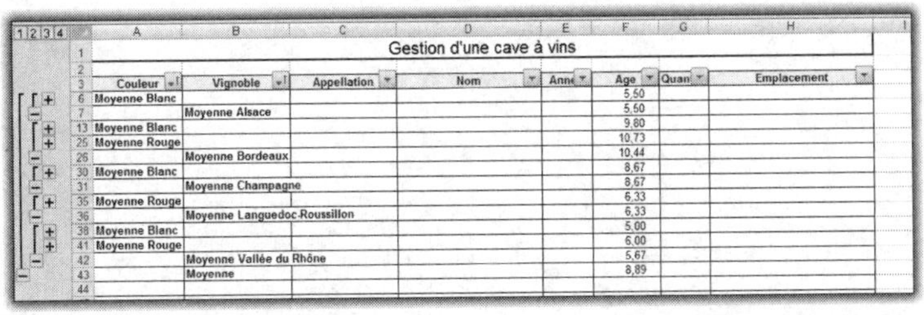

	Couleur	Vignoble	Appellation	Nom	Anné	Age	Quan	Emplacement
1	Gestion d'une cave à vins							
2								
6	Moyenne Blanc					5,50		
7		Moyenne Alsace				5,50		
13	Moyenne Blanc					9,80		
25	Moyenne Rouge					10,73		
26		Moyenne Bordeaux				10,44		
30	Moyenne Blanc					8,67		
31		Moyenne Champagne				8,67		
35	Moyenne Rouge					6,33		
36		Moyenne Languedoc-Roussillon				6,33		
38	Moyenne Blanc					5,00		
41	Moyenne Rouge					6,00		
42		Moyenne Vallée du Rhône				5,67		
43		Moyenne				8,89		
44								

Figure 14.43 : *Le résultat*

Chapitre 15

Analyser et réaliser des simulations

Utiliser la fonction Valeur cible	566
Utiliser des tables de données	569
Créer et gérer des scénarios	571

Chapitre 15 — Analyser et réaliser des simulations

Prendre des décisions, que ce soit pour un motif personnel (achat d'une maison, d'une voiture…) ou professionnel (choix d'investissement, analyse des résultats…), nécessite de centraliser et d'analyser des données. Pour enrichir sa réflexion, il est important d'envisager plusieurs hypothèses, donc d'effectuer des simulations. Excel peut vous aider à mener à bien cette tâche. En effet, le logiciel dispose de fonctionnalités d'analyse et de simulation telles que les tables de données et les scénarios.

Ce type de problématique est complexe car tributaire de nombreux paramètres, souvent inconciliables, ayant même parfois des effets opposés. Excel n'a pas la prétention de solutionner tous vos problèmes mais il vous propose, pour vous y aider, la fonction `Valeur cible`, qui permet de déterminer le paramètre d'entrée nécessaire à une formule pour atteindre une valeur que vous avez fixée (valeur cible). Auparavant, il faudra modéliser votre problème sous forme d'équations, ce qui n'est pas toujours facile.

15.1. Utiliser la fonction Valeur cible

La fonction `Valeur cible` donne une réponse à des questions simples, en évitant des calculs qui peuvent s'avérer fastidieux. Voyons maintenant comment la mettre en œuvre à partir d'un exemple.

Supposons que vous organisiez une soirée dansante ou autre. Il faudra louer la salle, le matériel, la sonorisation, etc. Autant de coûts qui constitueront des frais fixes. En effet, quel que soit le nombre de participants, il faudra que vous débusiez cet argent. En revanche, les frais de repas ou de boisson varieront en fonction du nombre de participants.

Résumons les données du problème :

- frais fixes (location, matériel, etc.) : 5 000 € ;
- frais variables (repas, boissons, etc.) : 30 € par personne ;
- tarif pour les participants : 45 € par personne.

La question est simple. À partir de combien de participants la soirée est-elle "rentable" ?

La fonction `Valeur cible` va nous permettre de déterminer ce nombre minimum de participants.

Mise en œuvre

1 Ouvrez un nouveau classeur.
2 En *A1*, saisissez Nombre de participants.
3 En *A2*, saisissez Tarif.
4 En *A3*, saisissez Recettes.
5 En *A4*, saisissez Frais variables.
6 En *A5*, saisissez Total frais variables.
7 En *A6*, saisissez Total frais fixes.
8 En *A7*, saisissez Bénéfice.
9 En *B2*, saisissez 45.
10 En *B3*, saisissez =B1*B2.
11 En *B4*, saisissez 30.
12 En *B5*, saisissez =B1*B4.
13 En *B6*, saisissez 5000.
14 En *B7*, saisissez =B3-B5-B6.
15 Sélectionnez *A1 :B7* et appliquez une bordure de type quadrillage.
16 Sélectionnez *B2 :B7* et appliquez le format *Monétaire*.

Nous avons modélisé le problème.

	A	B
1	Nombre de participants	
2	Tarif	45,00 €
3	Recettes	- €
4	Frais variables	30,00 €
5	Total frais variables	- €
6	Total frais fixes	5 000,00 €
7	Bénéfice	- 5 000,00 €
8		

Figure 15.1 : *Le calcul du résultat*

La fonction Valeur cible va vous permettre de déterminer rapidement le nombre minimum de participants.

1 Dans l'onglet **Données**, cliquez sur le bouton **Analyse de scénarios** du groupe *Outils de données*, puis sélectionnez la commande **Valeur cible**.
2 Cliquez dans la zone *Cellule à définir*. Sélectionnez B7.
3 Cliquez dans la zone *Valeur à atteindre*. Saisissez 0.
4 Cliquez dans la zone *Cellule à modifier*. Sélectionnez B1.

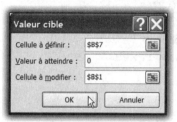

Figure 15.2 :
L'outil Valeur cible

5 Cliquez sur OK. Le processus d'optimisation débute. Il aboutit presque immédiatement.

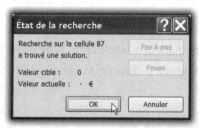

Figure 15.3 :
État de la recherche

En cliquant sur OK, vous affectez la valeur trouvée à la cellule. Autrement, son contenu est laissé en l'état.

	A	B
1	Nombre de participants	333,3333333
2	Tarif	45,00 €
3	Recettes	15 000,00 €
4	Frais variables	30,00 €
5	Total frais variables	10 000,00 €
6	Total frais fixes	5 000,00 €
7	Bénéfice	- €

Figure 15.4 :
Calcul du nombre minimum de participants

Dans notre exemple, le nombre de participants doit évidemment être arrondi à 334. L'intérêt d'avoir "modélisé" le problème, à l'aide de formules de calcul, réside dans la possibilité de réaliser des simulations en changeant le tarif, les coûts fixes ou variables.

> ⚠️ **ATTENTION** **Cellule à définir et cellule à modifier**
> La cellule à modifier ne doit pas contenir de formule, seulement une valeur. En revanche, la cellule à définir doit impérativement contenir une formule dont le résultat dépend directement ou indirectement de la cellule à modifier.

15.2. Utiliser des tables de données

Les tables de données sont des outils de simulation qui permettent de faire varier un (pour les tables de données à une entrée) ou deux (tables de données à deux entrées) paramètres d'une formule et afficher tous les résultats correspondants.

Tables de données à une entrée

Les tables de données à une entrée permettent d'utiliser plusieurs formules dans une même table, contrairement aux tables de données à deux entrées.

Une table de données à une entrée peut être présentée en lignes ou en colonnes.

Mise en œuvre

1 Saisissez la liste des valeurs que vous souhaitez faire prendre au paramètre d'entrée. Cette saisie peut être effectuée dans une colonne ou sur une ligne.

2 Si vous avez effectué le saisie en colonne au point 1, entrez les formules sur la ligne située au-dessus de la première valeur et à partir de la cellule située à droite de la colonne de valeurs. Autrement, entrez les formules dans la colonne située à gauche de la première valeur et à partir de la cellule située sous la ligne de valeurs.

3 Sélectionnez la plage de cellules incluant les formules et les valeurs.

4 Dans l'onglet **Données**, cliquez sur le bouton **Analyse de scénarios** du groupe *Outils de données*, puis sélectionnez la commande **Table de données**.

Figure 15.5 :
La boîte de dialogue Table

5 Si vous avez effectué le saisie en colonnes au point 1, entrez la référence de la cellule d'entrée dans la zone *Cellule d'entrée en colonne*. Autrement, saisissez la référence de la cellule d'entrée dans la zone *Cellule d'entrée en ligne*.

La cellule d'entrée est la cellule où viendront "défiler" les valeurs du paramètre d'entrée (celles que vous avez saisies au point 1).

Ajouter des formules

1 S'il s'agit d'une table de données en colonnes, entrez la nouvelle formule dans une cellule vide à droite d'une formule existante, dans la ligne supérieure de la table. En revanche, s'il s'agit d'une table de données en lignes, entrez la nouvelle formule dans une cellule vide sous la formule existante, dans la première colonne de la table.

2 Sélectionnez la table de données, y compris la colonne ou la ligne contenant la nouvelle formule.

3 Dans l'onglet **Données**, cliquez sur le bouton **Analyse de scénarios** du groupe *Outils de données*, puis sélectionnez la commande **Table de données**.

4 S'il s'agit d'une table de données en colonnes, saisissez la référence de la cellule d'entrée dans la zone *Cellule d'entrée en colonne*. Autrement, entrez la référence de la cellule d'entrée dans la zone *Cellule d'entrée en ligne*.

Tables de données à deux entrées

Les tables de données à deux entrées permettent de faire varier deux paramètres d'une formule.

Mise en œuvre

1 Saisissez la formule faisant référence aux deux cellules d'entrée. Les cellules d'entrée sont les cellules où viendront "défiler" les valeurs des paramètres d'entrée (celles que vous allez saisir aux points 2 et 3).

2 Saisissez une liste de valeurs d'entrée dans la même colonne, sous la formule.

3 Saisissez la seconde liste dans la même ligne, à droite de la formule.

4 Sélectionnez la plage de cellules contenant la formule, ainsi que la ligne et la colonne contenant les valeurs.

5 Dans l'onglet **Données**, cliquez sur le bouton **Analyse de scénarios** du groupe *Outils de données*, puis sélectionnez la commande **Table de données**.

6 Dans la zone *Cellule d'entrée en ligne*, saisissez la référence de la cellule d'entrée pour les valeurs d'entrée dans la ligne.

7 Dans la zone *Cellule d'entrée en colonne*, saisissez la référence de la cellule d'entrée pour les valeurs d'entrée dans la colonne.

15.3. Créer et gérer des scénarios

Nous venons de le voir, les tables de données permettent de réaliser des simulations, en faisant varier au mieux deux paramètres. Dans certaines situations, cela s'avère nettement insuffisant.

Que diriez-vous de pouvoir réaliser des simulations en jouant sur un maximum de trente-deux paramètres ? Le *Gestionnaire de scénarios* d'Excel vous y autorise. Son principe est simple et efficace puisqu'il permet de garder en mémoire des jeux de valeurs pour des cellules identifiées et de les afficher à la demande.

Détaillons maintenant chacune des fonctionnalités du *Gestionnaire de scénarios*.

Créer un scénario

La première fonctionnalité est évidemment la création de scénarios.

Mise en œuvre

1 Dans l'onglet **Données**, cliquez sur le bouton **Analyse de scénarios** du groupe *Outils de données*, puis sélectionnez la commande **Gestionnaire de scénarios**.

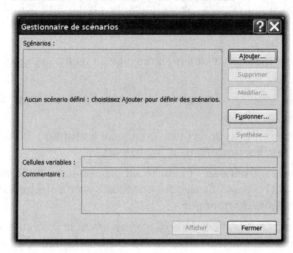

Figure 15.6 :
La boîte de dialogue Gestionnaires de scénarios

2 Cliquez sur **Ajouter**.

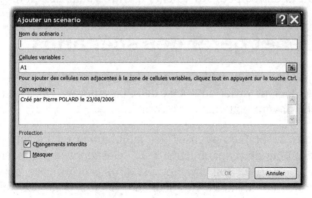

Figure 15.7 :
La boîte de dialogue Ajouter un scénario

3 Dans la zone *Nom du scénario*, saisissez un nom pour le scénario.

4 Dans la zone *Cellules variables*, saisissez les références des cellules que vous voulez modifier.

Créer et gérer des scénarios — Chapitre 15

5 Modifiez éventuellement le contenu de la zone *Commentaire*.

6 Cochez *Changements interdits* si vous ne souhaitez pas qu'un autre utilisateur puisse modifier votre scénario. Pour que cette option soit active, il faut que la feuille soit protégée.

7 Cochez *Masquer* si vous ne souhaitez pas que votre scénario apparaisse dans la boîte de dialogue **Gestionnaires de scénarios**. Pour que cette option soit active, il faut que la feuille soit protégée.

8 Cliquez sur OK.

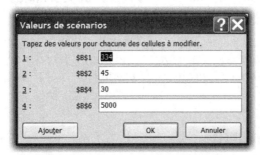

Figure 15.8 :
La boîte de dialogue Valeurs de scénarios

9 Dans la boîte de dialogue **Valeurs de scénarios**, entrez les valeurs souhaitées pour les cellules à modifier.

10 Une fois la définition du scénario terminée, vous pouvez soit cliquer sur OK pour créer le scénario et revenir à la boîte de dialogue **Gestionnaire de scénarios**, soit cliquer sur **Ajouter** pour créer le scénario et accéder directement à la boîte de dialogue **Ajouter un scénario** pour créer le scénario suivant.

ASTUCE

Réutiliser les cellules variables d'un scénario existant

Pour créer un scénario qui utilise les mêmes cellules variables qu'un scénario donné, sélectionnez-le dans la boîte de dialogue **Gestionnaire de scénarios** et cliquez sur **Ajouter**. Les cellules variables du scénario sélectionné sont automatiquement reprises.

ASTUCE

Conserver les valeurs d'origine des paramètres de la simulation

Pour conserver les valeurs d'origine des cellules modifiées, créez un scénario qui utilise les valeurs d'origine des cellules avant de créer les scénarios qui les modifient.

Identification des cellules variables

Les cellules variables qui représentent les paramètres de la simulation sont, par défaut, identifiées par leur adresse dans la boîte de dialogue **Valeurs de scénarios**. Cela peut vite s'avérer gênant si le nombre de paramètres est important. En effet, comment se souvenir que la cellule *A45* représente la superficie de l'usine et la cellule *B35* l'effectif de production ?

La solution est de donner un nom aux cellules variables. Ce nom apparaîtra dans la boîte de dialogue **Valeurs de scénarios** (plus exactement ses seize premières lettres, ce qui laisse de la marge).

Pour plus de détails sur les noms de cellules, référez-vous au chapitre 8 Élaborer des formules de calcul.

Afficher un scénario

Lorsque plusieurs scénarios ont été créés, il convient de les afficher à la demande.

1 Dans l'onglet **Données**, cliquez sur le bouton **Analyse de scénarios** du groupe *Outils de données*, puis sélectionnez la commande **Gestionnaire de scénarios**.

2 Cliquez sur le nom du scénario que vous voulez afficher.

3 Cliquez sur le bouton **Afficher**.

Modifier un scénario

Une erreur étant envisageable, il est possible de modifier un scénario existant.

1 Dans l'onglet **Données**, cliquez sur le bouton **Analyse de scénarios** du groupe *Outils de données*, puis sélectionnez la commande **Gestionnaire de scénarios**.

2 Cliquez sur le nom du scénario que vous souhaitez modifier, puis sur le bouton **Modifier**.

3 Effectuez les modifications souhaitées sur les données générales du scénario (nom, cellules variables, commentaires, etc.).

4 Dans la boîte de dialogue **Valeurs de scénarios**, entrez les valeurs souhaitées pour les cellules à modifier.

> **REMARQUE** — **Traçabilité des modifications**
> À chaque modification d'un scénario, la zone *Commentaire* est mise à jour avec le nom de l'utilisateur et la date de la modification.

Supprimer un scénario

La suppression d'un scénario est également prévue.

1 Dans l'onglet **Données**, cliquez sur le bouton **Analyse de scénarios** du groupe *Outils de données*, puis sélectionnez la commande **Gestionnaire de scénarios**.

2 Cliquez sur le nom du scénario à supprimer puis sur le bouton **Supprimer**.

> **REMARQUE** — **Vigilance lors de la suppression**
> La plus grande prudence est requise lors de la suppression de scénarios. En effet, Excel ne demande pas confirmation lors de la suppression. De plus, cette opération est irréversible.

Fusionner des scénarios

Lorsque plusieurs personnes travaillent en collaboration sur un projet, il peut être intéressant pour le responsable du projet de regrouper tous les scénarios jugés pertinents dans un classeur. Il existe une fonction permettant de fusionner des scénarios. Dans ce cas, Excel copie tous les scénarios des feuilles sources dans la feuille de calcul active.

> **ATTENTION** — **S'assurer de l'homogénéité des documents**
> Pour que la fusion donne de bons résultats, il faut que toutes les feuilles de calcul dont les scénarios sont issus soient construites sur le même modèle.

Chapitre 15 — Analyser et réaliser des simulations

Procédez ainsi :

1 Ouvrez tous les classeurs contenant les scénarios que vous voulez fusionner.

2 Sélectionnez la feuille de calcul dans laquelle vous souhaitez fusionner les scénarios.

3 Dans l'onglet **Données**, cliquez sur le bouton **Analyse de scénarios** du groupe *Outils de données*, puis sélectionnez la commande **Gestionnaire de scénarios**.

4 Cliquez sur le bouton **Fusionner**.

5 Dans la zone *Classeur*, cliquez sur un nom de classeur.

6 Dans la zone *Feuille*, cliquez sur le nom d'une feuille de calcul contenant les scénarios à fusionner, puis sur OK.

7 Répétez cette procédure si vous voulez fusionner des scénarios à partir d'autres feuilles de calcul.

Rapport de synthèse

Il est certes confortable de pouvoir afficher à volonté les différents scénarios que vous avez pu concevoir, mais ne serait-il pas préférable de pouvoir comparer d'un seul coup d'œil les différentes options et les résultats principaux ? Les rapports de synthèse permettent de satisfaire ce besoin. Cette fonction crée une nouvelle feuille de calcul (positionnée avant la feuille active) contenant soit les valeurs des cellules variables de chacun des scénarios ainsi que des résultats choisis, soit un tableau croisé dynamique synthétisant toutes ces données.

1 Dans l'onglet **Données**, cliquez sur le bouton **Analyse de scénarios** du groupe *Outils de données*, puis sélectionnez la commande **Gestionnaire de scénarios**.

2 Cliquez sur le bouton **Synthèse**.

Figure 15.9 :
Rapport de synthèse

3 Sélectionnez *Synthèse de scénarios* ou *Scénario du rapport de tableau croisé dynamique*.

4 Dans la zone *Cellules résultantes*, entrez les références des cellules dont les valeurs sont modifiées par les scénarios. Séparez les différentes références par un point-virgule.

Si vous choisissez l'option *Synthèse de scénario*, Excel crée une feuille **Synthèse de scénarios**. Si vous choisissez l'option *Scénario du rapport de tableau croisé dynamique*, Excel crée une feuille **Tableau croisé dynamique**.

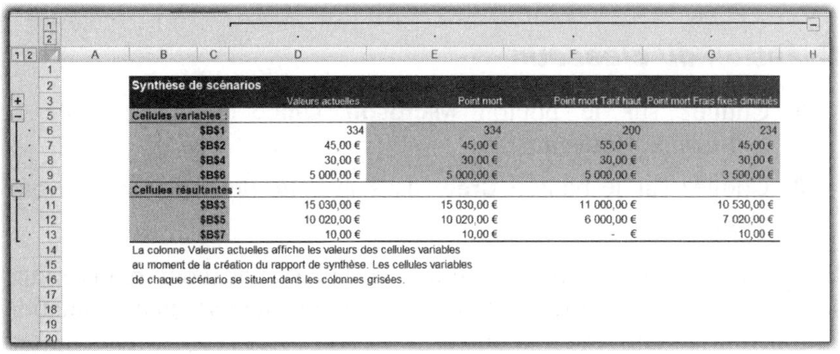

Synthèse de scénarios	Valeurs actuelles	Point mort	Point mort Tarif haut	Point mort Frais fixes diminués
Cellules variables :				
$B$1	334	334	200	234
$B$2	45,00 €	45,00 €	55,00 €	45,00 €
$B$4	30,00 €	30,00 €	30,00 €	30,00 €
$B$6	5 000,00 €	5 000,00 €	5 000,00 €	3 500,00 €
Cellules résultantes :				
$B$3	15 030,00 €	15 030,00 €	11 000,00 €	10 530,00 €
$B$5	10 020,00 €	10 020,00 €	6 000,00 €	7 020,00 €
$B$7	10,00 €	10,00 €	- €	10,00 €

La colonne Valeurs actuelles affiche les valeurs des cellules variables au moment de la création du rapport de synthèse. Les cellules variables de chaque scénario se situent dans les colonnes grisées.

Figure 15.10 : *La feuille Synthèse de scénarios*

Le choix de cellules résultantes n'est pas obligatoire dans le cas de la création d'une feuille de synthèse, contrairement à la création d'un tableau croisé dynamique. Si vous ne choisissez aucune cellule résultante, seules les cellules variables seront affichées dans la feuille de synthèse.

Il est intéressant de nommer au préalable les cellules variables et résultantes car le nom apparaîtra à la place de la référence de cellules dans le rapport de synthèse. Il en sera d'autant plus lisible.

Cas pratique : Effectuer des simulations d'emprunt

Principe

Emprunter, à titre personnel ou professionnel, n'est jamais une décision facile à prendre. Il s'agit parfois d'un engagement à long terme destiné à financer des projets dont la rentabilité n'est pas assurée alors qu'en revanche, la banque vous demandera de toute façon de rembourser l'emprunt. Il convient donc de ne pas prendre cette décision trop vite mais les paramètres à considérer, bien que peu nombreux (montant, taux, durée), autorisent un grand nombre de combinaisons. Que se passerait-il si j'augmentais la durée d'un an, de deux ans ? Et si le taux augmentait d'un demi point ? Un tableau vaut mieux qu'un long discours. Ce sera l'objet de ce cas pratique.

Mise en œuvre

Création du classeur

1 Cliquez sur le bouton **Microsoft Office** et sélectionnez la commande **Nouveau**.

2 Cliquez sur le bouton **Créer** dans la boîte de dialogue **Nouveau classeur**.

Vous aurez besoin de deux feuilles de calcul, une pour réaliser une simulation en fonction de la durée, l'autre pour réaliser une simulation en fonction du taux et de la durée.

1 Renommez la feuille **Feuil1** en **Durée**.

2 Renommez la feuille **Feuil1** en **Durée - Taux**.

La feuille Durée

1 En *B1*, saisissez `Calcul des mensualités d'un emprunt en fonction de la durée`.

2 En *B3*, saisissez `Taux annuel :`.

3 En *B4*, saisissez `Montant :`.

4 En *B5*, saisissez `Durée :`.

5 En *B6*, saisissez `Mensualité :`.

6 En *B7*, saisissez `Coût :`.

7 Sélectionnez *B1:F1*.

8 Cliquez sur **Fusionner et centrer** (onglet **Accueil**, groupe *Alignement*).

9 Appliquez un contour épais.

Créer et gérer des scénarios — Chapitre 15

10 Sélectionnez *B3:C7*.

11 Appliquez une bordure de type quadrillage.

12 Sélectionnez *C3* et appliquez le format *Pourcentage*.

13 Sélectionnez *C4* et appliquez le format *Euro*.

14 Sélectionnez la plage *C3:C5* et choisissez le blanc comme couleur de fond.

Pour effectuer les calculs, vous allez saisir une valeur pour le taux, la montant et la durée.

1 En *C3*, saisissez 6,5 %.

2 En *C4*, saisissez 30000.

3 En *C5*, saisissez 2.

Il s'agit maintenant de saisir les formules de calcul :

1 En *C6*, saisissez =-VPM(C3/12;C5*12;C4).

2 En *C7*, saisissez =+C6*C5*12-C4.

	A	B	C	D	E	F
1		Calcul des mensualités d'un emprunt en fonction de la durée				
2						
3		Taux annuel :	6,50%			
4		Montant :	30 000,00 €			
5		Durée :	2			
6		Mensualité :	1 336,39 €			
7		Coût :	2 073,30 €			
8						
9						

Figure 15.11 : La feuille Durée

Nous allons faire varier la durée de l'emprunt et mesurer l'impact sur la mensualité et le coût de l'emprunt.

1 En *D5*, saisissez 3.

2 En *E5*, saisissez 4.

3 En *F5*, saisissez 5.

4 Sélectionnez *C5 :F7*.

5 Dans l'onglet **Données**, cliquez sur le bouton **Analyse de scénarios** du groupe *Outils de données*, puis sélectionnez la commande **Table de données**.

Chapitre 15 Analyser et réaliser des simulations

6 Cliquez dans la zone *Cellule d'entrée en ligne* et sélectionnez la cellule *C5*.

Figure 15.12 :
La boîte de dialogue Table

7 Sélectionnez *D6:F7* et appliquez le format *Euro*.

8 Sélectionnez *D5:F7* et appliquez un contour de type quadrillage.

	A	B	C	D	E	F
1		Calcul des mensualités d'un emprunt en fonction de la durée					
2						
3		Taux annuel :	6,50%			
4		Montant :	30 000,00 €			
5		Durée :	2	3	4	5
6		Mensualité :	1 336,39 €	919,47 €	711,45 €	586,98 €
7		Coût :	2 073,30 €	3 100,92 €	4 149,53 €	5 219,07 €
8						

Figure 15.13 : *La feuille Durée*

Il est possible de modifier les valeurs des cellules *D5* à *F5* pour effectuer une autre série de simulations.

La feuille Durée - Taux

1 En *A1*, saisissez `Calcul des mensualités d'un emprunt en fonction de la durée et du taux`.

2 En *B3* , saisissez `Taux annuel :`.

3 En *B4* , saisissez `Montant :`.

4 En *B5* , saisissez `Durée :`.

5 En *B6* , saisissez `Mensualité :`.

6 Sélectionnez *B1:F1*.

7 Cliquez sur **Fusionner et centrer** (onglet **Accueil**, groupe *Alignement*).

8 Appliquez un contour épais.

9 Sélectionnez *B3:C7*.

Créer et gérer des scénarios — Chapitre 15

10 Appliquez une bordure de type quadrillage.
11 Sélectionnez *C3* et appliquez le format *Pourcentage*.
12 Sélectionnez *C4* et appliquez le format *Euro*.
13 Sélectionnez la plage *C3:C5* et choisissez le blanc comme couleur de fond.

Pour effectuer les calculs, vous allez saisir une valeur pour le taux, le montant et la durée.

1 En *C3*, saisissez 6,5 %.
2 En *C4*, saisissez 30000.
3 En *C5*, saisissez 2.
4 En *C6*, saisissez =-VPM(C3/12;C5*12;C4).

Nous allons faire varier la durée de l'emprunt ainsi que son taux, puis mesurer l'impact sur la mensualité.

1 En *D5*, saisissez 2.
2 En *E5*, saisissez 3.
3 En *F5*, saisissez 4.
4 En *C7*, saisissez 5%.
5 En *C8*, saisissez 5,5%.
6 Sélectionnez *C7:C8*.
7 Étendez, à l'aide de la poignée de recopie, le contenu, jusqu'en *C11*.
8 Sélectionnez *C6 :F11*.
9 Dans l'onglet **Données**, cliquez sur le bouton **Analyse de scénarios** du groupe *Outils de données*, puis sélectionnez la commande **Table de données**.
10 Cliquez dans la zone *Cellule d'entrée en ligne* et sélectionnez la cellule *C5*.
11 Cliquez dans la zone *Cellule d'entrée en colonne* et sélectionnez la cellule *C3*.

Figure 15.14 :
La boîte de dialogue Table

Chapitre 15 **Analyser et réaliser des simulations**

12 Sélectionnez *D7:F11* et appliquez le format *Euro*.
13 Sélectionnez *C6:F11* et appliquez un contour de type quadrillage.

	A	B	C	D	E	F	G
1		Calcul des mensualités d'un emprunt en fonction de la durée et du taux					
2							
3		Taux annuel :	6,50%				
4		Montant :	30 000,00 €				
5		Durée :	2				
6		Mensualité :	1 336,39 €	2	3	4	
7			5,00%	1 316,14 €	899,13 €	690,88 €	
8			5,50%	1 322,87 €	905,88 €	697,69 €	
9			6,00%	1 329,62 €	912,66 €	704,55 €	
10			6,50%	1 336,39 €	919,47 €	711,45 €	
11			7,00%	1 343,18 €	926,31 €	718,39 €	
12							
13							

Figure 15.15 : *La feuille Durée - Taux*

Il est possible de modifier les valeurs des cellules *D6* à *F6* et *C7* à *C11* pour effectuer une autre série de simulations.

Chapitre 16

Utiliser les tableaux croisés dynamiques

Analyser des données avec des tableaux croisés dynamiques 584
Compléter l'analyse avec les graphiques croisés dynamiques 600
Cas pratique : Réaliser une pyramide des âges 603

Chapitre 16 — Utiliser les tableaux croisés dynamiques

Depuis quelques années, de nombreuses entreprises se sont converties à l'informatique décisionnelle, voire à la "business intelligence". Des outils ont fait leur apparition, dédiés à ces traitements destinés à fournir aux décideurs de l'entreprise des données analysées, synthétisées, bref dotées d'une forte valeur ajoutée. Sans vouloir entrer en concurrence avec ces outils, Excel offre une fonctionnalité qui permet d'obtenir des résultats intéressants : les tableaux croisés dynamiques. Cette fonctionnalité autorise des analyses multidimensionnelles très élaborées. En corollaire, Excel propose les graphiques croisés dynamiques qui permettent de représenter graphiquement les données issues de tableaux croisés dynamiques.

16.1. Analyser des données avec des tableaux croisés dynamiques

Avec les sous-totaux et les filtres, nous avons abordé de façon très efficace l'analyse d'une base de données ; les tableaux croisés dynamiques nous permettront de franchir une nouvelle étape : celle de l'interactivité. Vous constaterez la facilité avec laquelle il est possible de définir de nouveaux "angles de vision" par rapport à un ensemble de données.

Organiser les données

Le respect d'un certain formalisme dans l'organisation des données est essentiel pour définir correctement un tableau croisé dynamique :

- Les données doivent être présentées en colonnes.
- La première ligne de chaque colonne doit contenir les étiquettes de colonnes.
- Les éléments d'une même colonne doivent être de même nature (nombre, texte, etc.).
- Il ne doit pas exister de sous-totaux. Avant de créer un tableau croisé dynamique, il est préférable de supprimer tous les sous-totaux.
- Il ne doit pas exister de filtres. Avant de créer un tableau croisé dynamique, il est préférable de supprimer tous les filtres.

Créer un tableau croisé dynamique

1 Sélectionnez une cellule du tableau ou de la plage de cellules qui contient les données à analyser.

2 Dans l'onglet **Insertion**, cliquez sur le bouton **Insérer un tableau croisé dynamique** du groupe *Tableaux*.

3 Dans la boîte de dialogue **Créer un tableau croisé dynamique**, définissez l'emplacement des données à analyser, ainsi que l'emplacement du tableau croisé dynamique.

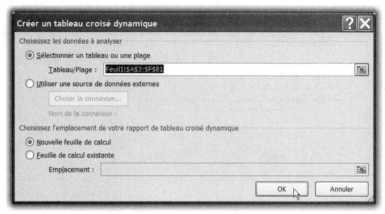

Figure 16.1 : *La boîte de dialogue Créer un tableau croisé dynamique*

— *Sélectionner un tableau ou une plage* est la source de données sélectionnée par défaut. De plus, Excel vous propose une plage de cellules par défaut. Vous pouvez modifier cette proposition.

— *Utiliser une source de données externes* permet d'utiliser des fichiers de base de données, des fichiers texte, des données figurant sur Internet, etc. Cliquez sur le bouton **Choisir la connexion** pour rechercher la source de données.

— *Nouvelle feuille de calcul* crée le tableau croisé dynamique sur une nouvelle feuille.

— *Feuille de calcul existante* crée le tableau croisé dynamique sur une feuille existante. Vous pouvez choisir l'emplacement précis sur la feuille voulue.

4 Validez par OK.

Chapitre 16 — Utiliser les tableaux croisés dynamiques

Utiliser un tableau croisé dynamique

Description de l'environnement

Une nouvelle feuille de calcul a été créée. Elle est vierge mais un emplacement est réservé au tableau croisé dynamique. De plus, le volet **Liste de champs de tableau croisé dynamique** est affiché à droite de la feuille de calcul. Enfin, deux onglets contextuels ont fait leur apparition : **Options** et **Création**, permettant de modifier le contenu et l'apparence du tableau croisé dynamique.

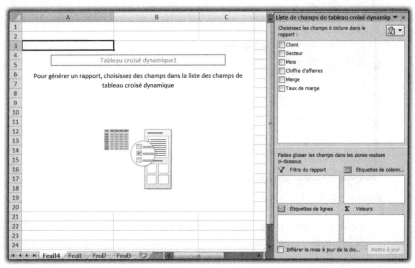

Figure 16.2 : La nouvelle feuille de calcul

Nous allons à présent décrire le volet **Liste de champs de tableau croisé dynamique**. Un champ est un ensemble de données de même type. Les champs sont créés à partir des colonnes de la plage de données spécifiée lors de la création. Dans notre cas, nous avons six champs (*Client*, *Secteur*, *Mois*, *Chiffres d'affaires*, *Marge*, *Taux de marge*) correspondant aux colonnes de notre plage de données (voir Figure 16.3).

Le volet **Liste de champs de tableau croisé dynamique** comprend également quatre "zones de dépôt" (voir Figure 16.4).

Chapitre 16 — Analyser des données avec des tableaux croisés dynamiques

Figure 16.3 :
La liste des champs

Figure 16.4 :
Les zones de dépôt

Vous pouvez modifier l'organisation du volet **Liste de champs de tableau croisé dynamique** à l'aide du bouton situé en haut à droite. Il donne accès à plusieurs possibilités d'organisation de la liste des champs et des zones de dépôt.

Chapitre 16 — Utiliser les tableaux croisés dynamiques

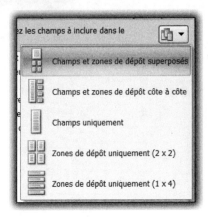

Figure 16.5 :
Organiser l'affichage du volet

Les premières données

Pour déposer un champ dans l'une des zones de dépôt, sélectionnez-le dans la liste des champs puis faites-le glisser dans la zone souhaitée.

Nous allons déposer le champ *Secteur* dans la zone *Étiquettes de lignes*. *Secteur* sera le champ de ligne.

Figure 16.6 :
Ajout du champ Secteur

Aussitôt, les valeurs du champ *Secteur* apparaissent sur le tableau croisé dynamique.

Nous allons maintenant déposer le champ *Mois* dans la zone *Étiquettes de colonnes*. *Mois* sera le champ de colonne.

Figure 16.7 :
Ajout du champ Mois

Il nous reste maintenant à ajouter un champ de données. Nous allons donc déposer le champ *Chiffre d'affaires* dans la zone *Valeurs*. *Chiffre d'affaires* sera le champ de données.

Figure 16.8 :
Ajout du champ
Chiffre d'affaires

Dans chaque cellule du tableau croisé dynamique, on trouve maintenant la somme des valeurs du champ *Chiffre d'affaires* correspondant à la valeur de *Secteur* et de *Mois*. La fonction de synthèse Somme est attribuée par défaut aux champs de données numériques. Si vous souhaitez obtenir (par exemple) la valeur moyenne, vous devez modifier le tableau croisé dynamique.

1 Cliquez sur **Somme de Chiffre d'affaires** dans la zone *Valeurs* du volet **Liste de champs de tableau croisé dynamique**.

2 Sélectionnez **Paramètres de champ**.

3 Une boîte de dialogue apparaît (**Paramètres des champs de données**) dans laquelle il est possible de choisir la fonction de synthèse désirée.

Figure 16.9 :
Choix de la fonction de synthèse

Chapitre 16 — Utiliser les tableaux croisés dynamiques

4 Choisissez Moyenne.

5 Dans la zone *Nom*, il est possible de saisir le nom du champ (qui s'affichera à la place de *Moyenne de Chiffre d'affaires* sur le tableau croisé dynamique). Par exemple, *C.A. moyen*.

6 Validez par OK.

> **REMARQUE** — **Accès aux paramètres d'un champ**
> Pour accéder aux paramètres d'un champ, nous avons vu qu'il était possible d'utiliser le volet **Liste de champs de tableau croisé dynamique**. Vous pouvez également cliquer du bouton droit sur le nom ou une valeur du champ directement dans le tableau et sélectionner **Paramètres de champ** dans le menu contextuel.

Notre tableau croisé dynamique affiche maintenant la moyenne des chiffres d'affaires par secteur et par mois.

Le format des nombres ne permet pas une bonne lisibilité des résultats (trop de décimales). Deux solutions :

- appliquer un format de nombre de façon classique ;
- afficher à nouveau la boîte de dialogue **Paramètres des champs de données** et cliquer sur le bouton **Format de nombre**.

Nous afficherons les résultats au format *Euros*.

C.A. moyen	Étiquettes de colonnes ▼			
Étiquettes de lignes ▼	janv-05	févr-05	mars-05	
1	5 562,20 €	1 645,64 €	1 672,56 €	
2			3 881,39 €	1 7!
3	2 494,11 €	4 011,90 €	2 853,73 €	
4	2 020,00 €	2 357,33 €		
5				2 1
Total général	4 352,40 €	2 119,34 €	2 667,71 €	1 9(

Figure 16.10 : *Moyenne des chiffres d'affaires*

Notre premier tableau croisé dynamique est maintenant achevé.

Masquer des données

Supposons que vous vouliez voir uniquement les données relatives aux secteurs 1 et 2.

1 Cliquez sur le bouton fléché situé à côté de *Étiquettes de lignes*.

2 Une fenêtre apparaît, dans laquelle vous choisissez les valeurs à afficher.

Figure 16.11 :
Choix des valeurs à afficher

3 Validez par OK.

Le tableau croisé dynamique est immédiatement réactualisé.

Pour rétablir l'affichage de toutes les données, répétez l'opération en sélectionnant *Sélectionner tout* ou **Effacer le filtre de Secteur** au point 2.

Il est possible de combiner le masquage de données pour les champs de lignes et de colonnes.

Chapitre 16 Utiliser les tableaux croisés dynamiques

Ajout d'un champ de données

Vous avez déterminé le chiffre d'affaires moyen par secteur et par mois, mais quelle part du chiffre d'affaires total représente chaque chiffre mensuel ? Il faut d'abord rétablir l'affichage initial. (Sélectionnez *Sélectionner tout* ou **Effacer le filtre de Secteur** pour le champ *Secteur*.)

Nous ajouterons un nouveau champ de données, *Chiffre d'affaires*. Nous le ferons glisser depuis la liste de champs vers la zone *Valeurs* du volet **Liste de champs de tableau croisé dynamique**.

Dans la zone *Étiquettes de colonnes* le champ *Valeurs* a fait son apparition en dessous du champ *Mois* initialement présent. Cela correspond au fait que les deux champs de données sont présentés en colonne. Pour chaque mois est affiché :

- *C.A. moyen* ;
- *Somme de Chiffres d'affaires*.

Cette organisation ne donne pas un résultat très lisible.

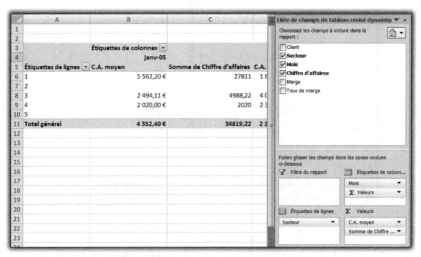

Figure 16.12 : *La nouvelle organisation du tableau*

Pour y remédier :

1 Déplacez le champ *Valeurs* de la zone *Étiquettes de colonnes* vers la zone *Étiquettes de lignes*.

Analyser des données avec des tableaux croisés dynamiques — Chapitre 16

Figure 16.13 :
Réorganisation du tableau

Le résultat est plus agréable à lire.

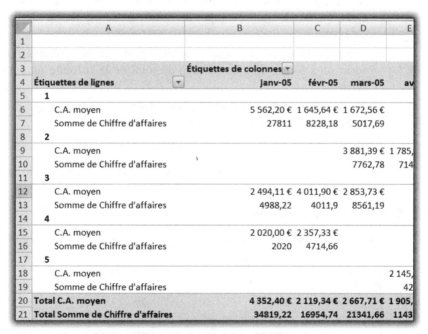

Figure 16.14 : La nouvelle organisation du tableau

2 Cliquez sur **Somme de Chiffre d'affaires** dans la zone *Valeurs* et sélectionnez **Paramètres de Champ**.

La boîte de dialogue **Paramètres des champs de données** apparaît.

3 Cliquez sur l'onglet **Afficher les valeurs**. La zone *Afficher les valeurs* permet de préciser le type d'affichage :

Chapitre 16 — Utiliser les tableaux croisés dynamiques

— *Différence par rapport* affiche les données comme la différence par rapport à la valeur de l'*Élément de base* dans le *Champ de base*.

— *% de* affiche les données sous forme de pourcentage de la valeur de l'*Élément de base* dans le *Champ de base*.

— *Différence en % par rapport* affiche les données comme la différence en pourcentage par rapport à la valeur de l'*Élément de base* dans le *Champ de base*.

— *Résultat cumulé par* affiche les données pour des éléments successifs dans le *Champ de base* sous forme de total cumulé.

— *% par ligne* affiche les données de chaque ligne ou catégorie sous forme de pourcentage du total de la ligne ou de la catégorie.

— *% par colonne* affiche toutes les données de chaque colonne ou série sous forme de pourcentage du total de la colonne ou des séries.

— *% du total* affiche les données sous forme de pourcentage du total général de toutes les données ou du rapport.

— *Index* calcule les données de la façon suivante :

((valeur dans la cellule) x (Total général)) / ((Total général de la ligne) x (Total général de la colonne)).

4 Sélectionnez *% du total*. Le résultat est le suivant :

	Étiquettes de lignes	janv-05	févr-05	mars-05
1				
	C.A. moyen	5 562,20 €	1 645,64 €	1 672,56 €
	Somme de Chiffre d'affaires	10,35%	3,06%	1,87%
2				
	C.A. moyen			3 881,39 €
	Somme de Chiffre d'affaires	0,00%	0,00%	2,89%
3				
	C.A. moyen	2 494,11 €	4 011,90 €	2 853,73 €
	Somme de Chiffre d'affaires	1,86%	1,49%	3,19%
4				
	C.A. moyen	2 020,00 €	2 357,33 €	
	Somme de Chiffre d'affaires	0,75%	1,76%	0,00%
5				
	C.A. moyen			
	Somme de Chiffre d'affaires	0,00%	0,00%	0,00%
Total C.A. moyen		4 352,40 €	2 119,34 €	2 667,71 €
Total Somme de Chiffre d'affaires		12,96%	6,31%	7,94%

Figure 16.15 : *L'importance de chaque valeur dans le total*

Ajouter un champ de lignes

Vous allez maintenant intégrer un détail par client dans notre analyse. Pour cela, vous ajouterez un champ de lignes :

1 Sélectionnez *Client* dans la liste des champs du volet **Liste de champs de tableau croisé dynamique**.

2 Faites-le glisser en dessous de *Secteur* dans la zone *Étiquettes de lignes*.

Figure 16.16 :
Ajout d'un champ de lignes

Voici une autre méthode :

1 Sélectionnez une des valeurs champ *Secteur* dans le tableau croisé dynamique.

2 Cliquez sur le bouton **Développer le champ entièrement** du groupe *Champ actif* de l'onglet contextuel **Options**.

3 Sélectionnez le champ de détail souhaité dans la fenêtre qui s'affiche.

Figure 16.17 : Choix du champ de détail

Dans les deux cas, le résultat est immédiat.

Chapitre 16 Utiliser les tableaux croisés dynamiques

Étiquettes de lignes		Étiquettes de colonnes			
		janv-05	févr-05	mars-05	avr-05
⊟1					
CASTEL PISCINES					
C.A. moyen		1 425,06 €			
Somme de Chiffre d'affaires		0,53%	0,00%	0,00%	0,00%
COBATRI					
C.A. moyen		1 488,82 €			
Somme de Chiffre d'affaires		0,55%	0,00%	0,00%	0,00%
JM PISCINES DIFFUSION					
C.A. moyen		1 513,13 €			
Somme de Chiffre d'affaires		0,56%	0,00%	0,00%	0,00%
LOZERIENNE DE CHAUFFAGE					
C.A. moyen		1 534,83 €			
Somme de Chiffre d'affaires		0,57%	0,00%	0,00%	0,00%
MAX MARTIN					
C.A. moyen			1 571,49 €		
Somme de Chiffre d'affaires		0,00%	0,59%	0,00%	0,00%
MFP ETS ROUX					
C.A. moyen			1 618,49 €		
Somme de Chiffre d'affaires		0,00%	0,60%	0,00%	0,00%
MIDI PREFIL LEADER "123"					
C.A. moyen			1 622,47 €		

Figure 16.18 : Résultat après l'ajout

Un tel niveau de détail sera utile pour des analyses pointues mais il semble opportun, pour l'instant, de masquer le détail par client.

Lorsque l'on introduit, comme nous venons de le faire, plusieurs champs de lignes (ou de colonnes), une hiérarchie s'instaure entre eux : les champs situés le plus haut dans la zone *Étiquettes de lignes* (ou *Étiquettes de colonnes*) sont de niveaux supérieurs (le champ situé en début de liste est nommé champ externe). Ainsi le champ *Secteur* est d'un niveau supérieur à *Client* : À chaque valeur de *Secteur* apparaissent des subdivisions correspondant aux valeurs de *Client*. Vous pouvez modifier la hiérarchie des champs en les déplaçant les uns par rapport aux autres à l'aide de la souris dans les zones *Étiquettes de lignes* et *Étiquettes de colonnes*.

Pour masquer les subdivisions, cliquez sur une des valeurs du champ *Secteur* dans le tableau croisé dynamique, puis sur le bouton **Réduire le champ entièrement** du groupe *Champ actif* de l'onglet contextuel **Options**.

Le tableau croisé dynamique est aussitôt remis à jour.

Pour rétablir le niveau de détail, sélectionnez *Secteur* à nouveau et cliquez sur le bouton **Développer le champ entièrement**.

Pour afficher ou masquer le détail associé à une valeur particulière du champ *Secteur*, utilisez les boutons **+** ou **-** situés à côtés de la valeur.

Supprimer un champ

Vous allez supprimer le champ *Client* du tableau croisé dynamique. Pour cela :

1 Sélectionnez *Client* dans la zone *Étiquettes de lignes*.

2 Faites-le glisser hors de la zone.

Afficher le détail des données

Nous voulons à présent connaître le détail des données qui ont permis de calculer une moyenne de 5 562,20 pour le chiffre d'affaires moyen du secteur 1 pour le mois de janvier.

Cette moyenne est le résultat d'un calcul fondé sur un certain nombre de chiffres d'affaires par client. Quels sont ces clients ?

Pour obtenir la réponse, double-cliquez sur la cellule contenant la moyenne de 5 562,20 (*B6*). Une feuille de calcul est automatiquement créée et affichée. Elle contient le détail des chiffres d'affaires par client.

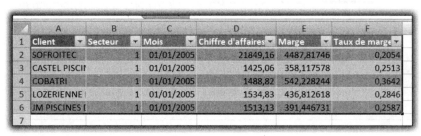

Figure 16.19 : *Détail des données*

Chapitre 16 — Utiliser les tableaux croisés dynamiques

Trier un tableau croisé dynamique

Il est possible de trier un tableau croisé dynamique de façon automatique, en fonction d'un ou plusieurs champ. À chaque modification des valeurs, le tri sera réactualisé.

Pour illustrer cette possibilité, triez le tableau de façon à présenter les divers secteurs par moyennes de chiffres d'affaires décroissantes :

1 Sélectionnez une des valeurs du champ *Secteur* dans le tableau croisé dynamique.

2 Cliquez du bouton droit et sélectionnez la commande **Trier** du menu contextuel, puis choisissez **Options de tri supplémentaires**.

3 Sélectionnez *Descendant*.

4 Sélectionnez *C.A. moyen*.

Figure 16.20 :
Définition d'un tri automatique

5 Validez par OK.

> **REMARQUE — Autre accès possible à cette fonctionnalité**
> Il est également possible d'accéder à cette fonctionnalité en cliquant sur le bouton **Trier** du groupe *Trier* de l'onglet contextuel **Options**.

Ajouter un champ de filtre

Supposons que vous disposiez d'un tableau croisé dynamique totalisant le chiffre d'affaires par mois et par client. Si vous souhaitiez effectuer une analyse spécifique sur tel ou tel secteur, vous pouvez ajouter une dimension à votre tableau croisé dynamique : un champ de filtre.

Chapitre 16

Un champ de filtre permet de restreindre les données utilisées par tableau croisé dynamique sans modifier son organisation.

1 Sélectionnez le champ *Secteur* dans la liste des champs du volet **Liste de champs de tableau croisé dynamique**.

2 Faites-le glisser dans la zone *Filtre du rapport*.

Figure 16.21 :
Ajout d'un champ de filtre

Pour l'instant, le tableau croisé dynamique est inchangé puisque tous les secteurs sont sélectionnés. Pour afficher les données du secteur 2 :

1 Cliquez sur le bouton fléché du champ *Secteur*.

2 Sélectionnez uniquement 2.

Figure 16.22 :
Sélection du secteur 2

3 Validez par OK.

Le tableau croisé dynamique est instantanément mis à jour et seuls les clients du secteur 2 sont affichés.

La case à cocher *Sélectionner plusieurs éléments* permet d'effectuer une sélection multiple dans les valeurs à afficher.

Pour revenir à l'affichage des données de tous les secteurs, suivez la même procédure mais en sélectionnant *Tous* au lieu de *2*.

Actualiser les données

Pour actualiser le tableau croisé dynamique en cas de changement dans les données sources, cliquez sur le bouton **Actualiser** du groupe *Données* de l'onglet contextuel **Options**.

16.2. Compléter l'analyse avec les graphiques croisés dynamiques

Les graphiques croisés dynamiques sont le reflet en "image" des tableaux croisés dynamiques. L'avantage par rapport à des graphiques classiques réside dans la possibilité qui vous est offerte de modifier et de réorganiser rapidement les données intégrées.

Créer un graphique croisé dynamique

Le déroulement des opérations est identique au déroulement emprunté pour créer un tableau croisé dynamique.

1 Sélectionnez une cellule du tableau ou de la plage de cellules qui contient les données à analyser.

2 Dans l'onglet **Insertion**, cliquez sur le bouton fléché qui se trouve sous le bouton **Insérer un tableau croisé dynamique** du groupe *Tableaux*. Sélectionnez **Graphique croisé dynamique**.

3 Dans la boîte de dialogue **Créer un tableau croisé dynamique avec un graphique croisé dynamique**, définissez l'emplacement des données à analyser, ainsi que l'emplacement du tableau croisé dynamique et du graphique

— *Sélectionner un tableau ou une plage* est la source de données sélectionnée par défaut. De plus, Excel vous propose une plage de cellules par défaut. Vous pouvez modifier cette proposition.

— *Utiliser une source de données externe* permet d'utiliser des fichiers de base de données, des fichiers texte, des données figurant sur Internet, etc. Cliquez sur le bouton **Choisir la connexion** pour rechercher la source de données.

Compléter l'analyse avec les graphiques croisés dynamiques — Chapitre 16

- *Nouvelle feuille de calcul* crée le tableau croisé dynamique sur une nouvelle feuille.
- *Feuille de calcul existante* crée le tableau croisé dynamique sur une feuille existante. Vous pouvez choisir l'emplacement précis sur la feuille voulue.

4 Validez par OK.

Utiliser un graphique croisé dynamique

Description de l'environnement

L'environnement est identique à celui décrit lors de la création d'un tableau croisé dynamique, la seule différence réside dans la présence d'un graphique, avec des onglets contextuels associés (**Création, Disposition, Mise en forme** qui sont les onglets habituellement associés aux graphiques, plus l'onglet **Analyse** spécifique aux graphiques croisés dynamiques).

Pour plus d'informations sur les fonctionnalités liées aux graphiques, reportez-vous au chapitre 12 **Créer et mettre en forme des graphiques**.

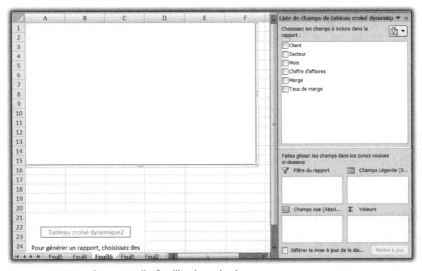

Figure 16.23 : La nouvelle feuille de calcul

Les premières données

La construction d'un graphique croisé dynamique est en tous points identiques à la construction d'un tableau croisé dynamique. Utilisez le volet **Liste de champs de tableau croisé dynamique** pour déposer un champ dans l'une des zones *Filtre du rapport*, *Champs Légende*, *Champs Axe* et *Valeurs*.

Construisez maintenant le graphique croisé dynamique :

1 Déposez le champ *Mois* dans la zone *Champs Axe*.

2 Déposez le champ *Secteur* dans la zone *Champs Légende*.

3 Déposez le champ *Chiffre d'affaires* dans la zone *Valeurs*.

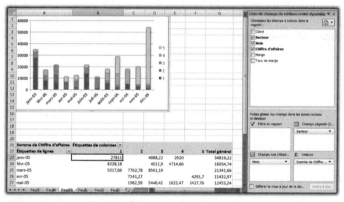

Figure 16.24 : Le graphique croisé dynamique

Toutes les fonctionnalités liées aux graphiques sont disponibles pour les graphiques croisés dynamiques (mise en forme, changement de type de graphique, etc.).

Pour plus d'informations sur les fonctionnalités liées aux graphiques, reportez-vous au chapitre 12 **Créer et mettre en forme des graphiques**.

Autres fonctionnalités

Les fonctionnalités des tableaux croisés dynamiques sont applicables aux graphiques croisés dynamiques et les modes opératoires sont en tous points semblables :

- masquer des données ;
- ajouter un champ de données ;
- ajouter un champ de filtre ;

En revanche, il n'est pas possible d'avoir le détail des valeurs qui ont permis d'obtenir une valeur synthétisée. Pour cela, il faut revenir au tableau croisé dynamique associé au graphique. Ce tableau a été créé, en même temps que le graphique, sur la même feuille de calcul.

16.3. Cas pratique : Réaliser une pyramide des âges

Dans ce cas pratique, vous allez mettre à profit les graphiques croisés dynamiques pour réaliser une pyramide des âges. Une pyramide des âges permet de représenter la répartition par tranches d'âge d'une population (personnel d'une entreprise, membres d'une association…) en faisant habituellement la distinction entre hommes et femmes.

Nous allons nous fonder sur une liste très simple, limitée au strict nécessaire :

- Nom ;
- Sexe ;
- Âge.

	A	B	C
1	Nom	Sexe	Age
2	XXXXXX	H	24
3	XXXXXX	H	51
4	XXXXXX	H	23
5	XXXXXX	H	52
6	XXXXXX	H	62
7	XXXXXX	H	49
8	XXXXXX	H	52
9	XXXXXX	H	54
10	XXXXXX	H	25
11	XXXXXX	H	61
12	XXXXXX	H	40
13	XXXXXX	H	63
14	XXXXXX	H	20
15	XXXXXX	H	50
16	XXXXXX	H	53
17	XXXXXX	H	26
18	XXXXXX	H	34
19	XXXXXX	H	55
20	XXXXXX	H	52

Figure 16.25 :
La liste de données

Chapitre 16 — Utiliser les tableaux croisés dynamiques

Pour créer la pyramide des âges :

1. Sélectionnez une cellule de la liste.
2. Dans l'onglet **Insertion**, cliquez sur le bouton fléché qui se trouve sous le bouton **Insérer un tableau croisé dynamique** du groupe *Tableaux*. Sélectionnez **Graphique croisé dynamique**.
3. Dans la boîte de dialogue **Créer un tableau croisé dynamique avec un graphique croisé dynamique**, définissez l'emplacement des données à analyser, ainsi que l'emplacement du tableau croisé dynamique et du graphique.
4. Cliquez sur OK.

Vous pouvez construire le graphique croisé dynamique :

1. Déposez le champ *Age* dans la zone *Champs Axe*.
2. Déposez le champ *Sexe* dans la zone *Champs Légende*.
3. Déposez le champ *Nom* dans la zone de *Valeurs*.

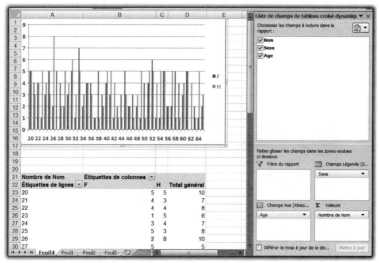

Figure 16.26 : *Le graphique croisé dynamique*

Par défaut, la fonction de synthèse Nombre a été attribuée au champ de données *Nom*. En effet, ce champ n'étant pas numérique, les autres fonctions (Somme, Moyenne…) ne sont pas pertinentes. Cela nous convient parfaitement puisque nous voulons compter les effectifs par tranches d'âge.

Cas pratique : Réaliser une pyramide des âges — Chapitre 16

En revanche, le résultat n'est pas tout à fait satisfaisant dans la mesure où l'histogramme ainsi tracé présente un bâtonnet par âge et non par tranche d'âge comme c'est la règle pour une pyramide des âges. Il s'agit donc, à présent, de définir et de mettre en place les regroupements par tranches d'âge. Pour cela :

1 Dans le tableau croisé dynamique associé au graphique, sélectionnez une valeur du champ *Age*.

2 Cliquez sur le bouton **Champ de groupe** de l'onglet contextuel **Options**.

3 La boîte de dialogue **Grouper** vous permet de spécifier des regroupements des valeurs du champ. L'amplitude du regroupement est défini par la zone *Par*. Vous pouvez également fixer la borne inférieure du regroupement grâce à la zone *Début* et la borne supérieure grâce à la zone *Fin*. Par défaut, la zone *Début* contient la plus petite valeur prise par le champ et la zone *Fin*, la plus élevée.

Figure 16.27 :
La boîte de dialogue Grouper

4 Dans la zone *Par*, saisissez 5.

5 Validez par OK.

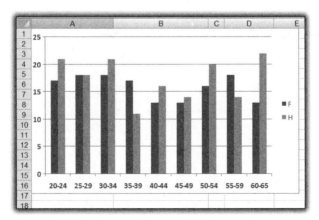

Figure 16.28 : Le graphique croisé dynamique

Chapitre 16   **Utiliser les tableaux croisés dynamiques**

> **REMARQUE**
>
> **Regroupement d'un champ de type date**
>
> Lorsque vous utilisez le regroupement sur un champ qui contient des dates, vous avez la possibilité de regrouper les dates par années, trimestres, mois, jours...

Il reste à modifier le type de graphique. Pour cela :

1 Sélectionnez le graphique.

2 Dans l'onglet contextuel **Création**, cliquez sur le bouton **Modifier le type de graphique** du groupe *Type*.

3 Sélectionnez la catégorie **Barres** puis le type *Barres groupées*.

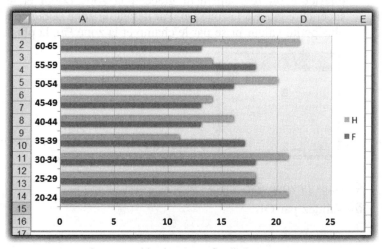

Figure 16.29 : La pyramide des âges finalisée

Chapitre 17

Exploiter les possibilités d'Internet et de la messagerie

Partager un classeur	608
Envoyer un classeur par messagerie	614
Enregistrer un classeur au format .html	615
Utiliser des liens hypertextes	616
Cas pratique : Publier un planning sur Internet	619

Il est de plus en plus fréquent de travailler avec des collaborateurs basés sur les différents sites d'une même entreprise, parfois même avec des personnes d'autres entreprises (clients, sous-traitants, etc.). Ce mode de fonctionnement, très utilisé lors de la conduite d'un projet, suppose la possibilité d'échanger des documents. Mais il peut être préférable de travailler en commun sur un même document, afin que chacun puisse apporter sa pierre à l'édifice. Les réseaux internes, les réseaux intranet ou Internet facilitent cette collaboration à distance et Excel dispose de fonctionnalités permettant d'exploiter ces nouvelles méthodes de travail.

Dans ce chapitre, nous évoquerons tout d'abord les fonctions liées au partage de fichiers puis les fonctions liées à la diffusion de documents par messagerie.

Puis nous aborderons les fonctionnalités d'Excel relatives à l'enregistrement au format *.html*, destinées à produire des données accessibles depuis un site Internet, via un navigateur. L'avantage du format *.html* est sa quasi-universalité qui permet de toucher un large public.

Nous verrons ensuite comment créer des liens hypertextes pour naviguer dans un classeur Excel et au-delà.

Pour terminer, un cas pratique nous donnera l'occasion de mettre en œuvre la publication de données sur Internet depuis un classeur Excel.

17.1. Partager un classeur

Partager un classeur consiste à mettre ce dernier à disposition sur un répertoire partagé, un réseau intranet ou Internet, afin de permettre à plusieurs utilisateurs d'y accéder, parfois de façon simultanée. Chaque collaborateur peut ainsi travailler sur le classeur et y apporter des modifications.

Activer le partage d'un classeur

1 Ouvrez le classeur à partager.

2 Dans l'onglet **Révision**, cliquez sur le bouton **Partager le classeur** du groupe *Modifications*.

3 Cochez la case *Permettre une modification multi-utilisateur* dans l'onglet **Modification**.

Partager un classeur — Chapitre 17

Figure 17.1 :
La boîte de dialogue Options de partage du fichier

L'onglet **Avancé** vous permet de piloter la durée de conservation de l'historique des modifications, ainsi que la fréquence de prise en compte des modifications, lors de l'enregistrement du fichier ou selon une périodicité fixe que vous déterminez. Si vous choisissez la deuxième possibilité, vous donnerez éventuellement la priorité à vos modifications sur celles des autres. Vous pouvez enfin déterminer la procédure à retenir en cas de modifications contradictoires sur une même cellule.

4 Validez par OK.

Excel indique que le fichier doit être enregistré et demande confirmation de la poursuite de l'opération. Une fois l'opération terminée, le mot Partagé apparaît entre crochets dans la barre de titre, accolé au nom du classeur.

Figure 17.2 :
Indicateur de partage

Le classeur est maintenant partagé et plusieurs utilisateurs peuvent y accéder afin d'y apporter des modifications. Pour obtenir la liste des personnes "connectées" au fichier, utilisez le bouton **Partager le classeur** de l'onglet **Révision**.

Chapitre 17 Exploiter les possibilités d'Internet et de la messagerie

Figure 17.3 :
Liste des utilisateurs
accédant au classeur

> **Restrictions liées au partage d'un classeur**
> Une fois le classeur partagé, vous ne pouvez plus fusionner des cellules, appliquer des mises en forme conditionnelles, créer des validations ou des plans, insérer des sous-totaux, créer des scénarios, insérer des graphiques, créer des liens hypertextes, attribuer des mots de passe, créer des tableaux croisés dynamiques, insérer des feuilles de calcul ou modifier les macros.

Suivre et réviser les modifications

Afin d'éviter les conflits ou les discussions pour connaître les auteurs de chaque modification, Excel dispose d'une fonctionnalité très performante d'affichage des modifications et de gestion (révision) des modifications.

Afficher les modifications

Nous supposerons qu'un certain nombre de modifications ont été apportées à notre classeur partagé par les utilisateurs potentiels. Nous allons maintenant afficher ces modifications :

Partager un classeur — Chapitre 17

1 Dans l'onglet **Révision**, cliquez sur le bouton **Suivi des modifications** du groupe *Modifications*, puis sélectionnez **Afficher les modifications**.

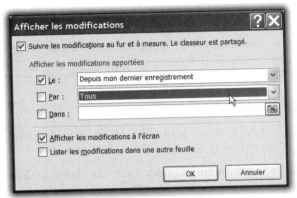

Figure 17.4 : La boîte de dialogue Afficher les modifications

2 La boîte de dialogue **Afficher les modifications** apparaît. La première case à cocher indique que le fichier est partagé. Si vous la désélectionnez, cela supprime le partage du fichier ainsi que l'historique des modifications.

3 Les autres options vous permettent de définir des critères sur l'auteur et la période des modifications. La zone *Dans* permet de spécifier une plage de cellules particulière. Si elle est vierge, cela signifie que nous nous intéressons à l'ensemble du classeur. La case à cocher *Afficher les modifications à l'écran* indique que les modifications seront mises en évidence sur les feuilles de calcul correspondantes. La case à cocher *Lister les modifications dans une autre feuille* conduit à la création automatique d'une feuille de calcul **Historique** qui recense la liste des modifications. Sélectionnez cette option.

4 Validez par OK.

> **REMARQUE — Suivi des modifications**
> Les modifications relatives à la mise en forme ne sont pas répertoriées dans la feuille **Historique**.

Dans les feuilles de calcul, les cellules modifiées sont marquées par un petit triangle, situé en haut et à gauche. Tous ces triangles ne sont pas de la même couleur, chaque utilisateur ayant la sienne. Si vous placez le

LE GUIDE COMPLET 611

curseur sur une cellule mise en exergue, un commentaire s'affiche, indiquant la personne qui a modifié la cellule, le moment où cette modification a eu lieu et l'objet de cette modification.

Plusieurs modifications sur une cellule
Si plusieurs modifications ont été apportées à une cellule, seule la dernière est affichée sous cette forme.

Réviser les modifications

Maintenant que les modifications sont affichées, vous pouvez les passer en revue pour les accepter ou les refuser.

1 Dans l'onglet **Révision**, cliquez sur le bouton **Suivi des modifications** du groupe *Modifications*, puis sélectionnez **Accepter ou refuser les modifications**.

2 Les différentes options vous permettent de définir des critères sur le statut (Pas encore révisé,…) des modifications, leur auteur ou la plage de cellules concernée.

3 Validez par OK.

La première série de modifications non révisée apparaît.

Vous avez plusieurs possibilités :

- sélectionner la modification que vous souhaitez accepter et cliquer sur **Accepter** ;
- cliquer sur **Refuser** pour refuser la modification ;
- cliquer sur **Accepter tout** pour accepter toutes les modifications relatives au classeur (ou à la plage de cellules sélectionnée) ;
- cliquer sur **Refuser tout** pour refuser toutes les modifications relatives au classeur (ou à la plage de cellules sélectionnée) ;
- cliquer sur **Fermer** pour suspendre le processus de révision.

Protéger un classeur partagé

Protéger le contenu d'un classeur partagé

Une fois le classeur partagé, il n'est plus possible de définir une protection du contenu. En effet, les boutons **Protéger la feuille** et **Protéger le classeur** du groupe *Modifications* de l'onglet **Révision** sont désactivés.

Il faut donc se préoccuper de ces protections avant de partager un classeur.

Protéger l'historique des modifications

Il est possible de mettre en place une protection de l'historique des modifications à l'aide du bouton **Partager et protéger le classeur** du groupe *Modifications* de l'onglet **Révision**.

Cochez *Partage avec suivi des modifications* et spécifiez éventuellement un mot de passe. Ainsi, aucun utilisateur du fichier ne pourra (sans connaître le mot de passe) désactiver le suivi des modifications du classeur partagé.

Annuler le partage d'un classeur

Annuler le partage de façon globale

Pour désactiver le partage d'un classeur, utilisez le bouton **Partager le classeur** du groupe *Modifications* de l'onglet **Révision**. Si le partage du classeur n'est pas protégé, désélectionnez la case *Permettre une modification multi-utilisateur*.

L'historique des modifications est perdu. Les utilisateurs en cours de travail sur le fichier ne pourront pas sauvegarder leurs modifications (le fichier est en lecture seule).

Déconnecter un ou plusieurs utilisateurs

Pour déconnecter un ou plusieurs utilisateurs du classeur partagé, sans supprimer le partage du classeur :

1 Dans l'onglet **Révision**, cliquez sur le bouton **Partager le classeur** du groupe *Modifications*.

2 Dans la zone *Ce classeur est ouvert par les utilisateurs suivants*, sélectionnez le premier utilisateur à déconnecter.

3 Cliquez sur **Supprimer**.

4 Répétez l'opération pour les autres utilisateurs à déconnecter.

17.2. Envoyer un classeur par messagerie

Une autre possibilité de travail en commun avec Excel consiste à diffuser un classeur par messagerie. Pour exploiter ces fonctionnalités, il est nécessaire qu'un logiciel de messagerie (tel que Microsoft Outlook) soit présent sur votre ordinateur.

Pour envoyer un classeur :

1 Cliquez sur le bouton **Microsoft Office**, choisissez la commande **Envoyer**, puis **Courrier électronique**.

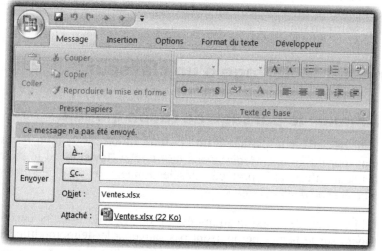

Figure 17.5 : Le message électronique

2 Un message électronique est automatiquement créé. Son objet reprend le nom du classeur qui est intégré en tant que pièce jointe.

3 Vous pouvez indiquer les destinataires principaux (zone *À*) et les destinataires en copie (zone *Cc*). Vous pouvez également insérer d'autres pièces jointes. Utilisez les onglets **Message**, **Insertion**, **Options** et **Format du texte** pour modifier le texte du message, ainsi que les paramètres d'envoi, de suivi, etc.

4 Saisissez le corps du message et cliquez sur **Envoyer**.

Le message électronique apparaît comme tout autre message dans la boîte à lettres du destinataire.

17.3. Enregistrer un classeur au format .html

La première possibilité offerte pour diffuser des documents au format *.html* est l'enregistrement sans interactivité.

1 Cliquez sur le bouton **Microsoft Office** et choisissez la commande **Enregistrer sous**.

2 Dans la boîte de dialogue **Enregistrer sous**, sélectionnez *Page Web* dans la zone *Type de fichier*, puis choisissez l'emplacement où enregistrer le document.

3 Sélectionnez *Classeur entier*.

4 Modifiez éventuellement le nom du fichier. Par défaut, il s'agit du nom du classeur avec le suffixe *.htm*.

Figure 17.6 : La boîte de dialogue Enregistrer sous

5 Cliquez sur le bouton **Modifier le titre**. La boîte de dialogue qui apparaît vous permet de saisir un texte qui figurera dans la barre de titre du navigateur.

Figure 17.7 :
Définir le titre de la page

6 Cliquez sur **Enregistrer**.

Vous pouvez visualiser le document créé à l'aide de votre navigateur Internet.

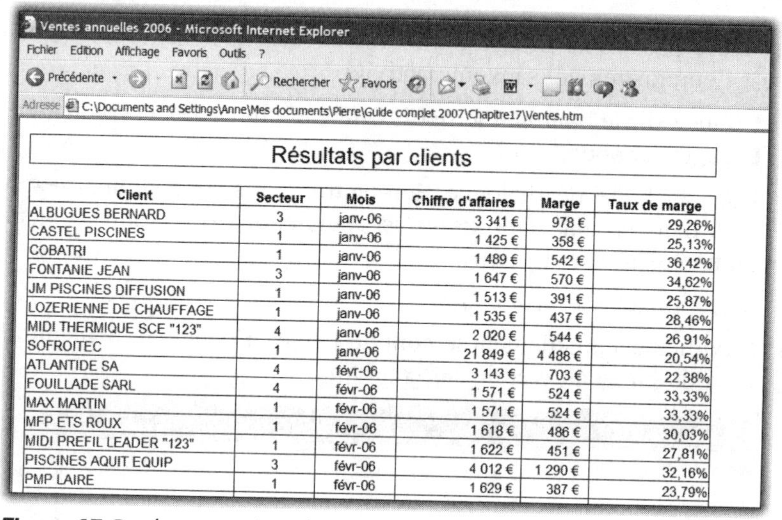

Résultats par clients

Client	Secteur	Mois	Chiffre d'affaires	Marge	Taux de marge
ALBUGUES BERNARD	3	janv-06	3 341 €	978 €	29,26%
CASTEL PISCINES	1	janv-06	1 425 €	358 €	25,13%
COBATRI	1	janv-06	1 489 €	542 €	36,42%
FONTANIE JEAN	3	janv-06	1 647 €	570 €	34,62%
JM PISCINES DIFFUSION	1	janv-06	1 513 €	391 €	25,87%
LOZERIENNE DE CHAUFFAGE	1	janv-06	1 535 €	437 €	28,46%
MIDI THERMIQUE SCE "123"	4	janv-06	2 020 €	544 €	26,91%
SOFROITEC	1	janv-06	21 849 €	4 488 €	20,54%
ATLANTIDE SA	4	févr-06	3 143 €	703 €	22,38%
FOUILLADE SARL	4	févr-06	1 571 €	524 €	33,33%
MAX MARTIN	1	févr-06	1 571 €	524 €	33,33%
MFP ETS ROUX	1	févr-06	1 618 €	486 €	30,03%
MIDI PREFIL LEADER "123"	1	févr-06	1 622 €	451 €	27,81%
PISCINES AQUIT EQUIP	3	févr-06	4 012 €	1 290 €	32,16%
PMP LAIRE	1	févr-06	1 629 €	387 €	23,79%

Figure 17.8 : *La page dans le navigateur*

REMARQUE

Limitations inhérentes au format .html

Certaines options de mise en forme ne sont pas conservées lors de l'enregistrement au format *.html*. Par exemple, les textes obliques dans les en-têtes de colonnes, ainsi que les cellules fusionnées.

Enregistrer une feuille ou une sélection

Il est possible d'enregistrer uniquement la feuille active en sélectionnant l'option *Sélection :Feuille* dans la boîte de dialogue **Enregistrer sous** vue précédemment.

Si, de plus, avant d'enregistrer, vous sélectionnez une plage de cellules, l'option *Sélection* affiche la plage sélectionnée et vous permet de l'enregistrer.

17.4. Utiliser des liens hypertextes

Les liens hypertextes sont des outils largement répandus dans le monde du Web. Ils permettent de naviguer entre les documents ou les sites

Utiliser des liens hypertextes — Chapitre 17

Internet et peuvent également faciliter la navigation au sein d'un document très volumineux.

Créer un lien hypertexte

Pour mettre en place un lien hypertexte :

1 Sélectionnez la cellule qui doit contenir le lien.

2 Dans l'onglet **Insertion**, cliquez sur le bouton **Lien hypertexte** du groupe *Liens*.

> **Autres possibilités**
> Il existe deux autres façons de créer un lien hypertexte : cliquer du bouton droit et choisir **Lien hypertexte** dans le menu contextuel ou utiliser la combinaison de touches [Ctrl]+[K].

3 Dans la boîte de dialogue **Insérer un lien hypertexte**, sélectionnez d'abord le type de lien à créer :

Figure 17.9 : La boîte de dialogue Insérer un lien hypertexte

— *Fichier ou page Web existant(e)* permet de créer un lien avec un fichier existant, en le recherchant dans l'arborescence des dossiers, ou vers un site web en saisissant son adresse dans la zone *Adresse*. Le bouton **Signet** permet d'accéder aux éventuels signets du document pour faire en sorte que le lien soit "dirigé" vers l'un d'entre eux.

— *Emplacement dans ce document* permet de choisir la feuille de calcul cible (dans le classeur en cours) du lien hypertexte dans la liste *Référence de cellule*. Vous devez saisir ensuite la

Chapitre 17 — Exploiter les possibilités d'Internet et de la messagerie

référence de la cellule dans la zone *Entrez la référence de la cellule*. Vous pouvez également cliquer sur le nom représentant les cellules cibles dans la liste *Noms définis*.

- *Créer un nouveau document* permet de créer un nouveau document avec un nom spécifié et de l'ouvrir en modification (selon la valeur prise par l'option *Quand modifier*).

- *Adresse de messagerie* permet de créer un nouveau message vers une adresse de messagerie.

4 Dans la zone *Texte à afficher* apparaît le contenu de la cellule qu'il est possible de modifier.

5 Cliquez sur **Info-bulle** et saisissez un texte qui s'affichera lorsque le pointeur de la souris survolera la cellule.

6 Validez par OK.

Le lien apparaît en bleu et souligné. Pour "suivre" le lien, cliquez et maintenez le bouton de la souris appuyé. Lorsque le pointeur de la souris se transforme en main, relâchez le bouton de la souris. Pour sélectionner uniquement la cellule qui contient le lien, cliquez sur cette dernière.

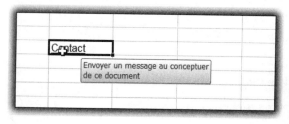

Figure 17.10 :
Un lien hypertexte vers une adresse de messagerie

Modifier un lien hypertexte

Cliquez du bouton droit sur le lien hypertexte puis sélectionnez la commande **Modifier le lien hypertexte** dans le menu contextuel.

La boîte dialogue **Insérer un lien hypertexte** permet de modifier les paramètres du lien.

Il est possible de supprimer le lien hypertexte en cliquant sur le bouton **Supprimer le lien**.

Supprimer un lien hypertexte

Cliquez du bouton droit sur le lien hypertexte, puis sélectionnez la commande **Supprimer le lien hypertexte** dans le menu contextuel.

Vous pouvez aussi utiliser la touche [Suppr]. Dans ce cas, le contenu de la cellule disparaîtra également.

Modifier la mise en forme des liens hypertextes

Pour modifier la mise en forme par défaut des liens hypertextes, utilisez le bouton **Styles de cellules** du groupe *Style* de l'onglet **Accueil**. Dans la galerie des styles prédéfinis, cliquez du bouton droit sur *Lien hypertexte* ou *Lien hypertexte visité* et sélectionnez la commande **Modifier**.

17.5. Cas pratique : Publier un planning sur Internet

Dans ce cas pratique, nous allons mettre en œuvre la publication d'un classeur Excel, en l'occurrence le planning d'une équipe travaillant sur plusieurs projets. Un tel document est susceptible d'évoluer, en fonction de l'avancement des divers projets. Pour assurer la cohérence entre le document initial et le document mis à disposition sur le réseau, il est préférable d'utiliser la fonction de publication d'Excel par rapport à l'enregistrement au format HTML vu précédemment dans ce chapitre.

Voyons maintenant comment publier notre planning :

1 Cliquez sur le bouton **Microsoft Office** et choisissez la commande **Enregistrer sous**.

2 Dans la boîte de dialogue **Enregistrer sous**, sélectionnez *Page Web* dans la zone *Type de fichier*, puis choisissez l'emplacement où enregistrer le document (site web ou réseau intranet, par exemple).

3 Saisissez le nom du fichier *Planning_Equipe.htm*.

4 Cliquez sur le bouton **Modifier le titre**. La boîte de dialogue qui apparaît vous permet de saisir un texte qui figurera dans la barre de titre du navigateur. Saisissez `Planning Equipe Projet`.

5 Cliquez sur **Publier**.

Dans la zone *Éléments à publier*, vous pouvez sélectionner l'intégralité du classeur ou chacune des feuilles.

6 Sélectionnez *Éléments sur Feuil1*, ce qui correspond à la feuille **Feuil1** de notre classeur (celle qui contient le planning). Sélectionnez *Feuille* dans la liste.

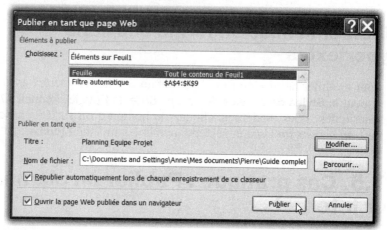

Figure 17.11 : Liste des éléments de la feuille Feuil1

7 Modifiez éventuellement le titre de la page en cliquant sur **Modifier**.

8 Modifiez le nom et l'emplacement de stockage du document dans la zone *Nom de fichier*.

9 Sélectionnez *Republier automatiquement à chaque enregistrement de ce classeur* afin que le document HTML soit mis à jour à chaque enregistrement du classeur.

10 Sélectionnez *Ouvrir la page publiée dans un navigateur* pour voir immédiatement le résultat de votre publication.

11 Cliquez sur **Publier** (voir Figure 17.12).

Le classeur et les données publiées sont deux entités distinctes. Le classeur reste au format *.xlsx*, mais dorénavant, chaque fois que vous enregistrerez le classeur, les données publiées seront remises à jour (puisque nous avons coché *Republier automatiquement à chaque enregistrement de ce classeur*).

Cas pratique : Publier un planning sur Internet Chapitre 17

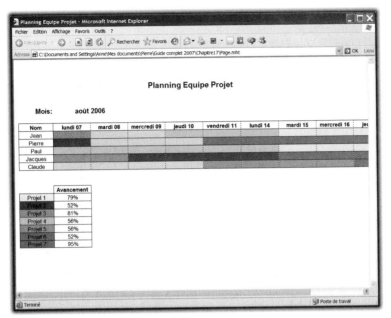

Figure 17.12 : Le planning publié

Chapitre 18

Automatiser les traitements avec les macros et VBA

Enregistrer une macro 624
Affecter une macro à un bouton 626
Afficher l'onglet Développeur 628
Gérer les niveaux de sécurité 628
Découvrir les notions de base de la programmation en VBA 630
Découvrir l'éditeur VBA 640
Cas pratique : Quelques macros utiles 647

Chapitre 18 — Automatiser les traitements avec les macros et VBA

Lors de vos séances de travail avec Excel, il vous arrive certainement d'effectuer des manipulations répétitives. Excel peut vous simplifier la vie car il est capable de prendre en charge, de façon autonome, ces opérations répétitives. Il peut en effet stocker des macrocommandes (familièrement appelées "macros") et les exécuter à la demande.

Une macro est un ensemble d'instructions qui s'enchaînent pour réaliser une tâche déterminée. Les macros utilisent un langage de programmation : *Visual Basic pour Applications* (VBA). VBA est un langage de programmation évolué utilisé par les applications bureautiques de Microsoft. Si vous n'êtes pas amateur de programmation, rassurez-vous. Il est en effet possible de créer des macros sans connaître un mot de VBA. Comment ? En demandant à Excel de vous "filmer" lorsque vous effectuez des manipulations. Excel traduit chacune des manipulations en VBA et stocke leur déroulement dans une macro, que vous pourrez par la suite exécuter. Elle reproduira fidèlement vos manipulations.

Mais les possibilités de VBA vont bien au-delà. Il permet non seulement d'automatiser des tâches répétitives mais également de concevoir de véritables applications "professionnelles" à partir d'Excel. Bien entendu, nous ne pourrons pas aller aussi loin dans le cadre de cet ouvrage. En revanche, nous passerons en revue quelques points clés que vous pourrez ensuite mettre à profit pour développer vos propres applications.

18.1. Enregistrer une macro

La façon la plus simple et la plus rapide de créer une macro avec Excel consiste à utiliser l'Enregistreur de macros. Le principe est simple : après avoir activé l'enregistreur, il suffit de réaliser les différentes manipulations avec Excel (mise en forme, tri, etc.). L'enregistreur "traduit" alors ces opérations en code VBA dans une macro. Bien entendu, cette façon de procéder ne permet de créer que des macros "linéaires", sans boucle ni test logique. Une des utilisations principales de ce type de macros est la mise en forme de documents "bruts". Il faut, bien sûr, que le document sur lequel vous appliquerez la macro préalablement enregistrée soit de structure strictement identique à celui qui a servi à enregistrer la macro.

Pour lancer l'enregistrement d'une macro :

1 Dans la barre d'état, cliquez sur le bouton d'enregistrement de macro.

Enregistrer une macro — Chapitre 18

2 Dans la boîte de dialogue **Enregistrer une macro**, saisissez le nom de la macro dans la zone *Nom de la macro*. Par défaut, Excel propose des noms du type *Macro1*.

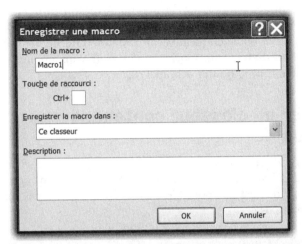

Figure 18.1 : *La boîte de dialogue Enregistrer une macro*

Les noms des macros peuvent contenir des lettres et des chiffres, mais le premier caractère doit être une lettre. Si le nom est composé de plusieurs mots, ces derniers doivent être séparés par le caractère de soulignement (pas d'espace).

3 Attribuez un raccourci clavier à la macro en saisissant un caractère dans la zone *Touche de raccourci*.

4 La zone *Enregistrer la macro dans* permet de définir l'endroit où sera stockée votre macro. Vous avez plusieurs choix possibles :

— *Classeur de macros personnelles* enregistre la macro dans le classeur *PERSONAL.XLSB*. Ce classeur est créé automatiquement dans le répertoire *XLStart*, qui contient tous les fichiers ouverts au lancement d'Excel. Cela permet ainsi de créer des macros utilisables dans tous les classeurs. Le classeur *PERSONAL.XLSB* est masqué par défaut.

— *Nouveau classeur* crée un nouveau classeur et y enregistre la macro.

— *Ce classeur* enregistre la macro dans le classeur en cours.

5 Vous pouvez saisir des commentaires dans la zone *Description*. Par défaut, cette zone contient la date du jour et le nom de l'utilisateur.

6 Validez par OK.

7 Il vous reste à effectuer "normalement" vos différentes manipulations dans Excel. Une fois que vous avez terminé, cliquez sur le bouton **Arrêter l'enregistrement** de la barre d'état. Toutes les opérations que vous effectuerez entre le moment où vous cliquez sur le bouton OK de la boîte de dialogue **Enregistrer une macro** et celui où vous cliquez sur ce bouton viendront s'ajouter à la macro.

Enregistrer un classeur contenant des macros

Lorsque vous avez créé des macros dans un classeur au format .*xlsx* (format standard d'Excel 2007), un message d'avertissement apparaîtra vous indiquant qu'il n'est pas possible d'enregistrer les macros dans un classeur au format .*xlsx*.

Figure 18.2 : Message d'avertissement

Si vous cliquez sur **Oui**, vos macros enregistrées seront détruites. Si vous souhaitez conserver vos macros, cliquez sur **Non** et enregistrez votre classeur au format .*xlsm* qui, lui, gère les macros.

18.2. Affecter une macro à un bouton

Il est possible d'exécuter une macro de deux façons : avec un raccourci clavier ou en cliquant sur le bouton **Lire la macro** de la barre d'état. Cela n'est pas toujours convivial. Pour remédier à ces imperfections, il est possible d'associer une macro à un bouton que vous pourrez ajouter à la barre d'outils *Accès rapide*.

1 Cliquez sur le bouton **Microsoft Office** puis sur **Options Excel**. Sélectionnez la catégorie **Personnaliser**.

2 Sélectionnez *Macros* dans la liste de choix des commandes.

Affecter une macro à un bouton Chapitre 18

3 Sélectionnez la macro à ajouter à la barre d'outils *Accès rapide* et cliquez sur **Ajouter**.

4 Sélectionnez la macro dans la zone de droite et cliquez sur **Modifier**. Sélectionnez une nouvelle icône pour le bouton de la macro.

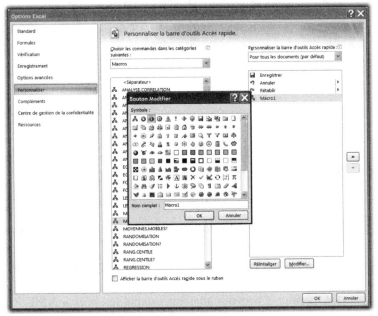

Figure 18.3 : La boîte de dialogue Options Excel

5 Validez par OK

Le nouveau bouton est opérationnel.

> **Affectation de macros à des boutons**
> Lorsque vous ajoutez un bouton à la barre d'outils, il y demeurera jusqu'à ce que vous le supprimiez. Lorsque vous affectez à un bouton une macro d'un classeur autre que *PERSONAL.XLSB*, si le classeur contenant la macro n'est pas ouvert lorsque vous cliquez sur le bouton, Excel tentera de le charger. S'il y parvient, il exécutera la macro. Dans le cas contraire, un message d'erreur s'affichera.
> Lors de la personnalisation de la barre d'outils *Accès rapide*, vous avez la possibilité d'indiquer que vous souhaitez que la personnalisation ne s'applique qu'au classeur en cours. Le bouton d'accès à la macro sera donc présent uniquement dans ce classeur, ce qui limite les risques d'erreur.

Chapitre 18 — Automatiser les traitements avec les macros et VBA

18.3. Afficher l'onglet Développeur

Pour bénéficier pleinement des possibilités de Visual Basic pour Applications dans Excel 2007, vous devrez afficher un onglet supplémentaire dans le Ruban : **Développeur**. Procédez ainsi :

1 Cliquez sur le bouton **Microsoft Office** puis sur **Options Excel**. Sélectionnez la catégorie **Standard**.
2 Cochez la case *Afficher l'onglet Développeur dans le ruban*.
3 Cliquez sur OK.

Figure 18.4 : L'onglet Développeur

L'onglet **Développeur** est composé des groupes suivants :

- **Code** permet d'accéder à l'éditeur VBA, à l'enregistrement et au lancement des macros.
- **Contrôles** permet de créer et de modifier des contrôles actifs (boutons, listes de choix, etc.).
- **XML** permet d'accéder aux fonctionnalités liées à XML.

18.4. Gérer les niveaux de sécurité

Quand vous recevez des classeurs Excel dont vous ne connaissez pas l'émetteur, soyez prudent lorsque ce classeur contient des macros. En effet, une macro est un programme. Certains utilisateurs malveillants peuvent donc créer des macros qui sont des virus. Il est préférable de rester prudent avant d'ouvrir un classeur qui contient des macros. Il est possible de réaliser des macros qui s'exécutent automatiquement à l'ouverture d'un classeur. Il peut alors être trop tard pour réagir. Excel est capable de vous prévenir lorsqu'un classeur contient une macro.

Pour cela, vous devez spécifier un niveau de sécurité.

1 Dans l'onglet **Développeur**, cliquez sur le bouton **Sécurité des macros** du groupe *Code*.

Gérer les niveaux de sécurité — Chapitre 18

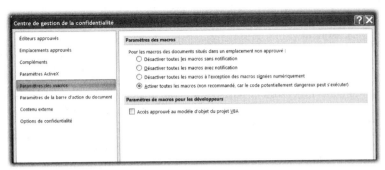

Figure 18.5 : La boîte de dialogue Sécurité

2 Grâce à l'onglet **Niveau de sécurité**, choisissez entre quatre niveaux de sécurité :

— *Désactiver toutes les macros sans notification* permet de spécifier un niveau de sécurité maximal, puisque les macros sont tout simplement ignorées.

— *Désactiver toutes les macros avec notification.* Excel vous informe que le classeur contient des macros mais il ne les exécutera pas.

— *Désactiver toutes les macros à l'exception des macros signées numériquement* permet l'exécution des macros qui ont été signées par des sources fiables (définies dans la catégorie **Éditeurs approuvés**). Si les macros sont signées par une source inconnue, une boîte de dialogue s'affiche avec des informations sur le certificat. Vous pouvez alors décider de l'ajouter ou non aux sources fiables. Dans tous les autres cas, les macros sont désactivées.

— *Activer toutes les macros* exécute toutes les macros, sans avertissement.

Pour signer les macros d'un classeur :

1 Ouvrez le classeur contenant les macros à signer.

2 Dans l'onglet **Développeur**, cliquez sur le bouton **Visual Basic** du groupe *Code*.

3 Sélectionnez le menu **Outils** puis **Signature électronique**.

4 Cliquez sur **Choisir** et sélectionnez le certificat.

5 Validez par OK.

Chapitre 18 — Automatiser les traitements avec les macros et VBA

> **Certificat**
> Un certificat est un "label" d'intégrité obtenu auprès d'un organisme indépendant tel que Verisign, appelé autorité de certification commerciale. Un certificat permet de signer numériquement un document. Le certificat utilisé confirme que la macro ou le document proviennent du signataire ; la signature confirme que la macro ou le document n'ont pas été modifiés.

18.5. Découvrir les notions de base de la programmation en VBA

Nous allons passer rapidement en revue les notions de base liées à la programmation en VBA.

Découvrir les objets

Les objets constituent le cœur de la programmation sous VBA, il convient donc de maîtriser leur manipulation.

Définition

VBA est un langage orienté objets. Pour VBA, un classeur, une feuille de calcul, une cellule, un bouton ou un graphique, par exemple, sont des objets. Il existe une hiérarchie entre les objets. En effet, un objet "classeur" est composé d'objets "feuilles de calcul", eux-mêmes composés d'objets "cellules".

VBA peut ainsi identifier précisément chaque objet et lui appliquer des traitements.

On parle de collection d'objets pour identifier plusieurs objets du même type (l'ensemble des classeurs ouverts par exemple ou l'ensemble des feuilles de calcul d'un classeur).

Les propriétés

Un être humain est défini par son poids, sa taille, la couleur de ses cheveux, de ses yeux, etc. VBA considérerait ces caractéristiques comme les propriétés de l'objet "homme". Il s'agit en fait des caractéristiques définissant l'apparence et la position de l'objet. Une feuille de calcul possède par exemple une propriété qui définit son nom. Une cellule possède des propriétés permettant de définir son contenu, la couleur du fond, la police, la hauteur, etc.

La syntaxe est *objet.propriété*.

Tableau 18.1 : Quelques exemples de propriétés

Exemple	Signification
ActiveWorkbook .ActiveSheet	Nom de la feuille active du classeur actif
Worksheets(1).Name	Nom de la première feuille du classeur actif
Range("C17").Value	Valeur de la cellule C17

Les méthodes

Un être humain peut marcher, courir, manger, dormir, etc. Pour VBA, ces facultés seraient les méthodes de l'objet "homme". Il s'agit de l'ensemble des actions pouvant s'appliquer à l'objet. Ainsi, une feuille de calcul dispose d'une méthode permettant de calculer les formules qu'elle contient.

La syntaxe est *objet.méthode*.

Tableau 18.2 : Quelques exemples de méthodes

Exemple	Signification
Workbooks.Close	Ferme tous les classeurs actifs.
Worksheets(1).Calculate	Calcule les formules de la première feuille du classeur actif.
Range("C17") .ClearContents	Efface le contenu de la cellule C17.

Découvrir les procédures

Une procédure est un ensemble d'instructions réunies en une seule unité.

Il existe deux types de procédures :

Chapitre 18 — Automatiser les traitements avec les macros et VBA

- les routines ;
- les fonctions.

Les routines

Une routine est une procédure conçue dans le but de réaliser une tâche spécifique. Lorsque vous enregistrez une macro, une routine est automatiquement créée par l'Enregistreur de macros.

Une routine est construite de la façon suivante :

```
Sub Nom_Routine (Arguments)
Instruction
Instruction
...
End Sub
```

Les arguments sont des paramètres éventuellement transmis à la routine pour qu'elle puisse les traiter. Une routine débute par l'instruction Sub, suivie du nom de la routine.

> **Règles d'appellation des routines**
> Les noms des routines peuvent comprendre des lettres et des chiffres, mais le premier caractère doit être une lettre. Si le nom est composé de plusieurs mots, ces derniers doivent être séparés par le caractère de soulignement (pas d'espace ni de point).

La routine se termine par l'instruction End Sub mais il est possible de prévoir une sortie anticipée, dans certaines situations, grâce à l'instruction Exit Sub.

Il est possible d'appeler une routine à partir d'une autre routine grâce à l'instruction Call, suivie du nom de la routine appelée.

Une routine est publique lorsqu'elle peut être appelée depuis d'autres modules de code. Une routine privée est, quant à elle, uniquement accessible depuis son propre module. Pour créer une routine publique, il faut utiliser Public Sub. Pour créer une routine privée, il faut utiliser l'instruction Private Sub. À la différence des routines privées, les routines publiques apparaissent dans la boîte de dialogue **Macro**.

Les fonctions

Les fonctions sont également constituées d'un ensemble d'instructions, mais à la différence des routines, elles renvoient un résultat obtenu grâce à un calcul.

Une routine est construite de la façon suivante :

```
Function Nom_Fonction (Arguments)
Instruction
Instruction
...
Nom_Fonction=Expression
End Function
```

Les arguments sont des paramètres éventuellement transmis à la fonction pour qu'elle puisse les traiter. Une fonction débute par l'instruction `Function`, suivie du nom de la fonction.

La fonction se termine par l'instruction `End Function` mais il est possible de prévoir une sortie anticipée, dans certaines situations, grâce à l'instruction `Exit Function`.

Il est impératif que la dernière ligne de la fonction renvoie le résultat du calcul. Voici par exemple une fonction simplifiée de conversion des francs en euros :

```
Function Conv_Euro (Montant)
    Conv_Euro=Montant/6.55957
End Function
```

Comme pour les routines, il existe des fonctions publiques (`Public Function`) et des fonctions privées (`Private Function`).

Découvrir les variables

Les variables sont utilisées dans les routines et les fonctions pour stocker des données. Elles peuvent être de plusieurs types :

- objets ;
- numériques ;
- chaînes de caractères ;
- booléennes (Vrai ou Faux) ;
- dates.

Objets

Une telle variable peut contenir une cellule, une feuille de calcul, etc.

Numériques

Il existe plusieurs types de variables numériques. Elles dépendent de la précision et de l'étendue de la plage de valeurs :

- Byte : 0 à 255.
- Integer : -32 768 à 32 767.
- Long : -2 147 483 648 à 2 147 483 647.
- Single : -3,402823E38 à -0,401298E-45 pour les valeurs négatives, et 1,401298E-45 à 3,402823E38 pour les valeurs positives.
- Double : -1,79769313486231E308 à -4,94065645841247E-324 pour les valeurs négatives, et 4,94065645841247E-324 à 1,79769313486232E308 pour les valeurs positives.
- Currency : 922 337 203 685 477,5808 à 922 337 203 685 477,5807. Ce type de données est utilisé dans les calculs monétaires ou dans les calculs à virgule fixe pour lesquels une grande précision est requise.
- Decimal : Pour les nombres qui ne comprennent pas de décimales, la plage de valeurs est +/-79 228 162 514 264 337 593 543 950 335. Pour les nombres à 28 décimales, la plage est +/- 7,9228162514264337593543950335.

Le séparateur décimal est systématiquement le point.

Chaînes de caractères

Il existe deux types de chaînes de caractères :

- les chaînes de caractères à longueur fixe qui peuvent contenir jusqu'à 65 400 caractères ;
- les chaînes de caractères à longueur variable qui peuvent contenir jusqu'à 2 milliards de caractères.

Booléennes

Elles peuvent prendre seulement deux valeurs :

- *True* : vrai ;
- *False* : faux.

Dates

VBA accepte les dates jusqu'au 31 décembre 9999.

Déclarer les variables

Il est préférable de déclarer les variables au début d'une procédure. La déclaration consiste à donner le nom de la variable et à spécifier le type de données qu'elle peut recevoir. Cela permet de visualiser rapidement les données utilisées par votre procédure et évite d'éventuelles erreurs. En effet, si vous déclarez une variable comme numérique, vous ne pourrez y affecter du texte.

L'instruction utilisée est Dim. Sa syntaxe est la suivante :

```
Dim Nom_Variable As Type_de_Donnée
```

Dans la syntaxe, *Type_de_Donnée* peut prendre les valeurs suivantes :

- Object ;
- Byte ;
- Integer ;
- Long ;
- Single ;
- Double ;
- Currency ;
- String : chaîne de caractères de longueur variable ;
- String * Nb_Caractères : chaîne de caractères de longueur égale à Nb_Caractères ;
- Boolean ;
- Date ;
- Variant.

Le dernier type de variable peut contenir tout type de valeurs (numériques, caractères, etc.). Il est à utiliser lorsque vous ne connaissez pas le type des données susceptibles d'être affectées à une variable. Lorsque vous ne déclarez pas vos variables, elles sont créées automatiquement avec ce type de données. Ce dernier est gourmand en mémoire car il prévoit de l'espace pour accepter tous les autres types.

> **Affectation de valeurs aux variables**
> Exemple d'affectation d'une valeur numérique à une variable :
> `Variable_Num=10`
>
> Exemple d'affectation d'une chaîne de caractères à une variable :
> `Variable_Chaine="Texte"`
>
> Exemple d'affectation d'une date à une variable :
> `Variable_Date=#16/10/71#`
>
> Exemple d'affectation d'une valeur booléenne à une variable :
> `Variable_Booleen=True`

Les tableaux

Dans certaines situations, il est nécessaire de stocker des listes de valeurs, une liste de noms par exemple. Le nom de la variable est unique mais chaque valeur est repérée par un numéro.

Par exemple :
```
Dim Noms(10) As String
Nom(0)="Pierre"
Nom(1)="Paul"
Nom(2)="Jacques"
...
```

La numérotation débute par l'indice 0. Ainsi dans l'exemple précédent, il est possible de stocker onze noms dans notre liste.

Un tableau peut comprendre plusieurs dimensions :
```
Dim Chiffre_Affaires(5,4) As Long
```

Le tableau *Chiffre_Affaires* peut contenir 6 x 5 = 30 valeurs. Par exemple, la première dimension peut correspondre aux commerciaux (six commerciaux) et la deuxième aux produits (cinq produits). *Chiffre_Affaires(1,3)* correspond au chiffre d'affaires du commercial 1 pour le produit 3.

La portée et la durée de vie des variables

La portée d'une variable est "l'espace", c'est-à-dire l'ensemble des procédures dans lesquelles elle est accessible. Lorsqu'une variable est déclarée à l'intérieur d'une procédure, elle est uniquement accessible dans cette procédure. Une telle variable est dite privée. Pour qu'une variable soit accessible dans toutes les procédures d'un module, il faut la déclarer dans la section *Declarations* du module. Pour qu'une variable soit accessible dans tous les modules, il faut la déclarer dans la section *Declarations* du module à l'aide de `Public` (au lieu de `Dim`).

Une variable privée conserve sa valeur durant l'exécution de la procédure dans laquelle elle a été déclarée. Pour qu'elle conserve sa valeur après la fin de la procédure, il faut la déclarer avec l'instruction `Static` (au lieu de `Dim`).

Connaître les instructions fondamentales de VBA

Nous allons maintenant décrire quelques instructions de base de VBA. Évidemment, cette liste n'est pas exhaustive. Elle constitue simplement une boîte à outils pour débuter en programmation.

Les instructions de programmation

Call

Exécute une routine.

Syntaxe :   Call routine

routine   Nom de la routine à exécuter.

If...Then...Else...End If

Permet d'exécuter conditionnellement des instructions en fonction du résultat d'une expression. Si l'expression est vraie, les instructions situées après le mot-clé `Then` seront exécutées. Il est possible d'imbriquer plusieurs niveaux de tests.

Syntaxe :
```
If expression Then
    Instruction
    Instruction
```

```
...
Else
    Instruction
    Instruction
...
End If
```

Select Case...End Select

Exécute un des blocs d'instructions indiqués, selon la valeur d'une expression.

Syntaxe :
```
Select Case expression
Case valeur1
    Instruction
    Instruction
...
Case valeur2
    Instruction
    Instruction
...
Case Else
    Instruction
    Instruction
...
End Select
```

Do...Loop

Répète un bloc d'instructions aussi longtemps qu'une condition est vraie (True) ou jusqu'à ce qu'une condition devienne vraie (True).

Syntaxe1 :
```
Do While condition
    Instruction
    Instruction
...
Loop
```

Les instructions sont exécutées tant que la condition est vraie. Si la condition n'est pas réalisée avant d'entrer dans la boucle, les instructions ne seront pas modifiées.

Syntaxe2 :
```
Do Until condition
    Instruction
    Instruction
...
Loop
```

Les instructions sont exécutées jusqu'à ce que la condition devienne vraie. Si la condition est réalisée avant d'entrer dans la boucle, les instructions ne seront pas modifiées.

Syntaxe3 :
```
Do
    Instruction
    Instruction
...
Loop While condition
```

Les instructions sont exécutées tant que la condition est vraie. Même si la condition n'est pas réalisée avant d'entrer dans la boucle, les instructions seront exécutées au moins une fois puisque le test est en fin de boucle.

Syntaxe4 :
```
Do
    Instruction
    Instruction
...
Loop Until condition
```

Les instructions sont exécutées jusqu'à ce que la condition devienne vraie. Même si la condition est réalisée avant d'entrer dans la boucle, les instructions seront exécutées au moins une fois puisque le test est en fin de boucle.

For...Next

Répète un groupe d'instructions le nombre de fois indiqué.

Syntaxe :
```
For compteur = début To fin Step pas
    Instruction
    Instruction
...
Next compteur
```

La variable `compteur` prendra successivement les valeurs de `début` à `fin`, en ajoutant `pas` à chaque passage. `pas` peut être positif ou négatif, entier ou décimal.

On Error Goto

Valide une routine de gestion d'erreur et définit son emplacement au sein d'une procédure.

Syntaxe :   On Error GoTo étiquette

étiquette   Indique l'emplacement de la routine de gestion des erreurs.

Exemple :
```
Sub Test
On Error GoTo Erreur
...
Exit Sub
Erreur:
...Instructions de traitement des erreurs
End Sub
```

Il est souhaitable de positionner l'instruction `Exit Sub` avant le début de la routine de traitement des erreurs. Elle permet en effet de quitter la procédure sans que les instructions de traitement soient systématiquement exécutées quand tout se passe bien.

18.6. Découvrir l'éditeur VBA

L'éditeur Visual Basic propose des fonctionnalités intéressantes pour concevoir et mettre au point votre code.

Découvrir l'environnement

Pour accéder à l'éditeur VBA, vous avez deux solutions :

- Dans l'onglet **Développeur**, cliquez sur le bouton **Visual Basic** du groupe *Code*.
- Appuyez sur [Alt]+[F11].

Découvrir l'éditeur VBA Chapitre 18

Une fois l'éditeur ouvert, vous pouvez y accéder en cliquant sur son bouton dans la barre des tâches.

L'environnement présente deux fenêtres principales :

- l'Explorateur de projets ;
- la fenêtre des modules.

L'Explorateur de projets

Il présente, de manière hiérarchique, les éléments des projets en cours. À chaque classeur est associé un projet contenant :

- les feuilles de calcul et les graphiques ;
- les modules ;
- les boîtes de dialogues personnalisées.

Figure 18.6 :
L'explorateur de projets

Pour accéder à un des éléments de l'arborescence, double-cliquez dessus.

Chapitre 18 **Automatiser les traitements avec les macros et VBA**

Pour ouvrir l'Explorateur de projets (si celui-ci n'est pas affiché), vous avez deux solutions :

- Dans le menu **Affichage**, choisissez **Explorateur de projets**.
- Appuyez sur Ctrl+R.

Les modules

Pour accéder au code d'un module, double-cliquez sur son nom dans l'Explorateur de projets. Le module actif est alors indiqué en grisé dans l'Explorateur de projets.

Un projet peut comprendre plusieurs modules, permettant ainsi de regrouper de façon cohérente les diverses procédures.

Pour créer un nouveau module :

1 Sélectionnez le projet dans lequel ce module doit se trouver.
2 Choisissez la commande **Module** du menu **Insertion**.

Pour supprimer un module :

1 Sélectionnez ce module.
2 Cliquez du bouton droit.
3 Dans le menu contextuel, choisissez la commande **Supprimer**.

Une boîte de dialogue s'affiche pour demander si le module doit être exporté (sous forme de fichier texte) avant suppression.

La fenêtre des modules affiche toutes les procédures du module. Elle présente deux listes déroulantes au sommet :

- La première affiche les objets référencés dans le module (par exemple, les boutons sur une feuille de calcul).
- La seconde donne accès à une zone de déclaration (pour les variables publiques) ainsi qu'à chacune des procédures du module.

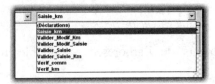

Figure 18.7 :
Liste déroulante Procédures

Découvrir l'éditeur VBA — Chapitre 18

La fenêtre des modules affiche soit toutes les procédures séparées par un trait horizontal, soit une procédure à la fois. Le basculement entre ces deux affichages est réalisé à l'aide des deux boutons situés en bas à gauche de la fenêtre.

Le code

Pour commencer une nouvelle procédure :

1 Dans la fenêtre de module, saisissez l'instruction Sub ou Function suivie du nom de la procédure.

2 Saisissez le code. Pour ce faire, vous disposez des fonctionnalités classiques de **Copier/Coller** et de **Rechercher/Remplacer**.

Lors de la saisie, il est souhaitable de décaler les lignes de code (touche [↹]) pour respecter la structure des blocs. Cela améliore la lisibilité.

```
(Général)                                    Stat_Activite
    Range("A2").Select
    Date_visite_en_cours = 0
    Commercial_en_cours = 0
    Do While ActiveCell.Value <> ""
        Commercial = ActiveCell.Offset(0, 3).Value
        Date_visite = ActiveCell.Offset(0, 4).Value
        Semaine = ActiveCell.Offset(0, 7).Value
        If (Semaine <= Semaine_fin) And (Semaine >= Semaine_debut)
            Sheets("Statistiques").Select
            Range("A8").Select
            Do While ActiveCell.Value <> ""
                If (ActiveCell.Value = Commercial) Then
                    If (Commercial <> Commercial_en_cours) Or (Date
                        ActiveCell.Offset(0, 5).Value = ActiveCell.
                        Date_visite_en_cours = Date_visite
                        Commercial_en_cours = Commercial
                    End If
                End If
                ActiveCell.Offset(1, 0).Select
            Loop
        End If
        Sheets("Infos commerciaux").Select
        ActiveCell.Offset(1, 0).Select
    Loop
```

Figure 18.8 : Utilisation des tabulations dans le code

Au fur et à mesure de la frappe, l'éditeur analyse les instructions que vous saisissez. Dès qu'il reconnaît le nom d'un objet, il vous propose une liste déroulante des propriétés et méthodes disponibles pour cet objet. Sélectionnez ce qui vous convient et appuyez sur [Entrée].

Chapitre 18 — Automatiser les traitements avec les macros et VBA

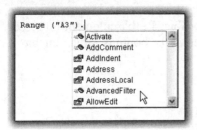

Figure 18.9 :
Choix des méthodes et propriétés

Lors de la saisie d'une fonction, l'éditeur affiche une infobulle précisant la syntaxe de cette fonction.

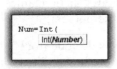

Figure 18.10 :
Infobulle

Il est possible de forcer l'affichage de cette infobulle. Pour cela :

1 Cliquez du bouton droit après la fonction souhaitée.

2 Dans le menu contextuel, sélectionnez **Info express**.

Maîtriser le débogage

Le débogage est l'action par laquelle le programmeur détecte et corrige les inévitables erreurs de saisie (voire de logique) du code Visual Basic. Pour cela, l'éditeur offre un arsenal d'outils efficaces.

La compilation

Avant d'exécuter une procédure, Visual Basic procède à sa compilation, c'est-à-dire qu'il traduit le code Visual Basic, langage élaboré, en langage machine exécutable par le système.

Au cours de cette "traduction", plusieurs points sont vérifiés :

- respect de la syntaxe ;
- définition des variables ;
- utilisation correcte des propriétés et méthodes des objets.

La compilation s'effectue toujours avant l'exécution mais il est possible de forcer son exécution à tout moment (pour détecter les problèmes). Pour cela, dans le menu **Débogage**, choisissez *Compiler VBA Project*.

L'exécution

Il est possible de demander l'exécution d'une procédure spécifique. Pour ce faire :

1 Placez le curseur dans la fenêtre des modules, à l'intérieur de la procédure souhaitée.

2 Dans le menu **Exécution**, choisissez **Exécuter Sub/UserForm** ou appuyez sur [F5].

Pour arrêter l'exécution d'une procédure, il est possible d'utiliser :

- la commande **Arrêt** du menu **Exécution** ;
- la combinaison [Ctrl]+[Attn].

L'exécution pas à pas

En cas d'erreur lors de l'exécution, l'éditeur affiche une boîte de dialogue indiquant le type d'erreur ainsi que quatre possibilités d'action :

- **Continuer** afin de poursuivre l'exécution sans tenir compte de l'erreur. Ce n'est pas toujours possible.
- **Fin** pour arrêter l'exécution.
- **Débogage**. L'éditeur est activé. La ligne où l'erreur s'est produite est surlignée en jaune.
- **Aide** pour afficher une description détaillée de l'erreur.

Débogage est le bouton le plus intéressant. Si vous cliquez dessus, l'exécution de la procédure est suspendue et non arrêtée. Une fois l'erreur corrigée, vous pouvez :

- reprendre l'exécution avec **Exécution/Continuer** (ou en cliquant sur le bouton **Exécuter Sub/UserForm**) ;

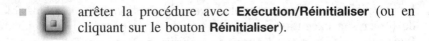

Chapitre 18 — Automatiser les traitements avec les macros et VBA

- arrêter la procédure avec **Exécution/Réinitialiser** (ou en cliquant sur le bouton **Réinitialiser**).

L'outil de base du débogage est l'exécution pas à pas, qui permet de suivre l'enchaînement des instructions. Pour cela, vous avez deux solutions :

- Cliquez sur **Débogage/Pas à pas**.
- Utilisez la touche [F8].

La ligne active (surlignée en jaune) se déplace au fil de l'exécution. Elle représente la prochaine ligne exécutée et non celle qui vient de l'être.

Il n'est pas obligatoire d'attendre qu'une erreur survienne pour passer en exécution pas à pas, il suffit de se positionner à l'intérieur d'une procédure et de cliquer sur **Débogage/Pas à pas**.

Il est possible que l'instruction d'une procédure fasse appel à une autre procédure. Si vous êtes sûr de son bon fonctionnement, il est fastidieux d'avoir à passer ses instructions. Pour éviter cela, deux solutions :

- Cliquez sur **Débogage/Pas à pas principal**.
- Utilisez la combinaison [Maj]+[F8].

La procédure appelée est alors considérée comme une "boîte noire".

Si l'exécution pas à pas vous a aiguillé vers une procédure dont vous ne voulez pas détailler l'exécution, il est possible de la quitter rapidement. Deux solutions s'offrent à vous :

- Cliquez sur **Débogage/Pas à pas sortant** ;
- Utiliser la combinaison [Ctrl]+[Maj]+[F8].

Cela a pour effet de sortir de la procédure et d'atteindre l'instruction dans la procédure appelante.

Enfin, l'exécution jusqu'au curseur constitue une dernière variante de l'exécution pas à pas. En mode Pas à pas, positionnez le curseur à l'endroit souhaité, puis :

- Cliquez sur **Débogage/Exécuter jusqu'au curseur**.
- Ou utilisez la combinaison [Ctrl]+[F8].

Cela permet, par exemple, de passer rapidement par-dessus une boucle *For...To...Next*.

18.7. Cas pratique : Quelques macros utiles

Dans ce cas pratique, nous détaillerons quelques macros simples qui pourront vous inspirer des développements plus complexes car elles mettent en œuvre des mécanismes fondamentaux.

Afficher la liste des feuilles de calcul du classeur

Nous allons créer une macro qui permet d'écrire dans la feuille active (feuille affichée au moment du lancement de la macro) la liste des feuilles du classeur actif.

```
Sub Liste_feuilles()
    For i = 1 To Sheets.Count
        Range("A1").Offset(i, 0).Value = Sheets(i).Name
    Next i
End Sub
```

1 La variable *i* varie de 1 jusqu'au nombre de feuilles du classeur.

2 Le nom (*Name*) de la feuille correspondant au numéro *i* est écrit dans la cellule décalée de *i* lignes vers le bas et de 0 colonne (utilisation de la propriété *Offset*) par rapport à la cellule *A1*. Ainsi, à chaque passage dans la boucle, on se décale d'une ligne vers le bas.

3 Valeur suivante de *i*.

Insérer une feuille de calcul par mois

Dans certains cas (suivi de dépenses, planning, etc.), il s'avère utile de créer, à partir d'un modèle, une feuille pour chaque mois de l'année. Voici une macro qui vous permettra d'automatiser cette tâche pouvant vite s'avérer fastidieuse.

```
Sub Feuilles_Mois()
    For Mois = 12 To 1 Step -1
        Sheets("Modèle").Copy Before:=Sheets(1)
```

```
        ActiveSheet.Name = Format(DateSerial(2005, Mois,
            1), "mmmm")
    Next Mois
End Sub
```

1 La variable *Mois* varie de 12 à 1 (en retranchant 1 à chaque passage).

2 On crée une copie de la feuille **Modèle**, que l'on insère avant (à gauche) la première feuille du classeur, c'est-à-dire au début du classeur. C'est la raison pour laquelle *Mois* débute à 12, pour terminer à 1 : nous allons insérer la feuille correspondant au mois de décembre, puis à sa gauche, celle du mois de novembre et ainsi de suite jusqu'à janvier. De cette façon, les mois seront dans l'ordre chronologique.

3 Il s'agit de modifier le nom de la feuille nouvellement insérée. L'objet *Activesheet* représente la feuille active (affichée), qui dans notre cas est justement la feuille nouvellement insérée. Il suffit donc de modifier sa propriété *Name*. Pour obtenir facilement le nom du mois, nous utilisons la fonction *DateSerial* qui renvoie une date à partir d'une année, d'un mois (ici la variable *Mois*) et d'un jour. Une fois la date obtenue, nous utilisons la fonction *Format* qui renvoie une chaîne de caractères correspondant à l'application d'un format (ici *mmmm* c'est-à-dire le mois en toutes lettres) à une valeur numérique ou une date.

4 Valeur suivante de *Mois*.

Protéger toutes les feuilles de calcul d'un classeur

Protéger une feuille de calcul est une opération relativement simple. Il suffit de sélectionner la commande **Protéger la feuille** du menu **Outils/Protection**. Dans la boîte de dialogue **Protéger la feuille**, vous pouvez, si vous le souhaitez, spécifier un mot de passe puis valider pour activer la protection.

Si votre classeur contient un grand nombre de feuilles, cette opération devra être répétée pour chaque feuille et deviendra rapidement pénible. Pour remédier à ce petit souci, la macro suivante permet de protéger en une fois toutes les feuilles du classeur.

Cas pratique : Quelques macros utiles — Chapitre 18

```
Sub Protection()
    For Each Feuille In Sheets
        Feuille.Protect Password:="toto"
    Next Feuille
End Sub
```

1 La variable *Feuille* représente tour à tour chacune des feuilles de calcul du classeur.

2 Il s'agit d'activer la protection de la feuille en utilisant la méthode *Protect*. Si vous ne précisez pas le paramètre *Password*, la protection sera effective mais pourra être supprimée facilement à l'aide de la commande **Ôter la protection** du menu **Outils/Protection**.

3 Feuille suivante.

Pour créer une macro qui enlève la protection de toutes les feuilles du classeur, il suffit de remplacer *Protect* par *Unprotect* dans le code.

Additionner en fonction de la couleur

La fonction *SOMME* est sans conteste une des fonctions d'Excel parmi les plus utilisées. Elle est d'un usage très simple et permet d'additionner tous les nombres contenus dans une plage de cellules. Dans certains cas, il peut s'avérer souhaitable d'être plus sélectif et de ne totaliser que certaines cellules d'une plage ; ces cellules étant par exemple identifiées par une couleur spécifique.

Nous allons donc créer une fonction nommée *SOMME_COULEUR*, qui totalisera les contenus des cellules de la plage dont la couleur est identique à une cellule "étalon" (en l'occurrence *A1*).

```
Function SOMME_COULEUR(Plage As Range)
    SOMME_COULEUR = 0
    For Each Cellule In Plage
        If (Cellule.Interior.ColorIndex=Range("A1") _
            .Interior.ColorIndex) And _
            IsNumeric(Cellule.Value) _
                Then SOMME_COULEUR = SOMME_COULEUR + _
                    Cellule.Value
    Next Cellule
End Function
```

1 La fonction *SOMME_COULEUR* a besoin d'un argument de type *Range* (plage de cellules).

2 Initialisation de la valeur de *SOMME_COULEUR* à 0.

Chapitre 18 — Automatiser les traitements avec les macros et VBA

3 Pour chaque cellule de la plage fournie en argument...

4 Si la couleur de fond de la cellule (*Interior.ColorIndex*) est identique à celle de la cellule "étalon" (*A1*) et si le contenu (*Value*) est numérique, on ajoute la valeur de la cellule à *SOMME_COULEUR*.

5 Cellule suivante.

Si vous changez la couleur de la cellule étalon, il faudra mettre à jour les cellules contenant la fonction *SOMME_COULEUR* en appuyant sur la touche [F9] (calcul de la feuille active).

La fonction *SOMME_COULEUR* n'accepte pas les plages de cellules multiples, contrairement à la fonction *SOMME*.

Chapitre 19

Retrouver les commandes des menus d'Excel 2003

Menu Fichier	652
Menu Édition	654
Menu Affichage	655
Menu Insertion	658
Menu Format	660
Menu Outils	661
Menu Données	664
Menu Fenêtre	667
Menu Aide	668

Chapitre 19 — **Retrouver les commandes des menus d'Excel 2003**

Afin de vous aider à vous familiariser avec la nouvelle interface utilisateur d'Excel 2007, ce chapitre se veut une passerelle entre l'ancien et le nouveau monde d'Excel.

Pour chacun des menus d'Excel 2003, vous trouverez la localisation dans Excel 2007 des principales commandes.

19.1. Menu Fichier

Tableau 19.1 : Les commandes du menu Fichier

Commande Excel 2003	Onglet/Groupe	Bouton/Chemin d'accès
Nouveau	Bouton Office : Nouveau	
Ouvrir	Bouton Office : Ouvrir	
Fermer	Bouton Office : Fermer	
Enregistrer	Bouton Office : Enregistrer	
Enregistrer sous	Bouton Office : Enregistrer sous	
Enregistrer en tant que page web	Bouton Office : Options Excel : Personnalisation	
Enregistrer en tant qu'espace de travail	Onglet Affichage : Groupe Fenêtre	
Recherche de fichiers	Cette commande a été supprimée.	
Autorisations	Bouton Office : Préparer	Limiter les autorisations
Autorisation : Accès illimité	Bouton Office : Préparer	Limiter les autorisations : Accès illimité
Autorisation : Ne pas distribuer	Bouton Office : Préparer	Limiter les autorisations : Ne pas distribuer

Menu Fichier — Chapitre 19

Tableau 19.1 : Les commandes du menu Fichier

Commande Excel 2003	Onglet/Groupe	Bouton/Chemin d'accès
Autorisation : Restreindre l'autorisation en tant que	Bouton Office : Préparer	Limiter les autorisations : Restreindre l'autorisation en tant que
Mise en page	Onglet Mise en page : Groupe Mise en page	
Zone d'impression : Définir	Onglet Mise en page : Groupe Mise en page	Zone d'impression : Définir
Zone d'impression : Annuler	Onglet Mise en page : Groupe Mise en page	Zone d'impression : Annuler
Aperçu avant impression	Bouton Office : Imprimer	Aperçu avant impression
Imprimer	Bouton Office : Imprimer	Imprimer
Envoyer vers : Destinataire du message	Bouton Office : Envoyer	Courrier électronique
Envoyer vers : Destinataire du routage	Cette commande a été supprimée.	
Envoyer vers : Destinataire utilisant le Service de télécopie Internet	Bouton Office : Envoyer	Télécopie Internet
Propriétés	Bouton Office : Préparer	Propriétés
Documents récents	Bouton Office	
Déconnexion	Cette commande a été supprimée.	
Quitter	Bouton Office : Quitter Excel	

LE GUIDE COMPLET 653

19.2. Menu Édition

Tableau 19.2 : Les commandes du menu Édition

Commande Excel 2003	Onglet/Groupe	Bouton/Chemin d'accès
Annuler	Barre d'outils Accès rapide	Annuler
Rétablir	Barre d'outils Accès rapide	Rétablir
Répéter	Barre d'outils Accès rapide	Répéter
Couper	Onglet Accueil ¦ Groupe Presse-papiers	Couper
Copier	Onglet Accueil ¦ Groupe Presse-papiers	Copier
Presse-papiers Office	Onglet Accueil ¦ Groupe Presse-papiers	Presse-papiers Office
Coller	Onglet Accueil ¦ Groupe Presse-papiers	Coller
Collage spécial	Onglet Accueil ¦ Groupe Presse-papiers	Coller ¦ Collage spécial
Coller comme lien hypertexte	Onglet Accueil ¦ Groupe Presse-papiers	Coller ¦ Coller comme lien hypertexte
Remplissage ¦ En bas	Onglet Accueil ¦ Groupe Édition	Remplissage ¦ En bas
Remplissage ¦ À droite	Onglet Accueil ¦ Groupe Édition	Remplissage ¦ À droite
Remplissage ¦ En haut	Onglet Accueil ¦ Groupe Édition	Remplissage ¦ En haut
Remplissage ¦ À gauche	Onglet Accueil ¦ Groupe Édition	Remplissage ¦ À gauche
Remplissage ¦ Dans toutes les feuilles de calcul	Onglet Accueil ¦ Groupe Édition	Remplissage ¦ Dans toutes les feuilles de données
Remplissage ¦ Séries	Onglet Accueil ¦ Groupe Édition	Remplissage ¦ Série
Remplissage ¦ Justifier	Onglet Accueil ¦ Groupe Édition	Remplissage ¦ Justifier
Effacer ¦ Tout	Onglet Accueil ¦ Groupe Édition	Effacer ¦ Effacer tout

Menu Affichage — Chapitre 19

Tableau 19.2 : Les commandes du menu Édition

Commande Excel 2003	Onglet/Groupe	Bouton/Chemin d'accès
Effacer : Formats	Onglet Accueil : Groupe Édition	Effacer : Effacer les formats
Effacer : Contenu	Onglet Accueil : Groupe Édition	Effacer : Effacer le contenu
Effacer : Commentaires	Onglet Accueil : Groupe Édition	Effacer : Effacer les commentaires
Supprimer	Onglet Accueil : Groupe Cellules	Supprimer
Supprimer une feuille	Onglet Accueil : Groupe Cellules	Supprimer : Supprimer une feuille
Déplacer ou copier une feuille	Onglet Accueil : Groupe Cellules	Mise en forme : Déplacer ou copier une feuille
Rechercher	Onglet Accueil : Groupe Édition	Rechercher et sélectionner : Rechercher
Remplacer	Onglet Accueil : Groupe Édition	Rechercher et sélectionner : Remplacer
Atteindre	Onglet Accueil : Groupe Édition	Rechercher et sélectionner : Atteindre
Liaisons	Onglet Données : Groupe Gérer les connexions	Modifier les liens d'accès aux fichiers
Objet	Menu contextuel Objet	Format d'objet

19.3. Menu Affichage

Tableau 19.3 : Les commandes du menu Affichage

Commande Excel 2003	Onglet/Groupe	Bouton/Chemin d'accès
Normal	Onglet Affichage : Groupe Affichages classeur	Normal
Aperçu des sauts de page	Onglet Affichage : Groupe Affichages classeur	Aperçu des sauts de page

Chapitre 19 — Retrouver les commandes des menus d'Excel 2003

Tableau 19.3 : *Les commandes du menu Affichage*

Commande Excel 2003	Onglet/Groupe	Bouton/Chemin d'accès
Volet Office	Cette commande a été supprimée.	
Barres d'outils	Cette commande a été supprimée.	
Barres d'outils : Standard	Cette commande a été supprimée.	
Barres d'outils : Mise en forme	Cette commande a été supprimée.	
Barres d'outils : Bordures	Cette commande a été supprimée.	
Barres d'outils : Graphique	Cette commande a été supprimée.	
Barres d'outils : Boîte à outils Contrôles	Cette commande a été supprimée.	
Barres d'outils : Dessin	Cette commande a été supprimée.	
Barres d'outils : Données externes	Cette commande a été supprimée.	
Barres d'outils : Formulaires	Cette commande a été supprimée.	
Barres d'outils : Audit de formules	Cette commande a été supprimée.	
Barres d'outils : Liste	Cette commande a été supprimée.	
Barres d'outils : Image	Cette commande a été supprimée.	
Barres d'outils : Tableau croisé dynamique	Cette commande a été supprimée.	
Barres d'outils : Protection	Cette commande a été supprimée.	
Barres d'outils : Révision	Cette commande a été supprimée.	
Barres d'outils : Volet Office	Cette commande a été supprimée.	

Menu Affichage — Chapitre 19

Tableau 19.3 : *Les commandes du menu Affichage*

Commande Excel 2003	Onglet/Groupe	Bouton/Chemin d'accès
Barres d'outils : Texte en parole	Cette commande a été supprimée.	
Barres d'outils : Visual Basic	Cette commande a été supprimée.	
Barres d'outils : Volet Espions	Cette commande a été supprimée.	
Barres d'outils : Web	Cette commande a été supprimée.	
Barres d'outils : WordArt	Onglet Insertion : Groupe Texte	WordArt
Barres d'outils : Personnaliser	Cette commande a été supprimée.	
Barre de formule	Onglet Affichage : Groupe Afficher/Masquer	Barre de formule
Barre d'état	Cette commande a été supprimée.	
En-tête et pied de page	Onglet Insertion : Groupe Texte	En-tête et pied de page
Commentaires	Onglet Révision : Groupe Commentaires	Afficher tous les commentaires
Affichages personnalisés	Onglet Mise en page : Groupe Options de la feuille de calcul	Affichages personnalisés
Plein écran	Onglet Affichage : Groupe Affichages classeur	Plein écran
Zoom	Onglet Affichage : Groupe Zoom	Zoom

# Chapitre 19 — Retrouver les commandes des menus d'Excel 2003

19.4. Menu Insertion

Tableau 19.4 : *Les commandes du menu Insertion*

Commande Excel 2003	Onglet/Groupe	Bouton/Chemin d'accès
Cellules	Onglet Accueil ⋮ Groupe Cellules	Insérer ⋮ Insérer des cellules
Lignes	Onglet Accueil ⋮ Groupe Cellules	Insérer ⋮ Insérer des lignes dans la feuille
Colonnes	Onglet Accueil ⋮ Groupe Cellules	Insérer ⋮ Insérer des colonnes dans la feuille
Feuille de calcul	Onglet Accueil ⋮ Groupe Cellules	Insérer ⋮ Insérer une feuille
Graphique	Onglet Insertion ⋮ Groupe Graphiques	Histogramme, Courbes, Secteurs, Barres, Aires et autres graphiques
Symbole	Onglet Insertion ⋮ Groupe Texte	Symbole
Saut de page	Onglet Mise en page ⋮ Groupe Mise en page	Sauts de page ⋮ Insérer un saut de page
Rétablir tous les sauts de page	Onglet Mise en page ⋮ Groupe Mise en page	Sauts de page ⋮ Rétablir tous les sauts de page
Fonction	Onglet Formules ⋮ Groupe Bibliothèque de fonctions	Insérer une fonction
Nom ⋮ Définir	Onglet Formules ⋮ Groupe Noms définis	Gestionnaire de noms
Nom ⋮ Coller	Onglet Formules ⋮ Groupe Noms définis	Utiliser dans la formule ⋮ Coller
Nom ⋮ Créer	Onglet Formules ⋮ Groupe Noms définis	Créer à partir de la sélection
Nom ⋮ Appliquer	Onglet Formules ⋮ Groupe Noms définis	Définir un nom ⋮ Appliquer les noms
Nom ⋮ Étiquette	Onglet Formules ⋮ Groupe Noms définis	Définir un nom

Menu Insertion — Chapitre 19

Tableau 19.4 : Les commandes du menu Insertion

Commande Excel 2003	Onglet/Groupe	Bouton/Chemin d'accès
Commentaire	Onglet Révision ¦ Groupe Commentaires	Nouveau commentaire
Annotations manuscrites	Onglet Révision ¦ Groupe Commentaires	Afficher les entrées manuscrites
Image ¦ Images clipart	Onglet Insertion ¦ Groupe Illustrations	Images clipart
Image ¦ À partir du fichier	Onglet Insertion ¦ Groupe Illustrations	Image
Image ¦ À partir d'un scanner ou d'un appareil photo	Onglet Insertion ¦ Groupe Illustrations	Image à partir d'un fichier ¦ Image à partir d'un fichier
Image ¦ Dessin et écriture manuscrits	Onglet Révision ¦ Groupe Commentaires	Afficher les entrées manuscrites ¦ Afficher les entrées manuscrites
Image ¦ Formes automatiques	Onglet Insertion ¦ Groupe Formes	
Image ¦ WordArt	Onglet Insertion ¦ Groupe Texte	WordArt
Image ¦ Organigramme hiérarchique	Onglet Insertion ¦ Groupe Illustrations	SmartArt
Diagramme	Onglet Insertion ¦ Groupe Illustrations	SmartArt
Objet	Onglet Insertion ¦ Groupe Texte	Objet
Lien hypertexte	Onglet Insertion ¦ Groupe Liens	Lien hypertexte

19.5. Menu Format

Tableau 19.5 : *Les commandes du menu Format*

Commande Excel 2003	Onglet/Groupe	Bouton/Chemin d'accès
Cellules	Onglet Accueil Groupe Cellules	Format ¦ Format de cellule
Ligne ¦ Hauteur	Onglet Accueil Groupe Cellules	Format ¦ Hauteur de ligne
Ligne ¦ Ajustement automatique	Onglet Accueil Groupe Cellules	Format ¦ Ajuster la hauteur de ligne
Ligne ¦ Masquer	Onglet Accueil Groupe Cellules	Format ¦ Masquer & afficher ¦ Masquer les lignes
Ligne ¦ Afficher	Onglet Accueil Groupe Cellules	Format ¦ Masquer & afficher ¦ Afficher les lignes
Colonne ¦ Largeur	Onglet Accueil Groupe Cellules	Format ¦ Largeur de colonne
Colonne ¦ Ajustement automatique	Onglet Accueil Groupe Cellules	Format ¦ Ajuster la largeur de colonne
Colonne ¦ Masquer	Onglet Accueil Groupe Cellules	Format ¦ Masquer & afficher ¦ Masquer les colonnes
Colonne ¦ Afficher	Onglet Accueil Groupe Cellules	Format ¦ Masquer & afficher ¦ Afficher les colonnes
Colonne ¦ Largeur standard	Onglet Accueil Groupe Cellules	Format ¦ Largeur par défaut
Feuille ¦ Renommer	Onglet Accueil Groupe Cellules	Format ¦ Renommer la feuille
Feuille ¦ Masquer	Onglet Accueil Groupe Cellules	Format ¦ Masquer & afficher ¦ Masquer la feuille
Feuille ¦ Afficher	Onglet Accueil Groupe Cellules	Format ¦ Masquer & afficher ¦ Afficher la feuille
Feuille ¦ Arrière-plan	Onglet Mise en page Groupe Mise en page	Arrière-plan

Menu Outils — Chapitre 19

Tableau 19.5 : *Les commandes du menu Format*

Commande Excel 2003	Onglet/Groupe	Bouton/Chemin d'accès
Feuille : Couleur d'onglet	Onglet Accueil : Groupe Cellules	Format : Couleur d'onglet
Mise en forme automatique	Onglet Accueil : Groupe Style	Mettre sous forme de tableau
Mise en forme conditionnelle	Onglet Accueil : Groupe Style	Mise en forme conditionnelle
Style	Onglet Accueil : Groupe Style	Styles de cellules

19.6. Menu Outils

Tableau 19.6 : *Les commandes du menu Outils*

Commande Excel 2003	Onglet/Groupe	Bouton/Chemin d'accès
Orthographe	Onglet Révision : Groupe Vérification	Orthographe
Recherche	Onglet Révision : Groupe Vérification	Bibliothèque de recherche
Vérification des erreurs	Onglet Formules : Groupe Audit de formules	Vérification des erreurs
Speech : Reconnaissance vocale	Cette commande a été supprimée.	
Speech : Afficher la barre d'outils Texte en parole	Cette commande a été supprimée.	
Espace de travail partagé	Bouton Office : Options Excel : Personnalisation	Espace de travail partagé
Partager le classeur	Onglet Révision : Groupe Modifications	Partager le classeur
Suivi des modifications : Afficher les modifications	Onglet Révision : Groupe Modifications	Suivi des modifications : Afficher les modifications

Chapitre 19 — Retrouver les commandes des menus d'Excel 2003

Tableau 19.6 : Les commandes du menu Outils

Commande Excel 2003	Onglet/Groupe	Bouton/Chemin d'accès
Suivi des modifications | Accepter ou refuser les modifications	Onglet Révision | Groupe Modifications	Suivi des modifications | Accepter ou refuser les modifications
Protection | Protéger la feuille	Onglet Révision | Groupe Modifications	Protéger la feuille
Protection | Permettre aux utilisateurs de modifier des plages	Onglet Révision | Groupe Modifications	Permettre aux utilisateurs de modifier des plages
Protection | Protéger le classeur	Onglet Révision | Groupe Modifications	Protéger le classeur
Protection | Protéger et partager le classeur	Onglet Révision | Groupe Modifications	Protéger et partager le classeur
Collaboration en ligne | Planifier une réunion	Cette commande a été supprimée.	
Collaboration en ligne | Discussions sur le Web	Cette commande a été supprimée.	
Valeur cible	Onglet Données | Groupe Outils de données	Analyse de scénarios | Valeur cible
Scénarios	Onglet Données | Groupe Outils de données	Analyse de scénarios | Gestionnaire de scénarios
Audit de formules | Repérer les antécédents	Onglet Formules | Groupe Audit de formules	Repérer les antécédents
Audit de formules | Repérer les dépendants	Onglet Formules | Groupe Audit de formules	Repérer les dépendants
Audit de formules | Repérer une erreur	Onglet Formules | Groupe Audit de formules	Vérification des erreurs | Repérer une erreur
Audit de formules | Supprimer toutes les flèches	Onglet Formules | Groupe Audit de formules	Supprimer les flèches

Menu Outils — Chapitre 19

Tableau 19.6 : Les commandes du menu Outils

Commande Excel 2003	Onglet/Groupe	Bouton/Chemin d'accès
Audit de formules | Évaluation de formule	Onglet Formules | Groupe Audit de formules	Évaluation de formule
Audit de formules | Masquer la fenêtre Espion	Onglet Formules | Groupe Audit de formules	Fenêtre Espions
Audit de formules | Mode Audit de formules	Onglet Formules | Groupe Audit de formules	Afficher les formules
Audit de formules | Afficher la barre d'outils Audit de formules	Cette commande a été supprimée.	
Macro | Macros	Onglet Développeur | Groupe Code	Macros
Macro | Enregistrer une macro	Onglet Développeur | Groupe Code	Enregistrer la macro
Macro | Sécurité	Onglet Développeur | Groupe Code	Sécurité des macros
Macro | Visual Basic Editor	Onglet Développeur | Groupe Code	Visual Basic
Macro | Microsoft Script Editor	Cette commande a été supprimée.	
Macros complémentaires	Bouton Office | Options Excel	Compléments
Options de correction automatique	Bouton Office | Options Excel	Vérification | Orthographe et correction automatique
Personnaliser	Bouton Office | Options Excel	Personnalisation
Afficher les signatures	Cette commande a été supprimée.	
Options	Bouton Office | Options Excel	

Chapitre 19 — Retrouver les commandes des menus d'Excel 2003

19.7. Menu Données

Tableau 19.7 : Les commandes du menu Données

Commande Excel 2003	Onglet/Groupe	Bouton/Chemin d'accès
Trier	Onglet Données | Groupe Trier et filtrer	Trier
Filtrer | Filtre automatique	Onglet Accueil | Groupe Édition	Trier et filtrer | Filtrer
Filtrer | Filtre automatique	Onglet Données | Groupe Trier et filtrer	Filtrer
Filtrer | Afficher tout	Onglet Accueil | Groupe Édition	Trier et filtrer | Effacer
Filtrer | Afficher tout	Onglet Données | Groupe Trier et filtrer	Effacer
Filtrer | Filtre élaboré	Onglet Données | Groupe Trier et filtrer	Avancé
Sous-totaux	Onglet Données | Groupe Plan	Sous-total
Validation	Onglet Données | Groupe Outils de données	Validation de données
Table	Onglet Données | Groupe Outils de données	Analyse de scénarios | Table de données
Convertir	Onglet Données | Groupe Outils de données	Convertir le texte en tableau
Consolider	Onglet Données | Groupe Outils de données	Consolider
Grouper et créer un plan | Masquer les détails	Onglet Données | Groupe Plan	Masquer les détails
Grouper et créer un plan | Afficher les détails	Onglet Données | Groupe Plan	Afficher les détails
Grouper et créer un plan | Grouper	Onglet Données | Groupe Plan	Grouper

Menu Données — Chapitre 19

Tableau 19.7 : *Les commandes du menu Données*

Commande Excel 2003	Onglet/Groupe	Bouton/Chemin d'accès
Grouper et créer un plan : Grouper	Onglet Données : Groupe Plan	Grouper : Grouper
Grouper et créer un plan : Dissocier	Onglet Données : Groupe Plan	Dissocier
Grouper et créer un plan : Dissocier	Onglet Données : Groupe Plan	Dissocier : Dissocier
Grouper et créer un plan : Dissocier	Onglet Outils de tableau croisé dynamique : Options : Groupe Grouper	Dissocier
Grouper et créer un plan : Plan automatique	Onglet Données : Groupe Plan	Grouper : Plan automatique
Grouper et créer un plan : Effacer le plan	Onglet Données : Groupe Plan	Dissocier : Effacer le plan
Grouper et créer un plan : Paramètres	Onglet Données : Groupe Plan	Paramètres de groupe et de plan
Rapport de tableau croisé dynamique	Onglet Insertion : Groupe Tableau croisé dynamique	Tableau croisé dynamique
Données externes : Importer les données	Onglet Données : Groupe Données externes	
Données externes : Nouvelle requête sur le Web	Onglet Données : Groupe Données externes	À partir du site Web
Données externes : Modifier la requête	Onglet Outils de tableau croisé dynamique : Options : Groupe Données	Modifier la source de données : Modifier la requête
Données externes : Propriétés de la plage de données	Onglet Données : Groupe Gérer les connexions	Propriétés
Données externes : Paramètres	Bouton Office : Options Excel : Personnalisation	Paramètres

LE GUIDE COMPLET

Chapitre 19 — Retrouver les commandes des menus d'Excel 2003

Tableau 19.7 : Les commandes du menu Données

Commande Excel 2003	Onglet/Groupe	Bouton/Chemin d'accès
Liste : Créer une liste	Onglet Insertion : Groupe Tableaux	Tableau
Liste : Redimensionner la liste	Onglet Outils de tableau : Outils : Groupe Propriétés	Redimensionner le tableau
Liste : Ligne Total	Onglet Outils de tableau : Outils : Groupe Options de style rapide	Ligne Totaux
Liste : Convertir en plage	Onglet Outils de tableau : Outils : Groupe Outils	Convertir en plage
Liste : Publier la liste	Onglet Outils de tableau : Outils : Groupe Données de table externe	Exporter dans une liste
Liste : Afficher la liste sur le serveur	Onglet Outils de tableau : Outils : Groupe Données de table externe	Afficher sur le serveur
Liste : Supprimer la liaison de la liste	Onglet Outils de tableau : Outils : Groupe Données de table externe	Supprimer la liaison
Liste : Masquer la bordure des listes inactives	Cette commande a été supprimée.	
XML : Importer	Onglet Développeur : Groupe XML	Importer
XML : Exporter	Onglet Développeur : Groupe XML	Exporter
XML : Actualiser les données XML	Onglet Développeur : Groupe XML	Actualiser les données XML
XML : Source XML	Onglet Développeur : Groupe XML	Source XML
XML : Propriétés du mappage XML	Onglet Développeur : Groupe XML	Propriétés du mappage

Menu Fenêtre — Chapitre 19

Tableau 19.7 : *Les commandes du menu Données*

Commande Excel 2003	Onglet/Groupe	Bouton/Chemin d'accès
XML | Modifier la requête	Onglet Développeur | Groupe XML	Modifier la requête
XML | Kits d'extension XML	Onglet Développeur | Groupe XML	Kits d'extension
Actualiser les données	Onglet Données | Groupe Connexions	Actualiser tout

19.8. Menu Fenêtre

Tableau 19.8 : *Les commandes du menu Fenêtre*

Commande Excel 2003	Onglet/Groupe	Bouton/Chemin d'accès
Nouvelle fenêtre	Onglet Affichage | Groupe Fenêtre	Nouvelle fenêtre
Réorganiser	Onglet Affichage | Groupe Fenêtre	Réorganiser tout
Comparer en côte à côte avec	Onglet Affichage | Groupe Fenêtre	Afficher côte à côte
Masquer	Onglet Affichage | Groupe Fenêtre	Masquer
Afficher	Onglet Affichage | Groupe Fenêtre	Afficher
Fractionner	Onglet Affichage | Groupe Fenêtre	Fractionner la fenêtre
Figer les volets	Onglet Affichage | Groupe Fenêtre	Figer les volets
Nom de fenêtre	Onglet Affichage | Groupe Fenêtre	Changement de fenêtre

19.9. Menu Aide

Tableau 19.9 : *Les commandes du menu Aide*

Commande Excel 2003	Onglet/Groupe	Bouton/Chemin d'accès
Aide de Microsoft Excel	Bouton Aide	
Afficher le Compagnon Office	Cette commande a été supprimée.	
Microsoft Office Online	Bouton Office : Options Excel	Ressources : Microsoft Office Online
Contactez-nous	Bouton Office : Options Excel	Ressources : Contactez-nous
Vérifier l'existence de mises à jour	Bouton Office : Options Excel	Ressources : Rechercher les mises à jour
Détecter et réparer	Bouton Office : Options Excel	Ressources : Diagnostiquer
Activer le produit	Bouton Office : Options Excel	Ressources : Activer
Options pour les commentaires client	Bouton Office : Options Excel	Ressources : Contactez-nous
À propos de Microsoft Office Excel	Bouton Office : Options Excel	Ressources : À propos de Microsoft Office Excel

Chapitre 20

Index

Chapitre 20 Index

A

Affichage personnalisé	206
Alignement	
horizontal	120
Objets graphiques	509
vertical	122
AMORDEGRC	358
AMORLIN	359
AMORLINC	360
ANNEE	333
Annuler	73
Antécédent	276
Aperçu avant impression	161
Appliquer	
Styles	431
Argument	
Fonctions	293, 297
ARRONDI	342
ARRONDI.AU.MULTIPLE	343
ARRONDI.INF	343
ARRONDI.SUP	344
Atteindre	55
Auditer les formules	276
Évaluer des formules	278
Repérer les antécédents	276
Repérer les dépendants	277
AUJOURDHUI	333
Axe	469
secondaire	474

B

Barre d'état	40
Barre d'outils Accès rapide	
Personnaliser	236
Barre de formule	38

Index

Barre de titre 25
Barre d'erreur 478
Barre hausse/baisse 478
Bordure 141
   Traçage 142
Bouton d'options 402

C

Call 637
Cas pratique 449
   Fonctions 369
   Formules de calcul 284
   Formules matricielles 389
   Macros et VBA 647
   Objets graphiques 513
   Tableaux croisés dynamiques 603
   Tables de données 577
Cellule 27
   active 28, 49
   Aligner le texte 120
   Bordures 141
   Commentaire 422
   Couleur 137
   Déplacer 78, 82
   Espionner le contenu 279
   Format 106
   Fusionner 123
   Insérer 69
   Motifs et textures 138
   Orienter le texte 125
   Police 133
   Références 245
   Sélectionner 49
   Supprimer 72
   Validation du contenu 424
Certificat 629

Index

CHERCHE	324
Classeur	22
Afficher plusieurs fenêtres	185
Comparer en côte à côte	189
Compatibilité	172
Créer	180
Espace de travail	180
Formats de fichiers	170
Informations	176
Inspecter	177
Masquer	191
Noms de fichiers	173
Ouvrir	181
Ouvrir au démarrage	184
Protéger	179, 212
Renommer	185
CNUM	325
Coller	83, 88
avec liaison	453
Collage spécial	95
Transposition	96
Colonne	
Insérer	68
Largeur	144
Masquer	145
Supprimer	72
Commentaire	422
Comparer en côte à côte	189
Compatibilité	172
Connecteur	493
Constante	
Attribuer un nom	268
matricielle	388
Copier	83
Feuille de calcul	196
Couper	88
Courbe de tendance	475

Créer
   Classeur 180
   Graphique 458
   Mise en forme conditionnelle 438
   Nouveau module 642
   Style 429-430
CTXT 326
CUMUL.INTER 361
CUMUL.PRINCPER 362

D

DATE 314, 334
DATEDIF 334
Date
   Numéros de série 413
   Saisir 414
   Siècle 415
Débogage 644
   Exécution pas à pas 646
DECALER 319
Démarrer Excel 21
Dépendant 277
Déplacer
   Cellules 78
   Feuille de calcul 194
DETERMAT 344
Diagramme 501
DoLoop 638
Donnée
   Différents types 58
   Filtrer 533, 542
   Modifier 62
   Plan 547
   Saisir 57
   Sous-totaux 552
   Supprimer 63

   Tableaux 518
   Trier 526, 531
Donnée source
   Graphiques 460
   DROITE 326

E

Éditeur VBA
   Débogage 644
   Explorateur de projets 641
   Fenêtre des modules 641
En-tête 153
Enregistrer
   au format.html 615
   Classeur 166
   Compatibilité 172
   Espace de travail 180
   Formats de fichiers 170
   Informations 176
   PDF 174
   Protéger 179
   XPS 174
Enregistreur de macros 624
ENT 345
Envoyer un classeur 614
Équation linéaire 389
EQUIV 321
Erreur
   Détecter 273
   Types d'erreurs 272
Espace de travail 23, 180
Espion 279
ESTERR 341
ESTERREUR 342
ESTLOGIQUE 340
ESTNA 342

Index — Chapitre 20

ESTNONTEXTE 340
ESTNUM 340
ESTREF 341
ESTTEXTE 341
ESTVIDE 341
ET 317
EXACT 313, 327
Exécution pas à pas 646
Explorateur de projets 641

F

Fenêtre
   Afficher plusieurs 185
   Barre de titre 25
   Fenêtre des modules 641
   Redimensionner 25
   Réorganiser 186
Feuille de calcul
   Afficher 26
   Cellule active 28
   Cellules 27
   Copier 196
   Déplacer 28, 194
   Figer les volets 203
   Fractionner 29
   Groupe de travail 192
   Insérer 198
   Masquer 205
   Modifier la couleur d'onglet 199
   Nommer 195
   Plein écran 205
   Protéger 207
   Protéger plages de cellules 210
   Sélectionner 192
   Supprimer 198
   Zoom 200

Chapitre 20 — Index

Figer les volets 203
Filtrer
  Données 533
  selon la couleur 542
Filtre
  automatique 533, 538
  avancé 543
  élaboré 533
FIN.MOIS 335
Flèche 494
Fonction 292, 633
  Arguments 293, 297
  d'information 304
  Dates et heures 304
  de bases de données 304
  financière 308
  Ingénierie 308
  Insérer 294
  logique 304
  mathématique 304
  Recherche et matrices 303
  Rechercher 294
  Somme automatique 300
  statistique 305
  Texte 303
  Types d'arguments 301
Fonctions d'information
  ESTERR 341
  ESTERREUR 342
  ESTLOGIQUE 340
  ESTNA 342
  ESTNONTEXTE 340
  ESTNUM 340
  ESTREF 341
  ESTTEXTE 341
  ESTVIDE 341
Fonctions de date et heure
  ANNEE 333

AUJOURDHUI 333
DATE 314, 334
DATEDIF 334
FIN.MOIS 335
HEURE 336
JOUR 336
JOURSEM 337
MAINTENANT 337
MOIS 338
MOIS.DECALER 338
NB.JOURS.OUVRES 339
NO.SEMAINE 339

Fonctions de recherche et matrices
DECALER 319
EQUIV 321
INDEX 322
RECHERCHEV 323, 374

Fonctions de texte
CHERCHE 324
CNUM 325
CTXT 326
DROITE 326
EXACT 313, 327
GAUCHE 327
MAJUSCULE 328
MINUSCULE 328
NBCAR 328
REMPLACER 329
REPT 330
STXT 330
SUBSTITUE 330
SUPPRESPACE 331
TEXTE 332
TROUVE 332

Fonctions financières
AMORDEGRC 358
AMORLIN 359
AMORLINC 360

Chapitre 20 — Index

- CUMUL.INTER 361
- CUMUL.PRINCPER 362
- INTPER 362, 374
- PRINCPER 363, 374
- TAUX 364
- TRI 365
- TRI.PAIEMENTS 366
- VA 366
- VAN 367
- VAN.PAIEMENTS 368
- VPM 368

Fonctions logiques
- ET 317
- NON 319
- OU 318
- SI 310

Fonctions mathématiques
- ARRONDI 342
- ARRONDI.AU.MULTIPLE 343
- ARRONDI.INF 343
- ARRONDI.SUP 344
- DETERMAT 344
- ENT 345
- INVERSEMAT 345
- MOD 346
- PLAFOND 346
- PLANCHER 347
- PRODUITMAT 347
- SOMME 347
- SOMME.SI 348
- SOMMEPROD 348
- TRONQUE 349

Fonctions statistiques
- GRANDE.VALEUR 349
- MAX 350
- MEDIANE 350
- MIN 351
- MODE 351

MOYENNE	314, 352
MOYENNE.GEOMETRIQUE	353
MOYENNE.HARMONIQUE	353
MOYENNE.REDUITE	354
NB	354
NB.SI	355
NB.VIDE	356
NBVAL	355
PETITE.VALEUR	356
RANG	357
RANG.POURCENTAGE	357

Format
Cellule	106
Comptabilité	109
date	110
de fichier	170
fraction	111
heure	110
HTML	615, 619
monétaire	108
Nombre	108
papier	158
personnalisé	115
pourcentage	110
scientifique	111
standard	107
texte	111
Thèmes de document	127

Forme automatique ... 488

Formule
Attribuer un nom	269
Auditer	276
conditionnelle	309
Erreurs	273
Évaluer	278
Insérer un nom	264
matricielle	382
Parenthèses	243

Règles de priorité des opérateurs	242
Saisir	240
Utiliser des noms	258
Formules matricielles	
à deux dimensions	385
à une dimension	383
à valeur unique	385
Cas pratique	389
Équations linéaires	389
Modifier	387
ForNext	639
Fractionner	29
Fusionner et centrer	123

G

GAUCHE	327
Gestionnaire de noms	262
GRANDE.VALEUR	349
Graphique	
3D	473
Axes	466, 469, 474
Barres d'erreur	478
Barres hausse/baisse	478
Changer de type	465
Courbes de tendance	475
Créer	458
croisé dynamique	584, 600
Données sources	460
Emplacement	468
Lignes de projection	477
Lignes haut/bas	478
Quadrillage	466
Séries de données	462, 464
Style	467
Titres	466
Groupe de travail	192

H

HEURE 336

I

IfThenElse End If 637
Image 503
   Insérer 504
   Redimensionner 506
   Rogner 508
Imbriquer
   SI 316
Imprimer 162
   Aperçu avant impression 161
   En-tête 153
   Format papier 158
   Marges 158
   Mettre à l'échelle 160
   Orientation papier 158
   Pied de page 153
   Saut de page 150
   Titres 159
   Zone d'impression 150
INDEX 322
Information Rights Management 212
Insérer
   Cellules 69
   Cellules copiées 90
   Colonnes 68
   Feuille de calcul 198
   Fonctions 294
   Image 504
   Lignes 67
Inspecter
   Classeur 177

Instructions VBA
- Call 637
- DoLoop 638
- ForNext 639
- IfThenElseEnd If 637
- On Error Goto 640
- Select CaseEnd Select 638

INTPER 362, 374
INVERSEMAT 345

J

JOUR 336
JOURSEM 337

L

Lien hypertexte 616
- Créer 617
- Mettre en forme 619
- Modifier 618
- Supprimer 619

Ligne 492
- haut/bas 478
- Hauteur 146
- Insérer 67
- Masquer 147
- Projection 477
- Supprimer 72

Liste de choix 66
Liste de données 518
- Ligne Total 524
- Trier 526

Liste personnalisée 410

M

Macro
- Affecter à un bouton 626
- Certificat 629
- Enregistreur 624
- Insérer une feuille par mois 647
- Personnelle 625
- Protéger toutes les feuilles 648
- Sécurité 628

MAINTENANT 337
MAJUSCULE 328
Marge 158
Masquer
- Classeur 191
- Colonnes 145
- Feuille de calcul 205
- Lignes 147

MAX 350
MEDIANE 350
Menu contextuel 38
Méthode 631
MIN 351
MINUSCULE 328
Mise en forme
- Objets graphiques 497
- Tableaux de données 521

Mise en forme conditionnelle 432
- Barres de données 435
- Créer 438
- Gérer les règles 447
- Jeux d'icônes 437
- Nuances de couleurs 436
- prédéfinie 432

MOD 346
MODE 351
Mode Page 152

Modifier
  Données 62
  Styles 431
MOIS 338
MOIS.DECALER 338
MOYENNE 314, 352
MOYENNE.GEOMETRIQUE 353
MOYENNE.HARMONIQUE 353
MOYENNE.REDUITE 354

N

NB 354
NB.JOURS.OUVRES 339
NB.SI 355
NB.VIDE 356
NBCAR 328
NBVAL 355
NO.SEMAINE 339
Nommer
  Feuille de calcul 195
Nom
  Attribuer 257
  Constantes 268
  Créer des séries 265
  dans une formule 258
  Définir 261
  Fichiers 173
  Formules 269
  Gestionnaire de noms 262
  Insérer dans une formule 264
  Modifier 262
  Supprimer 266
NON 319
Numéro de série 413

O

Objet	630
Méthodes	631
Propriétés	631
Objet graphique	488
Aligner	509
Avancer/reculer	512
Connecteurs	493
Diagrammes	501
Dissocier	512
Flèches	494
Formes automatiques	488
Grouper	512
Image	503
Lignes	492
Mise en forme	497
Pivoter	511
Poignée d'ajustement	487
Poignée de dimensionnement	484, 486
Poignée de rotation	486, 511
Regrouper	513
Sélectionner	484
Sommet	487
Volet de sélection	508
WordArt	499
Zones de texte	496
On Error Goto	640
Onglet	
contextuel	33
Couleur	199
Groupes	31
Ruban	19
Opérateur mathématique	242
Option	
Paramètres	218
Orientation papier	158

Orienter
  Texte 125
Orthographe 102
OU 318
Ouvrir
  au démarrage 184
  Classeur 181

P

Paramètre 218
Partager un classeur 608
  Activer le partage 608
  Annuler le partage 613
  Protéger le classeur 612
  Réviser les modifications 612
  Suivre les modifications 610
PDF
  Enregistrer 173
Personnaliser
  Barre d'outils Accès rapide 236
PETITE.VALEUR 356
Pied de page 153
PLAFOND 346
Plan 547-548
  Créer 548
  Symboles 549
PLANCHER 347
Plein écran 205
Poignée
  d'ajustement 487
  de dimensionnement 484, 486
  de recopie 250, 401
  de rotation 486, 511
Police 133
Presse-papiers 91
PRINCPER 363, 374

Procédure 631
PRODUITMAT 347
Propriété 631
Protéger
    Classeur 212
    des fichiers 179
    Feuille de calcul 207
    Information Rights Management 212
    Plages de cellules 210
Publier au format.html 619

R

Raccourci clavier 33
RANG 357
RANG.POURCENTAGE 357
Rechercher 99
RECHERCHEV 323, 374
Recopie
    Bouton d'options 402
    Poignée de recopie 401
Récupération après incident 44
Redimensionner une image 506
Référence absolue 248
Référence circulaire 281
Référence de cellules
    absolue 248
    externe 256
    mixte 248, 252
    Saisir avec la souris 247
    tridimensionnelle 254
    Utiliser 245
Référence mixte 248
Remplacer 101, 329
Renommer un classeur 185
Renvoyer à la ligne 127
Réorganiser des fenêtres 186

Répéter 75
Reproduire la mise en forme 94
REPT 330
Rétablir 74
Rogner une image 508
Ruban
  Onglets 19

S

Saisie semi-automatique 64
Saisir
  Date 414
  Données 57
  Plage de cellules 61
Saut de page 150
Scénario
  Afficher 574
  Créer 572
  Fusionner 575
  Modifier 574
  Rapport de synthèse 576
  Supprimer 575
Sécurité
  Macros 628
Select CaseEnd Select 638
Sélectionner
  Cellules 49
  Colonne entière 52
  Feuille de calcul 192
  Fonction Atteindre 55
  Ligne entière 52
  Objets graphiques 484
  toutes les cellules 50
Série alphanumérique 409
Série chronologique 405

Index

Série de données	400
Ajouter	462
alphanumérique	409
chronologique	405
géométrique	403
linéaire	403
Listes personnalisées	410
numérique	400
Supprimer	464
Série géométrique	403
Série linéaire	403
SharePoint	524
SI	310
Imbriquer	316
SOMME	347
Somme automatique	300
SOMME.SI	348
SOMMEPROD	348
Sous-totaux	552
Créer	553
Fonctions de synthèse	557
Plusieurs niveaux	558
STXT	330
Style	429
Appliquer	431
Créer	429-430
Graphiques	467
Modifier	431
SUBSTITUE	330
SUPPRESPACE	331
Supprimer	
Cellules	72
Colonnes	72
Données	63
Feuille de calcul	198
Lignes	72
Module	642
Symbole de plan	549

T

Tableau croisé dynamique 584
  Ajouter des champs 595
  Champ de filtre 598
  Champs de colonnes 588
  Champs de données 589
  Champs de lignes 588
  Fonction de synthèse 589
  Supprimer un champ 597
  Trier 598
  Zones de dépôt 586
Tableau de données
  Créer 518
  Exporter 524
  Mise en forme 521
  Redimensionner 523
  SharePoint 524
Table de données 569
  à deux entrées 571
  à une entrée 569
TAUX 364
TEXTE 332
Thème de document 127
Titre
  Imprimer 159
Traçage des bordures 142
Transposition 96
TRI 365
TRI.PAIEMENTS 366
Trier
  Données 526
  selon les couleurs 531
  selon les valeurs 529
  Tableaux croisés dynamiques 598
  Tri rapide 527
TRONQUE 349

Index

TROUVE 332
Type
   d'erreurs 272
   graphique 465

V

VA 366
Valeur cible 566
Validation
   Contenu des cellules 424
VAN 367
VAN.PAIEMENTS 368
Variable 633
   Déclarer 635
VBA
   Fonctions 633
   Instructions 637
   Procédures 631
   Variables 633
Vérifier l'orthographe 102
Volet
   de sélection 508
   espion 279
VPM 368

W

WordArt 499

X

XPS
   Enregistrer 173

Z

Zone 48
   active 49
   d'impression 150
   de texte 496
Zoom
   Feuille de calcul 200

Notes

Notes

Notes

Notes

Notes

Notes

Notes

Notes

Notes

Notes

Notes

Composé en France par Jouve
11, bd de Sébastopol - 75001 Paris

Achevé d'imprimer par

Imprimerie France Quercy - 46090 Mercuès
N° d'impression : 82432b/ - Dépôt légal : janvier 2007

Imprimé en France